Richard van Dülmen

Kultur und Alltag in der Frühen Neuzeit

Dritter Band

Richard van Dülmen

Kultur und Alltag in der Frühen Neuzeit

Dritter Band

Religion, Magie, Aufklärung
16.–18. Jahrhundert

Verlag C. H. Beck München

Mit 63 Abbildungen im Text

Die Deutschen Bibliothek – CIP-Einheitsaufnahme

Dülmen, Richard van:
Kultur und Alltag in der Frühen Neuzeit / Richard van Dülmen. – München : Beck.
Bd. 3. Religion, Magie, Aufklärung 16.–18. Jahrhundert. – 2. Aufl. 1999
ISBN 3 406 45017 2

ISBN 3 406 45017 2

Zweite Auflage, 1999

Umschlaggestaltung: Bruno Schachtner, Dachau
Umschlagabbildung: Verlöbnis bei Seenot, Votivtafel aus der Wallfahrt Andechs.
Unbek. Maler (bez. 1746). Slg. Kriss-Rettenbeck (Foto: Claus Hansmann, München)
Gesamtherstellung: Kösel, Kempten
Gedruckt auf säurefreiem, aus chlorfrei gebleichtem Zellstoff hergestelltem Papier
Printed in Germany

Inhalt

Einleitung

Die Ordnung des Lebens wurde in der frühen Neuzeit wesentlich von der Religion bestimmt. Selbst im Alltag ging es nicht nur um materielle und ökonomische Absicherung, auch nicht nur um die soziale Organisation des Lebens im vorgegebenen Rahmen. Religiöse Sinngebungen, religiöse Rechtfertigungen und nicht zuletzt die Einbindung in religiös-kirchliche Sozialformen hatten vielmehr entscheidenden Anteil an der gesamten Lebensbewältigung. Nicht nur das Mittelalter war religiös und fromm; dasselbe galt für die Gesellschaft der frühen Neuzeit, selbst in der Aufklärungszeit versiegten die religiösen und kirchlichen Energien nicht. Das mit der Reformation erneuerte Christentum hat seine Spuren noch in der profanen Kultur der Aufklärer gegen Ende des 18. Jahrhunderts hinterlassen. Die Macht von Religion und Frömmigkeit gründete dabei nicht nur auf dem Privatinteresse der einzelnen. Religiöses Denken und Handeln war eine öffentliche Angelegenheit, der sich keiner entziehen konnte. Religion war einerseits eng mit dem Leben im Haus, in der Gemeinde und der Ständegesellschaft verknüpft, andererseits bestimmte sie alle kulturellen Prozesse der Zeit mit und bildete eine entscheidende Grundlage jeder Herrschaft, wie des frühmodernen Staatswesens überhaupt. Einen religionsfreien Raum gab es nicht. Fürsten handelten nicht ohne religiöse Legitimierung, Handwerkerzünfte waren zugleich religiös bestimmte Bünde, der Dreißigjährige Krieg ist auch als Religionskrieg in die Geschichte eingegangen, und noch für die Aufklärung war die Religion die Grundlage jeder Gesellschaft.

Das Besondere der europäischen Entwicklung war, daß das religiöse Leben und seine Gestaltung nicht dem einzelnen und einzelnen Gruppen überlassen blieb, sondern von eigenständigen Kirchen organisiert und reguliert wurde. Ein absolutes Monopol beanspruchte die allgemeine katholische Kirche. Sie bildete nicht nur eine Glaubensgemeinschaft, sondern war – neben Gemeinde und Herrschaft – eine bedeutende sozialpolitische Macht. Dies änderte sich trotz aller Bemühungen um eine Trennung von Kirche und Staat, von Religion und Politik, auch nach der Reformation nicht; mit der Etablierung der beiden neuen Großkirchen wurde die Verbindung von Staat und Kirche eher noch verstärkt. Die Kirchenzugehörigkeit konnte keinem gleichgültig sein, und trotz der Pluralität religiöser Meinungen konnte kaum jemand über seine Konfession frei entscheiden. An die Stelle des christlichen Universalismus des Mittelalters mit seinen großen religiösen Freiräumen trat nach der Reformation ein Konfessionalismus mit strengen Normen und strenger Unterordnung.

Aber trotz des Monopolanspruchs der Kirchen auf religiöse Sinngebung und Organisation religiösen Lebens waren Frömmigkeit und religiöse Praxis in der frühen Neuzeit gleichwohl nicht identisch mit dem ‚offiziellen' Kirchenleben. Es gab eine Fülle verschiedener Frömmigkeitsformen, die nicht in den kirchlichen Rahmen eingebunden waren, unabhängig davon, daß das, was der einzelne von der Kirche annahm, nicht unbedingt ihren Ansprüchen genügte. Die offiziellen kirchlichen Glaubenslehren waren nicht identisch mit dem Glauben des einfachen Volkes. Denn es gab nicht nur unterschiedliche christliche Äußerungsformen innerhalb und außerhalb der Kirche; eine besondere Bedeutung kam dem magischen Denken und magischen Praktiken zu, denen auch die Reformation keineswegs ein Ende machte. Magie geht allerdings weder in dem auf, was die Kirche als Aberglauben definierte, noch beschränkt sie sich auf den Hexenglauben. Der vielzitierte Hexenglauben war zweifellos ein besonderes Element des magischen Weltbildes, aber magisches Denken umfaßte mehr und war gleicherweise eingebunden in volksmagische Praktiken wie in religiöse Handlungen. Die Zurückdrängung der Magie im Alltagsleben und in der kirchlichen Praxis korrespondiert mit einer zunehmenden Säkularisierung der Welt, sie vollzog sich freilich nicht gradlinig. Mochten zunächst religiös-christliche Beweggründe der Magie entgegenstehen, so waren die profanen Fortschrittsinteressen der Aufklärung Anlaß genug, sich ihr zu widersetzen – doch das galt keineswegs für alle sozialen Schichten.

So durchwirkten Magie und Religion das ganze Leben in der frühen Neuzeit, bedeuteten aber für die verschiedenen Sozialstände Unterschiedliches. Die Religion der Städter unterschied sich erheblich von der der Landleute, die Frömmigkeit der Lohnarbeiter hatte andere Konnotationen als die der Kleriker. Dennoch gab es genügend Verbindendes zwischen den Gruppen – etwa den Wunderglauben bei den Katholiken oder den Glauben an das Wort Gottes bei den Protestanten –, so daß religiöses Bekenntnis und religiöse Kultur Menschen unterschiedlicher Herkunft und Lebensweise lange miteinander verbanden.

Insgesamt aber hatten religiöse Erfahrungen, religiöse Botschaften und kirchlich-religiöse Missionstätigkeiten in der frühneuzeitlichen Gesellschaft – trotz durchaus ‚fundamentalistischer' Züge – keine so ausschließende Wirkung, daß ein von ihnen abgesondertes profanes Wissen – Volksbildung und weltliches Schul- und Universitätswesen – unzulässig gewesen wäre. Im Gegenteil: Gerade die Reformation ermöglichte die Förderung, Verbreitung und Verweltlichung des alltäglichen und des gelehrten Wissens. Das 16. und 17. Jahrhundert waren die Zeit der Entstehung der modernen Wissenschaften, die den Anspruch erhoben, neben der Vermittlung neuer Welterklärungen eine Reform der materiellen Verhältnisse einzuleiten. Das neue Weltbild war in Auseinandersetzung mit der christlichen Überlieferung entstanden; ohne allerdings je antichristliche bzw. antireligiöse Forderungen zu stellen, überwand es doch den christlich-kirchlichen Welterklärungsanspruch. Bedeutung gewann vor allem die aus wissenschaftlicher Beschäftigung neu entstandene Kommunikationsstruktur, die über alle subjektiv-religiöse Erfahrung und ständische Strukturen hinaus rationale Interessen miteinander verband. Die Aufklärungsbewegung des 18. Jahrhunderts knüpfte an diese erste säkulare Tradition und an rationale Forschungsinteressen an, ihre soziale Kraft bezog sie allerdings vornehmlich aus dem zeitgleichen Formierungsprozeß der intellektuell-aufgeklärten, bürgerlichen Gesellschaft, der die Befreiung von der religiös-kirchlichen wie ständisch-adligen Tradition einleitete und auf der Grundlage weltlicher Vernunft und Moral eine neue Lebensordnung zu errichten versuchte, die sukzessive auch die frühmoderne Staatlichkeit durchdringen sollte. So wie der religiöse Aufbruch in die Reformation nicht nur neue Freiheitsräume schaffen, sondern zugleich einer normierten moralischen Einheitskultur den Weg ebnen wollte, war auch die Aufklärung trotz ihres universalistischen Anspruchs und ihres Kampfes um Menschenrechte ambivalent. Unmittelbare Vorteile brachte sie nur den neuen bürgerlichen Kräften. Als Verständigungsform aufgeklärter Bürger schloß sie Frauen wie das einfache Volk von dem Emanzipationsprozeß aus. Auch die Kultur der Aufklärer war eine hegemoniale Kultur, die die bürgerliche Vernunftordnung autoritär über alle sozialen Schichten und Ordnungen ausdehnte. Die Demokratisierung war keine unmittelbare Folge der aufgeklärten Vernunft.

Hauptziel unserer Untersuchung ist es, am Beispiel der soziokulturellen Entwicklung in Deutschland, im Alten Reich, zunächst die religiöse Dimension des Gesellschaftslebens in der frühen Neuzeit aufzuzeigen, wobei das Interesse sich sowohl auf die reformatorische Bewegung und ihre soziale Wirkung wie auch auf die populären Frömmigkeitsformen und magischen Lebenspraktiken insbesondere richtet. Dann gilt es, der Volksbildung nachzuspüren und zu zeigen, wie sie sich aus den religiösen Bezügen befreite. Schließlich soll die Entwicklung neuer rationaler stände- und konfessionsübergreifender Kommunikationsformen vom Humanismus bis zur Aufklärung verfolgt werden, die erstmals ein vollständiges Programm zur Emanzipation der Menschen aufgestellt hat, das vorsah, sich in jeder Lage des Lebens seiner Vernunft und nicht mehr der Tradition zu fügen. Die Utopie einer aufgeklärten Gesellschaft implizierte die Entzauberung der Welt durch die Herrschaft der rationalen Vernunft. Sicherlich vollzog sich von der Reformation und der Entstehung der modernen Wissenschaft bis zur bürgerlichen Aufklärung ein großer mentaler Umbruch, aber es bleibt zu fragen, wie weit er auch Ausdruck eines gesellschaftlichen Wandels war. Trotz kräftiger Säkularisierung hatte sich in den unteren Ständen, beim einfachen

Volk, nicht so viel geändert, wie allgemein vermutet wird. Die neue Ordnung ist nur in der Welt der bürgerlichen Elite erkennbar.

Eine umfassende Darstellung zur Religions- und Kommunikationsgeschichte der frühen Neuzeit liegt bisher nicht vor, dafür aber eine ungewöhnliche Fülle qualifizierter Einzelstudien zu den verschiedensten Themenkomplexen. Besonders viel wissen wir über die Reformation und ihre Durchsetzung, über die Konfessionalisierung der Gesellschaft, ebenso über die moderne Wissenschaft und die Entwicklung des Schulsystems sowie schließlich über die Aufklärung und ihre Medien. Weniger erschlossen ist dagegen das Feld der populären Glaubensformen und des magischen Weltbildes, der Volksbildung und der Geschichte des Lesens sowie der Verbreitung der Aufklärung.

Auch dieser Band versteht sich nicht nur als Zusammenfassung der Forschungsergebnisse über die Lebens- und Weltanschauungen vom 16. bis 18. Jahrhundert, sondern versucht darüber hinaus, auf der Basis eigener Forschungen den mentalen Wandlungsprozeß in den Lebenskontext der Ständegesellschaft der frühen Neuzeit einzubinden und diesen Prozeß von der Reformation bis zur Aufklärung nicht einfach als Fortschrittsprozeß zu beschreiben, d. h. ihn nicht aus der Perspektive vollendeter Aufklärung zu interpretieren. Diese Darstellung möchte vor allem die Ambivalenz der entstehenden Moderne zeigen.

I. Reformatorischer Aufbruch und christlicher Glaube

1. Evangelischer Gemeindegottesdienst. Gemälde in der Kirche von Torslunde, 1561

1. Das Wort Gottes und die christliche Kirche

Die Reformation ist aus der Kultur der entstehenden Moderne nicht wegzudenken, sie zählte zu ihren stärksten Kräften.[1] Sie blieb zwar geprägt von der spätmittelalterlichen Frömmigkeit und Kirchlichkeit, deren Produkt sie war, leitete aber zugleich einen radikalen Wandel der religiösen Kultur ein. Er wäre nur unzureichend mit dem Zerfall der kirchlichen Einheit und dem Ende der universellen katholischen Kultur beschrieben. Die Reformation brachte, obwohl sie nur die alte Kirche erneuern wollte, eine neue Religiosität und Spiritualität sowie ein pluralistisches Glaubensverständnis und religiösen Individualismus hervor. Der universale Glaube trat in den Schatten verschiedener Glaubensauslegungen; in sie gingen verschiedene soziokulturelle Interessen ein. Auch schlossen sich die neuen Bekenntnisse nur zum Teil in Kirchen zusammen. Bevor sich die großen Konfessionskirchen herausbildeten, gab es höchst unterschiedliche reformierte Glaubensgemeinschaften, von denen jede beanspruchte, das wahre Christentum zu repräsentieren. Diese neue Form der Religiosität und der neue Glaubensindividualismus blieben nicht auf die protestantische Bewegung beschränkt, sondern erfaßten auch die der katholischen Kirche weiterhin verbundenen Christen, selbst wenn die Verwurzelung in der Tradition durchaus unterschiedlich war. Die religiöse Kultur hatte sich durch die Reformation grundlegend geändert. Das spürten die Reformationsgegner noch nachhaltiger als die Reformatoren und ihre Anhänger selbst. Der reformatorische Aufbruch ergriff zunächst alle Länder und Herrschaften, alle Stände, alle Bauern, Städter und Adlige gleicherweise, keiner konnte sich dieser Herausforderung entziehen, man mußte sich zumindest zeitweise bewußt mit ihr auseinandersetzen.

Sicherlich hat Luther die Reformation maßgebend geprägt, seine Schriften zählen zu den am meisten verbreiteten Texten, auch nannte sich eine zunehmende Schar von Anhängern Lutheraner. Aber mit Luther allein läßt sich der Erfolg der Reformation nicht ausreichend erklären. Die Reformation erfaßte zwar die ganze Gesellschaft, war aber keine einheitliche religiössoziale Bewegung. Sie wurde von den unterschiedlichsten Kräften geprägt, und zwar nicht nur von den vielen anderen Reformatoren und reformatorischen Predigern. Sie traten natürlich als Multiplikatoren der lutherischen Botschaft auf, gingen oft aber auch höchst eigene Wege – erinnert sei etwa an Zwingli, Müntzer, Bucer, Bugenhagen, Rothmann. Darüber hinaus gab es zahlreiche Bürger und Landleute, die sich für die Reformation einsetzten und namentlich kaum überliefert sind.[2] Im Blick auf ihre Träger war die frühe Reformation zunächst eine vorwiegend städtisch-bürgerliche Bewegung. In den Städten fand sie ihre ersten Anhänger – städtische Prediger und humanistische Gelehrte – und hier erhielt sie den ersten Rückhalt durch die Obrigkeit, die sie dann im Namen des Rates offiziell durchsetzte. Obwohl unterschiedliche Lehrmeinungen, Theologien und Glaubensvorstellungen miteinander konkurrierten, waren sich alle einig in der Ablehnung des Papsttums und der Werkfrömmigkeit, in der ausschließlichen Ausrichtung auf das Wort Gottes, wie es in der Hl. Schrift verkündet ist, und in der Mündigkeit aller Christen, die forderte, die Reformation selbst in die Hand zu nehmen.

Wenngleich die Reformation einen grundlegenden religiösen Wandel einleitete, so war sie doch alles andere als ein rein religiöses Ereignis. Impliziert waren ihr nicht nur sozialreformerische Ideen, politische Vorstellungen und ein neues Bildungsprogramm; sie war auch auf vielfältige Weise mit dem Humanismus verbunden.[3] Dessen Kirchenkritik und Rückgriff auf die Quellen kam der Reformation ebenso zugute wie sein Schulprogramm und seine christlichen Erneuerungsideen. Außerdem waren die reformatorischen Bewegungen aufs engste verknüpft mit sozialen Protesten der Städter, in denen sich ein gemeindlicher Selbstbehauptungswille der Bürger entwikkelte. Zeitweise verdichtete sich die Reformation geradezu zum sozialen Protest, am spektakulärsten im Bauernkrieg, der als die reformatorische Bewegung der Bauern interpretiert werden kann. Der reformatorische Aufbruch berührte alle gesellschaftlichen Kräfte; von konservativer Seite konnte er durchaus als Revolution verstanden werden. Dafür spricht schon der Anspruch der Reformation, mehr zu sein als eine rein spirituelle Angelegenheit. Außerdem hätten sich die christlichen Botschaften der einzelnen Reformatoren und Prediger wohl kaum durchsetzen können, wenn sie nicht mit sozialen Interessen der Bürger verbunden gewesen wären. Es hieße also einen dogmatischen lutherischen Standpunkt einnehmen, alle anderen reformatorischen Bewegungen sowie die dazu zu zählenden Rebellionen und Proteste nicht als ebenso genuin reformatorisch zu verstehen.

Weiterhin gehört es zum Charakter der Reformation, daß sie sich nicht außerhalb herrschaftlicher Interessen entfalten konnte und sollte.[4] Alle Obrigkeiten und Herrschaften beobachteten mit großer Aufmerksamkeit die reformatorischen Bewegungen, förderten oder verfolgten sie oftmals aus durchaus eigennützigem Interesse. Denn die Reformation berührte immer unmittelbar die Ansprüche der Herrschenden, ob sie in Form von Klostersturm und Sozialprotest Unruhen hervorrief oder die Einheit des Glaubens – dessen Wahrung ja die Aufgabe der Fürsten war – gefährdete. Andererseits gab es auch kaum einen Reformator oder eine reformatorische Gemeinde, die nicht um offizielle Anerkennung kämpfte, um Unterstützung und Schutz der Obrigkeit warb. Dies galt nicht nur für die Lutheraner, auch Müntzer suchte die Zustimmung der Mächtigen, ja selbst die Täufer errichteten erst eine ‚herrschaftsfreie' Gemeinde, als keine Obrigkeit sie mehr tolerierte. Schließlich kam es überall zu einer herrschaftlich sanktionierten Kirchenordnung, auch bei jenen religiösen Gemeinden, die gerade eine enge Koppelung von weltlicher und geistlicher Ordnung ablehnten. Jede Kirchenordnung war jedenfalls von oben erlassen und regelte im Namen der Obrigkeit alle kirchlich-religiösen Belange. Das einzelne Kirchenmitglied hatte nirgendwo Mitbestimmungsrechte. Darin hatte sich mit der religiösen Wende kaum etwas geändert.

Schließlich ist der reformatorische Umbruch nicht so zu verstehen, daß mit dem Auftreten Luthers bzw. mit der Ausbreitung der reformatorischen Botschaft, die ja rasch alle Landschaften im Alten Reich erreichte, gleichsam über Nacht sich auch die religiösen und kirchlichen Zustände grundlegend geändert hätten; nicht einmal die Auswüchse im Heiligenkult und Wallfahrtswesen wurden von den Verfechtern des neuen Evangeliums sofort beschnitten.[5] Bis in die 60er Jahre des 16. Jahrhunderts hinein gab es trotz der sich abzeichnenden Konfessionsgrenzen allgemein ein Nebeneinander altkatholischer und neuer Glaubenspraktiken. Nicht alle Kirchen und Gemeinden wandten sich in gleicher Form dem neuen evangelischen Glauben zu, vor allem wurde in den einzelnen Kirchen die neue Botschaft kaum in reiner Form verkündet. Oft predigten noch lange Anhänger der alten und neuen Lehre neben- oder nacheinander; selbst im liturgischen Bereich gab es keine klaren Grenzen, schon früh existierte die deutsche Messe, aber auch noch lange das altgläubige Hochamt. Selbst in der Glaubenslehre, die offiziell verkündet wurde, mischten sich alte und neue Formen so sehr, daß Trennlinien nicht wahrnehmbar waren. Der neue Glauben war mit der Tradition so verquickt, daß eine Rückkehr zum alten Glauben ohne große Schwierigkeiten möglich blieb. Der Ruf nach der Hl. Schrift implizierte nicht in jedem Falle ein neues Glaubensverständnis, ähnlich wie etwa die Verteidigung der Jungfräulichkeit Mariens kein Zeichen eines bewußten Bekenntnisses zur alten Kirche war. Das eindeutig Protestantische schälte sich für die allgemeine Bevölkerung erst im Laufe der Zeit klarer heraus. Die Grenzziehung erfolgte zunächst über unterschiedliche Lehrmeinungen, später unterschieden die Konfessionen sich dann auch nach außen wesentlich durch ihre religiösen Praktiken.

Die Ursachen der Reformation festzumachen, ist äußerst schwierig. Das liegt nicht nur daran, daß wir es nicht mit einer einheitlichen Bewegung zu tun haben und die Gründe für den raschen Konfessionswechsel nicht kennen. Mit einfachen Krisenmodellen kann man dem komplexen Phänomen der Reformation nicht näherkommen, genauso wenig läßt sich der religiöse Aufbruch ausschließlich aus politischen und sozialen Konflikten ableiten. Vor allem bietet das Spätmittelalter keine eindeutigen Hinweise auf einen großen kulturellen Umbruch, der die Reformation einleitete, in kürzester Zeit eine ganze Gesellschaft zur reformatorischen Botschaft führte und die Straße zum Diskussionsforum für religiöse Themen werden ließ; eine ei-

2. *‚Danzig als gutes Schiff' im Schutze seiner Heiligen, um 1500*

gentliche Vorgeschichte oder Vorbilder gab es nicht. Man kann nur allgemein den Rahmen abstecken, innerhalb dessen die Reformation möglich wurde und der den triumphalen Sieg Luthers begreiflich macht. Zwangsläufigkeiten gab es nicht, über Annahme und Ablehnung entschieden oft Kleinigkeiten. Nur von einer beschränkten Zahl von Predigern wissen wir Näheres darüber, wie sie zur Reformation kamen, ohne daß dabei allerdings soziokulturelle Beweggründe offengelegt würden. Und in die Seele, in das Innenleben der Reformationsanhänger erhalten wir ohnehin keinen Einblick.[6]

Die Reformatoren vermitteln im Lichte der wiederentdeckten urchristlichen Heilslehre allesamt ein ungewöhnlich kritisches Bild der kirchlich-sozialen Wirklichkeit ihrer Zeit, wie sie vor allem die Papst- und Klerikerkirche präsentierte.

„Die Romanisten", heißt es bei Luther, „haben drei Mauern mit großer Behendigkeit um sich gezogen, womit sie sich bisher beschützt, daß sie niemand hat können reformieren, wodurch die ganze Christenheit greulich gefallen ist. Zum ersten: wenn man hat auf sie gedrungen mit weltlicher Gewalt, haben sie gesetzt und gesagt, weltliche Gewalt habe nicht Recht über sie, sondern wiederum: geistliche sei über die weltliche. Zum andern:

hat man sie mit der heiligen Schrift wollen strafen, setzen sie dagegen, es gebühre die Schrift niemand auszulegen denn dem Papst. Zum dritten: dräuet man ihnen mit einem Concilio, so erdichten sie, es könne niemand ein Concilium berufen denn der Papst. Also haben sie die drei Ruten uns heimlich gestohlen, daß sie mögen ungestraft sein, und sich in sichere Befestigung dieser drei Mauern gesetzt, alle Büberei und Bosheit zu treiben, die wir denn jetzt sehen ... nun helf' uns Gott und geb' uns der Posaunen eine, womit die Mauern Jerichos wurden umgeworfen, daß wir diese strohernen und papiernen Mauern auch umblasen und die christlichen Ruten, Sünde zu strafen, losmachen, des Teufels List und Trug an den Tag zu bringen, auf daß wir durch Strafe uns bessern und seine Huld wiedererlangen."[7]

Sicherlich bleibt es problematisch, aus diesen kritischen Äußerungen auf die gesamte Realität der spätmittelalterlichen Frömmigkeit und Kirchlichkeit zu schließen, aber eine gewisse Widerspiegelung religiöser Zustände vor der Reformation ist ihnen bestimmt nicht abzustreiten. Wenn wir die reformatorische Kritik wie den Diskurs um die Erneuerung der Kirche im Sinne der urchristlichen Botschaft betrachten, wobei auch zentrale Sozialbereiche berührt wurden – Kritik an der spätmittelalterlichen Kirche implizierte immer Kritik an den öffentlichen Zuständen –, so fallen viele zentrale Punkte auf, die allesamt die Reformation mitverursachten bzw. den Boden für reformatorische Kritik und Botschaft vorbereiteten. Einmal sind hier die unübersichtlichen kirchlichen Verhältnisse zu nennen. Der Allmacht der Papstkirche steht eine heterogene Klosterkultur gegenüber, während im Vergleich dazu das einfache Pfarreileben kaum offizielle Aufmerksamkeit fand. Die Papstkirche wurde immer kritisiert, ebenso das monastische Leben, wenn es sich von der Regel zu weit entfernte, doch gleicherweise sind vielfältig Reformversuche bekannt, die meist breite Resonanz fanden. Wenn auch nur wenige radikale Kritiker das Papsttum völlig ablehnten und die Klöster abschaffen wollten, waren doch viele Menschen aus finanziellen wie moralischen, religiösen und politischen Gründen gegen Papst und Mönchtum mobilisierbar. Das Konfliktfeld war breit. Aus ähnlichen Motiven entstand ein vergleichbar breites Konfliktfeld im Bereich der praktischen Frömmigkeit. Das Spätmittelalter war fromm, kirchlich gesonnen und erwartete auf vielfältige Weise Hilfe von der Kirche. Die offizielle Kirche kam diesen Bedürfnissen entgegen; zugleich gewährte sie einen beträchtlichen Freiraum für eigene Wege der Heilsfindung. Eine starke Sensibilität machte die ganze Gesellschaft für diese neuen Heilswege empfänglich. Daß man alle Heilsgüter gegen Entgelt bekam, widersprach nicht der religiösen Mentalität im Spätmittelalter, jeder Dienst mußte bezahlt werden. Die Akzeptanz dieser ‚Ökonomie des Sakralen' war wohl auch in der Stellung der Kleriker begründet. Sie hatten alle religiöse Macht inne, niemand bestritt ihre Kompetenz, während die Laien, die mit Stiftungen die Kirchen bereicherten,

Im M. D. Liiij. Jar den xj. Junij/ist dis gesicht/ oder zeychen/zum Blech fünff meyl von Nürmberg gelegen/gesehen worden der gestalt wie folget.

ERstlich hat man gesehen/ mitten in der Sonnen/ da steist auff gegangen/einen bludtigen oder feuri gen straim/welcher sich aber bald auß derselbigen gezogen hat. Nach diesem sein gesehen worden bla we stern/oder kugeln/inn der grösse/ als die gelten böden/welcher alles vol vom auffgang der Son ne herkommen ist. Darauff sind Reutter kumen/ mit blawen fen lein vber den waldt her/ auff den Blech zu/ alles vol. Die haben mit einander biß in zwo stunde auff vnd nider gerennet/ vnd mit langen spiessen gefochten/ Aber die sterne sind allezeyt für jnen her gefaren/auch sich herab biß auff die erden gelassen/vnd bis zu des Wirdts zaun der hinden am Marckt wonet/genahenet. Welches alles also schröcklich anzusehē gewesen/das die einwoner daselbst sich besorgt habē/es wer der Jüngste tag kumen. Da aber bede stern/vnnd Reutter gar nahe zum Marckt kumen sein/ hat es ein fallen/vnd rauschen geben/ als weñ etwas in ein wasser pflumpfet. Aber als balt hat sichs alles wider in die höhe gegen der Sonne gethun/vnd die Reutter wider angefangen/ wie vor/zustreiten bis in zwo stunde/vñ als den alles verschwunden.

Solches haben gesehen/ vnnd bezeugens auff jhre warheyt/ Leonhardt Kellner/der zeyt ein fronbot zu Nürmberg / welcher dazumal zum Blech gewesen/ auch der Pfarherr vnd gantze gemein daselbs/das es alles geschehen/vnd der gestalt ergangen ist.

Dieweyl aber an dieser Gottlosen/ Gottslesterischen Epicurischen welt/alles predigen/vnd zeichnen vergebens ist/ aber Got mit mehrerm gewalt/als je geschehen/an hymel/vnd erden/vnd allen Creaturē vber flüssig zeichnet/sollen alle Gotsförchtige frumme hertzen/so den HERRN lieben/ jnen solche gesicht/lassen befolhē sein/nach dem willen vnseres lieben Heylandes/vnd sich an den selbigen erinnern/was draus werden will/vñ wie sich zuhalten/ jnen nun ferners gebüren werde/nemlich es sey nun die rechte letzte haubtenderung für der hand/(sintemal solche gesicht zu allen zeyten Gottes zorn/ verwüstung/ vnnd enderung vber land/ leudt/vñ regiment gefüret/vnd angerichtet haben) in welcher dz schwerdt nicht vber ein volck/oder land kumen werd/ sondern in der/die gantze welt/vnd alle werck der selben/ sollen von Gottes zorn zerstöret/vnd verwüstet vñ mit ewigem fewr verschmeltzet vnd verbrennet werden. Derhalben vnsere heubter auff heben/ vnd munter sein sollen/ vnd weyl die zeyt für augen/vñ wir alle augenblick der letzten Posaunen gewarten müssen/vnd alles zergehn sol/wie sollen wir geschickt sein/mit heyligem wandel vnd gotseligem wesen/ auff das wir warten/vñ eilen zu der zukunfft des tages/des HERRN/in welchem der Hymel von fewer zugehn/vnd die Element für hitze zuschmeltzen werden.

¶ Getruckt zu Nürmberg durch Georg Merckel.

3. *Himmelserscheinung von Reitern bei Nürnberg, 1554*

keine eigenständige Rolle spielten. Dennoch: Als die Hl. Schrift stärker in den Vordergrund trat, war es nur eine Frage der Zeit, wann der Widerspruch von Monetarismus und Biblizismus offenkundig wurde.

Wenn man bedenkt, daß Stadtbürger und Landleute gleichzeitig um politische Mitsprache in ihren Kommunen kämpften, die weltlichen Herrschaften sowohl aus finanziellen wie machtpolitischen Gründen Zugriff auf die reichen Klöster und Kirchen suchten und schließlich immer wieder radikale Kleriker die Verweltlichung der Kirche wie des gesamten Lebens anprangerten, dann wundert es nicht, daß ein kulturelles Klima entstand, das für die ‚Reformation' empfänglich war. Hinzu kommt die Verbreitung der Renaissancekultur, die einerseits eine kirchenkritische Tradition des Spätmittelalters radikalisierte, andererseits einen reformerischen Kurs verfolgte mit einer besonderen Wertschätzung der ‚Quellen' des Christentums. Die ersten Anhänger Luthers und anderer Reformatoren kamen aus humanistischen Gelehrtenkreisen.

Aber all diese Voraussetzungen reichen nicht aus, den einsetzenden reformatorischen Aufbruch, der über alle Reformanliegen des Spätmittelalters hinausging und erstmals die ganze Gesellschaft erfaßte, zu erklären. Die Übersetzung in eine sozial-religiöse Massenbewegung, die schließlich auch die Bauern erreichte, wurde begünstigt durch fünf Besonderheiten:

Erstens ergriff in kürzester Zeit eine große Zahl von sprachgewaltigen und gebildeten Predigern das Wort für die Reform. Es handelte sich in der Regel um sehr fromme Männer, z. T. mit geradezu asketischer Lebensführung, die in öffentlichen Auftritten Zeugnis von ihrem Glauben ablegten. Ihre Botschaft überzeugte auch deswegen, weil sie mit ihrer ganzen Existenz ‚bürgten'. Ihre Leidens- und Verfolgungsgeschichte stabilisierte ihre öffentlich-soziale Stellung. Das gilt für Luther genauso wie für Bucer, Müntzer, Rothmann u. a. m.

Zweitens spielte die Verkündigung der christlichen Botschaft in der Muttersprache eine beträchtliche Rolle. In deutscher Sprache hatte man auch schon früher gepredigt, aber nun wurde gefordert, das klerikale Latein ganz zugunsten des für jedermann verständlichen Laiendeutschs abzuschaffen. Verbunden war damit die Möglichkeit, nicht nur am Glaubensdiskurs teilzunehmen, sondern ihn aktiv mitzugestalten. Daß bald die Forderung nach einer deutschen Messe folgte, wundert nicht. Als die Laien erst einmal aufgerüttelt waren, verlangten nicht nur die Täufer die Volkssprache auch im sakralen Bereich.

Drittens hätte die Reformation niemals eine derartig rasche Verbreitung finden können, wäre nicht der Buchdruck zum zentralen Medium der reformatorischen Verkündigung geworden. Ebenso wie die ‚billigen' Flugschriften gab es den Buchdruck schon länger, mit der Reformation jedoch nahm beides erst einen ungeahnten Aufschwung. Vor allem konnten nun selbst Predigten rasche Verbreitung finden und auch dort vorgelesen werden, wohin kein Reformator persönlich kam. Es gab keine reformatorische Richtung, die sich nicht dieses Mittels bediente, und es spricht für die ‚Modernität' der Bewegung, daß die katholische Kirche später mit denselben Mitteln arbeitete. Über den Buchhandel gelangten aber nicht nur Predigten an ein sich ausweitendes Publikum, sondern auch Programmschriften und Traktate. Wir wissen von der eminent wichtigen Rolle von Flugschriften in der Täuferbewegung und im Bauernkrieg; der gedruckte

Text wurde von allen Betroffenen gelesen und forcierte den intellektuellen Diskurs.

Viertens schuf auch der soziale Kontext vor allem in den Städten günstige Voraussetzungen für eine rasche Ausbreitung der Reformation. Hier gab es ein besonders aufnahmefähiges Publikum. Die Spannungen zwischen den Klöstern und den Stadtgemeinden spielten dabei ebenso eine Rolle wie der Anspruch der Gemeinden, ihre Geschicke einschließlich religiöser Belange mitzubestimmen. Gerade die gemeindliche Orientierung der frühen Reformation kam den bürgerlichen Interessen sehr entgegen; die Idee der Unmittelbarkeit, ohne eine priesterliche Zwischeninstanz Heil zu erlangen, hatte ein Pendant im Wunsch der Bürger, nicht mehr Untertanen zu sein und an der Herrschaft zu partizipieren. Jedenfalls schuf der ‚Emanzipations'-Wille der Bürger, später auch der Bauern, günstige Voraussetzungen für die evangelische Botschaft.

Fünftens präsentierten die Reformatoren ein klares und entschiedenes Programm, das die sozialen Probleme der Zeit mitbedachte und in seiner (religiösen) Radikalität alle Zuhörer und Anhänger zwang, sich zu entscheiden. Sowohl die Ungebildeten wie die Gebildeten, die Elite der Gesellschaft wie das einfache Volk, entdeckten in der reformatorischen Botschaft ein eigenes neues Glaubensprogramm. Die jeweiligen Unterschiede wurden bald von den Theologen, weniger von den Laien erkannt.

Von besonderer Bedeutung für die spezifische Form und Radikalität der Reformation war Luthers Auftritt und seine Botschaft. Luther war nicht nur das stärkste Sprachrohr des antiklerikalen Protestes, sondern zugleich der wortgewaltigste Prediger und Verkünder des neuen Evangeliums. Schon früh (1511/13) hieß es von ihm: „Der Můnch wird alle Doctores jrre machen, unnd ein newe lehr auffbringen, und die gantze Rômische Kirche reformieren. Denn er legt sich auff der Propheten und Apostel schrifft, und stehet auff Jesu Christiwort, das kan keiner weder mit Philosophey, noch Sophisterey, Albertisterey, Thomisterey unnd dem gantzen Tardaret umbstossen und widerfechten."[8] Vier Faktoren machten ihn zur zentralen und erfolgreichsten Figur der Reformation.

Luther war ein durch und durch religiös denkender und handelnder Mensch, der nicht, weil er aus sozialen Gründen unter der Kirche persönlich litt, zum radikalen Kritiker und Reformator der Kirche wurde, sondern weil er, auf der Suche nach einem gnädigen Gott, die Widersprüche der Kirche besonders stark empfand und ihre Lösung zu seiner Aufgabe machte. Luther war freiwillig Mönch geworden und leitete aus einer sozial starken Position, als angesehener Prediger und Professor der Theologie, sein Reformwerk ein. Er hätte sich auch als Mönch und Universitätslehrer zurückhalten und es dabei bewenden lassen können, aus einer akademischen Position die Kirche zu kritisieren und Reformen zu fordern. Aber Luther wurde Volksreformator, der aus seinem religiösen Drang heraus die christliche Kirche auf der

Basis des Wortes Gottes erneuern wollte und dafür alle seine Kräfte einsetzte. Dies gelang nur, weil er seine eigenen Probleme mit denen der Zeit zu verknüpfen verstand, d. h. weil das gemeine Volk in seinem Engagement ein glaubwürdiges Reformwerk und in seinem religiösen Ringen ein Zeugnis göttlicher Wirksamkeit erkannte. Nicht nur die einzelnen Kritikpunkte und die neue Lehre machten ihn zum Reformator, sondern seine durch und durch religiöse Argumentationsweise, auch dort, wo es um soziale Belange ging. Wie kaum ein anderer erkannte Luther die Zeichen der Zeit als Probleme der eigenen Existenz. Als ein angesehener, religiös motivierter Mönch revoltierte er.

Ein zweites kommt hinzu. Sosehr die Revolte Luthers einen bedeutenden soziokulturellen Wandel auslöste, war Luther selbst alles andere als ein Neuerer oder ein in die Moderne weisender Mensch. Zweifellos zeigt sein Werk moderne Elemente, nicht nur sein religiöser Subjektivismus, sondern auch seine Forderung nach Trennung von weltlichen und geistlichen Bereichen; dennoch präfigurierte seine alle Menschen bewegende große reformatorische Wirkung keineswegs die Moderne. Luther wollte eigentlich wie andere vor ihm nur urchristliche Zustände wiederherstellen. Seine mittelalterlich anmutende Suche nach einem gnädigen Gott, seine radikale Religiosität mitten in einer Zeit, in der sich moderne Strukturen erstmals herausbildeten, waren es, die seinem von jeder Säkularisierung freien Denken die revolutionäre Dynamik verliehen. Sein Konservativismus zeigt sich darüber hinaus im Zögern, soziale und praktische Konsequenzen aus der neuen Lehre zu ziehen: Luther brach mit Rom erst, als die Kluft längst unüberwindlich war. In seiner Theologie blieb er lange der mittelalterlichen Tradition verhaftet, so radikal er die Hl. Schrift als einziges Glaubensprinzip anerkannte: in der Sakramentenlehre wird dies besonders deutlich. Schließlich verzichtete er auf einen eigenständigen Aufbau ‚seiner' Kirche. Die Kirche ‚äußerlich' abzusichern, daran lag ihm wenig. Von den moderner denkenden Reformatoren Zwingli und Calvin unterschied sich Luther durch sein traditionsgebundenes Bewußtsein. Aber gerade dadurch verstand er es, breite Bevölkerungsschichten zu gewinnen, die überwiegend ebenso in der Tradition verwurzelt waren wie er selbst.[9]

Luther verstand sich drittens selbst nur als Erneuerer der Theologie und Kirche, hier wollte er gehört werden. Aber mit seiner Kirchenkritik berührte er unweigerlich zahlreiche soziale Probleme, darin lag die Brisanz seiner Verkündigung. Die Reflexion über das Klosterleben, über Heiligenverehrung und Wallfahrt, aber auch seine Überlegungen zum Gottesdienst implizierten soziale Aspekte. Sein ganzes Werk liest sich wie ein Sozialkommentar der Zeit. Er kritisierte die Obrigkeit und forderte sie zur Erneuerung der Kirche auf, gleichzeitig unterstützte er die Bauern, verlangte aber zugleich ihre Unterwerfung unter die Obrigkeit. Jedenfalls mischte er sich in alle Probleme der Zeit ein und bezog in allen Fragen eine mehr oder weniger klare Stellung. Weil sein Werk, selbst seine unmittelbar religiösen Schriften, stets auch nicht direkt religiös-kirchliche Belange thematisierte, hatte es eine Wirkung, die weit über das rein Religiöse hinausging. Bauern, Adlige und Städter sahen in ihm dementsprechend nicht allein einen religiösen Erneuerer, sondern einen Reformator im weitesten Sinne des Wortes; wenn auch Luther selbst diese Rolle nicht annehmen wollte, suchten doch die unterschiedlichsten Gruppen ihre Wünsche und Handlungen mit Argumenten Luthers zu legitimieren. Daß es dabei zu eklatanten ‚Mißverständnissen' kam, wundert nicht. Die Aneignung seines Werkes durch die verschiedensten Bevölkerungsgruppen konnte Luther selbst nicht steuern.

4. Papstspottbilder. Holzschnitt von L. Cranach mit Versen M. Luthers, 1545

Schließlich war für Luthers Erfolg auch verantwortlich, auf welche Art und Weise er die religiösen Fragen anging, vor allem welche Probleme der Zeit er als erste aufgriff. Vor diesem Hintergrund erscheint es fast selbstverständlich, daß Luther seine Auseinandersetzung mit dem Ablaßwesen begann, also an einer Stelle, an der die enge Verknüpfung von ‚verderbter' kirchlicher Finanzpolitik und veräußerlichter Frömmigkeit für jedermann am stärksten spürbar war. Daß die Ablaßthesen zunächst noch lateinisch abgefaßt und für ein gelehrtes Publikum konzipiert waren, und Luther selbst keineswegs das ganze Ablaßwesen verurteilte, ist nicht entscheidend, wohl aber die Tatsache, daß der Diskurs über die Werkfrömmigkeit, die Buße und die Gnade Gottes die Gemüter ungemein erregte und zu Grundsatzdiskussionen führte. Nachdem die Ablaßthesen „schier in vierzehen Tagen durch ganz Deutschland" liefen, versuchte die altgläubige Kirche, Luther „zu stillen und zu besänftigen. Wirst du dieses bald tun, so wird's hoffentlich nicht schwer sein, das erst entstandene Feuer zu dämpfen ... Wirst du aber verweilen ... so sorge ich, wir können alsdann kein Mittel mehr vorkehren, den Brand zu löschen."[10]

Nicht nur das Volk, sondern auch die offizielle Kirche begriff sehr rasch, worum es ging. Luther griff nicht nur einzelne kirchliche Praktiken und theologische Überzeugungen an – dies hatte es immer gegeben –, sondern ging aufs Ganze. Gegen die Hierarchie der Kirche und ihre Frömmigkeitspraxis stellte er ein neues Gesamtverständnis des Christentums, so diffus vieles noch blieb, und so wenig Luther mit der Tradition brechen wollte. Doch als die großen Reformationsschriften 1520 vorlagen, war die neue Lehre transparent genug. Mit der Aufstellung der Prinzipien sola gratia, sola scriptura und sola fide waren die entscheidenden Kampfbegriffe gegeben, die die ganze Bevölkerung von Luther aufnahm, was auch immer sie darunter verstand. Luthers Auftritte und seine spezifische Botschaft haben den Nerv der Zeit mehr getroffen und waren damit ungleich wirksamer als die Bemühungen aller anderen Reformatoren.

Von besonderer Dynamik für den reformatorischen Aufbruch erwies sich die Hervorhebung des Wortes Gottes als Grundlage jedes religiös-kirchlichen Lebens.[11] Sicherlich spielte die Hl. Schrift stets eine Rolle, in der mittelalterlichen Kirche und vor allem in der Mystik; auch war der Ruf der Humanisten nach einer Rückkehr zu den Quellen des Christentums nicht ohne Wirkung geblieben. Aber die Dimension und Bedeutung, die die Hl. Schrift, das Evangelium, das Wort Gottes durch die Reformation erlangte, waren bisher unbekannt. Die Rückbesinnung auf sie wurde zum Prinzip der Reformation, in der Auseinandersetzung mit der Papstkirche genauso wie in Abgrenzung zur scholastischen Lehrtradition und in der Glaubenspraxis. Im Licht der Hl. Schrift erkannten die Reformatoren und ihre Anhänger im römischen Christentum ihrer Zeit Verfall, Veräußerlichung und Verderbtheit der universalen Kirche. Mit der Hl. Schrift sagte man nicht nur der Scholastik den Kampf an, sondern vor allem jener kirchlichen Tradition und Autorität, die jede religiöse Unmittelbarkeit zugunsten einer kirchlichen Bevormundung unterbanden und die Menschen damit der göttlichen Wahrheit entfremdeten. Durch die Rückkehr zur göttlichen Botschaft sollten alle Menschen wieder an Gottes Wort unmittelbar teilhaben, aus ihm Heil und Trost erhalten. Außerhalb des Wortes Gottes in der überlieferten Schrift gab es keine Autorität. Aufgabe der Kirche war es lediglich, das Evangelium auszulegen und allen Menschen zu übermitteln.

Das Schriftprinzip, die ausschließliche Orientierung der Christen und der Prediger an der Hl. Schrift und der in ihr verborgenen Wahrheit Gottes, galt für alle religiösen Bewegungen der Reformationszeit von Luther bis zu Zwingli, von Müntzer bis zu den Täufern. Jeder berief sich auf die Schrift und suchte eine Erneuerung des Christentums auf ihrer Grundlage. Nur in der Offenbarung des göttlichen Wortes sah Luther sein Ziel und die Grundlage seines Erfolges:

„Ich habe allein Gottes Wort getrieben, gepredigt und geschrieben, sonst habe ich nichts getan. Das hat ... also viel getan, daß das Bapsttum also schwach worden ist, daß ihm noch nie kein Fürst noch Kaiser so viel abgebrochen hat. Ich habe nichts getan, das Wort hat es alles gehandelt und ausgericht ... Ich hab das Wort lassen handeln.“[12] Und Thomas Müntzer schrieb 1521: „(Die Pfaffen) schließen die Schrift zu und sagen, Gott darf nicht in eigener Person mit dem Menschen reden. Wo (aber) der Same auf den guten Acker fällt, das ist in die Herzen, die der Furcht Gottes voll sind, das ist dann das Papier und das Pergament, darein Gott nicht mit Tinte, sondern mit seinem lebendigen Finger schreibt (als in) die rechte heilige Schrift, die die äußere Bibel (dann) recht bezeugt. Und es ist auch kein gewisseres Gezeugnis, das die Bibel wahrmacht, als die lebendige Rede Gottes, da der Vater den Sohn im Herzen des Menschen anspricht.“[13]

So unterschiedlich das Bibelverständnis bei den verschiedenen Reformatoren war, so war doch für alle die Hl. Schrift die zentrale Quelle des Christentums, auf die das christliche Leben sich zu beziehen hatte.

Das Bekenntnis zur Ausschließlichkeit der Hl. Schrift barg eine revolutionäre Kraft in sich, die alle Menschen berührte. Im Namen der Schrift wurden Papstkirche und Pfaffenherrschaft nicht nur als unevangelisch, sondern als antichristlich bekämpft. Der wahrhaftig christliche Prediger war nur Ausleger des Wortes Gottes und mußte sich auf dieser Basis jeden religiösen Herrschaftsanspruchs enthalten. Alle alten Frömmigkeitspraktiken wurden im Namen der Schrift abgeschafft, der Himmel konnte nicht durch fromme Werke, sondern allein durch den Glauben an das Wort gewonnen werden. Nur die Verkündigung bzw. das Hören des Wortes Gottes sowie das Erinnerungsmahl während des Gottesdienstes galten noch als biblisch. Und weil die Hl. Schrift im Mittelpunkt der erneuerten christlichen Kirche stand, sollte jeder die Bibel selbst lesen und ohne Vermittlung der Gnade Gottes teilhaftig werden. Die Rechtfertigung durch diese göttliche Gnade, die Nachfolge Christi und die Verchristlichung des alltäglichen Lebens: das waren die ‚Essentials' aller reformatorischen Lehren. Der Glaube war ein Geschenk der Gnade Gottes, sollte aber Früchte bringen. Schließlich bildete die urchristliche Gemeinde das Modell der neuen Kirche, in der jeder Christ gleichwertiges Mitglied war; die Unterordnung der Gläubigen unter die Herrschaft der Kleriker sollte ein Ende haben. Sowenig alle diese aus der Bibel allgemein abgeleiteten Prinzipien immer aufrecht zu halten waren, sosehr glaubten doch alle Reformatoren an ein gereinigtes Christentum. In seinem Namen fanden sie viele Anhänger, ja durch die frühreformatorischen Utopien wurde eine ganze Gesellschaft motiviert, sich der neuen Bewegung anzuschließen.

Waren sich alle reformatorischen Kräfte im Kampf gegen die Papstkirche einig, so unterschieden sie sich doch bald in der Auslegung und Gewichtung der evangelischen Botschaft. Dies lag nicht nur am sozialen Kontext der Reformatoren – das Aktionsfeld von Luther unterschied sich wesentlich von dem Zwinglis –, sondern auch an der Wirkmächtigkeit der altgläubigen Kirche und Frömmigkeit, in deren Umfeld sich der reformatorische Aufbruch vollzog. Unter diesen Umständen wundert es nicht, wenn die Hl. Schrift auch hinsichtlich ihrer sozialen Relevanz höchst unterschiedliche Auslegungen erfuhr. Während die Lutheraner die Wirkkraft des Wortes Gottes allein auf den Glauben bezogen, ohne dabei unmittelbar den Alltag zu berühren[14] – selbst die Neuorganisation der Kirche nahm man ungern in Angriff –, bekannten sich die Täufer nicht nur zu einer Reformation der Lehre und des Glaubens, sondern vor allem des Lebens, für das allein die Schrift als sittlich-moralischer Maßstab herangezogen wurde.[15] Ermöglichte das Schriftverständnis Luthers einen Kompromiß mit der realen Welt, ohne mit der obrigkeitlich strukturierten Welt in Konflikt zu geraten, so separierte das Schriftverständnis die Täufer von der Welt. Im Gegensatz dazu versuchten die Bauern, christliche Prinzipien im konkreten sozialpolitischen Leben zu realisieren, also nicht nur sozial-materielle Forderungen biblisch zu begründen, sondern eine neue evangelische Ordnung auf der Grundlage der Hl. Schrift zu errichten.[16] Die drei Beispiele illustrieren unterschiedliche Möglichkeiten der Auslegung der Hl. Schrift als des Wortes Gottes, aus ihr ergaben sich die gegensätzlichsten Vorstellungen über ein christliches Leben.

Die reformatorische Botschaft verbreitete sich – mehr oder weniger radikal – ungewöhnlich rasch. Weder in Städten noch in (Landes)Herrschaften gab es ein einheitliches Muster für die Einführung der Reformation.[17] Die ersten Anhänger fand Luther unter den Klerikern, speziell denen seines Ordens, dann auch unter den Humanisten, die sich zum Teil jedoch wieder von ihm abwandten, als die Reformation zur Massenbewegung wurde.

Schnell überschritt der reformatorische Aufbruch den gelehrten Rahmen, vor allem in den Städten begannen Prediger und Prädikanten vor einem breiten Publikum ‚lutherisch' zu reden.

Es dauerte freilich oft recht lange, bis es zur offiziellen Einführung der Reformation in einzelnen Gemeinden kam. Die Art des Vollzugs hing weitgehend von der Verfassungsstruktur und der politisch-kulturellen Situation in der jeweiligen Stadt ab. Sie konnte mit Unterstützung der Ratsobrigkeit erfolgen wie in Nürnberg, wodurch alle sozialen Spannungen gewissermaßen von oben kanalisiert wurden.[18] Häufig erfolgte sie aber auf Druck der Bürgerschaft, wobei dann die reformatorische Bewegung eng mit der Opposition der Bürger gegen die Ratsherrschaft verknüpft und so zu einem Vehikel kommunalen Selbstverständnisses wurde. In der Regel ging die Initiative von einem populären Prediger aus, oder reformatorisch gesinnte bürgerliche Laien behaupteten sich gegen den Widerstand der Altgläubigen und stellten einen auswärtigen Prädikanten ein. Die landesherrliche Obrigkeit schaltete sich überall relativ spät ein, allerdings gab es auch Staaten und Herrschaften, in denen jeder reformatorische Versuch scheiterte.[19] Zumeist lag die definitive Entscheidung in den Händen der Honoratiorenschicht oder eines bürgerlichen Ausschusses. In der Anfangsphase jedoch fand die Einführung fast immer auch die Unterstützung einfacher Leute, d. h. von Laien, die als mündige Christen der lutherischen Maxime vom allgemeinen Priestertum folgten und sich aktiv um ihr Seelenheil kümmerten. Gegen das Volk war eine Entscheidung kaum durchzusetzen. Jedenfalls spielten bei der ‚Reformierung' einer Gemeinde der Rat, die Kleriker und die Bürger je ihren Part, der extrem unterschiedlich ausfallen konnte. Eine Normierung der Reformation erfolgte erst unter dem obrigkeitlichen Druck einer einheitlichen Konfessionsbildung.

In der reformatorischen Bewegung spielte von Anfang an der intellektuelle Diskurs eine große Rolle, ging es doch vorrangig um eine verbale Auseinandersetzung mit der alten Kirche und die Verkündigung der reinen Lehre. Das Wort, die rhetorische Kontroverse und die Lektüre waren entscheidend. Der Streit erreichte bald alle Bevölkerungskreise und wurde nicht nur auf dem Höhepunkt der Reformation, in den Jahren 1520–24, in der Kirche, auf der Straße, im Gasthaus und in den heimischen vier Wänden ausgetragen.[20]

Eine entscheidende Voraussetzung für die rasche und weite Verbreitung der Reformation war, wie bereits erwähnt, der Buchdruck. Von 1518 bis 1519 stieg die jährliche Produktionszahl von 200 auf 900 Flugschriften-Titel. Luther zählte von Anfang an zu den großen ‚Erfolgsautoren', und alle seine Schriften wurden ihm geradezu aus der Hand gerissen. In der kleinen Universitätsstadt Wittenberg waren allein sieben Buchdrucker mit der Produktion seiner Werke beschäftigt. Einen Rekord erreichten die drei Refor-

5. Allegorie auf Gesetz und Gnade. Gemälde von Lukas Cranach d. Ä. und Werkstatt nach 1529

mationsschriften vom Jahre 1520 („An den christlichen Adel deutscher Nation"; „Von der babylonischen Gefangenschaft der Kirche"; „Von der Freiheit eines Christenmenschen"). Als Luther sich 1521 auf dem Wormser Reichstag rechtfertigte, waren seine Schriften nach heutiger Schätzung in einer halben Million Exemplaren verbreitet. Genaue Zahlen sind kaum zu ermitteln, da die Auflagenhöhe einer Schrift nur teilweise, die der zahlreichen Nachdrucke gar nicht bekannt ist. Besser sind wir über die

Bibelübersetzungen unterrichtet, die ja zur Verbreitung der lutherischen Lehre höchst wichtig waren. Bis zu Luthers Tod 1546 gab es 340 hochdeutsche Ausgaben zu je 2000 Auflageexemplaren, d. h. bis Mitte des 16. Jahrhunderts waren rund 750000 Bibeln entweder vollständig oder in Teilen publiziert worden.[21]

Besonders wichtig für die Ausbreitung der Reformation war der Vertrieb von Flugblättern und Flugschriften. Hier ging es nicht nur um Verbreitung von Lehren, sondern vor allem um parteiische Stellungnahmen. 1523/24 erreichte die Produktion von Flugschriften einen Höhepunkt. Mittlerweile nahmen alle religiösen Gruppen am Disput um die richtige Auslegung der christlichen Botschaft teil, auch die Altgläubigen. Selbst die Täufer scheuten sich nicht, das neue Medium in den Dienst ihrer Lehre zu stellen. Von besonderer Wirkung waren die zahlreichen Flugblattillustrationen, die zumeist das radikal Neue darstellten; auch sie geben Auskunft über die Intensität des reformatorischen Diskurses.

Die reformatorische Botschaft wurde mit wenigen Ausnahmen nicht einfach von der Obrigkeit verkündet. Ehe es zur offiziellen Festlegung und zur Einführung der neuen Lehre kam, gab es zumeist ein langes Hin und Her zwischen den Parteien der Altgläubigen und der Evangelischen, die sich gegenseitig Verrat am Gotteswort oder Ketzerei vorwarfen. Zumeist verfügten die Evangelischen über die wortgewaltigeren Redner, die breitere Kreise ansprachen und zu mobilisieren verstanden. Sehr häufig hören wir von Gottesdienststörungen und regelrechten Aufläufen in der Kirche. Bevor aber Gotteshäuser den Evangelischen überlassen bzw. alle Kirchen der Herrschaft einer Glaubensrichtung überantwortet wurden, kam es oft zu einem öffentlichen Disput, in dem ein mehr oder weniger rationaler Diskurs über die Gültigkeit einer Lehre entscheiden sollte.[22] Theologische Diskussionen hatte es immer gegeben, aber sie vollzogen sich außerhalb der Öffentlichkeit unter Gelehrten und hatten noch nie die Kirche als Ganzes betreffende Fragen zum Thema. Mit der Reformation änderte sich diese Praxis radikal, nun sollte über die Annahme oder Ablehnung einer neuen Lehre öffentlich unter Teilnahme von Laien entschieden werden. Zwar haben diese Disputationen nichts mit einem modernen Meinungsaustausch gemein, sie gleichen eher den zeitgenössischen Rede-Duellen, aber immerhin war hier erstmals die ‚Kompetenz' einer großen Laienöffentlichkeit gefragt. Der Glaube war damit nicht mehr Sache der Institution Kirche, sondern aller Christen.

Die erste große Disputation fand in Leipzig 1519 statt, auf der Vertreter der altgläubigen Lehre, vor allem der Ablaßverteidiger Eck, sich Luther und Karlstadt aus Wittenberg stellten. Auch wenn sich Luther keineswegs als eindeutiger Sieger erwies, wurde doch die Leipziger Disputation zum Vorbild vieler öffentlicher Auseinandersetzungen und Religionsgespräche in der Reformationszeit.[23] Entschieden erfolgreicher für den neuen Glauben verlief die große Disputation von Zwingli in Zürich 1527, zu der der Rat aufgerufen hatte, um den Religionsstreit zu beenden. Vor 600 Gästen konnte Zwingli sich eindeutig und blendend behaupten, so daß der Rat die Einführung der Reformation beschließen konnte.

„Es sollen auch alle Leutpriester, Seelsorger, Prediger in ihren Städten, Ländern, Herrschaftsgebieten nichts anderes predigen, als was sie mit dem heiligen Evangelium und überdies mit den göttlichen Geboten belegen können. Ebenso dürfen sie einander in Zukunft nicht mehr beschimpfen und als Ketzer bezeichnen. Weiterhin würde man mit denjenigen, die sich hierin als ungehorsam erweisen, derart verfahren, daß sie ihr Unrecht erkennen würden."[24]

Die Institution der öffentlichen Dispute kennen wir aus vielen Städten Oberdeutschlands, aber auch aus dem Einflußbereich der lutherischen Reformation. Selbst die täuferische Wende in Münster vollzog sich über eine öffentliche Disputation. Hier unterlagen die Lutheraner den radikalen Verfechtern täuferischer Ideen.[25]

Die intellektuelle Auseinandersetzung über die christliche Kirche, den wahren Glauben und die reine Lehre war sicherlich ein zentraler Faktor des reformatorischen Aufbruchs, an dem alle Stände und Gruppen entsprechend ihren Voraussetzungen teilnahmen, Adlige, Bürger wie Bauern. Überall wurde in den Kirchen, auf den Straßen, in Gasthäusern und zu Hause diskutiert, aber trotz all dieser religiösen Diskurse darf nicht vergessen werden, daß sich die Sprache der Reformatoren und das Verhalten der breiten Massen nicht unbedingt deckten. Über diese mehr oder weniger intellektuelle Auseinandersetzung hinaus gab es andere Formen der Stellungnahme, die ein Bekenntnis zur Reformation bzw. eine Ablehnung der altgläubigen Kirchenpraxis signalisierten.[26] Die katholische Messe und der Heiligenkult wurden boykottiert, die evangelische Lehre mit Straßenaufläufen gefeiert. Auch wenn es im deutschen Raum nicht allzu häufig zu einem rigorosen Bildersturm und zu radikalen Gewaltakten gegen die Pfarrer kam, verlief die Auseinandersetzung zwischen Altgläubigen und Reformierten alles andere als still und sachlich.

Aus Leipheim in Oberschwaben heißt es 1524: „Eß understunden sich etlich gottloß lewt, was sy kunden und möchten, die briesterschaft zu schmechen und schenden mit schantlichen liedern zu singen auf der gassen vor den heusern, sich an söllichem nit benüegen, sunder got den almechtigen, dergleichen dan nach ordnung der heyligen, cristenlichen kirchen zu weychennachten, so man das newgeboren kindlin eret mit sundrem gesang lateynisch und teutz, desselbug verkerten sy in das allerschantlichest, truben iren spott daraus, alß des ‚puer natus resonet omnis mundus' und andre lobgesang. Desgleichen den bapst, cardinel, buschof, briester, minch, nunnen auf das allergröbest geschent. Da dieselben iren mutwillen wol verprachten, schant und schmach woll an tag kam, da verbott maß, nit mer zu singen."[27]

Es war eine extrem aufgeregte und aufregende Zeit, zumindest so lange, bis die jeweiligen Obrigkeiten ihr Bekenntnis festschrieben, Kirchenordnungen erließen und durch Visitation und andere Mittel eine homogene und ruhige Gemeinde schufen. Die Entwicklung einer reformatorischen Öffentlichkeit, in der die verschiedensten Meinungen aufeinanderprallten, die Reformatoren überzeugen mußten, um Mehrheiten zu gewinnen, und die

Obrigkeit nicht allein entschied, endete spätestens in den 30er Jahren des 16. Jahrhundert. Sicherlich spielte das Fiasko des Bauernkriegs eine nicht unwesentliche Rolle bei der Verhärtung der reformatorischen Fronten. Von einer generellen Verstaatlichung der Reformation aber kann vor diesem Hintergrund nicht gesprochen werden.

2. Freiheit des Christenmenschen: der neue Glaube

Die Freiheit des Christenmenschen war ein Schlachtruf aller Reformatoren, er verkündete nicht nur einen neuen Glauben, sondern verhieß auch eine neue Existenz. Gerade weil die neue Lehre über rein kirchlich-religiöse Angelegenheiten hinausging, die letztlich unabhängig vom Alltag des Menschen existierten, indem sie allgegenwärtige Probleme, die alle Lebensbelange betrafen, thematisierte, richteten sich die Hoffnungen aller auf die Realisierung der ‚Freiheit des Christenmenschen', ganz gleich, was ein jeder darunter verstand.

Die Reformation sprach keineswegs immer von etwas revolutionär Neuem, durch sie aber bekam das Evangelium einen neuen Klang und eine neue Dimension. Die religiöse Selbstbestimmung, die aus dem Wunsch nach Unmittelbarkeit zu Gott hervorging, war eine der zentralen Ideen der Reformation.[1] Sie wurde zwar schon in spätmittelalterlichen mystischen und sektiererischen Bewegungen artikuliert, blieb aber hier auf eine kleine Elite beschränkt. Erst in der Reformationszeit wurde sie zum zentralen Thema aller sich als mündig verstehenden Christen. Das galt für alle Neugläubigen von Luther bis zu den Täufern, die vor allem das Verlangen nach einer unmittelbaren Auseinandersetzung mit der göttlichen Botschaft und nach einem individuellen Bekenntnis zum Glauben miteinander verband. Zwar wurde mit der Etablierung des reformatorischen Bekenntnisses in der Hochkirche die Idee der religiösen Selbstbestimmung stückweise wieder zurückgenommen, und die Anpassung an die neue kanonisierte Norm schloß sie gar aus, aber dennoch wurde im Protestantismus das Programm der religiösen Selbstbestimmung prinzipiell immer wachgehalten. Davon zeugen die vielen Dissidentengruppen.

Die Forderung nach religiöser Selbstbestimmung war in der Reformation eine revolutionäre Kraft, mit der vor allem die katholische Papst- und Klerikerkirche attackiert wurde. Sie habe, so lautet der Vorwurf, die christliche Idee nicht nur schlecht verwaltet, sondern sogar ins Gegenteil verkehrt, sie verdorben durch die scholastische Philosophie und das kanonische Recht und durch die Priesterschaft den Menschen von Gott entfremdet.

Drei zentrale Kritikpunkte werden immer wieder genannt. Einmal habe sich eine Klerikerschicht angemaßt, zwischen Gott und den Menschen zu vermitteln und dabei eine Hierarchie mit einem Papst an der Spitze errichtet, die, statt das Christentum zu präsentieren, sich auf unselige Weise mit den weltlichen Mächten vermengte, ja selbst als eine weltliche Macht auftrat. Sie habe das Christentum bzw. die christliche Botschaft für weltliche Herrschaftsinteressen mißbraucht. Zum anderen monopolisiere sie die christliche Lehre und überforme sie so mit kirchlichen Lehrmeinungen, daß der christlich-biblische Kern verdunkelt worden sei. Dementsprechend verkünde die Kirche auch nicht mehr die wahre biblische Lehre, sondern eine kirchliche Lehre, die mit Gottes Wahrheit nichts zu tun habe. Zwischen die Hl. Schrift und ihre Offenbarung und den Menschen sei die kirchliche Tradition getreten. Schließlich habe die Kirche ein von ihr verwaltetes System von Sakramenten und Sakramentalien errichtet, das jeden unmittelbaren Verkehr mit Gott ausschließe; nicht Gott, sondern die Kirche spende Segen und Heil. Nicht nur dadurch entfremde die Kirche den Menschen von dem alle Gnade gewährenden Wort Gottes. Dadurch werde der Laie von jeder Mitwirkung ausgeschlossen, die unvermittelte Botschaft Gottes bleibe ihm vorenthalten.

Die Forderung nach religiöser Selbstbestimmung, nach Unmittelbarkeit, stellte in letzter Konsequenz die Papstkirche überhaupt in Frage, sosehr immer wieder ‚nur' von Reform die Rede war. Die katholische Kirche war im Prinzip keineswegs zu allen Zeiten gegen jede religiöse Selbstbestimmung – wir erinnern an die mittelalterliche Mystik, vor allem an Meister Eckart und Tauler –, machte sie aber nur für ‚Rand'gruppen möglich. Im Gegensatz dazu wurde die religiöse Selbstbestimmung jedes Christen ein Prinzip des neuzeitlichen Protestantismus, sosehr diese Forderung in der Praxis bald wieder eingeschränkt wurde.

Diese evangelische Selbstbestimmung äußerte sich nicht nur in der Kritik an der altgläubigen Kirche. Jeder sollte zur Hl. Schrift als der Hauptquelle der christlichen Botschaft geführt werden ohne die Vermittlungsinstanz der Kirche, alle Christen sollten sie unmittelbar hören oder lesen, denn in ihr allein zeige sich die göttliche Wahrheit unmittelbar. Zweifellos konnte man auf Prediger und Pfarrer nicht verzichten, auch konnten nur die wenigsten aufgrund ihrer Lesebefähigung der Aufforderung zur Bibellektüre folgen, dennoch liegen hier Wurzeln des religiösen Subjektivismus. Luther las die Bibel anders als die Täufer oder die Spiritualisten. Selbstbestimmung hieß allerdings auch, daß jeder sich mit dem Glauben auseinanderzusetzen hatte, jedes Glaubensbekenntnis setzte eine subjektive Entscheidung voraus, erst diese machte den wahren Christen aus. Innerhalb der reformatorischen Kirche haben allein die Täufer dieses Prinzip durchsetzen können, bezahlten diese Freiheit aber mit Separation und Verfolgung. Auf jeden Fall war dem Protestanten sein Glaube nicht leichtgemacht.

Zwar kehrten mit der Neukonsolidierung der Kirchen traditionelle Verhaltensweisen weitgehend wieder, aber es wurde stets auf die Notwendigkeit des subjektiven Bekenntnisses hingewiesen. Schließlich forderte das Gebot der Selbstbestimmung ein hohes Maß an Gewissensbildung.[2] Eine Berufung

Ein newer Spruch / Wie die Geystlicheit vnd etlich Handtwercker vber den Luther clagen.

Der geitzig clagt auß falschem můt /
Seit jm abget an Eer vnd Gůt.
Er zürnet / Dobet / vnde Wůt /
Jn dürstet nach des grechten plůt.

Die warheit ist Got vnd sein wort /
Das pleibt ewiglich vnzerstort.
Wie ser der Gotloß auch rumort /
Gott bschützt sein diener hie vnd dort.

Der Grecht sagt die Gotlich warheit /
Wie hart man jn veruolgt / verleit.
Hofft er in Gott doch alle zeit /
Pleibt bstendig in der grechtigkeit.

B. 26

Die clag der Gotlossen.

Hör vnser clag du strenger Richter /
Vnd sey vnser zwitracht ein schlichter.
Eh wir die hend selb legen an /
Martin Luther den schedlich man.
Der hatt geschriben vnd gelert /
Vnd schir das gātz Teütsch land verkert.
Mit schmehen / lestern / nach vnd weit /
Die Erwirdige Gaistlichait.
Von jren Pfrunden / Rent vnd zinst /
Vnd verwürfft auch jren Gotzdinst.
Der Våtter gepot / vnd auffsetz /
Hayßt er vnnütz / vnd menschen gschwetz
Helt nichts von Aplaß vnd Fegfewr /
Die Meß kum̄ auch kaint Sel zu stewr.
All Kirchen Pew / zir / vnd geschmuck /
Veracht er gar / er ist nit cluck.
Des clagen die Prelaten ser /
Pfaffen / Münch / Stationirer.
Glockengiesser vnd Organisten /
Goltschlager vnd Illuministen.
Hādtmaler / Goltschmit vn̄ bildschnitzer
Ratschmit / Glaßmaler / seydensitzer.
Stainmetzen / Zim̄erleüt Schreiner /
Paternoster / Kertzen macher.
Die Permenter / Singer vnd Schreyber /
Fischer / Zopffman vnd Pfaffen Weyber.
Den allen ist Luther ein bschwert /
Von dir wirt ein Vrteil begert.
Sunst werde wir weiter Appelliern /
Vnd dem Luther die Prend recht schirn /
Můß Primen / oder Reuocirn.

Antwort .D. Martini.

Actuum.1. O du erkenner aller hertzen /
Hör mein antwort des ist kein schertzen.
Die schreyen fast ich thůn mich jrren /
Vnd wöllen doch nit Disputirn.
Sonder mich mit worten schrecken /
Jn thut we das ich thu auff deckn.
Jr grossen geytz vnd Simoney /
Jr falsch Gotzdinst vnd Gleissnerey.
Jr Bannen / Auffsetz vnd gepot /
Vor aller welt zu schand vnd spott.
Mit deinem wort / das ich denn ler /
Nun jn abgeet an gut vnd Eer.
So kunden sy dein wort nit leiden /
Dunt mich schelten / hassen vnd neiden.
Wenn ich hett gschriben vnd gelert /
Das sich jr Reichtumb het gemert.
So wer kein bessrer auff gestandn /
Jn langer zeit in Teutschen Landn.
Dis ist auch die vrsach ich sag /
Das gegen mir auch stent in clag.
Der Hantwercks leüt ein grosse zal /
Den auch abgeet in disem val.
Seyt diß Apgötterey entnimpt /
Also seynd vber mich ergrimt.
3.Regū.18. Von erst des Baals Tempel knecht /
Den jr jarmarck thut nimmer recht.
Actuū.19. Vnd Demetrius der werckman /
Dem sein handtwerck zu ruck wil gan.
Her durch dein wort das ich thů schreibn /
Jr diSen soll mich nitt abtreibn /
Bey deinem vrteil will ich pleiben.

Hans Sachs Schuster.

Das Vrteil Christi.

Joānis.5. Das mein gericht das ist gerecht /
Nū merck vermaints gaistlichs geslecht.
Was ich euch selb beuolhen han /
Das jr in die gantz welt solt gan.
Mar. vltio. Predigen aller Creatur /
Das Euangeli rain vnd pur.
Dasselbig hant jr gar veracht /
Vnd vil newer Gotzdinst auff pracht.
Mathei.15. Der ich doch kein geheissen hab /
Vnd verkaufft sie vmb gelt vnd gab.
Mit Vigil / Jartåg vnd Selmessen /
Math.23. Den witwen jr die hewser fressen.
Vnd verspert auch das Himelreich /
Jr seyt den Doten grebern gleich.
Vn̄ schlacht zu dot auch mein Prophetn /
Der gleich die Pharíseer thetten.
Also verfolgt jr die warhait /
Die euch teglichen wirt geseit.
Luce.13. Vnd so jr euch nit pessern wert /
Jr vmkum̄en. Darumb so kert.
Von ewerm falschen widerstreit /
Dergleichen jr handtwercks leyt.
Die jr mein wort veracht mit trutz /
Von wegen ewerß aygen nutz.
Vnd hört doch in den worten mein /
Mathei.6. Das jr nit solt sorgfeltig sein.
Vmb zeitlich gůt / geleich den Haydn /
Sonder sucht das Reich gots mit freudn.
Das zeitlich wirt euch wol zufalln /
Sunst wert jr in der hellen qualln /
Das ist mein vrteil zu euch alln.

6. *Ein newer Spruch / wie die Geystlichkeit vnd etlich Handtwercker uber den Luther clagen. Flugblatt, Holzschnitt von Hans Sebald Beham, um 1525*

auf außerbiblische Rechtfertigungsgründe war kaum mehr möglich, Heilige als Vorbilder gab es nicht mehr, es blieb als lebensweltlicher Bezugspunkt nur die Hl. Schrift und das aus ihr gespeiste Gewissen. Konkrete Regeln und Gesetze widersprachen dem evangelischen Christentum, wenngleich sie rasch gewünscht und in Form von Kirchenordnungen kodifiziert wurden. In schwierigen Lagen mußte der evangelische Christ nach seinem Gewissen entscheiden, es wurde zur Autorität seines Lebens. Die zahlreich erhaltenen Verhörsprotokolle von ‚Ketzern' zeigen das hohe Maß an eigener Entscheidung und Gewissensbildung, das es bereits im Zusammenhang der Reformation gab.

Die Forderung nach religiöser Selbstbestimmung förderte zweifellos den Subjektivismus, überhaupt einen religiösen Individualismus, und implizierte damit beträchtliche soziale Folgen. Sie stärkte in einem hohen Maße die Idee der Gemeindeautonomie, sowohl im religiösen wie im politischen Sinne. Im Bestreben der städtischen Protestbewegungen und auch des Bauernkriegs nach mehr Einflußmöglichkeit in den Gemeinden, vor allem auf die Pfarrerwahl und die Einführung des wahren Evangeliums, erkennen wir die religiöse Selbstbehauptungsidee der Reformatoren wieder. Damit wurden zwar kaum demokratische Tendenzen gefördert, aber der frühneuzeitliche Kommunalismus hat zu Beginn der Reformation einen heftigen Auftrieb erhalten.[3] Überall, wo es galt, Gruppeninteressen zu wahren, wurden durch die Reformation kräftige Impulse verzeichnet. Damit leistete die Reformation ein Stück Selbstbefreiung, sowohl bei den Bauern wie bei den Stadtbürgern. Mit der späteren Verherrschaftlichung der Kirche und der Disziplinierung der Gläubigen ging die Utopie allerdings für die meisten wieder zu Ende.

Ein zweiter Glaubensgrundsatz der Reformation, der das Selbstverständnis der Gesellschaft unmittelbar betraf, war der des allgemeinen Priestertums, der vollen Mündigkeit des christlichen Laien. Er hatte zumindest intentional beträchtliche Konsequenzen für den einzelnen.

Die mittelalterliche Kirche kannte eine scharfe Trennung von Klerikern und Laien. Während die Laien zu Gottesfurcht, kirchlichem Gehorsam und weltlicher Arbeit verpflichtet waren, zählten die Kleriker zu den gottbegnadeten Menschen, die, durch die Priesterweihe hervorgehoben, nicht nur die kirchlichen Heilsgüter verwalteten und das Monopol der Glaubensauslegung innehatten, sondern alle sozialen Privilegien genossen und herrschaftliche Rechte ausübten. Diese rigide Trennung wurde auch im Spätmittelalter noch weitgehend hingenommen, sie gehörte zum allgemeinen Weltverständnis, was einen zeitweise starken Antiklerikalismus nicht ausschloß. Dieser entzündete sich sowohl an dem Privilegiensystem und der Herrschaftsmacht der Kirche wie auch an dem weltlichen Lebensstil, der den päpstlichen Hof wie das Klosterleben kennzeichnete und dem geistlichen Ideal der Armut völlig widersprach. Gegen die durch eine Weihe auch sozial abgehobene

Priesterschaft war damit nichts gesagt. Eine prinzipielle Kritik wurde erst in der Reformationszeit laut. Sicherlich spielte bei der Ablehnung eines eigenen Klosterstandes der weitverbreitete Antiklerikalismus in Stadt und Land eine bedeutende Rolle, er trug die ersten großen Erfolge der Reformation mit, aber der entscheidende Stoß gegen die kirchliche Hierarchie erfolgte durch eine neue religiös-theologische Argumentation, die einerseits jede Vermittlungsinstanz zwischen Gott und dem Menschen ablehnte, andererseits den Laien in seine ursprünglichen christlichen Rechte einsetzte. Gott hat für jeden Menschen das Erlösungswerk auf sich genommen.

„Im Vertrauen auf die leibliche Salbung, mit der ihre Hände geweiht werden und außerdem auf die Tonsur und die Kleidung dünken sie sich nicht nur besser als die übrigen christlichen Laien, die doch mit dem Heiligen Geiste gesalbt sind, sondern halten sie geradezu wie Hunde für unwürdig, mit ihnen zusammen zur Kirche zu gehören. Und so wagen sie auch, alles Erdenkliche zu gebieten, zu verlangen, zu drohen, zu drängen und zu drücken. Die Summe: Das Sakrament der Priesterweihe war und ist das prächtigste Instrumentarium, um all die Ungeheuerlichkeiten zu stützen, die in der Kirche bisher geschehen sind und noch geschehen. Hier ist die christliche Bruderschaft zugrunde gegangen, hier sind aus Hirten Wölfe, aus Dienern Tyrannen und aus Geistlichen mehr als Weltliche geworden", heißt es in Luthers großer Reformationsschrift „Von der babylonischen Gefangenschaft der Kirche" von 1520.[4] Nicht der römische Kleriker ist der wahre Priester, denn Gottes Botschaft ist, „daß wir alle, alle Getauften, in gleicher Weise Priester sind, wie wir es ja wahrhaftig sind, und ihnen (den Klerikern) lediglich der Dienst anvertraut ist, jedoch mit unserer Zustimmung, dann würden sie zugleich wissen, daß sie kein Recht haben, über uns zu herrschen, außer soweit wir es freiwillig zulassen ... Darum ... die wir ‚Priester' nennen, sind aus unserer Mitte ausgewählte Diener, die alles in unserem Namen tun sollen, und das Priestertum ist nichts anderes als ein Dienst."[5]

Damit entzogen Luther und in seiner Folge alle anderen Reformatoren der katholischen Hierarchie jede Legitimation und artikulierten den Antiklerikalismus der Zeit in der Weise, daß nicht nur die kirchliche Hierarchie, das Klosterwesen und die altkatholischen Zeremonien abgeschafft werden sollten, sondern der Laie, d. h. für Luther vor allem die weltliche Obrigkeit, in Stadt und Land aufgerufen war, die Reform der Kirche durch eine freie Verkündigung des Wortes Gottes selbst einzuleiten und in die Hand zu nehmen. Die Reformatoren wandten sich zwar grundsätzlich an alle Christen, ihre Aufforderung konzentrierte sich jedoch schon früh auf die Obrigkeit, nicht nur um Ordnung zu garantieren, sondern auch weil sie allein die legitime Macht besaß, alte Mißstände zu beseitigen und die Voraussetzungen für eine Reform zu schaffen.

Mit der Mündigerklärung des Laien hatten die Hauptträger der Reformation keineswegs einer Volkskirche und subjektiven Interpretation der

Hl. Schrift das Wort geredet. Alte Traditionen sollten – zumindest was Luther betrifft – nicht radikal über Bord geworfen werden und die ‚Reformierung' in obrigkeitlichen Bahnen erfolgen; eine gänzliche Abschaffung des Klerikerstandes war nie die Absicht. Wir wissen, wie rasch sich eine neue Klerikerschicht, zwar mit besserer Ausbildung, verheiratet und mit neuen Aufgaben, aber nicht minder abgeschottet vom Volk als die frühere, herausbildete. Aber das, was die Reformatoren beabsichtigten, war das eine, was ihre Anhänger, eben die Laien, dachten und wollten, etwas anderes. Das Bekenntnis zum allgemeinen Priestertum hieß, die Sache Gottes selbst in die Hand zu nehmen, und dazu fühlten sich nicht nur die neuen Prediger, die aus dem alten Klerus erwachsen waren, aufgerufen, sondern auch wirkliche Laien, d. h. nicht theologisch gebildete, aber sich für die Reformation und das Evangelium engagierende Bauern, Bürger und Adlige.

Drei Bewegungen seien besonders hervorgehoben, die jeweils für sich unterschiedliche Konsequenzen zogen. Nur aus der Perspektive der großen Reformatoren kann man das reformatorische Engagement der Bauern, der Bürger und der Täufer als Mißverständnis interpretieren.

Einmal sind die Bauern zu nennen, die nicht nur gegen die soziale Unterdrückung protestierten und rebellierten, sondern sich für das reine Wort Gottes, d. h. für die Reformation einsetzten.[6] Leider gibt es keine näheren religiösen bzw. theologischen Äußerungen eines Bauern oder Bauernführers, das reformatorische Grundverständnis der Rebellen läßt sich nur aus den erhaltenen Artikelbriefen gewinnen, die zumeist knapp ausfallen, aber doch klare Informationen vermitteln.

So bekamen die Abgeordneten des Seehaufens zum Memminger Bauernparlament folgende Instruktionen: „Zum 1. begern und wellen wir, das uns das hailig Ewangelium und Wort Gottes clar und luter, unvertunkelt und unvermischt menschlicher Ler und Gutbedunken mit seinen Fruchten und cristenlichem Verstand und Anhang durch Gelert der Hailigen Geschrift, so darzu tugenlich und gut sind, allain zu unser Sel Hail geprediget, angezaigt und underwisen werden, auch dieselbigen uns mit allen cristenlichen Ceremonien und Nodturften umbsonst und nit umbs Gelt, wie bisher geschehen, mittailen und fursehen wollen ...

Item zum 3., das wir alle, so also unsere Pfarrer und Underweiser des Wort Gotts, denen wir ... Belonung tund, selbs mit unser Gemaind bestellen, setzen und entsetzen Maht haben sollen."[7]

Dem gemeinen Mann ging es im wesentlichen um die Verkündigung der unverfälschten reinen Lehre wie schließlich und vor allem um das Recht, selbst einen genehmen Pfarrer einzustellen, für dessen Unterhalt man dann auch aufkommen wollte. Im fränkischen Dorf Wendelstein wurde sogar der Aufgabenbereich eines solchen Pfarrers eng umschrieben: „So werden wir dich für kain Herren, sunder allain für ein Knecht und Diener der Gemaind erkennen, das du nit uns, sunder wir dir zu gebieten haben, und bevelhen dir demnach, das du uns das Evangelion und Wort Gottes lauter und klar nach der Warheit (mit Menschenlere unverhenkt und unbefleckt) treulich vorsagest."[8] Um die unterschiedlichen Auslegungen und theologischen Streitigkeiten der Reformatoren kümmerten sich die Bauern allerdings ebenso wenig wie um die Frage, welches alte religiöse Brauchtum beibehalten werden sollte. Im wesentlichen ging es den Bauern um Mitsprache und Abschaffung eines sozial und religiös abgeschotteten Klerus.

Nicht wesentlich andere Ziele verfolgten die städtischen Bürger, auch ihr Engagement war beträchtlich. Sie stellten klare Forderungen und forcierten die ‚Durchsetzung' der Reformation so tatkräftig, daß der Rat ihre Wünsche berücksichtigen mußte.

So verordneten beispielsweise Bürgermeister und Rat der Stadt Mühlhausen im Elsaß 1523 in ihrem Predigtmandat, „dass unser lütpriester, ouch alle andere priester und ordenslüte, so sich in unsern pfarrkilchen, clöstern und capellen hie zuo Mülhusen predigens underziehen, sy syen wer sy wellen, allein das heilig euangelium und lere Christi, und was sy können und mögen durch die ware heilige schrift, nemlich des alten und neüwen testaments, beschirmen und beweren, fry offenlich und unverborgen predigen und verkünden, und sich der andern leren, disputierens und tandmeren, so der rechten göttlichen schrift nit glichförmig sind, gar nützit annemen noch underziehen in keinen wege".[9] Hier geht es um die Sicherung der reinen Lehre und um Ausschaltung allen menschlichen Beiwerks zur Verkündigung, aber auch um den unmittelbaren Einfluß auf die Wahl des Pfarrers, der keine Herrschaftsrechte mehr ausüben sollte. Das wird zwar in Mühlhausen nicht unmittelbar angesprochen, war aber in allen ‚Stadtreformationen' wichtig. In Frankfurt überreichte 1525 ein Bürgerausschuß dem Rat einen Katalog von Forderungen, in dem es u. a. heißt: „Erstlich ist unser Bitt und Begere auch ernstliche Mainung, daß hienfurter ein ersamer Rate und ein Gmainde ein Pfarherr in die Pfarrkirchen und in andere Kirchen zu setzen und zu entsetzen Macht haben sollen, dieselben erweelten Pfarherr auch nicht anders dann das lauter Wort Gots, das hailig Evangelium, onvermengt menschlicher Satzung predigen, damit das Volk in rechter Lere gesterkt und nit verfurt werde."[10]

Die Forderung nach dem reinen Evangelium hatte zwischen 1520 und 1525 breite Bevölkerungsschichten erreicht. Sosehr die Hauptträger der Reformation die Einzelaktivitäten von Bauern und Städtern begrüßten, wollten sie doch bald die ‚Reformierung' der Gemeinden und Städte in die Hand der Obrigkeit gelegt wissen, die sich von Theologen beraten ließen. In den sich neu etablierenden Kirchen hatten Laien rasch keine Bedeutung mehr.

Allein die Täuferbewegung bildete eine Ausnahme; wenngleich ihr radikales Evangelium nur wenig Chancen auf Erfolg hatte, spielte ihr Laien-Modell doch für einige Jahre eine faszinierende und zugleich herausfor-

7. Unterscheid zwischen der waren Religion Christi und der falschen Abgöttischen lehr des Antichrists, 1546

dernde Rolle.[11] Ihr Antiklerikalismus schloß auch die neuen Kirchen ein, die die anfangs verkündete christliche Freiheit wieder zurückzunehmen versuchten. Apokalyptische Töne sind unüberhörbar. M. Hoffman verkündete 1534: „Aber es sey nach der h. schrifft gantzer welt ein uffrur und rumoren zu besorgen, sey vorhanden. Es muß der gantz pfaffenhauff zu grund gan. Es könn das recht Hierusalem nit uffgebauwen werden oder uffgeen, Babilon sey dann mit allen seinem hauffen und anhang vor zu grund gangen und gestürtzt."[12] Allein in Täuferkreisen wurde das ‚allgemeine Priestertum' ernst genommen, sosehr es eine charismatische Führerschaft gab, stand der mündige Christ im Mittelpunkt ihres neuen Gemeindelebens. Ihr ‚Geistlicher' galt nur als moralisch-religiöses Vorbild. In den Schleitheimer Artikeln von 1527 heißt es: „Sein Amt soll sein Lesen und Ermahnen und Lehren, Mahnen, Zurechtweisen, Bannen in der Gemeinde und allen Brüdern und Schwestern zur Besserung vorbeten, das Brot anfangen zu brechen und in allen Dingen des Leibes Christi achthaben, daß er gebaut und gebessert und dem Lästerer der Mund verstopft wird."[13] Sicherlich kann man vom Glaubensverständnis der Täufer, die ja zumeist aus kleinbürgerlichen Kreisen stammten, nicht auf das allgemeine Reformationsbewußtsein dieser Schichten schließen, aber von Täufer-Laien haben wir immerhin Glaubenszeugnisse, die alle von einem Bruch mit der Tradition zeugen.

Ebenso tangierte das durch die Reformation grundlegend veränderte Verhältnis von weltlicher und geistlicher Macht das Leben des einzelnen, unterschiedliche Auffassungen herrschten lange nebeneinander.

Es war ja gerade die unsägliche Verquickung von weltlicher und geistlicher Ordnung in allen Lebensbereichen des Mittelalters, die den Protest der Reformatoren ausgelöst und ein Leben nach rein christlichen Prinzipien erschwert hat. Zwar bildete die Kirche im christlichen Abendland nicht erst seit dem Spätmittelalter eine eigene, vom weltlichen Staat klar abgehobene Institution, gleichwohl aber lassen sich profane und religiöse Bereiche in Herrschaft und Kirche kaum eindeutig voneinander trennen. Denn die Kirche verstand sich nicht nur als spirituelle, sondern auch als sozialpolitische Macht, die überall in sogenannte weltliche Belange eingriff. Der Klerus stand nicht neben der ständischen Hierarchie, sondern an ihrer Spitze. Außerdem gab es geistliche Territorien und Klöster mit großen Herrschaftsrechten. Schließlich verwaltete die Kirche auch das weltliche Wissen. Die später angeprangerte ‚Verweltlichung‘ war ein wesentliches Zeichen der mittelalterlichen Kirche. Zum anderen definierten sich die Landesherren nicht nur als weltliche Herren, sondern übten als Schutzherren beträchtlichen Einfluß auf die Kirche aus, auf die Besetzung des Klerus und die Wahrung der Glaubenseinheit. Zwar begriffen sich Staat und Kirche als getrennte Institutionen, aber spezifisch weltliche bzw. religiöse Belange – als wären jene nur Sache des Staates und diese nur Angelegenheit der Kirche – gab es kaum. Das Bewußtsein für grundlegend verschiedene Sphären weckte erstmals die Reformation. Weil die Reformatoren das Evangelium als eine ausschließlich geistig-religiöse Botschaft begriffen, kam es zu einem neuen Verständnis einerseits von Kirche und Staat, andererseits von Weltlichkeit und Christlichkeit. Zwar wollte außer einigen Randgruppen niemand eine rigorose Trennung von Staat und Kirche – sie war erst ein Produkt der neueren Geschichte und setzte eine Emanzipation von kirchlicher Bevormundung überhaupt voraus –, immerhin aber wurde die alte Verquickung aus weltlich-staatlichen wie religiös-spirituellen Gründen suspekt.

Die Reformatoren präsentierten dabei kein einheitliches Modell, unabhängig davon, daß die nachreformatorische Realität ohnehin entscheidend von den weltlichen Machthabern geprägt wurde. In drei Forderungen waren sich alle religiösen Bewegungen und Gruppen allerdings einig. Eine Kirche als hierarchisch gegliederte Organisation mit eigener Grundherrschaft und eigener Gerichtsbarkeit sollte abgeschafft werden. Auch alte Frömmigkeitsformen, die sich biblisch nicht begründen ließen und als weltlicher Tand dem Seelenheil nicht dienen konnten, sollten verschwinden. Entsprechend ist eine Spiritualisierung der religiösen Praxis festzustellen. Außerdem pochte jede religiöse Gruppierung auf die Freiheit und Unabhängigkeit der Kirche bzw. der christlichen Botschaft von jeder weltlichen Gewalt. Die Rechte der Kirche bzw. die von Kirchenmännern und Theologen ‚aufgestellte' Konfession sollte allerdings von der Obrigkeit abgesichert und gegen Feinde verteidigt werden. Alle von staatlich-weltlichen Interessen gesteuerten Eingriffe durften nur der Verwirklichung des wahren Christentums dienen. Schließlich erstrebten alle Richtungen eine Verchristlichung der Welt, d. h. eine Reform des weltlichen Lebens nach christlichen Maßstäben. Es galt, den reinen Glauben aufzunehmen und sich nach ihm zu richten. Um dies sicherzustellen, arbeiteten weltliche und kirchliche Kräfte zusammen.

Die neue evangelische Gemeinde war jedenfalls keine reine Gesinnungsgemeinschaft. Aus der Vielzahl neuer Konzepte, in die natürlich individuelle Erfahrungen der einzelnen Reformatoren, aber auch kollektive Erfahrungen ihrer Anhänger einflossen, seien die drei wichtigsten Modelle aus der Frühzeit der Reformation besonders hervorgehoben. Am weitesten in der Trennung von weltlicher Macht und religiöser Gemeinde, von weltlichem Handeln und christlichem Leben, ging das Täufertum. Weil es ein radikal christliches Leben nach biblischen Prinzipien von jedem Christen verlangte, sah es ein Gemeindeleben nur jenseits, abgesondert von der gottlosen weltlichen Ordnung. Alles konzentrierte sich auf eine autonome Gemeinde nach dem Vorbild des Urchristentums, in der Laien sich selbst moralisch und religiös kontrollierten. Diese Vorstellung hatte allerdings nur eine begrenzte Lebenschance.[14]

Das zweite Modell entwickelte sich in den süddeutschen und schweizerischen Städten, in denen Zwingli seine Anhänger hatte. Hier mußten sich die Christen in der Welt behaupten und bewähren, ja die ganze Gesellschaft sollte sich christlichen Normen unterwerfen. Eine Trennung von weltlicher und religiöser Ordnung ist insofern wieder aufgehoben, als der angestrebte irdische ‚Gottesstaat' durch die Politik einer verchristlichten Obrigkeit realisiert werden sollte. Nach dem schweizerischen, später von Calvin radikalisierten Reformationsmodell verwirklicht sich der Christ im alltäglichen Leben.[15]

Das dritte Muster propagierte Luther, der vor allem bei landesfürstlichen Herrschaften Resonanz fand. Luther befreit den Menschen von jeder Werkfrömmigkeit, jeder äußeren Bindung und unterstellt ihn allein dem Wort des Evangeliums. Zugleich reflektiert er seine Stellung in der geistlichen und weltlichen Ordnung, betont die Trennung beider Bereiche und die Aufrechterhaltung der weltlichen Ordnung als eigenständiger Größe. Damit verwirft das Luthertum jeden Versuch, das gesellschaftliche Leben nach christlichen Prinzipien zu organisieren. Denn der Mensch untersteht zwei Ordnungen, der geistlichen und der weltlichen, beide stammen unmittelbar von Gott, sind aber streng voneinander geschieden.[16] Das weltliche Regiment unterliegt eigenen Gesetzen und hat in profanen Belangen die volle Verfügungsgewalt über den Menschen. Das geistliche Regiment bildet ausschließlich eine Heilsinstitution und darf sich in keiner Weise in weltliche Angelegenheiten einmischen. Versuche einer Änderung der Sozial- und

Herrschaftsordnung nach evangelischen Grundsätzen widersprechen dem autonomen Recht der weltlichen Ordnung wie der rein geistlichen Funktion des Evangeliums. Mit seiner Zwei-Reiche-Lehre stützt sich das Luthertum auf die Bibel und ist deswegen überzeugt, daß sich aus dem Zusammentreffen beider Ordnungen für den Menschen keine Konflikte ergeben können:

„Also gehet denn beides fein miteinander, daß du zugleich Gottes Reich und der Welt Reich genug tuest, äußerlich und innerlich, zugleich Übel und Unrecht leidest und doch Übel und Unrecht strafest, zugleich dem Übel nicht widerstehst und doch widerstehst. Denn mit dem einen siehest du auf dich und auf das Deine, mit dem andern auf den Nächsten und auf das Seine. An dir und dem Deinen hälst du dich nach dem Evangelio und leidest Unrecht als ein rechter Christ für dich, an dem Andern und an dem Seinen hälst du dich nach der Liebe und leidest kein Unrecht für deinen Nächsten: welches Evangelium nicht verbietet, ja vielmehr gebietet an anderem Ort."[17]

Das Luthertum hat durch die strenge Trennung beider Ordnungen zwar die Freiheit des Glaubens gesichert, sich aber zugleich der unmittelbaren Verantwortung für das weltliche Handeln entzogen. Das Reich Christi sollte nur in der Seele bzw. der Gemeinde Gottes entstehen. Einer rigiden Verchristlichung der Welt war theologisch jeder Boden entzogen, und was an ‚äußerer' Reformation entstand, war nur Werk der weltlichen Obrigkeit.

Die Stärke der reformatorischen Theologie war ihre Kritik an der Papstkirche und der Scholastik. Ihre positiven neuen Inhalte sind dagegen schwieriger zu bestimmen. Das gründet einmal in dem langen Ablösungsprozeß von der altgläubigen Kirche – die frühen Reformatoren dachten noch lange ‚katholisch' –: eine mehr oder weniger systematische Zusammenfassung der neuen Lehrinhalte gab es nicht. Zum anderen differierten nach kurzer Zeit die Positionen der verschiedenen Reformatoren so stark, daß man kaum allgemein von einer reformatorischen Theologie sprechen kann. Trotz des Absolutheitsanspruchs der einzelnen Lehren gab es dennoch keine einheitsstiftende Instanz mehr. Schon früh sprach Müntzer beispielsweise von einem neuen lutherischen Papsttum. Das ganze und große Schrifttum der Reformationszeit bestand im wesentlichen aus Aufrufen und Antworten auf einzelne Fragen und aktuelle Probleme, die selten endgültigen Charakter besaßen. Die späteren Systematisierungen im Zusammenhang der Konfessionsbildungen geben nur bedingt die theologischen Reflexionen und die Vielschichtigkeiten der Anfangsjahre wieder, zumal sich die bewußte Abkehr von der katholischen Kirche und Lehre erst spät vollzog.

Waren sich selbst die wortstarken Reformatoren während der großen Diskurszeit der 20er Jahre noch im Unklaren über die Komplexität der reformatorischen Diskussion, so mußte das Wissen des einfachen Volkes über die neuen Lehren erst recht diffus bleiben. Zwar hatte das Volk die grundsätzliche Kritik an der römischen Kirchenpraxis verstanden und aufge-

8. Spottbild auf Luthers Gegenspieler, darunter Joh. Eck und Papst Leo X. Zeitgenössischer Holzschnitt, nach 1520

nommen, auch folgte es bereitwillig dem Bekenntnis zum reinen Evangelium, aber was von den neuen reformatorischen Lehren im einzelnen ankam, entzieht sich unserer Kenntnis. Jedenfalls hatte es den reformatorischen Aufbruch mehr oder weniger aufmerksam verfolgt und den Predigten zugehört, viele diskutierten auf Straßen und in Kirchen, wo alle Prediger die Laien in den Meinungsaustausch einbezogen. Man kann davon ausgehen, daß vor allem zwei Komplexe der Diskussion eine große Resonanz fanden: der Kampf gegen die Werkfrömmigkeit, der Streit also, was für das Seelenheil nötig ist, und die Diskussion um das richtige Bibelverständnis, die Frage, ob die Hl. Schrift wortwörtlich oder nur spirituell zu verstehen sei. Dieses Problem wurde spätestens seit der Täuferfrage diskutiert, denn schließlich tangierte es die Gültigkeit aller Sakramente.

Aber trotz der Heterogenität der reformatorischen Lehre, vor allem trotz der großen Differenzen zwischen Luther und Zwingli sowie Luther und Müntzer, gab es nicht nur in der Absetzung von der römischen Kirche, sondern auch in offenkundigen inhaltlichen Überzeugungen Gemeinsamkeiten. Dies betraf einmal das grundlegende und ausschließliche Bekenntnis zur Hl. Schrift als Quelle jeden Glaubens, zum anderen den Bruch mit der Frömmigkeitspraxis, die als Mißbrauch oder Aberglaube diffamiert wurde. Dabei blieben natürlich noch viele Übereinstimmungen mit der römischen Kirche, ein völliger Bruch mit der Tradition vollzog sich nur in radikalen Kreisen. Der Glaube an die Trinität wurde ebensowenig angetastet wie der an die Menschwerdung und Erlösungstat Christi, wenngleich selbst derartige Grundlagen bald hinterfragt wurden. Im Prinzip aber gab es noch lange eine Diskussionsmöglichkeit zwischen den altgläubigen Katholiken von Eck bis Erasmus und den protestantischen Reformatoren Luther, Zwingli, Bucer und Oekolampad sowie zwischen diesen und den radikalen ‚Schwärmern' wie Müntzer und den Täufern, sosehr es zwischen diesen Gruppen bald zu schärferen Feindseligkeiten kam als zwischen Altgläubigen und Evangelischen.

Über diese gleichen Ausgangsbedingungen hinaus machten vor der endgültigen Festlegung der Konfessionen vier Kernbereiche den Grundbestand der neuen reformatorischen Lehre aus. Erstens implizierte das ‚richtige' Verständnis der Hl. Schrift, daß sie für alle gleicherweise der einzige Maßstab der Lehre sein sollte. Nur in der Frage, ob die Hl. Schrift auch für das alltägliche Leben oder nur für den ‚inneren' Glauben Richtschnur sein sollte, unterschieden sich die Gruppen. Der von den Lutheranern verurteilte Spiritualismus Zwinglis ist hier ebenso zu nennen wie der von Müntzer verworfene „Buchstabenglaube" Luthers. Das Wort-Verständnis spielte eine zentrale Rolle in der Reformation. Ein zweiter Komplex kreiste um das Verhältnis von Glaube und Vernunft. Für alle Reformatoren war der Ratschluß Gottes unerklärbar, seine Botschaft rational nicht erfaßbar. Mit der Vernunft sind Gott und die Welt nicht zu begreifen, dafür ist der Mensch zu klein und Gott zu groß. Nur durch den Glauben, die bedingungslose Hingabe, ist Gott erfahrbar. Der Antiintellektualismus war in unterschiedlicher Intensität eine Grundhaltung aller Reformatoren. Im Mittelpunkt jeder reformatorischen Lehre stand die Gnade Gottes, die jegliche Werkfrömmigkeit ausschloß. Nicht durch fromme Werke konnte der einzelne das Heil gewissermaßen ‚käuflich' erlangen, sondern allein durch die Gnade Gottes, die jedem, der glaubt und Buße tut, durch das Erlösungswerk Christi zuteil werden kann. Schließlich verlangte jeder Reformator die Nachfolge Christi, die ausschließliche Orientierung auf Gott, die eine christliche Lebensführung einschloß. Zwar entschied nicht ein moralisches Leben über den Gnadenstand, aber jeder sollte sich als Christ im Alltag erweisen. Dies konnte jeweils Unterschiedliches bedeuten: Heiligung der Welt oder Konzentration auf die innere Kraft des Glaubens.

Von größter Relevanz für den evangelischen Glauben und den Bruch mit der katholischen Tradition war die Abschaffung aller Sakramente außer Taufe und Abendmahl. Sie war nicht nur Folge der ‚Entheiligung' der Geistlichkeit, die im Sakramentalen Macht über die Menschen besaß, auch nicht allein Opfer des Kampfes gegen die Werkfrömmigkeit, sondern Ausdruck eines neuen Verständnisses vom Verhältnis zwischen Diesseits und Jenseits. Eine Verbindung zwischen Gott und dem Menschen erfolgte nur über das Wort und den Glauben; dies stellt einen deutlichen Schritt auf dem Weg zur Säkularisierung der Welt bzw. zur Spiritualisierung des Glaubens dar. Nur in der Taufe und in der Abendmahlslehre gab es bezeichnenderweise Differenzen zwischen den Reformatoren.[18] Während die Täufer die Taufe von der subjektiven Gesinnung und dem bewußten Bekenntnis abhängig machten, blieben die anderen Glaubensrichtungen letztlich bei der alten Praxis der Kindertaufe; sie war ja zugleich ein Akt der kirchlich-sozialen Integration. Bedeutsamer noch war das unterschiedliche Abendmahlsverständnis. Während die Altgläubigen die Konsekration durch die Worte des Pfarrers als unabhängig vom Glauben verstanden, begriff Luther das Abendmahl zwar auch als Sakrament, in dem er im Brot den Leib Christi erkannte, seine Wirksamkeit aber machte er abhängig vom Glauben der Menschen. Nur Zwingli ging einen radikalen Schritt weiter, indem er verkündete, daß die Abendmahlsfeier nur eine Erinnerungsfeier darstelle, der jeder ‚reale' Wert fehle. Damit entzogen die Schweizer Kirche und in ihrer Folge die Täufer das Abendmahl jeder magischen Verwendung. Gott ist in keiner Weise mehr durch Zeichen und Wunder gegenwärtig, nur noch durch das Wort.

3. Die Reform der Kirche – Predigt und Gottesdienst

Wenngleich alle reformatorischen Theologen und Prediger nur eine allerdings grundlegende Reform der katholischen Universalkirche wollten, wurden deren Grundfesten im Zuge der Auseinandersetzung doch so erschüttert, daß die Verfassung der Kirche und die Organisation des religiösen Lebens elementar betroffen und am Ende der Reform völlig neue Kirchenstrukturen entstanden waren. Zunächst konzentrierte sich der reformatorische Diskurs vor allem auf die Abschaffung der Mißbräuche und auf die Reinheit der evangelischen Botschaft, so daß Fragen einer Neugestaltung des Kirchenlebens außerhalb der Predigt und des Gottesdienstes von geringerem Interesse waren. Noch vor den Lutheranern begannen dann die Reformierten mit dem Neuaufbau der Kirche, der für das soziale Leben in Stadt und Land entscheidend war. An ihm beteiligten sich keineswegs nur die Theologen, weit mehr kamen gerade hier obrigkeitliche Kräfte und Interessen zum Tragen. Die nach dem ‚gemeindereformatorischen' Aufbruch und einem bis zu zwanzigjährigen Kampf entstandenen evangelischen Kirchen waren also keine Volkskirchen, sondern von den Obrigkeiten durchgesetzte und geschützte Amtskirchen, weit mehr noch sogar als im Katholizismus war eine Verknüpfung mit der weltlichen Obrigkeit gegeben.[1]

Beim Neuaufbau im Protestantismus haben sich alle neuen Kirchen aus den alten Strukturen entwickelt, wobei allerdings das einigende Band der Bischofs- bzw. Papstkirche aufgegeben wurde. Ihre Anfänge lassen sich oft in recht frühe Zeit zurückverfolgen. Bereits in den 20er Jahren wurden die Klöster aufgehoben und erste Gemeindestrukturen entwickelt. Der Aufbau war insgesamt recht vielfältig und verschiedenartig, so daß wir kaum von einem einheitlichen neuen Kirchenwesen sprechen können. Alle Städte, Länder und Herrschaften brachten ihre Besonderheiten ein. Schließlich hat der gesamte Prozeß recht lange gedauert. Von einem mehr oder weniger festgefügten neuen Landeskirchentum kann man frühestens in den 40-/50er Jahren sprechen. Schwierigkeiten hatten sich beim Aufbau nicht nur aus der fehlenden Einheit und aus der Dominanz obrigkeitlich-fürstlicher Interessen ergeben; besondere Belastungen erwuchsen auch aus den schweren Auseinandersetzungen zwischen den verschiedenen reformatorischen Richtungen, die Zweifel aufkommen ließen, welche Lehre nun das neue Evangelium wirklich repräsentiere, zumal die katholische Kirche bald reagierte und die Verunsicherung zu ihren Gunsten auszunutzen verstand. Darüber hinaus gab es auch noch Konflikte zwischen verschiedenen Richtungen der gleichen Glaubensgruppe, die oft nur durch obrigkeitlichen Entscheid geschlichtet werden konnten. Doch trotz dieser Probleme behaupteten sich die evangelischen Kirchen, indem sie rasch Zusammenschlüsse erlaubten. Die Confessio Augustana von 1530 festigte die organisatorische und ideologische Basis beträchtlich.

Bei aller Unvergleichbarkeit und Unterschiedlichkeit in der Entwicklung ihrer einzelnen Teile vollzog sich der Aufbau der protestantischen Kirche mehr oder weniger in drei Etappen. Zunächst kam es zur Einstellung eines evangelisch gesinnten Predigers, zu einer neuen Gottesdienstordnung sowie zur Aufhebung der Klöster. Dies geschah zumeist auf Druck der Gemeinde, aber auch die Obrigkeit ergriff Partei. Darauf begannen Stadt und Landesherren, mit Unterstützung des reformierten Klerus Visitationen durchzuführen. Dabei wurde nicht nur die finanzielle Ausstattung der Pfarreien neu geregelt, sondern auch die geistliche und moralische Qualifikation der Pfarrer, die ja zumeist noch dem alten Klerikerstand entstammten, überprüft. Denn für den Aufbau der neuen Kirche waren der Ausbildungsstand und die moralische Qualität des Pfarrerstandes entscheidend.[2] Parallel dazu versuchten die Reformatoren, durch den Katechismus die religiöse Bildung der Gemeindeglieder zu stärken. Nicht selten ging dies Hand in Hand mit der Verbesserung des Schulwesens, wie überhaupt die Gemeinden neue soziale Einrichtungen schaffen mußten, die durch den Wegfall der Klöster notwendig geworden waren. Die dritte Phase mündet in den Erlaß von Kirchenordnungen, mit denen die Lehre und vor allem die äußere Organisation der Kirche institutionalisiert wurden. Bischofsähnliche Funktion übernahm entweder ein von der Obrigkeit eingesetzter oder gewählter Superintendent oder eine kirchliche Zentralbehörde, die paritätisch mit Geistlichen und weltlichen Beamten besetzt war. So hatten Stadtrat und Fürst entscheidenden Einfluß auf das kirchliche Leben erhalten, die von allen Protestanten geforderte ‚Freiheit des Glaubens' blieb letztlich begrenzt.

Den Mittelpunkt des Kirchenlebens bildeten nicht mehr die Klöster, sondern die einzelnen Pfarrkirchen, deren Gestaltungsrahmen allerdings nicht die Gemeinde selbst bestimmte, sondern weitgehend die neue Amtskirche in Verbindung mit den Herrschaftsträgern, für die die Kirchen die zentralen Integrationskräfte ihrer Territorien bildeten.

Parallel zur evangelischen Predigt und einer beginnenden Neuordnung des Kirchenwesens in Stadt und Herrschaft vollzog sich ebenso früh eine allerdings unterschiedlich entschieden durchgeführte Reform des religiösen Lebens, eine Reinigung der Glaubenspraxis von Aberglauben, Mißbrauch und „Menschentand“, wie die altgläubigen religiösen Bräuche bezeichnet wurden. Ebensowenig wie die Neuorganisation des Kirchenwesens war auch dieser Reformprozeß das ausschließliche Werk der großen Prediger. Obrigkeiten und gemeindliche Kräfte spielten gleicherweise eine beträchtliche Rolle. Wenngleich die endgültige Festlegung der neuen religiösen Praxis noch Jahre in Anspruch nahm – zumal erst sukzessive und je nach reformatorischem Bekenntnis bewußt wurde, was als altkatholische Praxis zu verwerfen war –, begann man doch bereits in den 20er Jahren mit entscheidenden Eingriffen.

Aus Sachsen wird bereits Anfang 1522 berichtet: „Uns langt glaublich an, wie das neulicher zeit etlich priester wider langhergebrachte ordnung und gebrauch der Cristenlichen kirchen in leyschem habit und klaidung, einsteils auch ausserhalb des priesterlichn ornats, darzu mit merklichem abbruch der wesenlichen stuck, ceremonien und ander ordnung, wie die aufgesatzt und bisher gebraucht, die messe verandern, auch in Teutschem gezung offenlich understeen, das hochwirdig sacrament zu consecrirn und das nachfolgend unzuchtiger weis menniglich, so das nemen will, on vorgeende bereitung einicher peicht oder aufsatzung der buß erstlich in ir leysch hende raichen und furter zu irem gefallen niessen lassen, ununderscheidlich, einer sey nuchter, oder hab vor geessen. Auch gleicher gstalt das, so in unser Cristenlichen ordnung, aufsatzung und versamlung der kirchen allein der priesterschaft zugelassen, das heilig plut Christi, dannocht nit in einem kelch, sunder auch etwan andern trinkgeschirren, zu niessen uberraichen und also under baider gestalt communiciern. Auch dergeleichen den kindern das sacrament geben. Das auch etlich personen frevenlich understeen sollen, die priester, so nach ordenlichem rechten hergebrachten gebrauch mess lesen wollen, mit gwalt vom altar zu treiben. Zudem das sich die gaistlichen und ordensleut uber die glubd und pflicht demselben orden gethan und in [!] den gehorsam, darmit sy dem orden verbunden, on erlaubnus irer obersten frey mutwilliglich derselben irer closter und orden enteussern, die geistlichen kleider von in werfen und sich mit weltlicher beclaidung anderer sachen gewerb und gescheften, darzu auch etlich fehlicher bedrouung gegen iren obern underfahen und annemen. Das auch dieselben ordensleut und ander geistlich personen und priester auch wider ordnung der Cristenlichen kir-

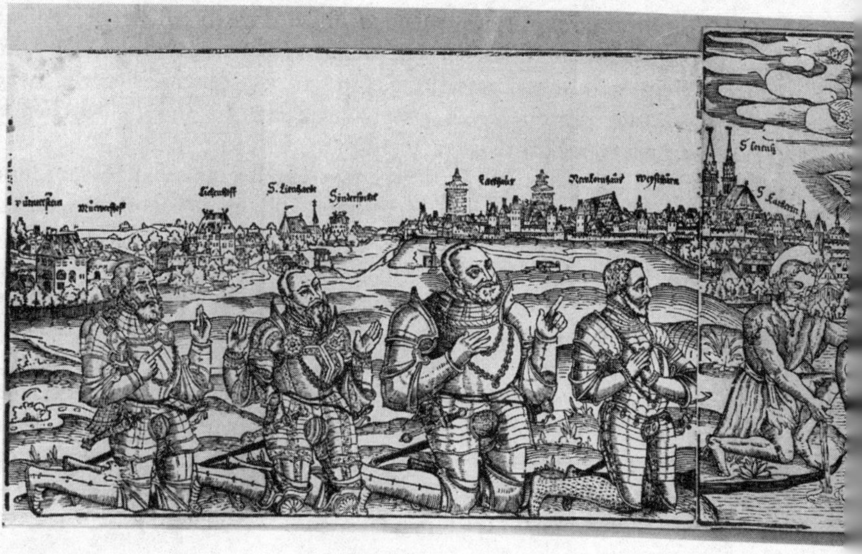

9. Ansicht Nürnbergs mit der Taufe Christi in der Pegnitz. Reformatoren und Fürsten als Zeugen. Holzschnitt, Mitte des 16. Jahrhunderts

chen sich zu elichem stand begeben, also on scheuch weiber nemen. Welche neuigkeit und verkerter gebrauch, so der also stumpf einbricht, zugesehen und gestatt werden sollt, bey den Cristglaubigen nit wenig irsal und wankelmutigkeit des glaubens und sunst bei dem gemeinem man leichtfertigkeit, ergernus und anders mitbringen mocht."[3]

Problematisch ist es, von einem ,Wildwuchs der Reformation' zu sprechen, so als ob der obrigkeitliche Kurs der allein ordnungsgemäße und richtige Weg der Reformation gewesen wäre. Die Änderung der Meßfeier, die Aufläufe in den Kirchen, selbst die vereinzelten Bilderstürmereien waren keine blindwütigen Aktionen. Wie die evangelische Predigt und die Neuorganisation des evangelischen Kirchenwesens aus der römisch-katholischen Kirche erwuchs, so entwickelten sich auch die neuen religiösen Formen aus der alten Praxis. Die evangelischen Christen versammelten sich nicht außerhalb, sondern in den bestehenden großen Kirchen und errichteten selbst später kaum neue Kirchenräume, was nach dem neuen Liturgieverständnis durchaus denkbar gewesen wäre. Dafür gab es in der Ausstattung der Kirche wie in der Durchführung der Gottesdienste so entscheidende Änderungen, daß jeder bald den neuen Geist schon äußerlich spüren konnte.

Im Gegensatz zu den vereinzelten Bilderstürmen verlief die Entfernung der meisten Bilder auf Direktive der Pfarrer in ruhigen Bahnen. Vor allem

verschwanden die zahllosen ‚Götzenbilder', um dem Volk die Gelegenheit zu ‚papistischer' Heiligenverehrung zu entziehen.[4] Kapellen wurden geschlossen und Seitenaltäre abgeschafft, die Vielfalt religiöser Handlungen und das gleichzeitige Abhalten verschiedener ‚Privatmessen' zugunsten eines gemeinsamen öffentlichen Gottesdienstes unterbunden. Auch wurden Ornate bzw. Meßgewänder z. T. abgelegt, damit der Geistliche sich nicht länger von der Gemeinde abhob. Jedenfalls sollte die ‚äußere' Gestalt von Kirche und Gottesdienst möglichst bald den Bruch mit der altgläubigen Zeit deutlich machen. Das ganze Geschehen konzentrierte sich nun auf den einen Altar bzw. die Kanzel. ‚Religiöse' Ablenkungen, etwa durch Betrachtung von Heiligenbilder und sakrale Einzelhandlungen, waren nicht mehr erlaubt. Nicht nur innerlich, auch äußerlich sollte allein das Wort Gottes im Mittelpunkt stehen.[5]

Einschneidender noch waren die Änderungen in „mißpreuch und ceremonien", d. h. in der Frömmigkeitspraxis. Sie begannen ebenfalls früh und betrafen nicht nur den Gottesdienst und die Predigt, sondern vor allem die Sakramentalien und das ganze kirchliche Brauchtum. Auch hier setzten Prediger und Gemeinden unterschiedliche Akzente. Manche wollten mit den Neuerungen langsam vorangehen, andere waren für einen klaren sofortigen Neuanfang. Während beispielsweise Karlstadt 1521 in Wittenberg sogleich eine radikale Reform durchführte, indem er ohne Ornat eine deutsche Messe feierte, die Kommunion in beider Gestalt austeilte, die Bilder aus den Kirchen entfernte und das Fastengebot aufhob, erzwang Luther nach seiner Rückkehr von der Wartburg die vorläufige Wiederherstellung der alten Ordnung, damit die Leute nicht vor den Kopf gestoßen würden. „Man soll keine Neuerung aufrichten, das Evangelium sei denn durch und durch gepredigt und erkannt.“[6]

Mit welchen Zeremonien man als erstes brach, zeigt ein „Verzaichnus der geenderten mißpreuch und ceremonien, so in kraft des wort Gottes zu Nurmberg abgestelt und gepessert seyen“ von 1527.[7] Nürnberg hatte sich früh zur Reformation bekannt, die nicht durch besondere gemeindliche Aktivität gefördert werden mußte, weil der Rat sie bewußt in die Hand nahm. Hier erfolgten die Neuerungen zur Erhaltung von „Frieden und guter Ordnung“. Verboten wurden alle Litaneien und Kirchfahrten sowie Prozessionen, „in dem man die heyligen, die uns allen zum exempel und fürpild des glaubens und der lieb furgestellt synd, zu fürpittern gemacht und angerufen und also für Cristum als dem ainigen mitler, hohen priester und fürpitter gesetzt hat, nit mer gehalten werden“.

Abgeschafft wurden auch alle Weihen von Wasser, Salz, Brot oder Palmen, „dieweyl die alle zuvor durch die wort Gottes als seine creaturen, die dem menschen zu gut geschaffen geweicht seyen“. Das „gauckelspil“ mit dem Herrgott und Esel am Palmsonntag wie das Passionsspiel am Karfreitag wurden nicht mehr zugelassen. Die Weihe der Osternacht sollte stattfinden wie die Darstellung des leeren Grabes nach der Auferstehung. An Fronleichnam wurde keine Hostie mehr „mit vil gesprengs, hochfart, saytenspilen und grossen uncosten, so umb wachs und anders außgeben beschehen ist“, herumgetragen, denn man wollte die Hostie nicht länger „in einer püchsen gleich einem tyriack“ (= Allheilmittel) verehren. Selbst Nürnbergs Reliquien wurden nicht mehr in ihren silbernen Särgen herumgetragen. Als wider das Wort Gottes wurden Seelenmessen, Vigilien und Jahrtage für die Toten beseitigt. „Man macht auch mit den verstorben als pillich kain geprengk. Dann wer im glauben stirbt, bedarf des nit. Wer im unglauben stirbt, den hilft es nit.“ Die Stunden- und Mitternachtsgebete galten als „unnutz geplerr, das zu unzeiten gehalten und darunter man vil mer unrats verursacht, dann Got gelobt oder den menschen zum hayl gefurdert hat, deßgleichen das Salve regina.“

Weil durch die vielen Feiertage nur „vil grosses ubel mit gotslesterung, eepruch, zutrincken, spilen, verwundung, todschlegen und andern lastern ervolgt und der gemain man, der mit vil kyndern und eehalten uberladen gewest ist, auß solchem feyern gantz wercklоß worden und in abnemen seiner narung gewachsen ist“, werden sie, bis auf die wichtigen christlichen Feste der Verkündigung Mariens, der Geburt Christi, der Beschneidung, des Ostertags, der Lichtmeß, der Zwölfapostel und Heimsuchung Mariens alle aufgehoben. Tendenziell ist damit das ganze altgläubige Brauchtum

10. Evangelischer Gottesdienst. Kupferstich von R. Custos

getroffen. Als religiöse ‚Andacht' galten einzig das Beten und Bibellesen sowie der ‚gereinigte' Gottesdienst und die Predigt, nur durch sie werde Christus erfahren.[8]

Im Mittelpunkt aller Reformen standen Gottesdienst und Predigt, die nur noch an Sonn- und Feiertagen stattfanden. Hier änderte sich äußerlich in der Liturgie noch lange wenig. Zentral war für den evangelischen Gottesdienst das Abendmahl in beiderlei Gestalt sowie die Predigt. Allgemein wurde der Gottesdienst in deutscher Sprache abgehalten, doch gab es in der Liturgie lange auch noch lateinische Elemente. Inhaltlich hatte es allerdings von Anfang an einen strukturellen Wandel gegeben: die römische Messe wurde von dem Opfergedanken gereinigt. Wenngleich dies für viele Gemeindeglieder lange nicht augenfällig wurde, so hatte diese ‚Entsakralisierung' doch großes Gewicht für das neue Selbstverständnis der evangelischen Kirchen. Wie ein Gottesdienst in der evangelischen Kirche in den frühen Jahren gestaltet wurde, zeigt wieder das Nürnberger Beispiel. „Der erschrecklich bißhere gehalten mißprauch der messen", sollte abgestellt werden, „darin man nit allein für lebendig und tod geopfert, auch darauß ein unverschempte leichtvertige kramerey umb gelt gemacht, sunder auch Cristum unsern seligmacher, der durch das ainich opfer seins sterbens und plutvergiessens am kreutz für alle unsere sünde betzalt und ganz gnug gethan hat, widerumb zu opfern unterstanden und vil ander greulicher gotzlesterung darin geubt hat." Das „Nachtmahl Christi" diene allein zum Gedächtnis seines Leidens.

Der Aufbau des feierlichen Amtes entsprach noch ganz dem traditionellen Muster. Nach dem Introitus, Kyrieeleison und Gloria folgte die Lesung der Epistel mit einer kurzen Erklärung „in teutschem gezung, das solchs yederman versteen und begreyfen mag". Dann wurde das Graduale gesungen, dem die Lesung des Evangeliums, ebenfalls in deutscher Sprache, folgte. Nach dem apostolischen Glaubensbekenntnis kam das „nachtmal des herrn", wobei allerdings „alle andere vor und nachgeende wort des gotlosen canons, darin got und sein heyligs wort auch das werck unser erlosung so hoch geschmecht und verlestert wurdt", weggelassen wurden. Der Geistliche spricht darauf vor dem Altar in deutscher Sprache eine christliche Ermahnung, wie Wort und Zeichen des Nachtmahls des Herrn zu verstehen seien. Den Abschluß bilden der Empfang von Leib und Blut Christi in beiderlei Gestalt und das Agnus Dei sowie eine Kollekte. Ausdrücklich wird darauf hingewiesen, daß der Gesang, die Kleidung und die „anderen ceremonien" nicht „dem rechten geprauch der anfengklichen cristenlichen kirchen" entsprechen, weil sie aber nach Gottes Wort nicht verboten sind, werden sie „umb der schwachen willen und diweyl es in vil wege beschwerlich ist, alle ordnungen und kirchengepreuch uff einmal und so gehe abzustellen und umbzukeren", noch toleriert.[9]

Nach dem Amt begann der zweite Teil des Gottesdienstes, die Predigt. Sie wurde eingeleitet mit einer Lesung aus dem Alten Testament, den Zehn Geboten, dem Vaterunser und dem englischen Gruß. Und einer Ermahnung an das Volk, „wie sie für alle oberkeiten, fur alle unglaubige, für die schwachen im glauben, für die geengstigten, fur sunder und sunderin Got getreulich" beten sollen, schloß sich die eigentliche Predigt an, die mindestens eine Stunde währte. Vor und nach der Predigt sang die Gemeinde „cristenliche teutsche lieder und psalmen", damit sie „zu erhebung irs gemuets und glaubens gegen Got dester statlicher angezündet und ermanet werde".[10]

Die reformatorische Predigt wollte, gereinigt von allen Wunder-, Fabel- und Heiligengeschichten, nur das Wort Gottes vermitteln. Sicherlich entsprachen viele Prediger der Zeit nicht dem neuen Gebot reiner Erbauung, sondern fesselten in kräftiger Sprache das Publikum, doch die belehrende Nüchternheit der Botschaft und ein beträchtliches Maß an moralischer Verkündigung wurde zum beherrschenden Charakter der protestantischen Predigt. Ob allerdings die katholische Predigt grundsätzlich anders war, entzieht sich unserer Kenntnis.

Sicherlich vollzog sich die Neugestaltung des kirchlich-religiösen Lebens in den verschiedenen Landschaften und Herrschaften des Reiches unterschiedlich. Bekanntlich zögerte vor allem Luther mit energischen Neuerungen, wesentlich radikaler ging Zwingli vor, den entschiedensten Bruch vollzogen die Täufer. Überall aber sind rasch entscheidende Änderungen im Gang, die über das religiöse Leben hinaus die Neugestaltung des Verhältnisses zu Gott und zur Welt betrafen. Unzweifelhaft nahm die ‚Intellektualisierung' in der Glaubensverkündigung zu. Korrespondierend zur Orientierung auf Jesus Christus als dem alleinigen Heilbringer und Erlöser trat das Wort Gottes in den Vordergrund, ohne daß alle, die sich evangelisch nannten, auch evangelisch ‚dachten'. Für sinnliche Vermittlungen und individuelle Gebetspraktiken gab es jedenfalls kaum noch Möglichkeiten.

Sicherlich gab es im Spätmittelalter bereits eine weitgehende Christianisierung der Gesellschaft, die verschiedensten kirchlichen Frömmigkeitsformen prägten nachhaltig den Alltag. Aber das alltägliche soziale Leben außerhalb

11. Martin Luther als Prediger dargestellt. Flügelaltar von Lucas Cranach d. Ä. in der Stadtkirche zu Wittenberg, 1549

des Klosters ganz nach christlichen, womöglich evangelischen Normen zu gestalten und zu verändern: daran dachte kaum jemand. Zwar sollte jeder Christ ein ‚anständiges' Leben führen, aber bestimmten christlichen Verhaltensmaximen sollte das einfache Volk ebensowenig wie der Adel oder die Bürger unterworfen werden. Zum religiösen Heil war nur die Einhaltung der Gebote, die das kirchlich-religiöse Leben betrafen, nötig, aber auch hier gab es keine einheitliche Norm. Einen Gottesstaat wollte kein Christ, tendenziell nur die Klerikerkirche. Das Ideal der Heiligung des Lebens nach christlich-biblischen Regeln kennen wir nur aus der monastischen Praxis. Aufgrund ‚freiwilliger' Entscheidung konnten sich Männer und Frauen als Mönche und Nonnen außerhalb der weltlichen Gesellschaft zur unmittelbaren Nachfolge Christi entschließen, deren Zielsetzung aber mehr auf das jenseitige Reich Gottes als auf das Diesseits gerichtet war. Viele Menschen in Stadt und Land erwarteten eine über die Verkündigung der wahren Lehre hinausgehende Verbesserung des gesellschaftlichen Lebens, eine Neugestaltung des weltlichen Daseins aus dem Geiste des Evangeliums. Wie aber nicht anders zu erwarten war, gab es höchst disparate Antworten von seiten der Theologen und Prediger. Sie waren bedingt durch unterschiedliche Traditionen, unterschiedliche soziale Ausgangsbedingungen und sozialpolitische Interessen. Daß die neue religiöse Botschaft die Kirchenverfassung und das kirchliche Leben auf eine neue Grundlage stellte, war allen Reformatoren klar. Insofern beschränkte keiner, auch Luther nicht, den religiösen Aufbruch auf das Innere des Menschen. Wie weit jedoch die evangelische Botschaft auch als moralisch-sittlicher Maßstab für das Alltagsleben der einzelnen Menschen oder gar für das gesamte soziale Zusammenleben herangezogen werden durfte, wie weit also eine konsequente Verchristlichung der Gesellschaft angestrebt werden sollte, darin unterschieden sich die einzelnen Richtungen. Obwohl die Idee der Heiligung des Lebens und der Verchristlichung der Gesellschaft schon früh auftauchte, wurde sie keineswegs von allen Gruppierungen geteilt.

Aufgrund seiner Zwei-Reiche-Lehre trennte Luther die Wahrheit des Glaubens vom konkreten Lebensvollzug. Zwar verlangte auch er eine Sichtbarmachung des christlichen Glaubens – er erwartete vom Fürsten christliches Handeln gegenüber seinen Untertanen wie umgekehrt Gehorsam von seiten des Volkes, ebenso setzte er auf soziale Verbesserungen vor allem in der Armenfürsorge und im Schulwesen, aber sein sittliches und soziales Reformbestreben erfolgte nicht aus einem religiös-biblischen Gebot, war nicht Konsequenz seiner reformatorischen Mission. Das moralische wie das politisch-soziale Leben unterlag bei Luther eigenen, eben weltlichen Gesetzen, wohingegen die Hl. Schrift kein weltliches Gesetzbuch war. Auch er wollte eine Reform des sozialen Lebens, aber bei ihm ist der revolutionäre Wille zur Änderung des Lebens wie der weltlichen Verhältnisse im Sinne einer Heiligung oder Nachfolge Christi im Vergleich zu anderen am geringsten ausgebildet. Dementsprechend erhielten sich bestehende Strukturen in seinem ‚Einflußbereich' am stärksten, wenn nicht die Obrigkeiten von sich aus Änderungen vornahmen.

Entschieden radikaler verhielten sich Th. Müntzer und die Täufer, deren Aktivitäten allerdings in der Endzeiterwartung – Grundgedanke der Eschatologie – Gestalt annahm. Für Müntzer war das strenge Gebot der Nachfolge Christi nicht nur eine innere ‚religiöse' Angelegenheit, sondern Maxime öffentlich staatlichen Handelns, die zur Umwälzung aller Verhältnisse drängte. Im Gottesstaat waren alle Widersprüche aufgehoben. Eine Trennung von religiösen und weltlichen Interessen gab es für ihn ebensowenig wie eine Trennung von Kirche und weltlicher Ordnung. Aber Müntzers Theologie blieb im Unterschied zu der der Täufer eine reine Fiktion.[11] Wenngleich das Täufertum nicht mit einer Stimme sprach und seine Verfolgung unterschiedliches Verhalten verursachte, zeigt sich hier doch allgemein ein erster konsequenter Versuch zur Heiligung des Lebens, allerdings außerhalb der weltlichen Gesellschaft. Denn es blieb als reformatorische Gruppe nicht bei der Verkündigung der reinen Lehre und Organisation eines eigenen Gemeindewesens, sondern versuchte, das gesamte Leben konsequent an der Hl. Schrift auszurichten. Das Wort wurde zum Gesetz des Alltagslebens, das sich gerade deshalb von der herrschenden Ordnung absonderte. Die Welt mußte sich selbst überlassen werden, von ihrer Moral durfte kein Täufer befleckt werden. In den Täufergemeinden versuchte man konsequent das urchristliche Gemeindemodell zu verwirklichen.[12]

Einen dritten Weg gingen schließlich Zwingli und seine Anhänger in den oberdeutschen Städten. Hier wurde die evangelische Verkündigung nicht nur als eine religiöse Botschaft verstanden, die allein den Glauben betraf; eine Separation von der weltlichen Gesellschaft aber suchte die ‚reformierte' Kirche nicht. Nicht erst Calvin propagierte die Verwirklichung christlicher Lebensideale in der Welt und unterwarf das moralische und soziale Leben christlichen Normen, in Ansätzen tat dies bereits Zwingli. Auch an seinen Wirkungsstätten ging es darum, eine christliche Lebensordnung zu errichten, durch Sittenzucht den christlichen Menschen zu erziehen, die Obrigkeit auf christliche Normen zu verpflichten und so einen Gottesstaat zu verwirklichen. Die ‚Heiligung' des Lebens wurde als die ureigenste Pflicht aller Christen verstanden. Sie sollte allerdings nicht mehr durch fromme Werke erlangt werden, sondern durch das aktive Einlassen auf die weltliche Gesellschaft und deren christliche Umgestaltung. Während Luther jede Kirchenzucht ablehnte, setzte die Schweizer Kirche erste Sittengerichte ein. Christsein hieß nach reformiertem Bekenntnis nicht mehr nur, der richtigen Konfession anzugehören, sondern das eigene Leben nach christlichen Prinzipien zu gestalten. Dementsprechend wurde Gott auch nicht allein in der ‚Kirche', sondern durch das ganze Leben geehrt. Heilssehnsüchte schlugen hier um in weltlichen Gestaltungswillen.[13]

II. Volksmagie und religiöses Leben

12. Andenkenblatt. Stich von W. Kilian, 17. Jahrhundert

1. Volksfrömmigkeit und religiöse Praxis

Unzweifelhaft begann mit dem reformatorischen Aufbruch ein völlig neues Kapitel abendländischer Religions- und Kirchengeschichte. Doch so radikal sich der Bruch in der Lehre vollzog und so weit er auch das einfache Volk erfaßte, so schwach war der Wandel in der religiösen Praxis. Dieser langsame Wandel erklärt sich einerseits aus der Unsicherheit der Reformatoren über die Vereinbarkeit von neuer Lehre und Frömmigkeitspraxis, andererseits aus dem Widerstreben des Volkes, alte Traditionen über Bord zu werfen. Und schließlich darf nicht vergessen werden, daß die katholische Kirche auf den Verfall ihrer Macht rasch mit ersten Reformen reagierte, so daß für viele die Unterschiede in den religiösen Erscheinungsformen nicht allzu groß waren.

Eine klare Unterscheidung(smöglichkeit) war erst das Produkt der Konfessionalisierung in den späteren Jahren. Dasselbe gilt auch für den volksmagischen Bereich. Nach der evangelischen Lehre galt der Kampf gegen den Katholizismus zugleich jedem magischen Denken in der Kirche genauso wie im profanen Brauchtum. Im praktischen Glauben hingegen gab es weder für den Bereich der Volksmagie noch vor allem für die Hexenkunst eindeutige Grenzziehungen. Gegenüber volksmagischen Vorstellungen und Handlungen war die evangelische Kirche machtlos, sosehr sie sie aus dem kirchlichen Raum langfristig entfernen konnte; im alltäglichen Leben blieben Protestanten nicht weniger abergläubisch als Katholiken. Dies gilt besonders für den Hexenglauben, setzte doch das Verbot der Zauberei den Glauben an die Wirkkraft von Hexen gerade voraus; ihre Verfolgung schien den protestantischen Kirchen folglich genauso legitim wie den katholischen. So wenig sich der einzelne während der Reformationszeit der religiösen Auseinandersetzung und dem Druck der neuen kirchlichen Normen entziehen konnte, sosehr religiöses Denken und Handeln den Alltag und das soziale Zusammenleben bestimmten, so ermöglichte doch gerade die Reformation einen ‚neuen' Unglauben und eine Heterodoxie, die es früher nicht gegeben hatte. Der Zweifel an der Richtigkeit der Lehre verunsicherte nicht nur Intellektuelle, die sich manchmal zu keiner Kirche bekennen mochten, sondern auch das einfache Volk. Es gab nicht wenige, die sich trotz ihrer formellen Konfessionszugehörigkeit für die religiösen Probleme der Kirchen nicht interessierten, nichts darüber wußten und die kirchlichen Lehren und Frömmigkeitsformen im Katholischen wie Protestantischen ganz ablehnten. Jedenfalls entstand in concreto ein anderes Bild populärer Frömmigkeit, als es die offiziellen Verlautbarungen der Kirchen vermuten lassen.

Dieses normale religiöse Leben in der frühen Neuzeit zu rekonstruieren, bereitet beträchtliche Probleme, die wesentlich durch die Quellenlage bedingt sind. Was die Menschen selbst wirklich glaubten und wie sie sich tatsächlich verhielten, darüber gibt es nur wenige Zeugnisse.

Das Spätmittelalter und die frühe Neuzeit waren zweifellos fromme Jahrhunderte.[1] Diese Frömmigkeit in ihrer Formenvielfalt war unterschiedlichen Voraussetzungen unterworfen, wobei die kirchliche Zugehörigkeit eine herausragende Rolle spielte. Zwar gab es auch außerkirchliche Frömmigkeitsformen, aber aufgrund ihres Glaubensmonopols strukturierte die Kirche diese unterschiedlichen Frömmigkeitsformen nachhaltig. So lassen sich im großen und ganzen altgläubig-katholische, reformatorisch-evangelische, gegenreformatorische und die Praktiken radikaler Minderheiten voneinander unterscheiden. Eine nicht auf kirchliche Grundlage bezogene Frömmigkeitsäußerung gab es kaum. Außerdem differierte die religiöse Praxis des Klerus wesentlich von der des gemeinen Volkes. Sein religiöser Eifer leitete sich aus seinem theologischen Wissen ab. Sicherlich blieb das Bildungsniveau des Klerus noch lange hinter den Erwartungen der Kirche zurück, aber es war allemal höher als der Wissensstand des einfachen Volkes, das oft nicht einmal die elementarsten Grundkenntnisse besaß; ansonsten wäre der immer wieder geforderte Katechismusunterricht nicht notwendig gewesen. Aufgrund anders gearteter sozialer Interessen unterschied sich die Frömmigkeit des einfachen Volkes ebenso von der der herrschaftlichen Elite, aber weder im Katholizismus noch in der evangelischen Kirche gab es spezifische religiöse Angebote für die einzelnen Stände. Auf Wallfahrt gingen nicht nur einfache Bauern, sondern auch Patrizier und Adelige, dasselbe gilt vom Heiligenkult, der von allen sozialen Schichten getragen wurde. Der Protestantismus machte genausowenig Unterschiede: am Gottesdienst nahmen alle teil, die gleichen Lieder und Gebete galten für die Angehörigen aller Stände. Eine Differenzierung von Elite- und Volksfrömmigkeit erfolgte erst seit dem späten 17. Jahrhundert, als ‚rationalere' Frömmigkeitsformen in den Oberschichten zunehmend Anklang fanden, während das gemeine Volk an seinen traditionellen Praktiken festhielt.[2]

Dennoch bedeutete Religion für die verschiedenen Stände Unterschiedliches. Während die Landbevölkerung aufgrund ihrer Lebenswelt mehr zu magisch-abergläubischen Vorstellungen und Praktiken neigte, öffneten sich die Städte und besonders die Handwerker den spiritualistischen Bewegungen.[3] So fanden Pietismus und Jansenismus in städtischen Kreisen eine stärkere Anhängerschaft als auf dem Lande, aber auch hier dürfen die Differenzen nicht überbetont werden. Die alles prägenden Kirchen schlossen keine Gruppe aus. Die Handwerker gingen z. B. ebenso unregelmäßig zum Abendmahl wie die Bauern, sowenig geleugnet werden kann, daß die soziale Interessenlage gerade in Umbruchzeiten die Frömmigkeitspraxis entscheidend mitbestimmte.

Noch im 16. und 17. Jahrhundert kannte vor allem im Katholizismus jede soziale Gruppe ihre Spezifika und zeigte sich neuen Bewegungen gegenüber

13. Der große Rosenkranz. Holzschnitt von Erhard Schön, um 1515/20

unterschiedlich aufgeschlossen. Seit dem 18. Jahrhundert, vor allem mit der Verbreitung der Aufklärung, wurde die soziale Differenzierung jedoch von einer Kluft zwischen Elite und Volk noch deutlicher bestimmt. Das entstehende Bürgertum löste sich auch in religiöser Hinsicht vom Volk. Kirchlich-konfessionelle wie religiös-abergläubische Verhaltensweisen blieben in den mittleren und unteren Volksschichten seit dieser Zeit stärker als in den Oberschichten virulent. Schließlich gab es auch geschlechtsspezifische Differenzen. Aufgrund disparater Lebenserfahrungen rezipierten Männer und Frauen religiöse Angebote unterschiedlich, auch wandelten sich die religiösen Aktivitäten: War im 16. und 17. Jahrhundert das Kirchenleben von Männern geprägt, so traten im 18. und 19. Jahrhundert mehr die Frauen in den Vordergrund; jedenfalls ist die starke Kirchlichkeit der Frauen eine späte Erscheinung. Die evangelische bzw. katholische Botschaft unterschied allerdings nicht zwischen Männern und Frauen, beide Geschlechter partizipierten gleicherweise an den Heilsgütern. Im Gegensatz zu anderen, nichtchristlichen Religionsgemeinschaften gab es im Christentum keine unterschiedliche Behandlung der einzelnen Stände oder Geschlechter, auch wenn die Kirche ein herrschaftliches Instrument blieb und die Männer in ihr den Ton angaben.[4]

Sicherlich gab es im Katholizismus verschiedene Frömmigkeitsrichtungen, doch anders als die protestantische Kirche war die katholische universal orientiert, d.h. nicht von Regionen oder Landeskirchen geprägt. Das religiöse Leben des Katholiken in Norddeutschland unterschied sich nicht wesentlich von dem in Tirol. Die katholische Kirche besaß strenge Rituale. Ihre Wirkkraft war zudem nicht auf den kirchlichen Raum begrenzt, sondern schloß die profane Welt ein. Schon deswegen lehnten die Protestanten die Verquickung der christlichen Botschaft mit weltlichen Interessen ab. Drittens ist die katholische Frömmigkeit von einer ‚passiven' Hinnahme der Heilsgüter gekennzeichnet, die aus sich selbst, unabhängig vom Glauben des Empfängers, wirksam waren.

Ehe die Reformation grundsätzlich neue Bedingungen für das religiöse Leben schuf und der römische Katholizismus später darauf mit der Reform altgläubiger Frömmigkeitspraktiken reagierte und sie erneuerte, bestimmte die religiöse Kultur des Spätmittelalters noch lange das soziale Leben des frühen 16. Jahrhunderts.[5] Generell unterscheiden sich die Frömmigkeitsformen des Spätmittelalters durch drei grundlegende Kennzeichen vom religiösen Leben der nachreformatorischen Zeit. Einmal kennt das Spätmittelalter keine scharfe Trennung von Profanem und Sakralem. Zum anderen war die religiöse Kultur sehr uneinheitlich, es gab die verschiedensten Frömmigkeitspraktiken nebeneinander, ohne daß die Kirche eine klare Hierarchie vorgab. Schließlich war die religiöse Kultur des Spätmittelalters von extremen Gegensätzen geprägt, sie oszillierte zwischen weltzugewandter Kirchenfeier und mystischem Rückzug, zwischen großem Gottvertrauen und Teufelsängsten.

Ein zentraler Aspekt spätmittelalterlicher Frömmigkeit war die äußerst populäre Heiligenverehrung.[6] Jeder Mensch besaß durch seine Taufe einen eigenen Namenspatron, jede soziale Gruppe, Städte, Stände, Gilden etc. verehrten ihren besonderen Heiligen als Schutzpatron, feierten sein Fest, errichteten ihm Kapellen und Altäre. Darüber hinaus konnte man für besondere Belange und Nöte die zuständigen Heiligen anrufen. Die Verehrung vollzog sich in der Kirche, in vielen Prozessionen und Wallfahrten, durch zahllose Zeichen im alltäglichen Leben. An Heilige, die als Zeugen des wahren Glaubens von der Kirche kanonisiert waren, wandte man sich um Fürsprache bei Gott wie um konkrete Hilfe in jeder Not; sie gaben Mut und wirkten Wunder. Besonders verehrt wurde Maria als Mutter Gottes. Einen weiteren Mittelpunkt des religiösen Lebens bildeten die Sakramente und Sakramentalien, ihre Wirkung war unabhängig von jeder subjektiven Disposition, durch sie wurde der Empfänger unmittelbar der Gnade und Hilfe Gottes teilhaftig.[7] Die sieben Sakramente der Taufe, der Firmung, der Eucharistie, der Buße, der letzten Ölung, der Priesterweihe sowie der Ehe banden das ganze Leben der Menschen in einen sakralen Zusammenhang der heiligmachenden Gnade. Hinzu kommen die begehrten kirchlichen Sakramentalien bzw. Benediktionen, die in Verbindung mit der Sakramentenspendung gebräuchlichen Zeremonien, die selbständigen religiösen Handlungen der Beschwörungen, Segnungen und Weihungen, der religiöse Gebrauch gesegneter und geweihter Gegenstände sowie die gesegneten und

14. Von Hoffnung des ewigen lebens; aus: Petrarcha. Von der Artzney bayder Glück des guten und widerwertigen, 1532

geweihten Gegenstände selbst wie das Wasser, Brot und Salz, Palmen, Kerzen, Medaillen, Kreuze etc.

Als drittes Zentrum religiösen Lebens erscheint die Messe, vor allem das Hochamt, das als Schaumesse von komplexer Bedeutung war.[8] Daneben gab es Bittgottesdienste, Totenämter, Brautmessen und die Stillen Messen, von denen oft in einer Kirche mehrere gleichzeitig gelesen wurden, sonntags wie werktags. Als Opferfeier der Kirche wirkte das Meßopfer ex opere operato, seine Heilswirkung war unabhängig von der Gesinnung des Priesters und des Gläubigen. Die Messe ist eine Gedächtnisfeier auf den Tod Christi, die Anwesenheit von Gläubigen war dabei nicht notwendig. Weil die Kultfeier aber einen Heilswert an sich hatte, wurde sie stark besucht. In ihr sollte man andächtig zuhören, zumeist wurde aber gebetet, u. a. der Rosenkranz. Hinzu kam eine Vielzahl von Andachten zu den verschiedensten Zeiten mit Rosenkranzgebet, Litaneien, Prozessionen und Bittgängen auf die Felder.

Die religiöse Kultur des Spätmittelalters war tief in der Lebenswelt der Menschen verankert. Die Kirche verwaltete alle Heilsgüter, übte aber keinen normierenden Druck auf die Gläubigen aus. Sie hatten mehr oder weniger freie Hand, das reiche Angebot der Kirche nach ihren Wünschen und Interessen zu nutzen, wobei jeder darauf bedacht war, so viele Gnadenmittel wie möglich anzuhäufen. Ersehnt wurde nicht nur das himmlische Heil, sondern gleicherweise weltlicher Trost, Schutz und Hilfe vor allen irdischen Unbilden. Magische und religiöse Vorstellungen und Praktiken waren kaum zu trennen.

Wenngleich die Frömmigkeit in den neuen protestantischen Gemeinden nicht sofort die reine Form erlangte, die von den Predigern erstrebt wurde, entfaltete sich doch bald eine spezifisch evangelische Frömmigkeitsform, die von Anfang an von zwei Faktoren maßgeblich geprägt war: von einer beträchtlichen Entsinnlichung des Glaubens und seiner Ausdrucksformen durch die starke Bibelorientierung sowie vom Verschwinden weltlicher Elemente aus dem populären Glauben und damit der Abschaffung vieler alter Zeremonien, die aus der Trennung von Profanem und Sakralem hervorging.[9] Da die Geistlichen von früh an fast unbeschränkte Macht in den Gemeinden hatten, oblag es ihnen, hier einen Wandel einzuleiten, was nicht heißt, daß dieser Prozeß rasch und reibungslos verlief.

Im Mittelpunkt aller evangelischen Frömmigkeit stand das Wort: Gottesdienst und Predigt gründeten in eindeutiger Absetzung zur Papstkirche allein auf dem Evangelium. Aus dem Opfermahl wurde eine (Belehrungs- und) Besinnungsandacht. „Darin aber ist und stehet der erzgreuel der messe, wenn in canone oder in der stillmeß der meßpfaff mit dem leibe und blute Christi, welches er da vermeinet zu haben, viel seltzame, wünderliche schirmschlege treibt mit aufheben, nidderlegen, mit hin und wieder weben an alle vier örter der welt und deßgleichen, das er solch sein werk darfür helt und außgibet, das er darmit und dardurch den leib und das blut Christi dem himlischen Vater aufs neu aufopfere, zum sündopfere, schuldopfer oder versönopfer, damit und dadurch bey dem himlischen Vater erworben und erlanget werde gnade, vergebung der sünden und allerley güter Gottes denen, die messe sehen oder fur sich halten lassen, ja, nicht allein den abwesenden, sondern auch den todten."[10]

Freilich gab es zahlreiche Kompromisse, und oft blieben die Übergänge von der katholischen Messe zum protestantischen Gottesdienst fließend. Besonderen Ausdruck fand der evangelische Glaube zum anderen im Verzicht auf Heiligenanrufungen und Weihen; weil allein in Christus das Heil zu erlangen sei, sollte sich die Aufmerksamkeit ausschließlich auf den Prediger und sein Wort richten. Die Katholiken weihten mißbräuchlich „die creaturen nicht zu dem brauch, darzu sie geschaffen sind, sondern der meinung, das durch solch weihen die creaturen eine andere arth und kraft bekommen sollen, darzu sie nicht geschaffen sind, als das sie dienstlich und kreftig sollen sein, alle list und gewalt des teufels zu hindern und zu vertreiben, der seelen radt und hülf zu schaffen ... denn weil wir davon kein befehl oder verheissung Gottes haben, so hilft wedder beten noch lesen dazu und ist ein greulicher mißbrauch des namens Gottes wieder das ander gebot, und ist kein underscheid zwischen solchen weihen und zwischen anderer zauberey, da man Gottes wort und namen zu braucht."[11]

Sicherlich konnte auch das Wort magisch verwendet werden und nicht nur der religiösen Erbauung dienen, dennoch ebnete der Wortgottesdienst einer Spiritualisierung des Glaubens eindeutig den Weg. Von der beträchtlichen Entsinnlichung zeugt auch das sukzessive Verschwinden von Seitenaltären und Heiligenbildern, damit gab es kaum mehr Ablenkungen vom verkündeten Wort Gottes. Anstatt der Sinne wurde nun das religiöse Bewußtsein angesprochen, die Glaubensüberzeugung sollte gestärkt werden durch die Meßfeier in deutscher Sprache, die Predigt und das gemeinsame Gebet. Das Gebet sollte jetzt eine Anrufung Gottes in wahrer Buße und rechtem Glauben sein. Alles andere muß geahndet werden, denn aus protestantischer Sicht verhält es sich so, „das die papisten eben wie die phariseer entweder zum schein beten oder setzen das beten darauf, das sie viel wort mit dem munde plappern ohne verstand, andacht und glauben, wie man an den rosenkrenzen die Pater noster unserm Herrn zugezelet hat und gleichwoll solch beten, darin der bitter nichts gewisses von Gott bate, hat man nicht allein für ein sonderlich gutt werk, sondern für einen verdienst außgegeben, item das sie im gebet nicht allein Gott, sondern auch neben demselbigen die heiligen anruffen und das vertrauen der erhörung nicht allein auf Christum stellen, sondern auf die fürbite und verdienst der heiligen."[12]

Der Kirchenschmuck entfiel, mystisch-liturgische Praktiken wurden unterbunden und alle profanen Verhaltensweisen in der Kirche unterdrückt. Dies beschränkte die erlaubten religiösen Aktivitäten sehr, an ihre Stelle trat die Vertiefung in das Wort Gottes als Wegweisung und Trost.

15. Evangelischer Gottesdienst auf einem Augsburger Platz. Kupferstich, 17. Jahrhundert

Zur Stärkung des neuen Gemeindegefühls trug im Protestantismus vor allem das Kirchenlied bei.[13] Obwohl es schon früher existierte, wurde das gemeinsame Singen erst zu einem zentralen Bestandteil des protestantischen Gottesdienstes. Und wenn es auch kein direkter Ausdruck populärer Frömmigkeit war – die meisten der zahlreichen neuen Kirchenlieder und Gesangbücher stammten von Geistlichen; zudem legte die Kirche den Kanon der zu singenden Lieder fest – gelangte die evangelische Botschaft doch am unmittelbarsten über das Kirchenlied zu den Gläubigen. Dies bestätigten selbst die altgläubigen Gegner. „Was dieses fals die Sectarien unsern zeiten vorgenommen, wie sie die Psalmen Davids gesangsweiß für das gemeine Volck zugericht, und ihre Irrthumben hin und wider behendiglich eingeschoben; was massen sie auch (ein jegliche Secte zu ihrem vorteil) neben den Psalmen allerhand lieder gemacht, Darunter etliche zufinden. so nicht allein mit falscher lehr vergifft, sonder auch bissig und zu erbitterung der gemüter auff Catholische Geist- und weltliche Oberheit gestellet: und wie sie solchen Gesangbüchern verfürische Catechismos, Sectische Kirchen Ordnung, und was deßgleichen ist, angehenckt: und dadurch bey dem unbehütsamen gemeinen Volck unheil angericht, deß ist aller welt genügsamb kündig."[14]

In der Tat spielte das evangelische Liedgut eine große Rolle bei der Verbreitung der evangelischen Botschaft; zusammen mit dem geistlichen Lied und der neuen Kirchenmusik wurde es zum spezifischen Ausdruck evangelischer Kultur.[15] Allerdings stimmte die Gesangpraxis in den Gottesdiensten nicht unbedingt mit den Texten in den überlieferten Gesang- und Liederbüchern überein,[16] und der Kirchengesang war keineswegs so spirituell und erhaben, wie der Inhalt der Lieder es vermuten läßt.

Im Unterschied zu Zwingli und später zu Calvin war Luther ein großer Musikliebhaber und Förderer der Kirchenmusik. „Wer die Musik verachtet, wie denn alle Schwärmer thun, mit denen bin ich nicht zufrieden. Denn die Musik ist eine Gabe und Geschenk Gottes, nicht ein Menschengeschenk. Man vergisset dabei alles Zorns, Unkeuschheit, Hoffahrt und andere Laster. Ich gebe nach der Theologie der Musik den nächsten Platz und die höchste Ehre."[17] Luther ermunterte nicht nur andere zum Dichten und Komponieren, sondern hinterließ selbst eine Reihe von Kirchenliedern, u. a. das bekannte ‚Reformationsfestlied' „Ein feste Burg ist unser Gott, ein gute Wehr und Waffen". Die frühevangelischen Lieder propagierten einen standhaften Geist, es ging darum, die neue Botschaft und das neue Gemeindebewußtsein im Singen der Gläubigen zu festigen. Einen Höhepunkt erlebte das Kirchenlied im 17. Jahrhundert durch Martin Moller, Philipp Nicolai und Paul Gerhardt, die, obwohl sie alle die lutherische Orthodoxie verteidigten, doch ein neues Frömmigkeitsideal propagierten, das unter dem Einfluß von Joh. Arndts „Vier Büchern Von Wahrem Christenthumb" (1606/10) stand. Nicht mehr um die Gemeinde als Kollektiv ging es hier, sondern um den einzelnen Christen. Eine Subjektivierung ist klar erkennbar, ebenso die Wiederaufnahme mystischen Gedankengutes, für das die Bevölkerung nach den Leiden des Dreißigjährigen Krieges sehr aufnahmefähig war.[18]

Wie schön leucht uns der Morgenstern
voll Gnad und Wahrheit von dem Herrn
die süße Wurzel Jesse
du Sohn Davids aus Jakobs Stamm, mein König und mein Bräutigam
hast mir mein Herz besessen,
lieblich, freundlich, schön und herrlich, groß und ehrlich,
reich von Gaben, hoch und sehr prächtig erhaben.

Ei meine Perl, du werte Kron,
wahr Gottes und Marien Sohn
ein hochgeborner König!
Du bist des Herzens schönste Blum;
dein süßes Evangelium ist lauter Milch und Honig.
Ei mein Blümlein, Hosianna!
himmlisch Manna, das wir essen,
deiner kann ich nicht vergessen.
...[19]

Allerdings bestehen Zweifel, ob diese neuen Lieder im sonntäglichen Kirchengesang aufgenommen wurden, also allen Gläubigen zugänglich waren. Die schon früh existierenden Gesangbücher waren aufgrund des verbreiteten Analphabetismus den gebildeten bürgerlichen und adligen Schichten vorbehalten. Das gemeine Kirchenvolk kannte nur wenige Lieder, die es auswendig sang, zumeist ohne Orgelbegleitung unter der Leitung eines Vorsängers. Auch die bekannte evangelische Kirchenmusik ist kein Spiegel populärer Frömmigkeit, sosehr sie wesentlich das ‚Praktische Christentum' mitbegründete. Die Kantaten, Chöre und Choräle von Heinrich Schütz, Dietrich Buxtehude, Joh. Sebastian Bach und anderen waren wesentlicher Bestandteil evangelischer Gottesdienstfeiern. Zwar wurden auch im Katholizismus Kirchenlied und Kirchenmusik gepflegt, doch fehlten ihnen lange die Intensität und Ausdruckskraft der protestantischen Musiker.

Eine Besonderheit der religiösen Praxis in der evangelischen Kirche stellt schließlich die Leichenpredigt dar.[20] Nachdem Totenfeier und Requiem aus der Kirche verbannt waren und der altgläubige Totenkult langsam verschwand, entwickelten sich um so pompösere Begräbnisse, auf denen eindrucksvolle Leichenpredigten gehalten wurden. Sie erinnerten die Trauergemeinde im Spiegel der Lebensgeschichte des Verstorbenen an Tod und Auferstehung. Anstelle von Bitten und Fürsprache trat die Erinnerung an ein individuelles Leben, das zum Vorbild für die Hinterbliebenen wurde.

Evangelische Frömmigkeit und evangelisches Leben erschöpften sich allerdings nicht in Gottesdienst und Predigt, mit ebenso großer Innigkeit und Lebendigkeit sollten sie sich im familiären und häuslichen Kreis entfalten. Schon während der Reformationszeit wurden Stimmen laut, die forderten, daß Glauben und Frömmigkeit auch das private Leben gestalten sollten.[21] Doch erst aus der Zeit der orthodoxen Selbstbehauptung der Kirchen zu Ende des 16. Jahrhunderts, als der Ruf nach einem christlichen Leben lauter wurde, sind Zeugnisse religiöser häuslicher Kultur erhalten, die allesamt jedoch nur aus gehobenen und alphabetisierten Schichten stammen. Das von der Kirche gewünschte Minimum war das häusliche Gebet zu Beginn und Ende des Tages sowie zu (oder vor) den Mahlzeiten, das zum Zeichen christlicher Lebensführung wurde. Das große Ziel jedoch richtete sich auf regelrechte Hausandachten mit Lektüre erbaulicher Schriften und dem Singen geistlicher Lieder; die Vielzahl gedruckter Gesangbücher, Erbauungsbücher und Predigten verweist auf die breite Laienschicht, die diesem Ideal entsprechen sollte und wollte. So ist bereits vor den Anfängen des Pietismus eine große Bereitschaft erkennbar, sich jenseits der ‚offiziellen' religiösen Streitigkeiten im häuslichen Kreis zu erbauen.

Bei aller konfessionellen Abkapselung der einzelnen Kirchen war die Erbauungsliteratur letztlich überkonfessionell ausgerichtet. Das auflagenstärkste Erbauungsbuch war Arndts „Wahres Christentum", in dessen Vorrede es bezeichnenderweise heißt: „Was für ein großer und schändlicher Mißbrauch des heiligen Evangeliums in dieser letzten Welt sei, christlicher lieber Leser, bezeuget genugsam das gottlose unbußfertige Leben derer, die sich Christi und seines Worts mit vollem Munde rühmen und doch ein ganz unchristliches Leben führen, gleich als wenn sie nicht im Christentum, sondern im Heidentum lebten. Solch gottlos Wesen hat mir zu diesem Büchlein Ursach gegeben, damit die Einfältigen sehen möchten, worin das wahre Christentum stehe, nämlich in Erweisung des wahren, lebendigen, tätigen Glaubens durch rechtschaffene Gottseligkeit, durch Früchte der Gerechtigkeit. Wie wir darum nach Christi Namen genennet sind, daß wir nicht allein an Christum glauben, sondern auch in Christo leben sollen und Christus in uns, wie die wahre Buße aus dem innersten Grunde des Herzens gehen müsse, wie Herz, Sinn und Mut müsse geändert werden, daß wir Christo und seinem heiligen Evangelium gleichförmig werden, wie wir durchs Wort Gottes müssen täglich erneuert werden zu neuen Kreaturen. Denn gleichwie ein jeder Same seinesgleichen bringet, also muß das Wort Gottes in uns täglich neue geistliche Früchte bringen, und so wir durch den Glauben neue Kreaturen worden sein, so müssen wir auch in der neuen Geburt leben. Summa: wie Adam in uns sterben und Christus in uns leben soll. Es ist nicht genug, Gottes Wort wissen, sondern man muß auch dasselbe in die lebendige tätige Übung bringen."[22]

Dieser ‚Kult der Innerlichkeit', ohne Zweifel ein besonderer Ausdruck protestantischer Frömmigkeit im 17. Jahrhundert, der vor allem durch die Erfahrung der Glaubenskonflikte und des Dreißigjährigen Krieges große Verbreitung fand, bildete aber alles andere als eine vorherrschende Grundstimmung der protestantischen Kirche, er beschränkte sich mehr oder weniger auf eine kleine religiöse Elite. Von der breiten Schicht des nicht alphabetisierten Kirchenvolkes übermitteln vor allem die Visitationsakten ein ganz anderes Bild.

Wenngleich die Visitationen von eifrigen Geistlichen verfaßt wurden und die kirchlichen und sittlichen Zustände unter normativen Gesichtspunkten bewerteten, vermitteln sie doch einen plastischen Einblick in das religiöse Alltagsleben der Kirchengemeinden.[23] Vor allem dokumentieren sie den komplexen Versuch der protestantischen Geistlichkeit, in städtischen und ländlichen Gemeinden ein evangelisch-christliches Leben zu verwirklichen. „Die weil die visitation ein althergebrachte christliche ordnung, die aus beweglichen und vernünftigen ursachen und darum eingeführt, das die hohe oberkeiten durch getreue fleissige menner und aufseher die kirchen besuchen und von der christlichen lere und sacramenten, ob die auch Christi, unsers lieben herrn, befelch nach, reine geleret und administrirt werden oder ob rotten, secten, unzucht und andere laster eingerissen, desgleichen von sitten und schutz der pfarrer, besserung und zunehmen der zuhörer, auch der kirchen- und pfarrengebeude und einkommen, davon man die diener göttlichs worts, schulen, hospitale, küster und arme leute underhalten solle, und anderer mengel in geistlichen sachen erkundigung nehmen lassen", heißt es in der Brandenburgischen Visitationsordnung von 1573.[24] In nicht wenigen Gemeinden dauerte es 70–80 Jahre, bis die meisten katholischen Relikte beseitigt waren und sich ein ‚normales' evangelisches Kirchenleben einspielte. Die Durchführung der Reformation war für die meisten ein mehr oder weniger gewaltsamer Akt von oben, den viele mit Widerständigkeit oder Passivität beantworteten. Eifrige Christen waren stets in der Minderzahl.

Vor allem vier Problemkomplexe haben die Visitatoren als Schaden und Makel des kirchlichen Lebens thematisiert: Einmal registrierten sie, daß noch lange katholisches Brauchtum lebendig blieb, Wallfahrten und Heiligenkulte behielten vor allem auf dem Lande große Bedeutung. Ebenso nachdrücklich wurde allen Formen des ‚Aberglaubens' ein rigider Kampf angesagt: der Zauberei, den Segnungen und der Wahrsagerei. Diese Klagen währten das ganze Jahrhundert hindurch.[25] Ein zweiter Punkt betraf das Leben der Pfarrer. Er sollte die reine göttliche Lehre vermitteln und „mit gutem exempel und vorbild" vorangehen, „auch die lehre, soviel an ihm, mit seinem ehrlichen wandel ziere(n), es erfordert abermals die notturft, das ein jeglicher, so sich die kirchen zu regieren underfahen, sein leben dieser gestalt durch Gottes gnad anschicke(n), das nicht allein alle sein gescheft und hantierung, sonder auch sein rede, kleidung und wandel, ja auch alle seine wort und werk ein ehr und tugend seien, damit nicht, was er mit einer hand erbaue, gleich wider mit der andern abreisse und er nicht die kirch, beid, mit strefflichem laster und ergerlichem exempel, verderbe".[26] Wir wissen jedoch, wie lange es in den protestantischen Kirchen dauerte, bis eine akademisch ausgebildete Pfarrerschaft das Erbe der Reformatoren antreten konnte.[27]

Ein dritter Bereich kritisierte den mangelnden religiösen Eifer in den Gemeinden. Nach dem spontanen Bekenntnis zur Reformation hatte die Begeisterung des einfachen Volkes rasch nachgelassen. Nicht selten zeigte es sich Neuerungen gegenüber sogar widerspenstig, ob es um die Durchführung eines ungestörten Gottesdienstes, um die Heiligung des Sonntags oder um die Grundkenntnisse in der christlichen Lehre ging.[28] Der Unregelmä-

16. Abendmahlsfeier in einer norddeutschen evangelischen Kirche. Gemälde von Otto Wagenfeldt (1649–1651)

ßigkeit des Gottesdienstbesuchs war schwer entgegenzuwirken. Schwierig war auch die Sonntagsheiligung einzuhalten. An Sonn- und Feiertagen wurde sogar während der Gottesdienstzeit gearbeitet und gefeiert. Auch zeigten die Gemeinden kein sonderlich starkes Interesse an den Glaubenswahrheiten, das religiöse Wissen blieb auf rudimentäre Begriffe beschränkt. Wenn sich dennoch langfristig ein neues Kirchenbewußtsein herausbildete, dann lag das vor allem am Katechismusunterricht und dem unaufhörlichen Eifer mancher Pfarrer.

Schließlich richteten sich die Klagen der Visitatoren auf das sittlich-moralische Leben. Moniert wird vor allem das übermäßige Trinken, Tanzen und Fluchen bzw. Schwören, sowie Hurerei und das Lärmen der Jugend.[29] Der Kampf gegen diese sinnlichen Aspekte der Volkskultur hatte lange keinen Erfolg. Es gab zwar Gemeinden, über die kaum größere Klagen geführt wurden, dafür beschäftigten andere die offiziellen Kirchenvertreter um so intensiver. Der angeprangerte unsittliche Zustand gründete keineswegs allein im unchristlichen Verhalten des gemeinen Kirchenvolkes, oft provozierte gerade der Moralismus der neuen Pfarrer ein bewußt weltliches Verhalten.

Gehen wir näher auf einen Bericht des Prädikanten in Geislingen bei Ulm von 1544 ein:[30] Zunächst wird über den unregelmäßigen Gottesdienstbesuch geklagt. „So findt man Leut zu Geislingen, die in 5, 6, 7 Jahren und noch länger an keine Predigt nie kommen sind, es sei denn, daß sie etwa auf einer Hochzeit seien, und dero ist ein große Anzahl. Wenn wir das gemein Gebet in der Woche halten, so kommt schier gar niemand, wie treulich wir sie ermahnen und bitten. Es ist ein solch verkehrt, verblendt, halsstarrig Volk in den Geislingen. ... Wenn wir von dem gemeinen Gebet aus der Kirche gehen, so sind ihrer viel, die gehn erst hernach in die Kirche und haben ihre sonderlichen Gebete. Sie achten unsere Versammlung nit für eine christliche Versammlung, darum achten sie auch unseres Gebets nichts. Damit nun die Päpstler morgens und nachts ihre Abgötterei nit treiben könnten (in der Kirche), haben die Herrschaftspfleger dem Mesner einen Befehl geben, daß er am Morgen die Kirche vor 7 nit aufschließen soll und soll um 5 zu Nacht ungefähr wieder zuschließen. ... Geh einer, wo er woll, so hört er nur weltliche und schandliche Lieder singen. Vater und Mutter vermeinen, wenn ihre Kinder sollten Psalmen singen, es wäre Ketzerei; wenn man aber am Tanzring Tanzlieder von den lieben Buhlen singt, das dünkt sie ein löblich Ding sein. ... Je heftiger wir wider ihre abgöttischen Feiertage predigen, je mehr sie dieselben feiern. Ja, man findt Leut zu G., die haben etwa vor 2 oder 3 Jahren die päpstischen Feiertage fallen lassen, die fangen jetzt wieder an zu feiern."

Nicht geringer sind die Beschwerden übers Spielen, Zutrinken und Schwören: „Das Gottslästern hat bei Alten und Jungen gar überhandgenommen, es wird niemand darum weder gerechtfertigt noch gestraft. So ist es mit dem Zutrinken desgleichen, und die es wehren sollten, sind die ersten, die es anfangen. Man hat den Vogt mehr denn einmal heimgeführt, desgleichen den Büttel; den hab ich selbst sehen heimführen und schleifen wie ein voll Schwein. Wenn das die Untertanen von den Oberen sehen, so meinen sie, es sei ihnen auch nit unrecht. In Suma, es ist in G. eine Kunst, wer viel Wein saufen mag, der kommt hinfür und ist wohl daran. ... (Der Vogt) ist der fürnehmste Zerstörer aller christlichen Religion, hat neulich einen Schatz zu Neidlingen graben lassen, dafür einen Teufelsbeschwörer und Zauberer gebraucht, der zuvor mit denen, die helfen graben, dem Meßpfaffen gebeichtet und das Sakrament empfangen, hat auch einen Blinden dazu zuweggebracht, der hat den Schatz gesehen und sonst niemand."

Trotz aller Bemühungen, den Gottesdienst allein auf das Wort zu richten und ein christliches Leben in den Gemeinden zu stärken, blieb die neue evangelische Frömmigkeit noch lange in die traditionelle Volkskultur eingebunden. Mischformen, die weder von altgläubigen Riten noch von abergläubischen Praktiken klar zu trennen waren, hielten sich in der religiösen Praxis. Sicherlich gab es vor allem in den Städten streng evangelisch gesinnte Kreise, doch wieweit sich die nicht alphabetisierten Schichten vor allem auf dem Lande der neuen Kirchlichkeit anpaßten, ist unsicher. Das heißt allerdings nicht, daß Orte, die später wieder rekatholisiert werden sollten oder wurden, einfach das bisher Erfahrene über Bord warfen. Sowenig die Betroffenen echte Christen im Sinne der evangelischen Theologen waren, sowenig wurden sie später aktive Katholiken.

Mit der Reformation änderten sich die Frömmigkeitsformen und religiösen Praktiken nicht nur in den protestantisch gewordenen Ländern, sondern auch in den altgläubig verbliebenen Städten und Territorien bzw. in den Räumen, die für den Katholizismus wiedergewonnen wurden. Hier zeichneten sich beträchtliche Wandlungen ab, die nicht nur unmittelbar mit dem Tridentinum wie mit dem religiös-politischen Eifer jener Fürsten und Bischöfen zu tun hatten, die nicht protestantisch geworden waren und eigene Reformwege gingen.[31] Äußerlich differierte die ‚reformierte' katholische Frömmigkeit nicht stark von der der spätmittelalterlichen Kirche, weder in der Glaubenslehre noch im kirchlichen Ritus gab es grundlegende Änderungen. Allerdings wurde der katholische Glaube nun erstmals kirchenrechtlich festgelegt und die unterschiedlichen Frömmigkeitspraktiken einer rigiden geistlichen Kontrolle unterworfen, wobei römische Einflüsse regionalistische Traditionen zurückdrängten. Zudem wurden die sinnlich-zeremoniellen Elemente bedeutend verstärkt, die nicht nur die Übermacht der Papstwürde sondern auch die Eigenheit und Besonderheit des katholischen Ritus gegenüber dem Protestantismus dokumentieren sollten. Auch die katholische Kirche begann also, sich als Konfessionskirche zu begreifen, deren Lehre und Ritus scharf umrissen wurden. Weil sie allerdings stärker als die protestantische auf die elementaren religiösen Bedürfnisse des einfachen Volkes Rücksicht nahm und diese sogar weithin integrierte, erfuhr die katholische Reform weniger Widerständigkeit als der Protestantismus – obwohl sie im Unterschied zu diesem den Laien keinen Einfluß auf die Gestaltung des religiösen Lebens in der Kirche gewährte. Probleme gab es im Katholizismus eher durch die Kleriker und die weltlichen Obrigkeiten, denn die Reform diente zugleich der radikalen Unterstellung aller Gemeinden unter die römische Kirche.[32]

Trotz aller Heiligenverehrung stand auch bei den Katholiken der Gottesdienst oder vielmehr die Messe im Mittelpunkt in ihren vielfältigen Erscheinungsformen von stillen Messen bis zum feierlichen Hochamt an allen Sonn- und Feiertagen.[33] Die Unübersichtlichkeit der spätmittelalterlichen Kirche wurde allerdings mit der Reform beendet. Es entstand eine klare Hierarchie zwischen zentralen kultischen Handlungen und peripheren religiösen Andachten sowie zwischen Klerikern und Laien, die zwar kein kirchliches Recht besaßen, aber erstmals in die Meßhandlung als zuschauendes Volk einbezogen wurden. Der klaren Grenzziehung zu protestantischen Kirchen diente das Latein als einzig erlaubte Kultsprache, wohingegen die Predigt natürlich auch in deutscher Sprache erfolgte. Zwar gab es mehr Kirchengesang und gemeinsame Gebete als früher, doch die Idee eines Gemeindegottesdienstes war den Katholiken fremd. Im Gegenteil: Stand die Kanzel im Mittelpunkt der protestantischen Kirche, so der Hochaltar und mit ihm der Tabernakel im Zentrum der katholischen Gottesverehrung. Auch wenn in der katholischen Kirche von der Kanzel gepredigt wurde, so stand sie doch nie in Konkurrenz zum Hochaltar, der von allen Seiten wahrgenommen werden sollte und konnte.[34]

Sichtbaren Ausdruck fand dieser neue Geist im katholischen Kirchenbau. Während die Protestanten bemerkenswerterweise die spätmittelalterlichen Dorf- und Stadtkirchen mehr oder weniger unverändert übernahmen und sie lediglich von katholischen Zeichen und Symbolen befreiten, kam es im katholischen Raum im Rahmen des erneuerten Katholizismus zu grundlegenden Kirchenumbauten und zu zahlreichen Neubauten. Das dunkle, spätmittelalterliche Gotteshaus wurde verdrängt durch helle Renaissance- und Barockbauten. Damit zeigte sich auch der Bruch mit dem Geist der spätmittelalterlichen Kirche. Die Barockkirchen kündeten von der neuen Ordnungskraft der Papstkirche in der religiös-politischen Öffentlichkeit und integrierten die katholische Gemeinde einer religiösen Einheit, in der jeder seinen klar zugewiesenen Platz hatte. In diesem Sinne folgte der Bestuhlung der protestantischen Kirche rasch die der katholischen Kirche. Während das protestantische Gotteshaus tendentiell eine scharfe Grenze zwischen Profanem und ‚Sakralem' zog, zeigte sich im katholischen Kirchenbau eine neue Öffnung zur Welt. Viele neue katholische Kirchen und Klöster glichen bald weltlichen Schloßbauten.[35]

Im Katholizismus blieben alle kultischen Handlungen in Händen des reformierten Klerikerstandes. Doch auch im Protestantismus erlangte der Klerus bald die Vorherrschaft im kirchlichen Leben, obwohl sich die protestantische Kirche ja als Laienkirche konstituiert hatte. So konnte sich eine Laienfrömmigkeit nur außerhalb der offiziellen Kirchen entwickeln.

Während sich im Protestantismus alle religiös-kirchlichen Aktivitäten auf den Wortgottesdienst konzentrierten, waren im Katholizismus neben der alltäglichen Messe noch zahlreiche andere, mehr oder weniger offizielle Veranstaltungen von nicht geringer Bedeutung. Zahlreiche gemeindliche Andachten fanden zu den verschiedensten Anlässen und meist außerhalb der offiziellen Gottesdienstzeiten statt. Auf ihre Gestaltung hatten die Bruderschaften beträchtlichen Einfluß.[36] Sie dienten zumeist einem besonderen Anliegen, gebetet wurden Litaneien und Rosenkränze. Der Rosenkranz gewann eine derartige Bedeutung, daß er quasi zum Zeichen des erneuerten Katholizismus wurde.[37] Bei aller Normierung der Andachten durch die Kirchen und ihre Kleriker ließ das gemeinschaftliche Gebet viel Raum für private Meditationen. Fanden Andachten immer im stillen Kirchenraum statt, bildeten Prozessionen mehr oder weniger spektakuläre Aktionen in der Öffentlichkeit. Besonders bekannt und verbreitet waren die Fronleichnamsprozessionen und Passionsumzüge, auf denen sinnlich-expressiv die Leidensgeschichte des Herrn in 8 Stationen (seit dem 18. Jahrhundert in 14 Stationen) dargestellt wurde: Abschied von den Jüngern, der Ölberg, Christus vor Kaiphas, die Verspottung, die Geißelung Christi, die Dornenkrönung, die Kreuzigung und das Hl. Grab.[38] Die Prozessionen, die zumeist durch die ganze Gemeinde führten, waren keine rein kirchliche Angelegenheit, in sie flossen gleicherweise volkskulturelle und herrschaftliche Interessen ein. Die meditative Andacht und die demonstrativen Prozessionen waren wichtige Instrumente katholischer Glaubenspropaganda.

Wenngleich der Bruch mit der herkömmlichen Frömmigkeit in der katholischen Kirche lange nicht so radikal vollzogen wurde wie im Protestantismus, verlief der Reformprozeß dennoch nicht reibungslos, massive Eingriffe von seiten des Klerus waren mit Hilfe der Obrigkeit vonnöten. Auch die katholische Kirche kämpfte in erster Linie um die Sonntagsheiligung. „Alle Hand- und Feldarbeit, dann auch Frohnen, Treibjagen soll an Sonn- und Feyertagen unterbleiben."[39] Sie reduzierte ihren Festkalender beträchtlich, wenngleich auch nicht so stark wie die protestantische Kirche. Als ganztägige Feste wurden in Würzburg 1576 gefeiert: alle Sonntage, jeweils drei Oster- und Pfingsttage, Himmelfahrt Christi, Fronleichnam, Maria Lichtmeß, Matthias, Mariä Verkündigung, Johannes der Täufer, Peter und Paul, Mariä Heimsuchung, Jakobus, Laurentius, Mariä Himmelfahrt, Bartholomäus, Mariä Geburt, Matthäus, Simon und Juda, Allerheiligen, Andreas, Thomas, Weihnachten (drei Tage), Beschneidung und Erscheinung des Herrn, Philipp und Jakob, Kilian, Magdalena, Michael, Martin, Mariä

Opferung, Katharina, Nikolaus und Mariae Empfängnis. Benefizien existierten weiterhin, und zur Abwendung von Pest und schädlichem Wetter durften Gottesdienste abgehalten werden, Hagelfeiern z. B. wurden jedoch ganz entschieden abgelehnt, weil „denen heylsamen Kirchen-Satzungen, kraft deren die Einsetzung der heiligen Festtägen allein durch Bischofflichen Gewalt geschehen solle, gerad zuwider, der Allmächtige Gott auch damit wenig geehrt, sondern vielmehr durch den verderblichen, und auch den gemeinen Leuthen an ihrer Nahrung schädlichen Müßiggang und andere aus demselben entstehenden Übertretung Göttlichen Gesatzes erzürnet wird."[40]

Nachdem in der katholischen Kirche unter dem Eindruck der Reformation auch Christus für kurze Zeit in den Vordergrund der Frömmigkeit gerückt war, setzten sich nach dem Tridentinum alsbald die Heiligen und die Mutter Gottes wieder durch, ja ihre Verehrung wurde zum Kennzeichen des neuen Katholizismus.[41] Dieser Prozeß vollzog sich allerdings weniger spontan als durch die Aktivitäten der neuen Orden sowie die gezielte Forderung von Reformbischöfen und Landesherren, die sich aller gegenreformatorischen Mittel für die Stabilisierung und Neubegründung ihrer Herrschaft bedienten. Bald schien aus protestantischer Sicht die untergegangene spätmittelalterliche Heiligenfrömmigkeit wiedererstanden zu sein, in Wirklichkeit jedoch unterschied sich die neue Marien- und Heiligenverehrung von der alten durch eine besondere Kontrolle der Kleriker. Abergläubische

17. Wallfahrt der kurfürstlichen Familie nach Altötting. Öl auf Leinwand, um 1740

Praktiken sollten selbst in diesem Punkt unterbunden und die Zahl der Heiligen eingeschränkt werden, indem man ihre Verehrung auf eine historische Basis stellte und die fiktiven Figuren strich.

Die Renaissance der Marien- und Heiligenverehrung wurde vom Klerus bewußt gefördert und kam dem neuen Sinnverständnis aller Gläubigen entgegen; sie war keineswegs nur ein Mittel, um die einfachen Leute gezielt an die Kirche zu binden. Der neue und gleichzeitig alte Kult wurde von allen sozialen Gruppen und Ständen getragen, zu seinen erklärten Anhängern zählen die Bauern ebenso wie die Handwerker, die fürstlichen Beamten und der Adel. Von besonders breiter Wirkung war die erneuerte Marienverehrung. Sie wird in den verschiedensten Medien sichtbar: in Wort und Schrift, in Predigt und Lied, in Spiel und Kult, in Wallfahrt und Litanei, in Bitten und Danksagungen sowie schließlich auch in Votivbildern und in der Kunst.[42]

In Telgte beteten Wallfahrer: „O Maria, ich hoffe auff deine Barmherzigkeit, ich verlasse mich auff deine liebreiche Miltigkeit, ich traue auff deine mächtige Gewalt, die dir von deinem Sohn ertheilet worden, wo du wilst, vermachst du durch deine kräfftige Fürsprach den gefaßsten Zorn Gottes milteren."[43] Im Vordergrund stand die Verehrung Mariens als Jungfrau und Mutter Gottes, sie wurde schlechterdings zur Helferin in aller Not. Man verehrte sie als Schmerzensmutter, als liebliche Mutter, als Mutter der Barmherzigkeit, als Königin des Friedens, des Rosenkranzes und betete zur Maria Hilf, Maria zum guten Rat, Maria Trost und zur Muttergottes vom schwarzledernen Gürtel; so hießen auch die Wallfahrtsstätten. Marienaltäre standen an zentraler Stelle in den renovierten oder neu errichteten Kirchen, das wichtigste Fest war das der unbefleckten Empfängnis. Zur Vertiefung der marianischen Frömmigkeit gründeten die Jesuiten für die Jugend sogar eine sich rasch verbreitende marianische Kongregation.[44]

Insgesamt wurde die Heiligenverehrung im nachtridentinischen Katholizismus auf eine neue Grundlage gestellt. Obwohl nicht als heilsnotwendig angesehen, wurde sie doch zum expliziten Ausdruck katholischen Bewußtseins. Das Tridentinum hatte verkündet: „Die Heiligen herrschen zusammen mit Christus, sie bringen ihre Gebete für die Menschen Gott dar. Es ist gut und nutzbringend, sie um Hilfe anzurufen und zu ihren Gebeten, ihrer Macht und Hilfe Zuflucht zu nehmen, um von Gott durch seinen Sohn Jesus Christus unseren Herrn, der allein unser Erlöser und Heiland ist, Wohltaten zu erlangen."[45] Es gab eine große Zahl von offiziell anerkannten Heiligen, daneben aber auch regionale Heilige, deren Verehrung die Kirche nicht begünstigte, ja sogar unterdrücken wollte. Mit der Kanonisierung neuer Heiliger war man vorsichtiger geworden; um dem Spott der Protestanten zu entgehen, schrieben vor allem die Orden die Hagiographien um. Heilige spielten eine große Rolle im täglichen Leben aller Gemeinden. Städte und Stände hatten eigene, die sie besonders verehrten. Und nicht zuletzt war jeder Katholik auf den Namen eines Heiligen getauft, der ihm als Namenspatron besonderen Schutz verleihen sollte. Heilige galten nicht nur als Vorbilder christlichen Lebens, sondern als Fürsprecher vor Gott in großen und kleinen Nöten, in Krankheiten und Todesgefahr. Vor allem für die verschiedensten Krankheiten besaßen einzelne Heilige eine besondere Zuständigkeit. Von besonderer Bedeutung waren die Vierzehn Nothelfer, Achatius, Ägidius, Barbara, Blasius, Christopherus, Cyriatius bzw. Leonhard, Dionysius bzw. Nikolaus, weiterhin Erasmus, Eustachius, Georg, Katharina, Margaretha, Pantaleon und Vitus.[46] Reliquien von Heiligen, denen besondere Heilkraft zugesprochen wurde, besaß jede Kirche, alle suchten diesen Schatz bis ins 18. Jahrhundert hinein nach Kräften zu mehren. Die Heiligenverehrung betraf nicht nur altehrwürdige Heilige. Gerade im Katholizismus brach die Heiligentradition nie ab, immer wurden neue Heilige kanonisiert, die oft einem aktuellen Schwerpunkt der Frömmigkeit entsprachen. An der bevorzugten Namengebung läßt sich die jeweilige Aktualität eines Heiligen abmessen, dessen Verehrung durchaus wieder in Vergessenheit geraten konnte. Jede Gemeinde, jeder Stand, jede Familie, jede Zeit hatte ihre besonderen Vorlieben. Bei der Kanonisierung Heiliger waren die neuen Orden besonders eifrig.

Eine dritte katholische Besonderheit stellt das Wallfahrtswesen dar.[47] Schon im Mittelalter hatte es sich weit verbreitet, aber das Aufblühen neuer Wallfahrten seit dem Ende des 16. Jahrhunderts war von anderer Qualität. Einmal traten die Einzel- und Fernwallfahrten zugunsten kollektiver Nahwallfahrten zurück. Zum anderen aber wurde die Wallfahrt zur bewußten Rekatholisierung und Integration eingesetzt und einem römischen Zeremoniell unterworfen. Schriftlich fixierte Ordnungen entstanden; profane Elemente des weltlich-festlichen Beiwerks sollten ebenso verbannt werden wie abergläubische Bräuche. Wenngleich damit das neue Wallfahrtswesen nicht mehr spontanen populären Frömmigkeitsinteressen entsprach, kam es ihnen doch nach wie vor sehr entgegen. Die kollektiven Veranstaltungen schalteten individuelle Anliegen nicht aus, wenn sie den devoten Rahmen nicht verließen. Sicherlich erschien der Kirche das Wallfahrten vor allem als geeignetes Mittel, das gemeine Volk an sich zu binden, doch es fand auch beim Bürgertum und den Fürsten Anklang. Populäre, herrschaftliche und kirchliche Interessen sind kaum zu trennen. Erst im 18. Jahrhundert begann sich dies zu ändern.

Das Besondere der Wallfahrt gründete einmal in dem Erlebnis des Außergewöhnlichen, das das alltägliche Leben unterbrach, zum anderen in der Möglichkeit, an einer Kultstätte Heilung oder besondere Hilfe zu erhalten. Heil versprach an sich jeder Sakramentenempfang und jede Messe; und die Heiligen oder die Mutter Gottes konnten alle Gläubigen auch in ihrer Heimatpfarrei um Hilfe bitten. Aber Wallfahrtsstätten stellten etwas Besonderes dar, sie waren Gnadenorte. Gerade die Marienwallfahrtsorte zogen viel Volk an, sie waren bekannt als Wunderstätten, an denen auch in verzweifelten Fällen noch Hilfe zu finden war. Dieser Hoffnung entsprechend konnte man sich etwa in höchster Not einem besonderen Gnadenbild verloben. Die nachfolgende Einlösung des Versprechens – Wallfahrt und die Stiftung von Kerzen und Votivgaben – bezeugte den Dank für die Errettung.

Es gab eine große Zahl von unterschiedlich angesehenen und bevorzugten Wallfahrtsstätten, die meisten des Spätmittelalters gingen in der Reformationszeit ein, wurden dann aber mit großer Unterstützung der Orden im 17. Jahrhundert wiederbelebt. Nicht selten kam es zu beträchtlichen Konkurrenzen, denn Wallfahrtskirchen waren ja nicht nur Gnadenorte für die Gläubigen, sondern stellten auch bedeutende Einnahmequellen für Pfarrer, Klöster und Bischöfe dar. Die bekanntesten Wallfahrtsstätten im deutschen Raum waren Altötting, Kevelaer, Vierzehnheiligen, Walldürn, Heiligenblut, Maria Zell und Einsiedeln.

Eng verbunden mit dem Wallfahrtswesen war der Wunderglaube, ohne den das Aufsuchen der besonderen Gnadenorte keinen Sinn ergeben hätte. Bestimmten Heiligenfiguren, vor allem Madonnenbildern, wurde eine Wundertätigkeit zugesprochen. Diesen grundsätzlichen Wunderglauben besaß nicht nur das gemeine Volk, sondern die ganze kirchliche Hierarchie, so skeptisch der Klerus auch einzelnen religiösen Praktiken des Volkes gegenüberstand; deswegen unterwarf man gerade das Wallfahrtswesen strenger Kontrolle. Jedes Wunder sollte überprüft und registriert werden, damit es dann in der Öffentlichkeit Zeugnis von der Stärke des katholischen Glaubens geben konnte. Über die Wirkkraft des Wallfahrtswesens und den Wunderglauben informieren uns die vielen erhaltenen Mirakelbücher der verschiedenen Wallfahrtsstätten – die zum Teil sogar gedruckt vorliegen –, und die zahlreichen Votivbilder, die zum Dank in den Kirchen aufgehängt wurden.[48] Sie berichten ausführlich über die Gründe für die Verlöbnisse und über die erfahrene Hilfe.

So heißt es beispielsweise in einem Mirakelbuch aus Friedberg 1688: „Geörg Wanner von Gebenhouen ohngefehr 50 iahr seines Alters gibt vor, wasmassen Er ain Mägdlein gehabt nahmens Anna, so zwey iahr kranckh und geschwollen gewesen, unnd umb solchen Zuefall zuvertreiben verschidne medicamenta gebraucht weillen aber kheines zur gesundheit gedeyen und helfen wollen, habe sein weib dasselbe zu Unser lieben Frauen bey dem Alber mit einem Rosenkhranz unnd 3. Kreüzer in den Stockh verlobt und seye hieruf sothanes khindt von Stundt an besser unnd solcher gestalten worden, ds Es gleich an Crefften zuegenohmen unnd dermallen plenissime restituiert ist, wie Er dann sub praestitio iuramento sagen khann, ds Er festiglich glaube, dises sein khindt seye durch Intercession diser hailigen Muetter gottes zu sothaner Völligen gesundheit gelanget und seye demallen ds gesündiste unnder seinen khindern."[49]

18. Votivbild, Kleinhöhenkirchen. Öl 1748

Aus verschiedensten Anlässen suchten die katholischen Christen Wallfahrtsstätten auf. Die Mirakelbücher geben damit zugleich Einblick in Problemfelder frühneuzeitlicher Familien und Hausgemeinschaften. In einem Mirakelbuch aus Tuntenhausen von 1646 notiert der Klostermann stolz alle Wunderkräfte seiner Gnadenstätte:

„1. Vertreibt Leibsschäden, Gichtbrüch, Hinfallen, und andere gefährliche Geschwülsten (37 Wunder)
2. Tröstet die Verzweyfelten, Angefochtne, Zerritten, Kleinmütigen, vom bösen Feind beseßne, und ungerische Kranckheit (49 Wunder)
3. Löschet die Brünsten, behüt vor Fewersnoth, Hagel, Blitzen, Tonnenstraich (39 Wunder)
4. Errettet vor allerley Wassersnoth, Schiffbrüch, und Ertrincken (71 Wunder)
5. Erleucht die Blinden, gibt den Tauben das Gehör, hilfft allerley zustehendem Wehe am Auge und Ohren (28 Wunder)
6. Macht redent die Stummen, erlößt die Erstickende und in der Fraiß tobende (47 Wunder)
7. Stärckt Krumme und Lahme an Armb, Händ und Füssen mangelhaffte Leut (55 Wunder)
8. Erfrewet die mit grosser gefahr gebärende Mütter und Leibsfrüchten (44 Wunder)

9. Haylet gewaltige Schäden, Wunden, Geschwär, Apostemata etc. und Blattern (40 Wunder)
10. Erhalt die gefährlich fallende und tödtlich gefallne oder getruckte (40 Wunder)
11. Erquickt in Todtsgefährlichen Leibsschwachheiten, Unhails, Kranckheiten, Pesten, Wehetagen, etc. (97 Wunder)
12. Behütet von underschidlichen Lebensgefährlichen zuständen und gewaltthaten (45 Wunder)."[50]

Die Reformation führte in den protestantischen Gebieten nicht nur zu einem Zusammenbruch katholischer Kirchlichkeit, sondern brachte auch einen tiefen Einschnitt in die Volksfrömmigkeit, die allerdings immer auch vom kirchlichen Leben beeinflußt war wie umgekehrt die kirchlichen Praktiken populäre Inhalte reflektierten. Die neue evangelische Frömmigkeit ruhte weitgehend auf dem Wort des Evangeliums und führte zwangsläufig zu einer Entsinnlichung und Entsakralisierung religiösen Handelns. Auch sie lebte von populären Lebensvorstellungen, wurde nun jedoch stärker von theologischen und disziplinierenden Interessen der neuen Kirche geprägt. Doch selbst in den Ländern, die katholisch blieben, änderte sich der Grundduktus der Frömmigkeit, sosehr Marienkulte und das Andachts- und Wallfahrtswesen bald wieder aufblühten. Wie die evangelische verdrängte auch die katholische Kirche nach Kräften profanes Handeln und abergläubische Vorstellungen aus dem religiösen Leben und unterwarf es devoten ethischen Normen, wenngleich hier der Entfaltungsspielraum für das gemeine Volk weniger eingeschränkt wurde. Für populäre Formen war die katholische Kirche immer offener als die moralisch strengere evangelische. Dennoch läßt sich eine protestantische Verinnerlichung religiöser Praktiken nicht als Gegensatz zur Veräußerlichung katholischer Frömmigkeit darstellen, noch verzichtete der Protestantismus nicht auf äußere Zeichen und eine klare Eingrenzung der Individualisierung, während der Katholizismus nach wie vor eine verinnerlichte Frömmigkeit kannte und förderte. Neu war der Zwang zur kollektiven Normierung, im Protestantismus vielleicht sogar eindringlicher als im Katholizismus.

2. Volksmagie und Hexenkult

Die ‚Frömmigkeit' und der ‚Glaube' der frühen Neuzeit speisten sich nicht allein aus der christlichen Lehre und dem offiziellen Glauben der Kirche. Gerade das 16. und z. T. auch das 17. Jahrhundert waren Zeiten einer höchst magischen und abergläubischen Weltsicht, die nur zum Teil unter dem ‚kirchenrechtlichen' Begriff des Aberglaubens erfaßt werden kann.[1] Unter Aberglauben wurden lange alle jene Vorstellungen und Überzeugungen verstanden, die heidnisch-vorchristlichen Ursprungs waren, mit der orthodox-christlichen Lehre nicht konform gingen und als irrational eingeschätzt wurden. Obwohl sich die christliche Kirche und die Wissenschaften stets von magisch-abergläubischen Vorstellungen abgrenzten, unterlag das Verständnis von Magie einem deutlichen Wandel. Der römisch-katholische Magie- und Aberglaubensbegriff unterschied sich wesentlich vom reformatorischen, der wiederum keineswegs mit dem der aufklärerischen Kritik übereinstimmte, die schlicht jede Form von unvernünftigem und damit fast jede Form von traditionellem Denken und Handeln als magisch-abergläubisch denunzierte.[2] Ein adäquates Magieverständnis läßt sich nur aus mentalen und sozialen Zusammenhängen der feudal-ständischen Gesellschaft gewinnen: es ist nicht identisch mit der heidnisch-vorchristlichen Tradition und lebt auch nicht aus dem Gegensatz zur christlichen Lehre,[3] sondern verbindet sich im Gegenteil auf vielfältige Weise mit dem christlichen Glauben. Ebensowenig kann das magische Denken als ein vorwissenschaftliches Denken begriffen werden, das durch die moderne Wissenschaft überwunden wurde;[4] Magie war weder eine Vorstufe der Religion noch der rationalen Wissenschaften. Während der ganzen frühen Neuzeit gab es ein Neben- und Miteinander, nur so konnte sich der dämonologische Hexenglaube verbreiten, den Theologen, Wissenschaftler, Fürsten und einfache Bauern teilten. Eine klare Trennung von magischem, religiös-christlichem und wissenschaftlichem Denken ist ein spätes Produkt der europäischen Geschichte. Auch als eine spezifisch primitiv-unterschichtische Denkform kann Magie erst seit dem 18. Jahrhundert angesehen werden.

Das magische Denken war kein Produkt eines geschlossenen gedanklichen Systems der Weltinterpretation, das mit den Wissenschaften oder der christlichen Glaubenslehre in Konkurrenz trat – die magische Naturphilosophie der Renaissance war ein gelehrtes Konstrukt und hatte nur bedingt mit der populären Alltagsmagie zu tun. Die Volksmagie ermöglichte einen spezifischen Umgang mit Welt und Natur und war eingebunden in die Lebensweise der feudal-ständischen Welt. Sie gründete einerseits auf dem Glauben an die Entsprechung von Mensch und Kosmos (Mikro- und Makrokosmos) und an die Belebung von Welt und Natur, andererseits ging sie von der Beherrschbarkeit der Naturgewalten wie der Bewältigungsmöglichkeit von Alltagsproblemen aus. Das magische Denken und Handeln läßt sich nicht aus Lehrsätzen oder schriftlich niedergelegten Erkenntnissen eruieren, sondern nur an rituellen Handlungen und Lebensregeln festmachen, die allesamt dazu dienen, Unheil abzuwehren, Sicherheit zu vermitteln und das Überleben zu garantieren. Letztlich waren das magische Denken und Handeln eine Antwort auf die Übermacht der Natur, die sie zum Nutzen der Menschen zu beherrschen und zu lenken trachteten.[5]

Magische Vorstellungen finden wir in der frühen Neuzeit in allen lebenswichtigen Handlungssituationen. Wir kennen sie im häuslichen Zusammenleben, im dörflichen Brauchtum und selbst in der Herrschaftsausübung. Untersuchungen über Initiationsriten, Erntefeste, Beerdigungsriten und über Strafsanktionen in der Vormoderne decken magische Vorstellungen auf, die nicht mehr oder weniger verzichtbares Beiwerk sind, sondern integrale Zusammenhänge herstellen. Irrational erscheint die Magie erst dem aufklärerischen Geist, und dieser spürte sie in der religiös-kirchlichen Praxis ebenso wie in der Festkultur, in der Arbeitswelt, in der Volksmedizin, im Rechtsleben und der staatlichen Herrschaftspraxis auf.[6]

Magisches Denken und Handeln führte kein ‚verborgenes' Leben, vollzog sich nicht im Untergrund oder bewußt außerhalb der christlichen Kirche, sondern existierte gerade durch eine vielfältige Vermischung mit ihr, im Katholizismus sogar weit über die Reformation hinaus. Zwar war das Christentum mit seinem strengen Monotheismus und seiner hierarchischen Kirche, die die Glaubenslehre monopolisiert hatte, an sich Feind jeder autonomen magischen Vorstellung. In dem Maße allerdings, wie das Christentum Verbreitung fand und die Verchristlichung der Gesellschaft zunahm, änderte sich das Verhalten der kirchlichen Instanzen grundlegend. Einerseits tolerierten sie bei aller öffentlichen Diffamierung einfache Formen abergläubischen Denkens und Verhaltens, solange sie den umfassenden Heilsanspruch der Kirche nicht berührten. Zugleich überformten sie vorgegebene abergläubisch-magische Traditionen mit christlichem Geist bzw. integrierten magisches Brauchtum in ihre Frömmigkeitspraxis. Für die Kirche waren Magie und Aberglauben nicht ein Problem mangelnder naturwissenschaftlicher Erkenntnis, sondern Fragen alternativer religiöser Heilsangebote. Für das Heil des Menschen erklärte sie sich allein zuständig.

Aus diesem Grunde kam es zu einer Integration vieler magischer Rituale und Gebräuche, wodurch die Kirche ihre Machtposition im Spätmittelalter und in der frühen Neuzeit stärkte und jede andere Auslegungsinstanz außer Kraft setzte. Viele spätmittelalterliche Frömmigkeitsformen – wie der Marien- und Heiligenkult, das Wallfahrts- und Sakramentalienwesen – hatten eine so große Anzahl magischer Elemente aufgenommen, daß selbst kirchliche Vertreter schon lange vor der Reformation hierin eine Verfälschung der evangelischen Botschaft sahen. In der religiösen Praxis tolerierte man die magische Aneignung christlicher Heilsangebote als notwendigen Kompromiß und in zentralen Bereichen des Glaubens kam es sogar zu einer regelrechten Symbiose magischen und christlichen Denkens, so vor allem in der mystischen Eigenwirkung der Sakramente (ex opere operato).[7] Dies war keineswegs ein Mißbrauch kirchlicher Einrichtungen, sondern entsprach der Lehre der Kirche und ihrer Theologen. In diesem Sinne können wir sogar von einer kirchlichen Magie sprechen, die allerdings im Unterschied zur populären keinen Personen oder übersinnlichen Kräften magische Macht zuweist, sondern allein Gott bzw. dem geweihten Priester.[8]

Auch wenn Reformation und Protestantismus das alltägliche Verhalten

19. Dämonenaustreibung in Mariazell, Großer Mariazeller Wunderaltar, 1518/22

der ganzen Bevölkerung kaum beeinflussen konnten, leiteten sie im Umgang mit Magie und Aberglauben doch einen grundlegenden Wandel ein. Die evangelischen Bewegungen verstanden darunter allerdings nicht nur die populären Magieformen und abergläubisch-magischen Rituale im Volksbrauchtum, sondern vor allem die breite Palette katholischer Frömmigkeitspraktiken, die als Menschenwerk abgewertet wurden. Der Verquickung von magischen und christlichen Phänomenen sollte und wollte man bekanntlich ein Ende bereiten.

Im Kampf um die Reinerhaltung der evangelischen Lehre und Kirche ging es nicht nur darum, die Frömmigkeitsformen wie Heiligenverehrung und Wallfahrten einzustellen, sondern auch die Messe und die Sakramente von jedem magischen Verständnis und Beiwerk zu befreien. Gottes Tun wurde als vom menschlichen Handeln unbeeinflußbar verstanden. Zwar lehnte die Reformation nicht jedes Zeremoniell und Ritual ab, Beschwörungscharakter und sakramentale Aneignung sollten jedoch vollständig verschwinden. Besonders deutlich wird dies bei der Umwandlung der Messe in einen Wortgottesdienst. Selbst im Blick auf beträchtliche Nuancierungen innerhalb der verschiedenen evangelischen Kirchen – am radikalsten ging der Calvinismus gegen magisch-sakramentale Praktiken vor – hat die Religion des Protestantismus erstmals die Macht der Magie gebrochen. Das schloß den Teufelsglauben bemerkenswerterweise lange nicht aus, der Teufel als Feind des christlichen Lebens bedrohte den Menschen konstant.

Volksmagie ist weder identisch mit Volksglauben im allgemeinen noch mit der Hexerei im besonderen, auch wenn die Grenzen hier fließend sind.[9] Sie impliziert den Glauben an magische Kräfte und Mächte in der Welt, die sowohl Gutes wie Böses bewirken und, vom Menschen beeinflußt, gebannt oder gelenkt werden können. Volksmagische Überzeugungen und Praktiken durchziehen alle alltäglichen Lebensbereiche, auch die christliche Glaubenspraxis und die Volksmedizin. Sie dürfen nicht isoliert von anderen Deutungsmustern betrachtet werden und schließen weder rationale noch religiöse Erklärungen aus. Es gab keine Bevölkerungsgruppe, die frei von magischen Ansichten war; Bauern und Handwerker, Männer und Frauen, selbst Pfarrer und Theologen teilten sie, insofern fällt eine soziologische Zuordnung schwer. Erst im 18. Jahrhundert ‚befreite' sich eine rational denkende Intelligenz vom magischen Weltbild. Volksmagie war auch nicht ausschließlich in der mündlichen Kultur verankert, orale Überlieferungen gehen Hand in Hand mit schriftlichen Dokumenten. Und schließlich speiste sie sich aus den verschiedensten alten und neuen Quellen, aus antik-heidnischen ebenso wie aus christlichen Traditionen.[10]

Über volksmagische Vorstellungen und Praktiken der frühen Neuzeit sind wir gut informiert. Nicht nur reformatorische und aufklärerische Gegner berichten über sie, eine vorzügliche Quelle stellen auch die vielen mehr oder weniger gelehrten Arznei-, Hebammen- und Kräuterbücher sowie eigene Zauberbücher dar.[11] Schließlich überliefern zahlreiche Prozeßakten, vor allem die Protokolle der Zauberei- und Hexereiprozesse, Zeugnisse von Volksmagie.

Es bereitet aber einige Schwierigkeiten, den Sinn populärer Magie zu entschlüsseln. Einerseits war sie in die konkrete Lebenspraxis der Menschen eingebunden und kaum vom profanen Brauchtum zu lösen, andererseits setzte sie spezifische Kenntnisse voraus, die nach Region und Zeit differierten. Außerdem wurde sie oft in so starke Nähe zum Hexenglauben gebracht, daß eine Trennung von ‚weißer' und ‚schwarzer' Magie nicht leichtfällt. Ein Grundwissen, das quasi als Vorsorge- und Schutzmaßnahme diente, bekam offenbar jeder Mensch in seiner Erziehung mitgeliefert. Daneben gab es besonders Kundige, gewisserweise Spezialisten der Volksmagie für besondere Fälle: weise, heilkundige Frauen und Zauberer, denen alle Fähigkeiten zugetraut wurden. Die Wirksamkeit von magischen Praktiken war aber nicht nur von bestimmten Personen und Kenntnissen, sondern auch von besonderen Orten, bestimmten Zeiten oder Ereignissen abhängig. Nur die Berücksichtigung all dieser Momente sowie der richtige Spruch und die genaue Durchführung eines festgelegten Rituals führten zum Erfolg. Es gab Handlungen, die der Abwehr von künftigem Unheil durch Krankheiten, Unwetter oder übelgesinnte Personen dienten, Rituale, die erlittenes Unglück ungeschehen machen sollten sowie schließlich Aktivitäten, die bewußt als Schadens- oder Heilszauber eingesetzt wurden. Auch über die vorhandenen zahlreichen Segenssprüche, Beschwörungsformeln und Zeugnisse von Wahrsagerei und Zauberei lassen sich Formen und Vorstellungen der Volksmagie rekonstruieren.[12]

Weitverbreitete und aufschlußreiche Dokumente populärer Magievorstellungen finden wir in den vielen Sprichwörtern, Verhaltensregeln und Lebensweisheiten der traditionalen Gesellschaft.[13] Es geht zumeist um Vorsichtsmaßnahmen und die Deutung von Vorzeichen unberechenbarer Ereignisse sowie um Möglichkeiten, sich vor Unheil zu schützen:

„Die Nägel an der kleinen Kinder Händen müssen zuerst von der Mutter abgebissen werden, damit sie nicht stehlen lernen."

„Wenn eine Sechswöchnerin über Feld- und Garten-Beete gehet, so wächset in etlichen Jahren auf solchen Beten nichts, sondern verdirbt alles darauf."

„An den Himmelfahrts Tage soll man nichts nehen oder flicken, es ziehen sonst demselben, oder wer das Genehete am Leibe trägt die Gewitter nach."

„Wer des Morgens rücklings aus dem Bette steiget, dem gehet selbigen Tages alles verkehrt."

„Die Weiber sollen am Lichtmeß Tage beym Sonnenschein tantzen, so geräth ihnen dasselbige Jahr der Flachs wohl."

„Wenn eine ledige Dirne will wissen, ob ihr Liebster werde gerade oder krumm seyn, die soll am Weynacht Heiligen Abend an eine Klaffter oder einen Stoß Holtz treten, und rücklings ein Scheit ausziehen. Wie daß Scheit ist, also wird auch der Liebste seyn."

„Wer ein vier-blätteriges Klee-Blat findet, der solle es werth halten, denn so lange er es hat, wird er glückseelig und reich seyn."

„Wer Brodt und Saltz bey sich trägt, ist sicher für Zauberey."[14]

Der Abwehr von speziellen Krankheiten bei Menschen und Vieh, von Unwetter, Unfällen, Brand oder Sturz sowie von Taten „böser" Menschen dienten die verschiedensten Segenssprüche, Beschwörungsformeln und Zeremonien. Eine umfassende Auflistung bringt u.a. das bayerische „Landtgebott wider die Aberglauben, Zauberey, Hexerey und andere sträffliche Teuffelskünste" von 1611/12.[15] Dort führte man deren Wirkung auf die Eigenkraft der Segenssprüche und -rituale oder auf die besondere Befähigung begabter Magier und Magierinnen bzw. auf den Einfluß teuflischer Mächte zurück. Die Sprüche beschworen oft den Namen Gottes, die Dreifaltigkeit, die Jungfrau Maria und die Heiligen, für die Geistlichkeit eine Art der Gotteslästerung. Die Segens- bzw. Bannsprüche wurden entweder gesprochen, auf Türen oder Truhen gemalt oder auf Zettel oder Pergament geschrieben, um sie dem kranken Menschen oder Tier umzuhängen.

Ein Segen gegen das Gliederverrenken etwa lautet (1602):
„Christus der Herr Jesus ging über ein Gaß
Die war sich wüst und naß,
Er trat auf einen Stein,
Verrengte sich Ader und auch sein Bein,
Bein zu Bein, Ader zu Ader, Blut zu Blut, Fleisch zu Fleisch.
Christus der Herr Jesus, der ging auf einer Grub,
Er verrengte Sein Ader und auch sein Fuß,
Da kam die Mutter Gottes und sagte:
O liebster Sohne mein,
Was gibst du mir zu Lohn,
Daß ich's Dir segne alle drei morgen früe."[16]

Eine besondere Heilkraft wurde auch Salben, bestimmten Pflanzen, Amuletten und Nadeln zugesprochen, ebenso dem Strick eines Gehenkten, Instrumenten, mit denen ein Mord begangen worden war sowie Leichenteilen. Als böser Aberglaube galt es, „wann zu dergleichen Wundtsegen oder auch andern unnatürlichen würckungen die Kindts Netzl, darauß einer auff die Welt kommen, gebraucht, am Halß oder Leib getragen werden". Im Sinne dieses Mandats wurde nicht geduldet, „daß etliche von sondern glücks wegen auch wider allerhand verletz- oder verwundung, jnen auß einer Leinwat, darzu das Garn von Kindern, die under siben Jahren seyn, gespunnen, Hembder machen, oder zu dergleichen würckung mit Faden oder Wifft und solcher gespunst die Hembder nähen lassen und antragen".[17]

Anrüchiger noch als diese ‚einfachen' abergläubischen Praktiken waren die Wahrsagerei und das Schatzgraben, die allerdings nur von kundigen Magiern durchgeführt werden konnten. Auch wenn die Kirche darin einen gotteslästerlichen Akt sah, war die Wahrsagerei in den verschiedensten Formen weit verbreitet. Es ging nicht nur darum, ‚verborgene' Dinge zu offenbaren, künftige zu erforschen und vorherzusagen, sondern auch darum, gestohlenes oder verlorenes Gut wiederzufinden. Als Hilfsmittel dienten dabei Spiegel, Glas und Kristallkugeln, Ringe „oder auff was weiß und weeg es jmmer beschehen kan oder mag." Üblich war das Lesen der Zukunft aus der Hand oder dem Sternenhimmel. Daß diese ‚Künste' selbst in Hofkreisen bekannt waren und durch Alchemisten und Goldmacher

20. Von verhayssung allerlay geschlecht der warsager; aus: Petrarcha. Von der Artzney bayder Glück des guten und widerwertigen, 1532

verbreitet wurden, hielt die Kirche nicht davon ab, dagegen vorzugehen,[18] sah sie doch darin einen Eingriff in den Willen Gottes. Für das Volk war allein die Anrufung böser Geister verdächtig, weil hier die Grenze zwischen der ‚weißen' und ‚schwarzen' Magie nicht klar gezogen werden konnte. Dennoch war selbst die Beschwörung des Teufels nicht unbekannt; eng verbunden mit der Zauberei, war sie ein Vergehen, das Kirche und Obrigkeit scharf bestraften. Solange durch Beschwörungen Heil bewirkt werden sollte, war die Toleranzgrenze groß. Sobald aber die Macht des Segens, der Beschwörungen und Rituale ‚mißbraucht' und zum Schaden der Menschen eingesetzt wurde, wurde dies allgemein verurteilt, gerade weil die Anschauung verbreitet war, daß Menschen Böses bewirken bzw. zaubern konnten. Verdächtig war es besonders, während der Nacht in einem Kreis böse Geister zu beschwören, Heilmittel ein- und auszugraben, Leichen zu exhumieren, Leichenteile zu sieden oder zu Pulver zu machen, Unwetter zu beschwören sowie Bilder aus Wachs, Blei oder einem anderen Metall anzufertigen, um durch ihre Verstümmelung oder Verletzung der abgebildeten Person zu schaden.

Diese speziellen magischen Künste beherrschten allerdings nur wenige kundige Männer und vor allem Frauen, die sich im Laufe ihres Lebens ein großes Wissen über geheime Dinge angeeignet hatten, weit bekannt waren und nicht selten in einen Zaubereiprozeß gezogen wurden. Ihre Akten enthüllen oft das ganze Spektrum ihrer Aktivitäten und der Fähigkeiten, die man ihnen zutraute.

Ein Beispiel: Maria Marquartin, Frau eines Uhrmachers aus Augsburg, hatte ihre Künste von Els von Ettringen gelernt. Sie rezitierte alle ihre Zaubersprüche auswendig.[19] Mehrmals wurde sie wegen Zauberei angezeigt, 1589 wurde sie fast Opfer eines Hexenprozesses. Sie hatte in Augsburg und Umgebung einen großen Kundenkreis aus den verschiedensten Ständen; Georg Fugger hatte ihr nach einer erfolgreichen Beratung sogar einen Kristallstein geschenkt. Maria Marquartin konnte Gestohlenes und Verlorenes wiederfinden, heilte impotente Männer und erkannte Frauen als Hexen. Gegen alle möglichen Krankheiten verordnete sie Arzneien, half mit Kräutern, Tränken und gutem Rat gegen Viehkrankheiten und sagte die Zukunft aus einem großen Kristallstein voraus. Gegen Viehverhexung hatte sie folgendes Zauberrezept: „Uf solches hab sy ... widerholt fünffingerkraut, beyfuß, fünzinggete rauten, Wüllenkraut und vierzinggete Klee zusammen in ein Kisserle eingemacht und (der Kundin) zugestellt mit der Anzeig, daß sie ihrem Roß und Khue anhenken, auch auff die Stall- und Camerthür legen soll, fürter den rechten seen an irn cleidern ufheben, mit demselben dem vich von der nasen an bis uber den ruggen uf die clawen faren, daß viech mit seinem namen nennen, und dabei sprechen soll:

‚Marckh und bein,
flesch und blut,
haut und har,
Ist mit dir gewachsen und geboren,
alle Zauberei sei an dir verloren,
daß helfft Gott Vatter, Son und Heilig Geist,
Amen.‘

Mer hab sy vermeldt, daß sy noch ferner am Donnerstag gegen ufgang der sonnen knien und zu Gott rufen, In seins blutes schweiß am ölberg erinnern und darbei mit den Worten sprechen soll:

‚Vatter alle ding sind muglich dir,
ich bitt dich himblischer vatter,
daß diese Zaubererin ganz von meinem Viech
und mir (weichen müssen),
doch geschech dein will.‘

Dann 3 Vatter unser, 3 Ave Maria, 1 Glauben, 3 Almosen.“[20]

21. Kalender, 1567

Der Zauberglaube ist keine ‚Erfindung' der frühen Neuzeit, obwohl die meisten Zeugnisse aus dieser Zeit stammen, sondern ein Erbe des Mittelalters, an dem alle sozialen Gruppen partizipierten. Obwohl ihn besonders die Kirchen zu unterdrücken versuchten, vor allem seit der Reformation sogar in Verbindung mit der weltlichen Obrigkeit, überlebte er die Zeit der großen Hexenprozesse. Zwar wurde der ‚populäre' Zauberglaube durch den ‚dämonologischen' Hexenwahn des 16. Jahrhunderts diskriminiert und nicht wenige ‚Zauberinnen' und ‚Zauberer' wurden Opfer der Hexenverfolgung. Aber seine ideologische Basis wurde weniger dadurch als durch die kirchlich und staatlich verordnete Aufklärung zerstört. Für diese gab es weder Geister noch Dämonen, weder Zauberwerk noch Hexenkunst.

Sicherlich existierte ein Zusammenhang von Zauber- und Hexenglauben, doch die strafrechtliche Verfolgung von Hexen hatte eigene Gründe.[21] Zu ersten Hexenprozessen kam es im Spätmittelalter, aber die Hexenverfolgung eskalierte erst, als hinter der Zauberei Teufelswerk entdeckt und die Bekämpfung von Hexen obrigkeitlich geregelt wurde. Der frühneuzeitliche Hexenwahn ist ohne das christliche Teufelsverständnis nicht zu erklären, das durch die Reformation keineswegs an Wirkkraft eingebüßt hatte.

Zwar entstand die Hexenlehre in Südfrankreich, auch gab es dort erste große Verfolgungswellen, aber bemerkenswerterweise fanden die eigentlichen Exzesse im Alten Reich statt. In gesamteuropäischer Perspektive unterscheiden wir im großen und ganzen drei Zonen: Osteuropa, Polen und Rußland sowie der Balkan kannten so gut wie keine Hexenprozesse. Relativ früh wurde die Hexenverfolgung eingestellt in Spanien, damit auch im spanischen Italien sowie in Norditalien und England. Starke Verfolgungen gab es in Westdeutschland, in der Schweiz und in Südfrankreich. Die meisten Hinrichtungen dürften insgesamt im Alten Reich stattgefunden haben, vielleicht die Hälfte aller Exekutionen in Europa; zumindest 30000. Angesichts der Tatsache, daß die gleiche Anzahl von Personen mit weniger harten Strafen davonkam und ebensoviele Menschen zwar der Hexerei verdächtigt, aber nicht vor Gericht gestellt wurden, wird die exzeptionelle Bedeutung der Hexenprozesse in der spätmittelalterlich-frühneuzeitlichen Gesellschaft vor allem in Deutschland deutlich.[22] Dies bedarf einer Erklärung.

Trotz der zahlreichen mittelalterlichen Hexenprozesse und der Entstehung der Hexenlehre als einem Produkt des Mittelalters war die Hexenverfolgung eigentlich kein mittelalterliches, sondern ein frühneuzeitliches Problem. Die großen Hexenverfolgungen fanden nach der Reformation im Zeitalter der Ausbildung des frühmodernen Staates und der Entstehung der modernen Wissenschaften statt; ja es waren gerade moderne Momente, die zu den Exzessen führten. Die Hexenjagd war ein anderes Phänomen als die Zaubereiprozesse. Zauberinnen und Zauberer wurden wegen der ihnen zugeschriebenen Schäden seit dem Frühmittelalter verfolgt. Dabei handelte es sich jedoch stets nur um Einzelprozesse, außerdem stand die Kirche dem Zauberglauben kritisch gegenüber. Dies änderte sich seit dem Spätmittelalter, als Theologen begannen, eine regelrechte Hexenlehre auszubauen und zu verbreiten; von nun an wurden die der Zauberei verdächtigen Personen nicht nur des Schadenzaubers angeklagt, sondern als Vertreter bzw. Mitglieder einer Hexensekte verfolgt, die sich anschickte, die Christenheit zu vernichten.[23]

Die Grenzen zwischen Zauberei und Hexerei sind nicht immer klar zu ziehen, so mancher Zaubereiprozeß wurde in einen Hexenprozeß überführt; auch war die Hexenvorstellung nicht nur ein Produkt der kirchlichen Theologen und weltlichen Gelehrten, sondern in diffuser Form weit in allen Volkskreisen verbreitet. Das für die Verfolgung der Hexen entscheidende ‚Hexenmuster' war allerdings theologisch-kirchlichen Ursprungs und wurde im Laufe der Zeit über verschiedene Medien so verbreitet, daß im 16. Jahrhundert fast alle Menschen daran glaubten. Wir können drei Etappen bei der Entwicklung eines ausdifferenzierten Hexenbildes unterscheiden.[24] In einem ersten Schritt wurde die Verbindung von Schadenzauber und Hexenflug entscheidend, beides sind alte Vorstellungen, tauchen aber zusammen erst im 14./15. Jahrhundert auf. Dadurch konnte man den ‚Hexen' unterstellen, Schäden außerhalb ihres Wohnortes zu verursachen. Zweitens kam es zur Verbindung von Schadenstiftung, Zauberei und Teufelspakt. Man glaubte nicht länger, daß Zauberer und Hexen aufgrund eigener Kräfte zaubern bzw. Schaden anrichten könnten, sondern daß sie ihre Befähigung durch einen Pakt mit dem Teufel erhielten. Diese Kombination erfolgte in der Zeit, als man Ketzerei mit Hexerei in Zusammenhang brachte und dachte, der Teufel bilde eine Sekte wider das Christentum. Schließlich entwickelte sich die Vorstellung eines Hexentanzes bzw. eines Hexensabbats, nach der die Hexen nächtens an einem besonderen Ort unter der Leitung des Satans zusammenkamen, um Gott abzuschwören, sexuelle Orgien abzuhalten und Schadenspläne zu entwerfen.[25]

Einen sicherlich extremen, aber auch paradigmatischen Fall vermittelt ein Urteil aus Augsburg von 1686: Apolonia Mayr, aus Bayern gebürtig, bekannte, „daß nachdem sie anderst wo Unzucht und Hurerrey getrieben, auch derentwegen eingezogen und abgestrafft worden, darüber aber in verzweiffelte reden, daß sie alle Teuffel hohlen sollen außgefallen, hernach der Teuffel sie in daß abscheuliche Laster der Hexerey verführet, und sich ihme dergestalt ergeben, daß sie mit Leib und Seel sein seyn wolle, und daß sie durch deß Teuffels Anstifftung und hülffe ihr zur Welt gebohrenes lebendiges Kind, mit der Hand alsbald auf der Stelle erdrosselt, und liegen lassen, worauf der Teuffel gar offt und vielmal, auf einer Gabel oder Geißbock, auf der Hexen Däntze außgefahren, auch neben andern, so da erschienen, der Hl. Dreyfaltigkeit abgesagt, wie auch der Hl. Mutter Gottes, und alle heiligen verläugnet, hergegen dem Teuffel, den sie vor einen Gott gehalten, in Gestalt eines Geißbocks im hintern geküßt, auch daß der Teuffel auß ihrer hand blut gelassen, etwas auf ein Papier geschrieben, und ihr den Nahmen Mensch gegeben, auch mit dem Hexenmahl am heimlichen Ort gezeichnet, und ihren aufgerichteten bund deß bösen Feindes bestättigen lassen, weiters hat sie bekanndt, daß sie mit dem bösen Feind, die Abscheuliche und Unmenschliche Sodomiderrey unzählbar getrieben, sonderlich hätte auch sie ungebeichtet communiciert, die Hl. Hostien auß dem Mund genommen, in gegenwart des Teuffels hingeworffen, mit füssen getretten, und höchst ärgerlicher Weiß entunehret." Sie wurde mit dem Schwert „und blutiger hand" vom Leben zum Tod befördert und dann verbrannt.[26]

Durch die Verfolgung und Vernichtung der Hexen sollte nicht nur der Schaden verhindert bzw. wiedergutgemacht, sondern die ‚neue' Hexensekte liquidiert werden. Von all den bedrohlichen religiösen Sekten war nach herrschender Meinung die der Hexen die gemeingefährlichste und gotteslästerlichste, so daß kein Mittel gescheut werden durfte, sie aufzuspüren. Da sich die Hexen auf eigenen Tanzplätzen trafen, sozusagen ‚Gemeinden' bildeten, wurde aus den Zaubereiprozessen gegen einzelne eine kollektive Hexenverfolgung. Anstelle eines bestimmten nachgewiesenen Schadens wurde nun das Verbrechen des gemeinschaftlichen Abfalls von Gott geahndet; dementsprechend standen künftig zumeist ganze Gruppen von Menschen vor Gericht. An der sukzessiven Entstehung dieses neuen Hexenbildes haben viele Theologen mitgewirkt. Der berüchtigte ‚Hexenhammer' nahm einen besonderen Platz in der theoretisch-theologischen Begründung der Hexenverfolgung ein, an der Entwicklung war er aber letztlich weniger beteiligt als andere Schriften.[27] Seine Bedeutung liegt vor allem darin, daß er mit der Zusammenstellung aller einschlägigen Quellen ein vollständiges Kompendium schuf, für das Aufspüren von Hexen die geeigneten Kriterien und Hilfen bot und die ‚Hexenjagd' auf die Verfolgung von Frauen konzentrierte. Der spezifische Antifeminismus der Hexenverfolgung geht damit auf den „Hexenhammer" zurück.

Das den Hexenprozessen seit dem 15./16. Jahrhundert zugrunde liegende Hexenbild wurde rasch von der offiziellen Kirche und der weltlichen Obrigkeit angenommen; doch blieb es nicht nur in Theologenkreisen nie so unwidersprochen, wie man lange dachte. Bekannt ist die beträchtliche Skepsis gegenüber dem dämonologischen Hexenbild von seiten des einfachen Volkes. Kaum jemand zweifelte an der Möglichkeit, durch Zauber anderen Schaden zufügen zu können, und auch an die Macht des Teufels glaubten alle. Doch die gelehrte Auffassung, Frauen könnten weit fliegen und mit dem Satan Orgien feiern, wurde nicht selten zur Zielscheibe von Kritik und Spott. Selbst zahlreiche Beamte in obrigkeitlich-staatlichen Diensten glaubten nicht an die Allmacht von Hexen und äußerten sich skeptisch zu den

22. Hexenwesen im Bistum Trier. Kupferstich um 1620

staatlichen Mitteln zum Aufspüren von Hexen; viele sahen in den der Hexerei überführten Personen nichts weiter als arme verfolgte Frauen.[28] Schließlich gab es zahlreiche Theologen – allen voran Friedrich von Spee –, die nicht an Hexenflug und Hexensabbat glaubten und die Verfolgung als unchristlich brandmarkten.[29] Doch trotz aller Skepsis ließ sich die Hexenverfolgung nur dann wirksam öffentlich anprangern, wenn die Kritik von großen Institutionen getragen war. So stellten sich beispielsweise in Spanien der Jesuitenorden und in Deutschland die vordringende schwedische Militärmacht im Dreißigjährigen Krieg gegen die Verfolgung von Hexen. Aber bis weit ins 17. Jahrhundert hinein gab es mehr Befürworter, ja fanatische Hexenjäger, als Kritiker und Skeptiker, bei Katholiken wie Protestanten, bei weltlichen wie geistlichen Obrigkeiten, wobei sich allerdings weltliche Herrscher und Protestanten früher vom Hexenwahn lösten als andere.

Die Verfolgung setzte aber nicht nur ein spezifisches Hexenbild, sondern auch eine bestimmte Justiz voraus, die über das Maleficium hinaus vor allem das geistliche Verbrechen des Abfalls von Gott verfolgte. Ursprünglich war die Verfolgung von Abtrünnigen ausschließliche Aufgabe der Kirche, seit dem frühen 16. Jahrhundert wurde zunehmend der ‚Staat' als Beschützer der Christenheit und wahren Kirche verpflichtet, die Hexenverfolgung in die Hand zu nehmen. Außerdem vollzog sich vom 15. bis 16. Jahrhundert ein die Kriminalisierung der Hexen forcierender Wandel im Justizwesen: nicht mehr nur auf Anzeige Dritter, sondern in eigener Regie wurde die Verfolgung aufgenommen, offizielle Hexenjäger wurden aktiv.[30]

Nach einer mehr oder weniger problematischen Indizienlehre konnte nun jeder, der einen schlechten Leumund besaß und dem böse Absichten unterstellt wurden, relativ leicht mit Zauberei in Verbindung gebracht und der Hexerei angeklagt werden. Obwohl die neue Inquisition ein modernes Verfahren war, das auf Schriftlichkeit gründete und Willkür ausschalten sollte, in dem Rechtsgutachten eine große Rolle spielten und ohne eindeutige Beweise niemand verurteilt werden durfte, war es gerade dieses Vorgehen, das der Jagd auf Hexen Tür und Tor öffnete. Denn mit dem verstärkten Einsatz der Folter als legitimem Mittel der Wahrheitsfindung gab es trotz der Prämisse einer adäquaten Anwendung kaum noch eine Kontrolle, wenn es galt, schnell und rücksichtslos den Aktivitäten der Hexen auf die Spur zu kommen. Durch die Folter konnten verdächtige Personen nicht nur dazu gezwungen werden, ein ‚Verbrechen' zu gestehen, sondern auch genötigt werden, Mithelfer anzugeben, und vor allem aber diejenigen zu benennen, mit denen sie beim Hexensabbat zusammengetroffen waren. Diese sogenannten ‚Besagungen' lösten zumeist eine Kette weiterer Hexenprozesse aus und sorgten dafür, daß in vielen Dörfern nach der Verurteilung einer Person in kurzer Zeit zahlreiche weitere Menschen angeklagt wurden; es gab Prozeßserien mit bis zu 50 Hinrichtungen. Durch den Zwang, Namen zu nennen, wurden auch Personen in den Prozeß hineingezogen, die bislang keinen schlechten Leumund besaßen oder nur deswegen verurteilt wurden, weil jemand sie haßte. Im Blick darauf konnte in der Tat jeden der Hexereiverdacht treffen, und wer einmal vor Gericht stand, hatte kaum eine Chance, der Verurteilung zu entgehen.

Trotz der Verbreitung der spezifisch dämonologischen Vorstellung und der allseitigen Anwendung der Folter kam es nicht überall zu Hexenverfolgungen, sie waren also nicht nur auf das ‚Hexensystem' oder das Gerichtswesen zurückzuführen. Erstens können wir feststellen, daß sich die Verfolgung nach der Etablierung des theologischen Hexenbildes nicht gleichmäßig ausbreitete, sondern in drei großen Wellen erfolgte. Die erste große Verfolgung fand in den Jahren 1580/90 statt, eine zweite um die Jahre 1620/30 und schließlich eine dritte um 1660. Während die Anfänge ins 15. Jahrhundert zurückreichen und es Hexenprozesse noch bis weit ins 18. Jahrhundert hinein gab – die letzten fanden bekanntlich in Süddeutschland noch zu einer Zeit statt, als die Aufklärung einen ersten Höhepunkt erreicht hatte –, beschränkte sich die Hauptphase auf rund 100 Jahre, zwischen 1580 und

1680. Zweitens waren auch im deutschen Reich nicht alle Länder und Regionen gleich stark betroffen. Gebiete ohne nennenswerte Hexenprozesse waren etwa Nordwestdeutschland oder Mecklenburg. In anderen Ländern kam es nur kurzfristig zu einer stärkeren Hexenverfolgung, vor allem in den großen Flächenstaaten Preußen, Brandenburg, Sachsen und besonders in Bayern. Weil dort heftig über Hexen diskutiert wurde und scharfe Hexenmandate ergingen, nahm man lange fälschlicherweise an, daß es in Bayern eine intensive Verfolgung gegeben habe.[31] Zu einer rigiden Hexenjagd in fast allen Phasen kam es einmal in den geistlichen Territorien Bamberg, Bayreuth, Würzburg, aber auch in Mainz und Eichstätt, zum anderen in den westlichen Territorien, in Kurtrier, im Saarraum und in Lothringen; auch aus Württemberg sind zahlreiche Prozesse bekannt.[32] Für diese unterschiedliche Entwicklung gibt es eine Reihe von Erklärungen. Was die Phasen betrifft, so fiel vor allem die erste Verfolgungswelle in eine Zeit starker Unwetter und Mißernten, für die das Volk oft die Hexen verantwortlich machte. In Trier und Lothringen entstanden pogromähnliche Situationen, die die Obrigkeiten kaum noch steuern konnten. Eine große Rolle spielte auch die Hexenpropaganda der Kirchen, indem sie den unterschwellig überall vorhandenen Hexenglauben schürte und den Ausbruch von Aggressio-

23. Sabbatvorstellung, Bern 1568

nen gegen verdächtige Personen durch ihre ‚Hexenpredigten' eigentlich erst ermöglichte. Dort, wo das dämonologische Hexenbild gegenwärtig war, wo nach Ursachen für unerklärbare Krisen gesucht wurde und schließlich ein eindeutiger Wunsch von seiten der Obrigkeit, der Kirche oder der Gemeinden nach Vernichtung von der Hexerei verdächtigen Personen bestand, kam es zu großen Exzessen.

In einer in Ulm 1590 erschienenen „Erweytterte Unholden Zeyttung" heißt es u. a.: „Dieweil dann zu unsern zeitten alle zaubereyen und Teuffelsgespänst dermaßen uber hand nemen / das schier alle Städt / Märckt und Dörffer im gantzen Teutschland / will von andern völckern und nationen nicht reden / desselbigen unzifers und Teuffels dienern voll seindt / welche nicht allein die liebe frucht auff dem Feldt / die unß der Herr durch seinen segen wachsen lasset / mit ungewöhnlichen Donnern / Blitz / Schawr / Hagel / Sturmwinden / Reiffen / Wassersnöthen / Meüsen / Gewürm / und was andere sachen mehr sein / soviel an ihnen / und ihnen Gott verhenget, durch deß Teuffels hilff und beystand / in den grundt zu verderben sich understehen: Sondern auch dem Menschen sein nahrung durch verderbung des Viechs / als Khü / Kelber / Pferdt / Schaff / und dergleichen zunemen und abzuspannen / nach allem ihrem vermögen trachten / ja nicht das Viech und Frücht der Erden allein / sondern auch ihrer nechsten und etwan gesipter Blutsfreundt / und daß wol zuerbarmen ist / der jungen und ungetaufften Kindlein nicht verschonen / sondern mit großer anzal hinrichten / deren zarte leiblein zu ihrer zauber kunst und wolleben gebrauchen: Die alten leuth zu erkrummen / zu erlamen / inn schmertzliche kranckheiten und endtlichen inn den Todt zubringen / allen Fleiß anwenden / dadurch dann allerley jammer und noth under den Menschen erwachsen thut.

Weil dann diesem also / thut ein Obrigkeit löblich / wol / und nach Gottes befelch / da sie solche Teuffels Kinder / die Gott und dem Menschen zuwider / und deren abgesagte Feind sein / von der Erden wegraumen / durch fewer und schwert auß dem mittel nemen. Wie dann vor etlichen wenig jaren der wolgeborn Graff von Wisensteig solches angefangen / und erst dieses jar widerumb inn das werck gesetzt hat."[33]

Die oben erwähnten Faktoren trafen allerdings nicht immer zusammen. Deswegen gab es Zeiten, in denen keiner der Hexerei verdächtigt wurde und solche, in denen ein Prozeß dem anderen folgte. Wenn vom Volk kein Druck ausging oder Obrigkeiten kein Interesse zeigten, derartigen Wünschen nachzukommen, kam es oft zum Stillstand der Hexenprozesse. Zum anderen haben die großen staatlichen Territorien die Verfolgung weniger forciert als die kleinen Herrschaften mit einem nicht klar strukturierten Rechtswesen. Aus den gleichen Gründen kam es in großen Reichsstädten wie Nürnberg, Frankfurt, Augsburg und Regensburg kaum zur Anklage und Verfolgung von Hexen – Prozesse wurden sofort oder bald wieder eingestellt –, während die kleinen Landstädte zu Zentren von Hexenverbrennungen wurden (Wemding, Nördlingen, Ensisheim). Bei einem Vergleich von Phasen und Ländern zeigt sich, daß die Hexenverfolgung kein epidemischer Prozeß war, der nicht aufgehalten werden konnte – so hoffnungslos es für einen Angeklagten, einen Richter oder Geistlichen auch war, dagegen anzugehen. An der Verfolgung der Hexen waren alle gesellschaftlichen Kräfte beteiligt; die Kirchen hatten das Hexenbild geliefert, die Obrigkeiten ihre Justizapparate zur Verfügung gestellt und die Gemeinden durch Denunziation erheblich bei der Vernichtung unschuldiger Menschen mitgeholfen. Nur so ist es zu verstehen, daß ganze Dörfer oder ganze städtische Gruppen dem Hexenwahn geopfert wurden.

Lange ging man selbstverständlich davon aus, daß vor allem Frauen wegen Hexerei verdächtigt und hingerichtet wurden,[34] die antifeministischen Züge des „Hexenhammers" hatten dies nahegelegt. Zweifellos waren die Frauen Hauptopfer der Verfolgung, doch gab es insgesamt beträchtliche Veränderungen. Während anfangs Männer und Frauen verfolgt wurden, verlagerte sich das Gewicht in den drei Hauptphasen auf Frauen; nur wenn ganze Städte erfaßt wurden, stieg die Anzahl der verurteilten Männer. In der letzten Phase nahm der Anteil der Männer wieder zu und selbst Kinder wurden nun verstärkt erfaßt. Auch ohne genaue Aufschlüsselung bleibt es jedoch bei der Erkenntnis, daß das weibliche Geschlecht die Hauptlast juristischer Verfolgung trug. Ein zentraler Grund dafür ist das frauenfeindliche Bild der Theologen und Juristen, aber nicht minder wichtig ist die weibliche Lebenswelt, in der die Sorge um das Wohl des häuslichen Lebens traditionellerweise an erster Stelle stand. Wenn Personen oder Vieh geschädigt wurden, traf der Verdacht folglich eher die Frau als den Mann. Schließlich wurden der Frau mehr magische Kräfte zugesprochen als dem Mann. Deshalb wurden aber nicht unbedingt diejenigen Frauen, die bekanntermaßen als Heilerinnen, Kräuterweiber oder Hebammen tätig waren, den Gerichten überliefert.[35] Zwar wurden sie besonders stark verdächtigt, insgesamt aber bildete diese Gruppe eine Minderheit unter den Opfern; der Hexenvorwurf konnte jede Frau gleich welchen Standes und Ansehens treffen. De facto wurden jedoch zunächst eher die ‚asozialen' Frauen verdächtigt, die die Gemeinden am liebsten loswerden wollten. Wenn dann die Besagungen erfolgt waren, konnten aber alle (Männer und Frauen) verdächtigt und verurteilt werden, es sei denn, daß beispielsweise der Rat einer Stadt eingriff, weil seine Angehörigen in das Verfahren mit hineingezogen worden waren. Bezeichnenderweise endeten die Prozeßwellen in einer Stadt oft in dem Augenblick, in dem die Frauen von Patriziern oder Reichen denunziert wurden. Allerdings sind auch zahlreiche Vertreter des Patriziats und der Oberschicht der Hexerei ‚überführt' worden, wenngleich der Verdacht in quantitativer Hinsicht doch eher die Unterschichten als die ehrbaren Stände einer Stadt bzw. eines Territoriums traf.

Eine Gesamtinterpretation der Hexenverfolgung gibt es nicht, zu viele disparate Momente machen eine kohärente Deutung fast unmöglich. Fünf Theorien sind bisher diskutiert worden: Eine erste unternahm den Versuch, die Hexenverfolgung mit dem Kampf der Kirchen gegen archaisch-heidnische Kulte in Verbindung zu bringen.[36] Sicherlich gab es im 16. Jahrhundert noch Elemente vorchristlicher Kulte, doch die erhaltenen Zeugnisse über den Hexensabbat sind Produkte theologischer Phantasien. Eine zweite These sah die Hexenverfolgung in Verbindung mit den Bemühungen der gegenreformatorischen Zeit, den Glaubensgegner zu vernichten.[37] Zwar fanden die heftigsten Verfolgungen in der Tat in dieser Phase statt, doch es gibt keinen Beleg für diese konfessionelle Instrumentalisierung der Hexenjagd, beide Konfessionen nahmen gleicherweise daran teil. Eine dritte Forschungsrichtung betont den vermeintlich sozialdisziplinierenden und rationalisierenden Effekt von Verfolgung und Unterdrückung.[38] Doch einerseits ist die maßgebliche Beteiligung des einfachen Volkes an der Verfolgung heute bekannt, andererseits spielten magische Praktiken über die Zeit der großen Hexenprozesse hinaus eine erhebliche Rolle im Leben vor allem der ländlichen Bevölkerung. Nach einer vierten Theorie war die Hexenverfolgung ein Mittel zur völligen Unterwerfung der Frau unter die Herrschaft der Männer.[39] Sicherlich lassen sich zwischen 1580 und 1680 verstärkt Tendenzen einer Verhäuslichung der Frau feststellen, aber auch vor und während der Verfolgung gab es keinen Zweifel an der patriarchalischen Ordnung. Um Frauen zu disziplinieren, hätte es nicht der teuren, für manche Gemeinden geradezu ruinösen Prozesse bedurft; außerdem war der Anteil von Männern und Kindern wie erwähnt beträchtlich. Schließlich existiert die Ansicht, daß die Kirche als Protagonist der Hexenverfolgung aus moralischen Gründen Interesse daran gehabt hätte, das magische Wissen, vor allem die antikonzeptionellen Kenntnisse der Hebammen, aus der Welt zu schaffen.[40] Nach neueren Untersuchungen konzentrierte sich der Hexenprozeß keineswegs allein auf Hebammen und weise Frauen, einmal mehr hatte man die Äußerungen des ‚Hexenhammers' allzu wörtlich genommen. Wenn alle Hebammen hingerichtet worden wären, hätte die Dorfgesellschaft erst recht keine Chance gehabt, ihre Bevölkerungszahl zu halten bzw. sogar zu erhöhen. All diese Interpretationen ‚bestechen' z. T. wegen ihrer Einfachheit; ohne bestimmte Aspekte negieren zu wollen – disziplinierende, antifeministische und antimagische Elemente sind überall aufzuspüren – kommt man in der Erklärung des Phänomens insgesamt doch nur weiter, wenn man den verschiedenen Intentionen und Interessen, die dem Hexenprozeß zugrunde lagen, in ihrer Komplexität Rechnung trägt.

3. Religiöses Außenseitertum

Die Zeit der Reformation und der kirchlichen Reformen war nicht nur eine Zeit starken Glaubens an die neue evangelische Botschaft, sondern zugleich eine Zeit aufkommender Zweifel am Wahrheitsgehalt durch die Entstehung verschiedener religiöser Gruppen und Kirchen, die sich ungeachtet ihrer einander ausschließenden Lehren alle auf die Schrift beriefen. Viele Menschen wußten nicht mehr, an was sie glauben sollten, vor allem, als sich Theologen wechselseitig und öffentlich antichristliches Denken und Handeln vorwarfen. Gesichert schien nur ein kleiner Grundbestand christlicher Lehre, selbst der Wahrheitsgehalt der Hl. Schrift wurde unterschiedlich bewertet. Diese Glaubenszweifel mündeten nicht unbedingt in religiöse Gleichgültigkeit,[1] aber gab es jetzt eine Pluralität der Meinungen und Interpretationen auf seiten der Theologen und des einfachen Kirchenvolks. Die größte Vielfalt existierte in den Städten, Straßburg z. B. galt lange Jahre als Hort religiösen Dissidententums.[2]

Ein religiöses Leben außerhalb der Kirche war lange für viele unvorstellbar. Aber durch die Reformation entwickelten sich konträre und radikale Positionen, die mit der kirchlichen Organisation auch jede Veräußerlichung christlichen Glaubens verwarfen. Sogar ein überkonfessionelles Christentum wurde propagiert, das keine ‚sichtbare' Kirche zuließ und alle Menschen – nicht nur Christen – umfassen sollte. Ein tiefes Unbehagen über die weltlichen Auseinandersetzungen der Reformationszeit und die allgemeine Glaubenspraxis hatten zu dieser Vorstellung geführt. Sie stand in der Tradition der mittelalterlichen Mystik, berief sich weniger auf die Hl. Schrift als auf persönliche religiöse Erfahrung, Verstand und das Gewissen. Spiritualistische Ansätze gab es bei allen Reformatoren, vor allem bei Th. Müntzer, Zwingli und den Täufern, aber die Gruppe der eigentlichen Spiritualisten separierte sich nicht nur völlig von jeder Glaubensrichtung, die sich eine gemeindliche beziehungsweise kirchliche Verfassung gab, sondern von jeder ‚äußeren' kirchlichen Tradition und manchen christlichen Glaubensinhalten.

Die uns bekannten Spiritualisten bildeten eine kleine Gruppe, sie kannten sich zumeist, bezogen sich in ihren Lehrmeinungen aufeinander, aber keiner gründete eine Gemeinde oder initiierte eine Bewegung.[3] Die Spiritualisten waren als Schriftsteller, Zeitkritiker, Historiker oder Theologen Einzelkämpfer, die allein durch ihre Schriften wirkten. Einige hatten ein gründliches Studium absolviert und waren zeitweise als Pfarrer tätig wie Sebastian Franck[4] und Valentin Weigel,[5] andere übten weltliche Berufe aus wie Paracelsus[6] und Jacob Böhme.[7] Ihr Denken speiste sich aus den unterschiedlichsten Quellen und ist durch ein hohes Maß an Originalität gekennzeichnet, das in nichts dem der bekannten Reformatoren nachstand. Mit ihren zahlreichen Schriften besaßen sie eine große Leserschaft, die allerdings nicht unbedingt identisch mit einer Anhängerschaft war. So unterschiedlich die Positionen waren – die einen beriefen sich vorrangig auf die Hl. Schrift, die anderen auf ihre von Gott erleuchtete Vernunft und eine dritte Gruppe gar auf ein mystisches ‚Naturerleben' –, verwarfen sie doch alle jede Äußerlichkeit des Glaubens und überschritten damit nicht nur die lutherische Position, sondern sogar die täuferische Theologie. Nur die subjektive Überzeugung galt, nur der innere Glauben besaß Überzeugungskraft.

Ein grundsätzlicher Dualismus durchzog die verschiedensten Lebensüberzeugungen. Alle Spiritualisten verurteilten den Buchstabenglauben und bezogen sich auf den Hl. Geist, über den sich die Bedeutung der Hl. Schrift erschließt. Sie propagierten eine ‚unsichtbare' Kirche und verwarfen jede äußere Organisation, von der allgemeinen Hierarchie, bis zum Pfarramt. Sie lehnten alle Sakramente ab und überschritten mit ihrem Subjektivismus wie gesagt sogar die täuferische Position. Sie verwarfen die menschliche Vernunft und setzten alles auf das von Gott entzündete innere Licht des einzelnen, womit jede gelehrte orthodoxe Theologie abgelehnt wurde. Schließlich galt ihr Interesse weniger dem geschichtlichen Jesus als dem himmlischen Christus. Damit stellten sich die Spiritualisten außerhalb jeder religiös-kirchlichen Ordnung der Zeit und mußten dementsprechend Ausschluß und Verfolgung hinnehmen. Ihre Positionen entwickelten sich oft im Kontext der lutherischen Reformation bzw. Kirche, befreiten sich dann aber völlig von ihr, ohne allerdings nach außen den Bruch zu vollziehen: weil die Kirchenzugehörigkeit nur eine Äußerlichkeit war, stellte sich die Frage eines Austrittes gar nicht.

Sebastian Franck, der die unsichtbare Kirche sogar als Ziel der Geschichte propagierte, schrieb 1530: „Weiter sind zu unsern Zeiten drei fürnehmliche Glauben aufgestanden, als Lutherisch, Zwinglisch oder Taufferisch. Der viert ist schon auf der Bahn, daß man alle äußerlich Predigt, Ceremoni, Sakrament, Bann, Beruf, als unnötigh will aus dem Weg räumen und glatt ein unsichtbar geistlich Kirchen, in Einigkeit des Geists und Glaubens versammlet unter allen Völkern und allein durch ewig unsichtbar Wort ohn einig äußerlich Mittel regiert, will anrichten, als sei die apostolisch Kirch bald nach der Apostel Abgang durch den Gräuel verwüst gefallen und seind zumal gefährliche Zeiten."[8]

Im großen und ganzen lassen sich die spiritualistischen Positionen der Reformationszeit auf drei Richtungen festlegen. Auf den wahrhaften Glauben und das Gewissen beriefen sich die evangelischen Spiritualisten wie Hans Denk[9] und Caspar von Schwenckfeld;[10] sie hatten, bevor sie eigenständige Wege gingen, mit dem Täufertum sympathisiert und jedenfalls anfangs noch reformatorisches Interesse. Einen rationalistischen Spiritualismus vertraten Sebastian Franck und die Antitrinitarier. Sie beriefen sich auf die von Gott bzw. dem Hl. Geist erleuchtete Vernunft. Franck war humanistisch

24. Tabula Cebetis, von Matthaeus Merian. Stich aus: Johann Friedrich v. Uffenbach, Gesammelte Nebenarbeit, Hamburg 1733

gebildet und legte sein spiritualistisches Schriftverständnis auch seiner Geschichtsbetrachtung zugrunde. Wie andere wurde er von der offiziellen Kirche verfolgt und führte ein Wanderleben. Schließlich gab es Christen, die von einem mystischen Naturverständnis ausgingen und einen Spiritualismus vertraten, in den naturphilosophisches Gedankengut einging. Paracelsus, Valentin Weigel und Jacob Böhme propagierten eine christlich-hermetische Philosophie, nach der sich Gott in Schrift und Natur gleichermaßen offenbare. Sie wurden nicht nur – vor allem in der Laienwelt gegen Ende des 16. Jahrhunderts – viel gelesen, sondern weckten eine theologie- und kirchenkritische Tradition, die bis ins 18. Jahrhundert virulent blieb, Böhme z. B. wurde zu dem meistgelesenen ‚Laien'theologen im Pietismus und in Erweckungskreisen. In seinen Schriften rechnete er am schärfsten mit den veräußerlichten Kirchen ab. Er schrieb: „Denn Christus steckt in keiner Zankmeinung, sondern in der Linea seiner Gnaden ist er mitten unter uns getreten. Und so wir ihn annehmen, so nimmt er auch uns in ihm an und [es be]darf keines Streites noch Meinung, sondern nur das einige will er von uns haben, daß wir in ihm bleiben, so will er in uns bleiben, und daß wir uns in ihm lieben, wie er uns in sich liebet ..."[11] Die Spiritualisten der Reformationszeit bildeten eine kleine Gruppe, doch ihre Wirkung war beträchtlich, nicht nur in der Frömmigkeitsgeschichte der frühen Neuzeit, sondern auch in der Tradition der frühneuzeitlichen Naturphilosophie.

Die Reformation förderte durchaus Glaubenszweifel, Positionen, die den konfessionellen Rahmen sprengten, und schließlich auch die Bildung von Gruppen, die außerhalb des weltlich-kirchlichen Lebens eine Gemeinde wahrer Christen realisieren wollten. Die bedeutsamste religiöse Dissidentengruppe bildeten die Täufer. Als Modell einer sozial-religiösen Protestbewegung ist sie sehr gut untersucht worden, sie wird heute als genuin reformatorisches Phänomen ernst genommen.[12] Anfangs war sie alles andere als eine einheitliche Bewegung, sie geht ideologisch und sozial auf verschiedene Ursprünge zurück. Neben dem Kreis um den Patriziersohn und Zwingli-Schüler Konrad Grebel in der Schweiz sind die Gruppen um den Müntzer-Anhänger und Buchführer Hans Hut aus Franken und die unter dem Einfluß des Apokalyptikers Melchior Hoffman, eines schwäbischen Kürschners, stehenden Niederländer zu nennen. Das Täufertum wurde damit von heterogenen Erfahrungen und vor allem von der Enttäuschung darüber geprägt, daß der reformatorische Umbruch rasch in obrigkeitliche Kirchenreformen mündete, und daß das Scheitern des Bauernkrieges eine soziale Reformation unmöglich machte.

Im Täufertum artikulierte sich ein vielfältiger Protestwille: gegen das Ausbleiben einer auch in weltliche Bereiche eingreifenden Reformation, gegen die Institutionalisierung einer neuen Herrschaftskirche und die Hierarchisierung der neuen Religionsgemeinschaft sowie gegen die anhaltende

Weltlichkeit der Gesellschaft. Im Protest gegen diese Erscheinungen breitete sich das Täufertum in Kreisen des religiös erweckten, nach neuer christlicher Sozialordnung und Lebensorientierung verlangenden Stadtbürgertums, unter Handwerkern und Ackerbürgern fast über das ganze Reich aus.[13] Seine theologische Botschaft, Organisation und Verbreitung war abhängig von dem Engagement und der Mentalität der einzelnen Täuferführer, von den regional unterschiedlichen Entfaltungsmöglichkeiten eines Gemeindelebens, vor allem aber von der sozial-politischen Situation einer disparaten Anhängerschaft.

Dennoch kennzeichnet die Bewegung von Beginn an eine einigende Grundhaltung, die ihren frühreformatorischen Charakter mit der Forderung nach religiöser Selbstbestimmung und Reinigung der Kirche und der Gesellschaft von allen abergläubischen und hierarchischen Elementen deutlich erkennen läßt. Im Mittelpunkt steht der Wunsch nach radikaler Verwirklichung eines christlichen Lebens in der Nachfolge Christi und nach Realisierung einer christlichen Gemeinschaft auf der Basis brüderlicher Liebe, in der alle gesellschaftlichen Gegensätze und sozialen Konflikte aufgehoben sein sollten. Gegen gelehrte Theologie und obrigkeitliche Kirchenordnung setzte das Täufertum biblisches Religionsverständnis, prophetisches Sendungsbewußtsein, charismatisches Predigertum und egalitär demokratisch organisierte Gemeinde. Die religiösen Wurzeln und Anliegen sind in diesen Forderungen ohne Zweifel erkennbar, doch korrespondierten sie mit Ansprüchen und wurden sogar über diese vermittelt; gerade in der reformatorischen Aufbruchzeit entsprachen sie den Bedürfnissen des gemeinen Mannes vor allem der Stadtgesellschaft. Allerdings war das Täufertum mit der Idee einer autonomen Gemeinde und der Absonderung von der Umwelt noch keineswegs eine revolutionäre Bewegung, die ihre gesellschaftliche Situation bewußt ändern wollte. Die Ursache allen Übels sah es in der Verweltlichung. Dementsprechend vertrat das Täufertum auch kein explizites Sozialprogramm, lehnte die weltliche Obrigkeit nicht an sich ab, wollte nicht den Aufstand des gemeinen Mannes mit anderen Mitteln fortsetzen, geschweige denn die Welt mit Feuer und Schwert reinigen, um in ihr das Reich Gottes zu errichten. Vielmehr lehnte die täuferische Bewegung jede Anwendung von Gewalt zur Durchsetzung ihrer geistlichen Interessen ab. Allein in Münster wurde Gewalt akzeptiert, als obrigkeitlich-bürgerliche Interessen sich mit täuferischen zur Abwehr feindlicher Truppen verbanden. Obwohl sich das Täufertum ansonsten ausschließlich als religiöse Bewegung verstand, bedrohte es die feudal-altständische Gesellschaft in einer Weise, die die Verfolgung begreiflich macht. Zum einen stellten sich die Täufer mit ihrem religiösen Selbstbestimmungswillen, ihrem subjektiven Heiligungsstreben und der Restitution einer Gemeinde der Heiligen auf egalitärer Grundlage außerhalb aller traditionellen Normen und entzogen sich so mental jeder sozialen Kontrolle und allen Herrschaftsansprüchen von

Obrigkeit und Kirche. Zum anderen artikulierten ihre allgemeine Protesthaltung und ihre Gehorsamsverweigerung insbesondere gegenüber der weltlichen Gesellschaft und Herrschaft einen Anspruch, der je nach Situation, Erfahrung und Bildung unter Rezeption eschatologisch-chiliastischer Vorstellungen von Religion ins unmittelbar Politische umschlagen konnte.

Bereits 1528 hatte König Ferdinand folgende Anweisung erlassen: „Wir haben gloublich bericht empfangen, wie sich in unserm fürstentumb Wirtenberg die verfüerischen, unchristenlichen und ketzerischen secten und leren, so ein zeit von etlichen leichtvertigen, aigenwilligen personen aufgebracht, gelernt und gepredigt und dem gemeinen volk zu verfüerung desselben eingepildet worden, sonderlich der irrsal mit dem widertauf und des hochwirdigen sacraments des altars in kurzer zeit vast einkumen und eingewurzelt haben sol, also daß sich vil personen in solch irrsal der widertauf und des hochwirdigen sacraments begeben, dadurch dann vil haimlich gesprech, besamungen, ouch etwa bös verainigung, verpündnus und conspiration volgen, die sonder zweifel mit der weil, wo wir nit solten gnedig einsehen tun, zu aufrurn, ungehorsam und dergleichen pösen sachen geraichen würden. Dieweil uns aber solch falsch secten, leren und ander pös handlung zu gedulden keins wegs gemaint ist und dann dieselben, so viel der nun auferstanden, abgestelt, auch die künftigen mit dem höchsten verhüet werden, so bevelhen wir euch mit allem und ganzem ernst, das ir hinfür mit allem und pestem vleis erkundigung wider die personen, so sich der irrigen, falschen und ketzerischen secten gebrauchen, dieselb predigen, lernen und dem volk einpilden, auch die si willig hören und annemen, halten lasset und dann gegen denselben nach volgender unser mainung nach handlung fürnemet und verordnet."[14]

Neben der Möglichkeit einer Umwandlung täuferischer Reformation in eine obrigkeitliche Reformation im Stile Luthers oder Zwinglis gab es in der Tat von Anfang an den sektiererischen Rückzug aus der Welt unter Aufgabe aller ‚weltlichen' Verpflichtungen oder den ekstatischen chiliastischen Ausbruch. Welche Möglichkeit verwirklicht wurde, determinierten nicht primär die theologischen Lehren oder das Charisma der Täuferführer, sondern die sozialen und religiösen Bedingungen, unter denen die Täufer standen und unter denen sie ihr radikal-christliches Leben verwirklichen konnten, vor allem die Frage, wie intensiv ihre sozialen Ansprüche Berücksichtigung fanden. Dies zeigen die drei idealtypischen Verwirklichungsformen täuferischen Lebens und täuferischer Lehre: die radikale Reformation, der sektiererische Pazifismus und die chiliastische Revolution; sie begreifen sich als verschiedene Ausformungen des gleichen Verhaltens, Protestbewußtseins und Selbstbestimmungswillens.

Konnte eine ganze Stadtgemeinde mit aktiver Unterstützung oder zumindest mit passiver Tolerierung der Obrigkeit für das Täufertum gewonnen werden wie in Waldshut, Nikolsburg oder anfangs in Münster, so propagierte man trotz prinzipieller Scheidung von geistlicher und weltlicher Gewalt eine radikale Reformation auf der Grundlage von biblischer Theologie und Kirchenzucht.[15]

„Nachdem sich der Mensch nun inwendig und im Glauben in ein neues Leben ergeben hat, bezeugt er das auch äußerlich, öffentlich vor der christlichen Kirche, in deren Gemeinschaft er sich verzeichnen und einschreiben läßt nach der Ordnung und Einsetzung Christi. Er gibt deshalb der christlichen Kirche, d. h. allen Schwestern und Brüdern, die im Glauben an Christus leben, zu erkennen, daß er dermaßen im Wort Christi inwendig unterrichtet und gesinnet sei, daß er sich schon ergeben habe, fortan nach Wort, Willen und Regel Christi zu leben, sein Tun und Lassen nach ihm zu richten und zu schlichten und unter seinem Fähnlein zu kämpfen und zu streiten bis in den Tod."[16]

Diese Reformation unterschied sich von der Luthers und Zwinglis nicht strukturell, die Obrigkeit wurde akzeptiert, die Sozialordnung blieb unangetastet, und das enge Verhältnis zur gelehrten Theologie wie zu weltlicher Bildung überhaupt ungestört. Vor allem schloß man sich beim Aufbau der Gemeinden nicht von den Andersgläubigen ab und überließ auch die Durchführung der Reformation der Obrigkeit, die im Auftrag der täuferischen Gemeinde handelte. Die Radikalität und Andersartigkeit dokumentierte sich ausschließlich in der Ablehnung jeder sakramentalen Praxis, der Überwachung des moralischen Lebens und in einem Engagement für die Armen. Der Aufstieg der Täufer in Waldshut und in Münster war mit bedingt durch die Opposition der Stadt gegen Habsburg bzw. den westfälischen Bischof.[17] Insgesamt aber barg dieses Modell der radikalen Reformation nur eine flüchtige Chance des frühen Täufertums, die durch die bald einsetzende Diskriminierung zunichte gemacht wurde. Als eine dritte Möglichkeit der Reformation schied sie auch deshalb aus, weil ihre Interessen letztlich zu wenig herrschaftskonform waren.

Bildeten jedoch die Täufer eine Minderheit, die von vornherein keine herrschaftliche Unterstützung erfuhr und von jeder Partizipation an der Reformationsbewegung einer Stadt ausgeschlossen war – sei es, daß sie keine Prediger als Sprecher ihrer Botschaft gewann, sei es durch die früh einsetzende Verfolgung durch andere Glaubensgruppen wie in Zürich, Augsburg und kurz darauf in Straßburg – so organisierte sich ein exklusives Gemeindeleben in radikaler Absonderung von der Umwelt.[18]

„Urteilt, Ihr Heiligen Gottes, die Ihr miteinander so wahrhaftig in Christus eingepflanzt und mit ihm der Welt, der Sünde und Euch selbst abgestorben seid, so daß Ihr fortan nicht mehr der Welt oder für Euch lebt, sondern dem, der für Euch gestorben und auferstanden ist, Christus ... Daher leben sie auch friedlich, einig, lieblich, freundlich und brüderlich als Kinder eines Vaters beieinander, wo ihnen der Herr einen Ort gönnt, und sollten auf ihrer Wallfahrt mit den leiblichen Gütern und Gaben ihres Vaters

25. Flugblatt von 1535

zufrieden sein, weil sie auch alle einerlei Leib und Glieder untereinander sein sollten."[19]

Alle Kontakte zur Außenwelt wurden als unchristlich abgebrochen. Die gesellschaftliche Diskriminierung und Isolierung wurde kompensiert durch ein ausgeprägtes Auserwähltheitsbewußtsein, das selbst nach außen – Weigerung, Nichtchristen zu grüßen, andere Kleidung, Sonntagsarbeit – sichtbar wurde. Der Anspruch auf Verwirklichung des Reiches Gottes nach außen wurde aufgegeben zugunsten eines Heiligungsstrebens in einer Gruppe, die unmittelbar an der Bibel orientiert und vom Prinzip gegenseitiger Anerkennung und materieller wie geistiger Unterstützung getragen war. Das Reich Gottes rückte als nahes Ziel ans Ende der in der Verfolgung erfahrenen Leidenszeit. Wenn die Täufer sich in der stadtbürgerlichen

Gesellschaft nicht mehr halten konnten und zur Flucht genötigt wurden, führten diese Absonderung und der Aufbau eines streng geregelten Gemeindelebens, in dem Stand, Reichtum, Bildung nichts mehr galten, in letzter Konsequenz zur Brudergemeinschaft der Hutterer bzw. zur Gemeindeorganisation der Mennoniten, in der alle bisherigen Hemmnisse, ein radikal christliches Leben zu führen, wegfielen.[20] Bei der bestehenden Verfolgung durch die weltlichen Obrigkeiten war dieser Rückzug an den Rand der Gesellschaft – wie in Mähren – der einzige Weg zu überleben, ohne den religiösen Nonkonformismus aufzugeben.

Versagte schließlich die Obrigkeit den Täufern nicht nur jede Toleranz zur Verwirklichung des eigenen Glaubens und verfolgte sie als Ketzer und Aufrührer, so daß selbst Rückzug und Flucht unmöglich wurden, dann konnte sich der Protest gegen die Obrigkeit als Unterdrückerin der wahren Lehre und des christlichen Lebens mit eschatologisch-chiliastischen Ideen verbinden. Die Täufer sahen dann in ihrer Verfolgung das Zeichen der anbrechenden Endzeit, und ihre Pariastimmung schlug um in einen radikalen Chiliasmus.

„Damit wir hierin von Gott nicht als nachlässig gescholten werden und durch unser Versäumen Schaden leiden, haben wir fleißig nach der Zeit geforscht ... Zum ersten ist es unwiderleglich, daß es allezeit Zeit ist, Gottes Willen zu tun, dem Teufel und seinem Reich entgegenzustehen und ihn zu unterdrücken, Gott zu danken und zu loben und allezeit sein Reich zu verherrlichen und zu preisen. ... Die Zeit der Vergeltung und Rache aber ist, wenn jetzt der Abfall vorbei ist und der Greuel der Verwüstung und der Böse an der heiligen Stätte gesehen und erkannt wird."[21]

26. Judith und Holofernes. Holzschnitt um 1535

Dieser Verzicht auf die Errichtung einer brüderlichen Gemeinde, die Aufgabe selbst aller weltlichen Bindungen in Familie und Berufsleben bedeutete in letzter Konsequenz einen Ausbruch aus der Geschichte. Die weltliche Ordnung galt nicht länger nur als unchristlich, sondern als so verderbt und bedrohend, daß sie gänzlich vernichtet werden und dem ersehnten Reich Gottes durch dessen unmittelbares Eingreifen weichen sollte.[22] Die Erfahrung der eigenen verzweifelten Situation als Ende der Zeiten ermöglichte den Durchbruch eines religiös vermittelten, weltlichen Änderungswillens. Zwar sah sich das Täufertum nie als Initiator des Strafgerichts Gottes, glaubte sich aber berufen, das von Gott begonnene Werk der Rache an den Ungläubigen aktiv im Namen des Allmächtigen mitzuvollziehen. Ansätze eines derartigen radikalen Chiliasmus gab es in der ganzen täuferischen Bewegung, voll ausgebildet war er im Hutschen Täufertum, zum Durchbruch kam er allerdings erst durch Vermittlung Hoffmans in Holland und Münster.[23] Die vorübergehende Etablierung des chiliastischen Täufertums in Münster war Folge der steigenden politischen, sozialen und religiösen Konflikte, die durch den Kampf um das neue Jerusalem radikal überhöht wurden.[24]

Das Täufertum war anfangs keine einheitliche Bewegung. Seine Konsolidierung in einheitliche, theologisch fixierte und streng disziplinierte regional gebundene Glaubensgruppen vollzog sich erst nach einer Reihe von inneren Krisen und unter dem Druck anhaltender Verfolgung durch Obrigkeiten und Kirchen. Erst von den 40er Jahren an läßt sich eigentlich von einem definierbaren Täufertum sprechen, wie es die Hutterer und Mennoniten realisierten.

III. Protestantismus und Katholizismus

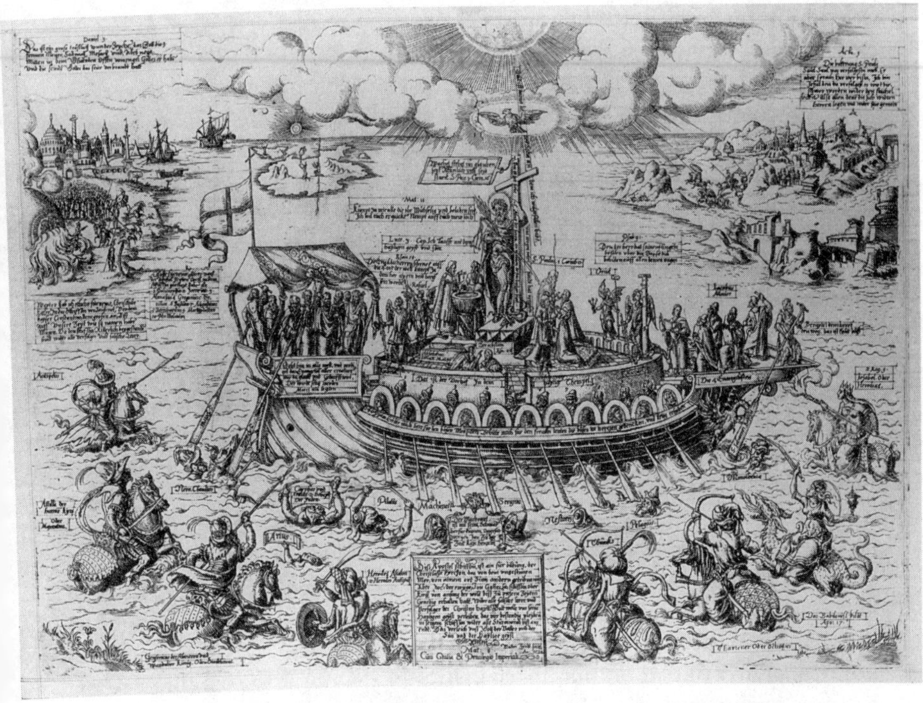

27. Das Apostelschiff, Radierung von Matthias Zündt. 1570

1. Konfessionelles Christentum und Rechtgläubigkeit

Der eigentliche reformatorische Aufbruch und religiöse Umschwung währte nicht lange. Rasch bildeten sich unterschiedliche reformatorische Kräfte und Bewegungen, Städte, Kommunen und Landesherrschaften trafen die Entscheidung für eine Reformation. Die ‚neuen' Kirchen verließen damit den universellen Kontext der römisch-katholischen Kirche und vollzogen den Wandel zu Konfessionskirchen, die ihre neue Identität mit der Absetzung von anderen erkauften. Die römisch-katholische Kirche trat erstmals in Konkurrenz zu anderen christlichen Kirchen und bildete selbst bald eine unter anderen Kirchen. Ihren Absolutheitsanspruch gab sie gleichwohl nicht auf.

Die Entstehung von Konfessionen, die in einen allgemeinen Prozeß der Konfessionalisierung der Gesellschaft einmündete, war keineswegs eine rein innerkirchliche Angelegenheit, eine Sache des konfessionellen Christentums.[1] Einmal ist der Prozeß der Konfessionalisierung, eben weil er von staatlich-weltlichen Mächten gesteuert und getragen wurde und mithin das gesellschaftliche System erheblich berührte, schwer zu trennen vom allgemeinen Verstaatlichungsprozeß und der Entstehung des frühmodernen Staates, der ja gerade in der Hoheit über die Kirchen ein zentrales Ziel sah; kein Prinzip garantierte die Einheit eines Landes so nachhaltig wie ein konfessionell homogener Untertanenverband.[2] Zum anderen ist der Prozeß der Konfessionalisierung eng verbunden mit dem auch von anderen Kräften getragenen Prozeß der Sozialdisziplinierung, denn keine Institution erreichte den einzelnen so unmittelbar wie die Kirche.[3] Nachdem schließlich die reformierten Konfessionskirchen erstmals jeden Menschen in Stadt und Land kontrollieren wollten, um ihn ihrer Institution zu unterwerfen, brachte die Konfessionalisierung des Christentums und der Gesellschaft ein Höchstmaß an Verkirchlichung, wie sie das Spätmittelalter nicht kannte. In keiner Zeit wurde die ganze Bevölkerung der verschiedenen Territorien so nachhaltig von der christlichen Botschaft berührt wie im späten 16. und 17. Jahrhundert. Der Konfessionalisierungsdruck ließ dann im 18. Jahrhundert nach.

Eine Konfessionalisierung der Gesellschaft beobachten wir in ganz Europa, eine besondere Prägung aber erfuhr dieser Prozeß in Deutschland, weil er nicht auf Reichsebene, sondern von den einzelnen Territorien und Reichsstädten initiiert wurde und auch deshalb die verschiedenen Konfessionen auf engem Raum in Konkurrenz zueinander traten; zur Bildung einer Nationalkirche kam es nicht. Zwar gab es länderübergreifende Bündnisse, eine lutherische, katholische und später auch eine reformierte Kirche im Reich, aber jedes Territorium hatte seine Besonderheiten. Der Prozeß der Herausbildung von Konfessionen begann bereits in den 20er bzw. 50er

Jahren des 16. Jahrhunderts, die Konfessionalisierung erreichte aber erst zu Ende des 16. bzw. zu Anfang des 17. Jahrhunderts ihren Höhepunkt. Der Dreißigjährige Krieg, der selbst ein Produkt der Konfessionskämpfe war, unterbrach diese Entwicklung nicht, sondern verstärkte sie eher. Konfessionell einheitliche Herrschaftsgebiete, in denen jeder Untertan mit seinem Bekenntnis direkt oder indirekt von seiner Obrigkeit abhängig war, wurden erst Ende des 17. Jahrhunderts bzw. sogar erst zu Anfang des 18. Jahrhunderts realisiert. In dieser Zeit hat sich die konfessionelle Kultur selbstverständlich gewandelt, überhaupt sind die uns bekannten protestantischen und katholischen Kulturen das Produkt einer langwierigen Entwicklung.[4] Obwohl die Konfessionalisierung durch die Amtskirchen und Obrigkeiten erfolgte, die zugleich mit dem nonkonformen Verhalten und Denken auch traditionell populäre Glaubenspraktiken unterdrückten, war dies kein einseitiger Kolonialisierungsprozeß, denn selbst das einfache Volk brachte mehr von seinen Vorstellungen und Lebenspraktiken ein, als die Initiatoren es geahnt hatten. Die konfessionelle Kultur des gemeinen Mannes war nicht identisch mit der der Pfarrer und Herrscher. Zwar hat die aufkommende Aufklärung die Gegensätze gemildert und das konfessionelle Bewußtsein von Adel und gebildetem Bürgertum relativiert, da aber in Deutschland die Aufklärung eine starke protestantische Wurzel hatte, blieben die Kontraste und damit die Macht der protestantischen bzw. katholischen Kultur in der Bevölkerung bis weit ins 19., ja ins 20. Jahrhundert hinein wirksam. Die protestantische Kultur der frühen Neuzeit war keineswegs unmittelbares Produkt der Reformation, denn stärker als diese hat die ‚staatlich' gelenkte Konfessionalisierung auf das Denken und Handeln der Menschen gewirkt. Das gilt auch für die katholische Kultur. Sie sammelte zwar schon zu Ende des 16. Jahrhunderts ihre Kräfte wieder, entfaltete ihre volle Wirksamkeit aber erst im 17. Jahrhundert. Ihre spätmittelalterliche Gestalt hatte sie mit den Tridentinischen Reformen vollends überwunden.

Die Rückkehr zur wahren Lehre des Evangeliums war ein Hauptanliegen der Reformation.[5] Aber was die Wahrheit konkret bedeutete und welche Lehren aus dem Evangelium zu ziehen waren, darüber stritten sich bald alle Reformatoren und die ihnen nacheifernden Prediger und Theologen. Es waren dementsprechend auch weniger die jeweils anderen Riten und Frömmigkeitsformen, die die Grenzen der entstehenden Konfessionen festlegten, sondern die divergierenden Lehrauffassungen: Die richtige Lehre entschied über den rechten Glauben. Ihre Rechtgläubigkeit betonten die Protestanten gegenüber den Schwärmern, den Katholiken, bald aber auch gegenüber den Calvinisten wie umgekehrt. Entscheidend in dieser Auseinandersetzung war nicht nur, daß die einzelnen Konfessionen sich über ihre Lehre und deren alleinige Wahrheit definierten, sondern daß erstmals über den Pfarrer und Theologen hinaus jeder Einzelne auf die Lehre ‚seiner' Konfession verpflichtet wurde und ein entsprechendes Bekenntnis ablegen mußte.[6] Diesem Ansinnen dienten die seit der Mitte des 16. Jahrhunderts überall erlassenen Kirchenordnungen,[7] sie sollten „klar und in specie außdrucklich" machen, „was das corpus oder die forma doctrinae sein solle, darnach die ganze reformation sich richten muß, auf das beyde, prediger und zuhörer, etwas bestendiges und gewisses haben mügen, welchs da sey die reine heilsame lehr, welcher gemeß und gleichförmig in den kirchen ... hinfuro soll geprediget und gelehret werden, und was für opiniones, als der gesunden lehre zuwieder und ungemeß, sollen außgesetzt und verworfen werden, auf das wir uns nicht von allerley wind der lehre wegen und wiegen lassen".[8] Ohne eindeutiges Bekenntnis konnte niemand ein öffentliches Amt innehaben. Das betraf vor allem Beamte und Amtsträger der Territorialstaaten, wo die Konfession über Karriere oder Ausweisung entschied.

Die nach der Reformation rasch einsetzende Fixierung auf die wahre Lehre war zweifellos ein Produkt theologischer Auseinandersetzung um die richtige Auslegung der Schrift und Tradition, aber auch der Meinung der Reformatoren – die sich ja selten lehrbuchhaft geäußert haben. Daß sie aber gesellschaftlich relevant wurde, lag vor allem an der Rückendeckung, die die Theologen durch die Landesherren erfuhren, das Bekenntnis zur rechten Lehre wurde zum Staatsgrundsatz. Die Landesherren fühlten sich nicht nur zuständig für eine „gute policey und lands ordnung, sondern auch der kirchen ordnung und des gottesdienstes rechten eigentlichen verstand und befürderung desselben bey deren unterthanen".[9] Aber selbst das gemeine Kirchenvolk suchte Klarheit und fügte sich dem neuen Diktum der wahren Lehre ohne Druck. Insofern war die Festlegung des jeweiligen Glaubensbekenntnisses ein Werk aller am wahren Glauben interessierten gesellschaftlichen Gruppen, nur in spiritualistischen Kreisen wurde die Konfessionalisierung kritisiert. Die Durchsetzung der rechten Lehre war ein Gebot jeder Konfession, sie diente zur Schaffung geschlossener Konfessionslandschaften wie zur gegenseitigen Abgrenzung, wobei es nicht nur galt, sich von den anderen Konfessionen abzusetzen, sondern gleicherweise von den verschiedensten Häresien der Zeit, vor allem vom Täufertum. Die Wolfenbütteler Kirchenordnung von 1569 z. B. wollte nicht nur Zeugnis davon ablegen, „das wir nach abtrettung von den bepstischen irthumben und missbreuchen von dem alten, rechten, warhaftigen apostolischen, catholischen, christlichen glauben nicht abgefallen", sondern „das wir alle rotten und sekten, Zwinglianer, Schwenckfeldianer, wiederteufer und wie sie mehr namen haben mögen, so dem wort Gottes und unserer christlichen confession zuwider, verwerfen und uns allein zu dem reinen unverfelschten wort Gottes vermögen angeregter christlicher augspürgischer confession in allen artickeln bekennen".[10] Der Kampf um das Evangelium wurde zum Kampf um die rechte Lehre, die ein Produkt konstanter Auseinandersetzung dogmatischer Theologie war. Die Intellektualisierung ist unverkennbar, ebenso

Des Ehrwirdigen Herrn Doctoris Martini Lutheri/ gottseligen/ TRIVMPH.

Vnd verantwortung/ Wider die gottlosen Schmehschrifft/ der Newen Münch/ der Jesuiter/ Welche sie vnter dem Titel/ *ANATOMIA LVTHERI*, ausgesprenget haben.

Lutherus Triumphans.

WAs ich Lutherus hab gesagt
Im leben mein/ vnd offt geklagt/
Das find sich jtzt im werck vñ that/
Wie das der Sathan mit seim rat
Würd volbringen in Kirchn vnd lehr/
Das er vorgebens offt vorwar
Gieng an/ vnd musts doch lassen stan/
Als ich noch gieng auff freier ban.
Die Schlang rumort in Kirch vnd Schul/
Sprüt gifft aus seinem stinckend pful/
Die hertzen sie vorbittern thut/
Macht Krieg/ vergeust vnschüldig blut.
ICh sagt auch dis frey vberall/
Er würd zu solcher sach vnd fall/
Nicht Werckzeug aus des Bapstes schar/
Die sich jm habn ergeben gar/
So viel gebrauchen vnd beruffn/
Als er die abtrünnigen Buffn
Meins hauffens würd erwelen gar/
Zum streit/ vnd spaltung in der lehr.
DErselben etlich/ sagt ich fein/
Der Satan treiben würd allein/
Von meiner gmein/ vnd warheit hell/
Zur felschung vnd verkerung schnell/
Aus stoltz/ streitgirigkeit/ vnd neid
Der kunst/ vnd gabn/ die grosse leut
Vor andern habn/ aus Gottes gnad.
DJeselben funden diesen rath/
Die lehr zu felschn/ vnd rechten grund/
Welchen Philippus glert/ vnd rund
Mit mir durch Gotts hülff hat erklert/
Fest/ standhafftig/ recht/ vnd bewert/
Durchn heilgn Geist/ vñ glaubns verstand.
AVff diesen habn sie eingerand/
Die Kirch betrübt/ verwirt die Lehr/
Wie Eutychen vnd andre mehr/
Nestorium, Samosaten,
Auch Arrium mit sein thaten/
Die alt Schlang dahin hat gebracht/
Das sie habn Ketzerey erdacht/
Aus geitz vnd ehrgeitz Göttlich wort
Verfelscht/ einr hie/ der ander dort.
DJeses teiles/ vnd Faction/
Ein vrsacher ist vnd Patron/
Illyricus der Wende hut/
An welchem war kein har nie gut/
Ein Türckn genos/ vnd Christi feind/
Wes glaubns er sey/ vnd was er meint/
Das weist sich aus in seim Comment/
Das er Clauem Scripturæ nent/
Wie er dem wunder listiglich
Vnter einem schein windet sich/
Verkert mein reden/ vnd mein stim/
Zeucht es auff sein ertichten sinn.
EZliche aus dem hauffen mein/
Hab ich geweissagt meiner Gmein:
Der böse Geist gar werd reissen ab/
Betört durch geitz vnd grosse gab/
Von der erkanten warheits liecht
Zur finsternis/ vnd Bapsts getichte.
Nach Juliani weis vnd art/
Staphylus mit seim Judas bart/
Der warff sich auff zum Fenderich/
Sucht ein Bisthumb/ das fand er nicht/
Voll ehrgeitz/ stoltz/ vnd vbermut/
Walt oben aus/ vnd sucht gros gut/
Do es jm nicht gelingen wolt
In Preussen/ bey seins Herrn soldt/
Schleicht er in der Papisten Schul/
Aus Christi Kirch ins Teuffels pful.
INs Staphyli fusstappen tre(tt)
Die newen Münche eretten thun/
Von Jhesu namen sich nennen/
Vnd Jesuiter bekennen/
Doch Jhesu Christi lehr/ vordienst/
Vnd ehr/ achten fürs aller mist/
Die suchn nur widerwertig lehr/
In den Scribenten hin vnd her/
Gleich wie die Sew in eim kot/
Nicht trachten wie des Bapsts decret/
Vnd jrthumb/ sie verteidigen/
Beschönen/ ferbn/ entschüldigen.
DJs new des Teuffels hoffgsind.
Hat newlich ein vngraten kind
Zu sich gezogn/ vnd angehetzt/
Das es mein Nam mit Versen vorletzt/
Derselbe Jauch vnd Böseswicht/
Do er zum guten döget nicht/
Mit dieberey vnd gschwinden tück
Beschmitzt/ vnd andern bubenstück:
ZV Wittenberg von meiner schar
Verstossn ist/ vnd abgschnitten gar/
Das er die Jugend nicht vergifft/
Gleich wie ein reudig Schaf im feld
Ein gantzen hauffn anbrüchig macht.
DEnselben habn nun an sich bracht
Die newen Münch/ die Jesuiter/
Vnd haben jn bald wie zuuor
Mit Staphyli vnd Jude lahr
Vnterweist/ vnd erfüllet gar.
DErselb vnechte Ruffian/
Thut mich verstorbnen fallen an/
Richt mit mir an ein gauckelspiel/
Zerschneit/ zerhackt in stück viel
Mein todten Cörper/ wie man fein
Den Artzten dis zuletzt allein/
Damit wirfft mir die wunden für/
Die mir machn des Flacij gwirr.
ICh seh vnd kenn mein Feder wol
In meinen wunden/ sagt ein mal
Der Adler/ als er gschossen war
Durchs Schützen pfeil in sein leib gar.
Also kenn ich in meinen wundn/
Mein federn jtzt zu diesen stundn/
Ich fühl die wundn/ die meinem hauffn
Die Leute thun/ die sein verlauffn
Von meiner Gmein/ Denn ob sie gleich
Ausgangen sein aus vnserm Reich/
Seind sie doch von vns kommen nicht/
Sie warn Dieb/ Verrheter/ Böswicht/
Warn heimlich bey vns eingeschlichn/
Gleich wie die humln zun bienlein kriechn/
Gniessn frembder frucht/ erkennen nicht/
Thun schadn/ beschmeissn/ vñ scheuens liecht.
HJemit geb ich zur antwort dir/
Verloffner Bub vnd Teuffels geschirr/
Vorleugner des erkanten liechts
Der warheit/ vnd des rechten berichts/
Das drumb die wundn vnd mördlich stich/
Die Flacius hat zugericht/
Vnd ich mus leiden/ vnd mein hauff/
Nicht also werdn gar hawen auff/
Zerreissn/ verwunden gantz vnd gar
Christi/ Prophetn/ Aposteln lahr/
Welch all die rein alt Christlich gmein
Bekandt/ gebilligt vberein/
Die Veter/ vnd versamlungen
Bestetigt habn in alln Zungen/
Auch mein vnd meins gehülffen Schrifft
Seind Zeugen/ was die Lehr betrifft/
Dieselbe auch bewaren rein
Vnser Nachkomen einig fein.
VJel minder solstu hoffnung han/
Das dein Antchrist dieselben kan
Mit lügn/ list/ fewr vnd schwert ausrottn/
Welchs lehr nur steht vff menschn gebottn/
Die Göttlich warheit steht vnd bleibt/
Ligt obn/ vnd siget/ vnd bekleibt/
Die wird am Jüngsten tage frey/
Wenn Gottes Son wird sein dabey/
Euch frölich vnter augen gehn/
Do jr zur lincken seitn werd stehn/
Vnd ewer augn für forcht verhülln/
Vnd mit alln Teuffln in abgrund brülln.
WArumb würffst mir mein wunden für/
Die doch der heilig Geiste mir
Nur mit eim Schwamb abtrucknen kan/
Leichtlich heilt/ vnd hefft wider an
In hertzn/ so fried vnd warheit liebn/
Da in ewig verderben fliehn/
So vrsach sein zu solchm abfalln/
Vnd bstendig bleibn in jrrthumb alln/
Nur lestern/ vnd die Leut verjrrn/
Nichts auslegen/ die Lehr verwirrn.
WArumb anklagstu nicht viel mehr
Die Tyranney ins Bapstes lehr/
Welch mit der Schrifft zeugnis klar
Ist vberweist so offt vnd gar/
Vnd doch fort fert mit aller macht/
Den HErrn Christum zu tag vnd nacht
Zu kreutzigen/ vnd wundn zu machn/
In jrer Mess/ vnd andern sachn/
Dem solche wundn thun viel mehr weh/
Denn da er must am Creutze steh/
Vnd leiden must stich/ hohn/ vnd spot/
Vnd für vns schmeckn den bittern tod.
FVr solche wundn vnd Henckerey/
Ewr Abgöttrey vnd Heucheley/
Müst jr im Hellischen fewer büssn/
Dem Teuffel ligen vnterm füssn.
Du würffst mir für frebd schuld vnd wun-
Die ich empfang von solchē hundn (dn/
Welch mich vñ mein Schul habn verlassn/
Seind von vns gangn ein ander strassn.
Sagt/ Was schuld hat/ der wird verwundt/
Von eim tolln vnd rasenden hund?
Kein frembde schuld soll andern schadn/
Schülds böss/ die fromen thu beklagn.
DArumb sich dich an/ vnd schilt die werck/
Die dein Bapst treibt im Venus berg/
Gotts lesterung vnd Tyranney/
Gros Heucheley vnd Spitzbuberey.
AVff einem Stul von Helffenbein/
Geschmückt/ gziert mit Edlem gst
Sitzt dein Bapst hie/ der sich gar fest
Als Gott anbeten/ küssen lest/
Auch sich ausruffen/ das er ist
Ein Stadhalter des HErren Christ/
Ist doch voll laster aller hand/
Mord/ lügen/ geitz/ vnzucht/ Blutschand
Trewlos/ meineidig/ was er will/
Das mus recht sein on alles ziel/
Sein recht/ Gesetz/ sol gelten mehr/
Denn Gottes wort/ vnd Christi lehr/
Was er ordnet/ schafft/ thut/ vnd lehrt/
Das sol gut sein/ Trotz wers jm wehrt/
Er setzet ab/ er setzet ein
Die Herrschafft/ nach dem willen sein
Den Seeln den Himl vorkaufft vmbs ge.
Die Christ mit seim Blut hat erwelt
Zu seinem reich/ von Hellen pein:
Den Himl schenckt vns sein blut allein.
Ein Fegfewer den Seelen arm
Ericht er/ vnd machts jn sehr warm/
Wer reich ist/ der kriegt Ablas frey/
Wer kein gelt hat/ ist nicht dabey.
Christi gwalt vber hertzn vnd Seeln/
Vber all Stend/ güter vnd lebn/
Thut sich anmassn dein Bapst zu Rom/
Gotts wort gilt nichts/ recht ist sein trotz
SO dir dis gar vergessen ist/
Was dein Bapst ist/ vnd seine list/
Wil ichs kurtz widerholen nu/
Vom kleinsten anzufahen/ Hör zu.
DEn Ehestand Gott im Paradeis
Gebeut zu haltn mit allem fleis/
Denselbn vorbeut dein Antichrist/
Welchs Daniels warzeichen ist/
Daran man jn erkennen kan/
Das er werd sein der feindlich man/
Der heilge Zucht/ vnd Ehestand rein
Vorbieten werd/ den Gott in gmein
Zulest/ vnd segnt all Eheleut from.
VNd solchs verbot des Bapsts zu Rom
Sanct Paulus heist/ der Teuffeln lahr
Das auch solch zeichn die Teuffeln gar
Von reinen Geistern vnterscheidn/
Das die sein züchtig/ from/ bescheidn
Die Teuffl vnkeusch/ vnd sehr befleckt.
DAs seid jr auch/ vnd seid beleckt
Mit vnzucht/ schand vnd büberey/
Gotts ordnung hasst/ treibt Hurerey/
Von einem laster ins ander falt/
Mit vnzucht thut ewrm leib gewalt/
Wohin euch ewer Vater treibt/
(Den Teuffl ich mein) darauff jr bleibt.
Sanct Paulus sagt/ das Hurerey
Ein straff sey der Abgötterey.
VOn dem genug/ Nu höret mehr/
Die Schrifft sagt: Gib du Gott die
Kein andre Götter mach dir nicht/ (ehr/
Gott deinen HErrn anbet mit pflicht/
Kein andern dien/ noch hülff beger.
Dein hauff/ der Bapst/ vnd all sein Her

28. *Des Ehrwürdigen Herrn Doctoris Martini Lutheri/gottseligen/Triumph*, 1568

die Wiederaufnahme scholastischen Denkens, in dem die Reformatoren selbst noch ein Werk des Teufels gesehen hatten.

Die Auseinandersetzung um die wahre Lehre fand auf verschiedenen Ebenen statt. Einmal erließen Theologen der neuen Landeskirchen gemeinsam mit der landesherrlichen Obrigkeit Kirchenordnungen; die früheste stammt aus Braunschweig 1528, die meisten entstanden in den Jahren 1550–1600 im Zusammenhang mit dem Ausbau der protestantischen Kirchen. Sie bildeten deren theologisches Grundsystem, auf das fortan jeder Pfarrer des Landes verpflichtet wurde. Das bereits zitierte Corpus doctrinae Wolfenbüttels von 1569 umfaßt folgende Punkte:

„Kurzer einfeltiger und nothwendiger bericht von etlichen fürnhemen artickeln der lehre, wie dieselbige mit gebürlicher bescheidenheit zur erbauung fürgetragen und wieder alle verfelschung verwaret mögen werden.

Von Gott

Von der büsse

Von underscheid des gesetzs und evanglii

Von der sünde

Von dem artickel der rechtfertigung des armen sünders für Gott zum ewigen leben

Von guten werken

Vom freyen willen

Von den sacramenten in gemein

Von der beicht und absolution

Von der heiligen taufe

Von der messe

Von dem abendmal des Herrn

Von fasten und beten

Von weihen des salzes, wasser, feur, kreuter, und anderen creaturen.“[11]

Die Kirchenordnungen reflektieren nur die theologisch-religiösen Lehrmeinungen der einzelnen Landeskirchen. Darüber hinaus gab es aber auch grenzübergreifende Bekenntnisse, lange hat es allerdings gedauert, bis selbst das Luthertum sich auf eine Basis (Konkordienformel von 1581) einigte.[12] Die eklatanten Unterschiede der Kirchen z. B. in Sachsen und Württemberg konnten nicht beseitigt werden. Zwar kennen wir gerade aus der zweiten Hälfte des 16. Jahrhunderts zahlreiche ‚überkonfessionelle' Religionsgespräche, sie dienten aber weniger der Einheit der evangelischen Kirche als der Abgrenzung.[13]

Zum anderen begannen die ersten lutherischen und reformiert-calvinistischen Theologen, auf der heterogenen Grundlage reformatorischer Überlieferungen die neue evangelische Lehre dogmatisch zu systematisieren. Es entstanden einerseits erste großangelegte Lehrbücher, die die konfessionelle Theologie bis ins kleinste festlegten und von anderen theologischen Positionen abgrenzten.[14] Auf die Abgrenzung wurde oft mehr Wert gelegt als auf

29. Die Verlesung der 28 Artikel des „Augsburger Bekenntnisses" auf dem Reichstag zu Augsburg am 25. 6. 1530 von Kaiser Karl V., Gemälde in der Kilianskirche in Kasendorf.

die Darlegung der eigenen Lehre, wie sie für einen normalen Pfarrer nachvollziehbar und für seine theologische Bildung wichtig gewesen wäre. Die zahlreichen theologischen Werke legten die Grundlage für die Entstehung der Theologie als Wissenschaft, im Protestantismus wie im Katholizismus. Entsprechend wurden die theologischen Fakultäten reformiert, fakultativ erweitert und mit orthodoxen Theologen besetzt. Jede Konfession und jede Landeskirche legte Wert auf eine ihre Lehre absichernde Hochschule. Diese Schulen wurden zu Bastionen kirchlicher Rechtgläubigkeit und hatten ein unumschränktes Meinungsmonopol weit bis ins 17. Jahrhundert hinein.[15]

Schließlich ließen es sich die zunehmend akademisch gebildeten Prediger und Pfarrer nicht entgehen, auch auf der Kanzel im Namen der reinen Lehre

Kontroversen zwischen den Konfessionen auszutragen. Auf Kosten der gemeinsamen christlichen Lehre wurden dabei immer wieder die Unterschiede hervorgehoben und die Gegner denunziert. Dies war eine gängige Praxis bei Lutheranern, Katholiken und Calvinisten. Gerade in Gegenden, wo, wie in manchen Reichsstädten, verschiedene Bekenntnisse koexistieren mußten, hörten die massiven Streitigkeiten auch außerhalb der Kirche nicht auf, so daß die Stadträte mildernd eingreifen mußten.[16]

Zweifellos war das Publikum mit der Argumentation in diesen intellektuellen ‚Duellen' überfordert, doch gerade der Wettkampfcharakter der Kontroverspredigt stärkte andererseits das konfessionelle Bewußtsein. Früh wurde freilich beklagt, daß darüber die Auslegung der Schrift, die eigentliche evangelische Botschaft, zu kurz kam. Nichtsdestotrotz waren viele dieser orthodoxen Streittheologen zugleich aufrechte, fromme Männer, die mit ihrem Leben Zeugnis ablegten für ihren Glauben. Wenn man bedenkt, daß zudem die Schulen in gleicher Weise das konfessionelle Bewußtsein der Gemeindemitglieder förderten, dann wird verständlich, warum die Gräben bereits um 1600 so tief waren, daß Angleichungen und Änderungen nur noch durch herrschaftliche Eingriffe möglich waren. Die im 16. und 17. Jahrhundert produzierten Feindbilder wirkten mindestens bis ins 19. Jahrhundert hinein nach.

Ohne Zweifel ging es den Reformatoren und evangelischen Predigern vorrangig um die Restituierung der wahren christlichen Lehre. Doch bald wurde auch die religiöse Praxis auf eine neue Grundlage gestellt. Dieser Prozeß vollzog sich in den protestantischen Kirchen sehr unterschiedlich – nur zögernd ging die Entwicklung im Luthertum voran, am radikalsten im Calvinismus, was auch mit der theologischen Bewertung der guten Werke zusammenhing –, aber zu Ende des 16. Jahrhunderts gab es keine religiöse Gemeinschaft mehr, die nicht auch die kirchliche Frömmigkeit und darüber hinaus das alltägliche Leben ihrer Mitglieder an die christliche Lehre binden wollte.[17] Überall sollten christliche Maßstäbe das gesamte Leben bestimmen, was wiederum den Konfessionalisierungsprozeß erheblich beschleunigte. Es gab hie und da auch Sittengerichte, die die Kirchenzucht überwachten.

Die Kirchenzucht sei – so heißt es bei W. Zepper, „Von der christlichen Disziplin" (1596) – dazu „nutz und notwendig, damit die Kirche Gottes in ein recht völlig wesen, stand und reformation gestelt, und deroselbigen ihre gebürliche ehr, zierd, schmuck und herligkeit dermassen wider gegeben werde, daß sie recht florirn und blüen möge. Dann gleich wie der gantze geistliche baw der Kirchen Gottes auf zweyen hauptseulen stehet, nemlich der reinen unverfälschten lehr des worts Gottes, und gotseligem Christlichem leben und wandel: Also ist es an deme, wenn gleich die lehr rein und lauter geprediget, und die heiligen Sacrament, als sigel, zeugnussen und versicherungen der verheissungen des worts, nach der eynsatzung Christi unverfelscht außgespendet werden: die Disciplin aber oder Kirchenzucht, als welche beneben der lehr auch auf das leben und wandel sihet, unbestelt ist, und also sünde, laster und ärgernus im schwang gehen, und geduldet werden: daß als dann die Kirche Gottes nur halb bestelt ist, ja dieselbige ihres rechten besten schmucks, zierd und kleides beraubt ist."[18]

Vor einem institutionalisierten Sittengericht schreckten die Lutheraner immer zurück, wenngleich auch ihnen bewußt war, daß die normalen Visitationen und Ermahnungen nicht ausreichten. Eine wirksam durchgeführte Sittenzucht gab es mehr oder weniger nur in reformierten bzw. calvinistischen Kreisen, sie bezog sich allerdings ausschließlich auf die Gemeinde selbst. Es ging bei der Kirchenzucht um die Reinerhaltung der Abendmahlsgemeinde, von der Sünder ausgeschlossen werden mußten. Zwar betrachtete die weltliche Obrigkeit die Sittengerichtsbarkeit der Kirche als den verlängerten Arm ihrer eigenen Polizeigewalt, dennoch bestand sie unabhängig vom Staat und verstand sich als ‚Sündenzucht'.

30. Joh. Saubert, Zuchtbüchlein der Evangelischen Kirchen, 1633

Wie weitreichend die Kompetenz der Sittenrichter gehen konnte, zeigt ein ‚christliches Mandat' der Stadt Bern vom 6. Januar 1587: „Die chorrichter söllend nit allein befälche haben, uff die eesachen zeachten, sonders in gmeyn ob allen unseren christlicher disciplin, gmeyner zucht und erbarkeyt satzungen mit höchstem flyß und ernst zehalten und die uberträtter derselbigen, es syend wyb oder manns personen, zebeschicken, zu rechtfertigen und nach lut der satzungen und mandaten zestraffen, als da sind gottslesterer, sägner, tüffelsschweerer, mutwillige versumer und verachter der predigen deß heiligen göttlichen worts und heiligen sacramenten, ungehorsamme der elteren, hurer, eebrächer, kuppler, trunckne lüt, tänzer, offentliche wucherer, spiler, unnütze müßiggänger, die so uppige kleyder tragend, uff kilchweyhnen louffend, in mummeryen und faßnacht butzen wyß umblouffend, faßnacht füwr machend, nächtliche unfugen anrichtend oder spaat in zächen biß in die nacht verharrend, liederliche winckelwirt und was sonst derglychen mer ergerlicher lütten sind, die christenlicher zucht und erbarkeit zuwider handlend."[19]

Ohne Frage haben die kirchenpolizeilichen Verfügungen nicht den Erfolg gehabt, den sich die Geistlichkeit erwünschte, doch zur Stärkung und Verinnerlichung kirchlich-christlicher Lebensvorstellungen haben sie allemal beigetragen. Zumeist erfolgte auch eine individuelle Beratung und ‚Seelsorge', die sich erheblich von der weltlichen Sanktionsgewalt bzw. der Strafpraxis der Zeit unterschied. Wenn der Vergleich zwischen den Protokollen vor 1600 mit denen zu Beginn des 18. Jahrhunderts die Entwicklung einigermaßen realistisch wiedergibt, so haben die Gemeindemitglieder zwar ihre ‚unsittlichen' Gewohnheiten kaum aufgegeben, aber eine über den regelmäßigen Kirchenbesuch vermittelte Vorstellung christlicher Lebensführung aufgenommen, die nicht nur im ‚äußeren' Glauben an die wahre Lehre, sondern in der Akzeptanz eines arbeitsamen, mäßigen und einfältigen Lebensstils für alle gründete.[20]

Die ihm eigene Entschiedenheit hatte der Konfessionalisierungsprozeß vor allem durch die Wiedererstarkung des Katholizismus erhalten. Nicht allein der Protestantismus stellte das Christentum auf eine neue Grundlage, auch die katholische Kirche reformierte sich.[21]

Die ‚neue' katholische Macht läßt sich freilich nicht allein auf das Trienter Konzil und seine Beschlüsse zurückführen, sosehr die tridentinische Theologie den Rahmen für den (Barock-)Katholizismus absteckte. Wir wissen, wie schwierig die Dekrete des Tridentinums durchzusetzen waren und daß manche Länder sie gar nicht annahmen. Der Aufbruch speiste sich aus einem Bündel anderer Interessen und Bewegungen, aus der neuen Spiritualität, den neuen Orden, der päpstlichen Selbstdarstellung und aus herrschaftlich-absolutistischen Wünschen. Die Neuformierung katholischer Kultur wurde als eine ‚Gegenreformation' begriffen. Insofern sie gegen den Vormarsch der

Reformation gerichtet war, stimmt dieser Begriff, insofern damit aber nur die innerkirchliche, aus eigenen Kräften entsprungene Reform thematisiert wurde, ist besser von katholischer Reformbewegung zu sprechen, wenn dabei gleichwohl das spezifische Phänomen der Konfessionalisierung auch der katholischen Kirche aus dem Blick gerät.[22]

Reformation und Gegenreformation im Gebiet des heutigen Baden-Württemberg

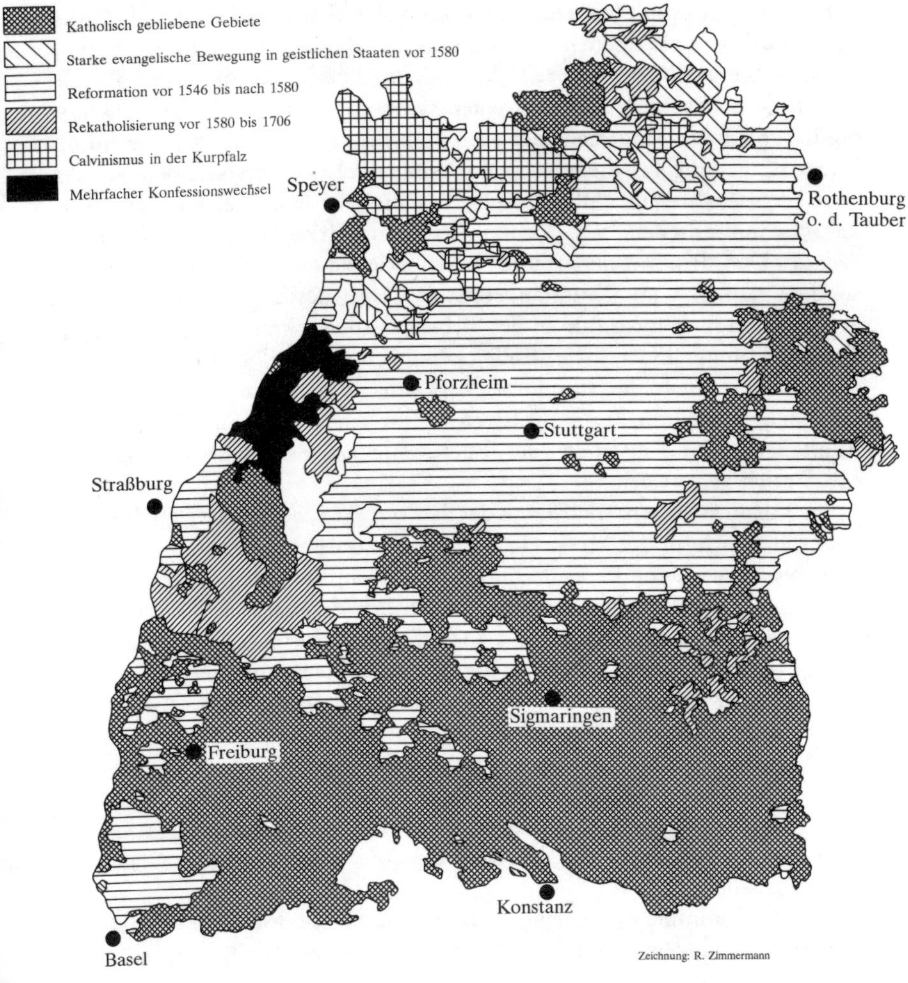

Das Trienter Konzil „hat sich stets das Ziel vor Augen gestellt, die Irrtümer auszurotten und die Reinheit des Evangeliums in der Kirche zu bewahren".[23] Es formulierte damit nicht den ganzen katholischen Glauben neu, sondern nur das, was von Lutheranern und Reformierten bestritten wurde, sagte also nichts über die Trinität, das Geheimnis der Inkarnation und die Auferstehung Christi aus. Drei Themenkomplexe standen ganz im Vordergrund. Erstens ging es um das Verhältnis von Schrift und Überlieferung, deren Relevanz nicht bezweifelt wurde. Zweitens klärte das Konzil die katholische Rechtfertigungslehre. „Bei den Erwachsenen muß der Anfang der Rechtfertigung von der zuvorkommenden Gnade Gottes durch Christus Jesus ausgehen, d. i. von seinem Ruf, durch den sie ohne irgendein eigenes vorliegendes Verdienst gerufen werden. So werden sie, die durch Sünden von Gott abgewandt waren, durch seine weckende und helfende Gnade bereitet, sich ihrer eigenen Rechtfertigung zuzuwenden in freier Zustimmung zu dieser Gnade und freier Mitwirkung mit ihr. Bei dieser Berührung, in der Gott das Herz der Menschen trifft durch das Licht des Heiligen Geistes, bleibt also einerseits der Mensch nicht ganz untätig, denn er nimmt ja jene Eingebung auf, die er auch ablehnen könnte; andererseits kann er sich doch nicht aus freiem Willen heraus ohne die Gnade Gottes zur Gerechtigkeit vor ihm erheben."[24] Gesichert bleiben der ‚freie Wille' und die ‚guten Werke'. Den dritten Schwerpunkt bildete die Sakramentenlehre, die ja besonders radikal vom Protestantismus in Frage gestellt worden war. Das Tridentinum hielt nicht nur an der Siebenzahl der Sakramente fest – also an Taufe, Firmung, Eucharistie, Buße, Letzte Ölung, Weihe und Ehe –, sondern betonte auch die autonome Wirksamkeit der Sakramente, d. h. die Unabhängigkeit von der subjektiven Befindlichkeit des Spenders wie des Empfängers. Im Sakrament der Eucharistie ist Jesus Christus real und substantiell gegenwärtig.

Im Glaubensbekenntnis des Konzils von 1564 heißt es: „Ich bekenne ferner, daß Gott in der Messe ein wahres, eigentliches und sühnendes Opfer dargebracht wird für Lebende und Tote, daß im heiligsten Sakrament der Eucharistie wahrhaft, wirklich und wesentlich der Leib und das Blut zugleich mit der Seele und der Gottheit unseres Herrn Jesus Christus gegenwärtig ist, daß eine Wandlung der ganzen Brotsubstanz in den Leib und der ganzen Weinsubstanz in das Blut sich vollzieht."[25] Damit betont die Kirche ihren vollen Glauben an die Transsubstantiation. Dem Konzil folgte zur Absicherung des Glaubens schon 1561 der römische Katechismus, 1564 ein Index der verbotenen Bücher und 1570 das Missale Romanum als Grundlage der Meßfeier. Den Abschluß bildete 1622 die Kongregation der Propaganda Fide, durch die sich Rom die oberste Kontrolle der Glaubenslehre vorbehielt.

Das Tridentinum setzte neue Akzente, die für die Entwicklung des Katholizismus von entscheidender Bedeutung wurden. Einmal erfolgte eine

31. Konzil von Trient. Anonymes Gedächtnisbild, 1711

starke Zentralisierung und Normierung des kirchlichen Lebens und der Glaubenspraxis auf Kosten regionaler Besonderheiten. Zum anderen konzentrierte sich die ganze Kraft auf die Seelsorge, d. h. auf eine Missionierung der Bevölkerung, um nun endlich alle katholischen Christen zu erreichen und sie der ‚Gnade der Kirche' teilhaftig werden zu lassen. Schließlich kam es bei aller Stärkung kollektiven Bewußtseins zu einer beträchtlichen Subjektivierung des Glaubens, die nicht allein durch die neue Erbauungsliteratur gefördert wurde. Die Einführung der Ohrenbeichte sowie das abverlangte öffentliche Glaubensbekenntnis bei der Firmung forcierten einerseits eine subjektive Aneignung der Glaubensinhalte, andererseits ein Bewußtsein für Gewissensentscheidung und Sündhaftigkeit des eigenen Handelns.[26]

Wer den nachtridentinischen Katholizismus nach den Reformintentionen des Konzils, der Reformbischöfe oder dem Engagement der neuen Orden bewertet, verkennt die konkrete Lage und die Vielschichtigkeit des ‚Barockkatholizismus', unabhängig davon, daß die Reformen erst seit Beginn des 17. Jahrhunderts zu greifen begannen. Die Diskrepanz zwischen Anspruch und Wirklichkeit bestimmte – wie im Protestantismus – die ganze ‚frühabsolutistische' Phase.

Den ‚Barockkatholizismus' kennzeichnet einmal der ausgeprägte Gegensatz zwischen klerikaler Hochkirche und Volkskirche, der dadurch verschärft wurde, daß der Klerus seine Macht eher ausbaute als zurücknahm. Laien spielten keine Rolle. Zwischen dem ‚religiösen' Leben eines Bischofs und dem eines kleinen Bauern gab es kaum Verbindendes, so ähnlich ihre Gebete auch sein mochten. Am deutlichsten sichtbar wird die Hierarchie in den barocken Bauten; Klöster nahmen z. B. schloßähnlichen Charakter an. Außerdem lebte der ‚neue' Katholizismus in einem deutlichen Widerspruch zwischen rationalem Erklärungs- und Disziplinierungsanspruch und ‚irrationalen' Glaubenspraktiken, die nicht nur toleriert, sondern gefördert wurden. Eine rationale Ordnung war wie eine gigantische Kulisse vor der Welt abergläubisch ‚wilder' Glaubenspraktiken aufgerichtet worden und verlieh dem Katholizismus den Anschein einer Einheitlichkeit, die er in Wirklichkeit nicht besaß. Die neue Theologie, die Dekrete und der neue Katechismus verkörperten einen rationalen Entwurf, den Versuch, das Leben religiös-rational zu gestalten, was aber ein gleichzeitig intensives Wiederaufleben von Wunder- und Aberglauben nicht ausschloß; Heiligen- und Marienkulte blühten. Weiterhin kennzeichnet den Katholizismus der frühmodernen Gesellschaft ein ambivalentes Verhältnis von Askese und Weltzugewandtheit, das nicht auf die Ebene des höheren Klerus beschränkt blieb, sondern auch das einfache Volk betraf. Strenges Fasten und fröhliche Kirchweihen sowie Wallfahrten stehen nebeneinander. Dem widersprechen weder der Trend zur Sakralisierung der Welt – z. B. die religiöse Umgestaltung profanen Brauchtums –, noch die Bemühungen, sakrale Räume und Handlungen von weltlichen Aspekten und Interessen zu reinigen. Schließlich bestimmt die nachtridentinische Epoche ein Spannungsverhältnis von katholischer Einheit und Vielfalt in den religiösen Praktiken. Die Einheit begründete dabei weniger das Papsttum als die geschlossene Liturgie und Theologie, die jedoch eine Vielzahl heterogener religiöser Kulte und Aktivitäten tolerierte, dabei auch solche, deren Kirchlichkeit nicht streng bestimmt ist.[27]

Sosehr auch ein Katholik sein inneres Leben disziplinieren und moralisch bessern sollte – die Visitationen erstrecken sich auch auf diesen Bereich –, machten ihn doch im Unterschied zum Protestanten vor allem praktische Glaubenshandlungen zum Mitglied seiner Konfession: die sonntägliche Messe, die Teilnahme an Prozessionen und Wallfahrten, die Verehrung von Heiligen und der Jungfrau Maria, das Rosenkranzgebet oder die Litanei. Dies waren Praktiken, die auf jeden Fall nach außen sichtbar waren bzw. nach außen wirken sollten, wobei es auf die innere Gesinnung und das moralische Leben nicht so sehr ankam.[28]

Der frühneuzeitliche Katholizismus, der entscheidend aus einem gegenreformatorischen, humanistisch-reformerischen Geist des späten 16. Jahrhunderts gespeist wurde, unterschied sich grundlegend vom spätmittelalterlichen Katholizismus, er war ebenso ‚modern' wie der Protestantismus, wenngleich von ihm weniger Impulse für die ‚Moderne' ausgingen. Er leistete seinen Beitrag zur Stärkung kollektiver Identität und stabilisierte Länder und Territorien, ebenso förderte er Individualisierungsprozesse. Schließlich trug er zur Bildungsrevolution bei, da Bildung und Erziehung auch für ihn ein zentrales Mittel zur Verbesserung des Christentums darstellten. Wenn dennoch der Katholizismus zur Entstehung der modernen Welt weniger beigetragen hat als der Protestantismus, dann liegt dies am schwächeren kritischen Potential und an der fehlenden Flexibilität der kirchlichen Hierarchie und Lehre, auf Neuerungen zu reagieren und den Laien religiöse Entscheidungskompetenzen zu gewähren. Doch vielleicht gilt dies nur für den deutschen Raum.

2. Die Erziehung des christlichen Menschen

Die Verwirklichung der Reformation und der Aufbau einer neuen Kirche bei Protestanten wie Katholiken stieß auf beträchtliche Probleme. Die Visitationen hatten schon früh offengelegt, wie ‚unordentlich' die Zustände waren, wie schlecht der Klerikerstand ausgebildet war, wie mangelhaft die Bevölkerung seelsorgerisch betreut wurde und wie ‚unchristlich' das Kirchenvolk lebte. Nicht nur die innerkirchlichen Zustände zu bessern, sondern darüber hinaus die Gesellschaft zu verchristlichen, war eine der großen Herausforderungen für alle Konfessionskirchen zu Ende des 16. Jahrhunderts wie auch für humanistische und schwärmerische Kreise, die durch die Utopie einer christlichen Gesellschaft bekannt wurden.[1] Einig waren sich alle darüber, daß dieses Ziel durch die Erziehung einer entschieden christlichen Elite, unter der zumeist die Kleriker verstanden wurden, erreicht werden sollte. Als Mittel dienten Kult und Predigt, der Katechismusunterricht wie die Lehre einer christlichen Philosophie, vor allem eine wohldurchdachte Seelsorge und die Institutionalisierung individueller Selbstkontrolle. Dieser Plan war letztlich von einem pessimistischen Weltbild getragen, waren es doch der Unglaube und die Leidenschaften, der

Teufel und der Aberglaube, die die Menschen gefangenhielten und die nur durch Erziehung und Disziplin überwunden werden konnten. Das Ideal des christlichen Menschen verkörperte nicht mehr der Mönch des Mittelalters, der außerhalb der Welt in der vita contemplativa lebt, sondern der aktive asketische Christ, der sich der Welt bewußt stellt, ihre Sinnlichkeit und Verführung überwindet und sie reformiert. Es war nicht das Streben nach einer besseren, glücklicheren Welt, sondern das Ideal eines mehr oder weniger puritanischen christlichen Lebens, das das ständische Menschenbild bis weit in die Aufklärungszeit hinein dynamisiert hat.

Die Idee dazu entstammte der Reformation, frühe Modelle finden wir in täuferischen und calvinistischen Kreisen, aber mit großer Macht und Kraft setzte sich erst der Jesuitenorden als die eigentliche Streitmacht der erneuerten katholischen Kirche für eine fundamentale Verchristlichung ein.

Die Gesellschaft Jesu wurde der entscheidende Träger der päpstlichen Gegenreformation und katholischen Reform und hat bis zu ihrer Aufhebung 1773 die konfessionelle Kultur der frühen Neuzeit wesentlich geprägt.[2] Von den alten Orden unterscheidet sich der Jesuitenorden nicht nur durch seinen strikten Gehorsam gegenüber dem Papst, sondern ebenso dadurch, daß er kein kontemplatives Klosterleben kennt und dadurch überall eingesetzt werden kann, um durch Seelsorge und Erziehung die Christianisierung und Missionierung der Welt zu betreiben. Sein Ideal ist dementsprechend kein abgeschiedenes Mönchsleben, sondern der engagierte Kampf für Gott in der Welt nach dem Motto: Der Mensch soll so handeln, als ob alles von ihm allein abhinge und soll zugleich in der Erwartung sein, daß alles von Gott allein komme. Durch Selbstüberwindung stellt der Jesuit sich in die Nachfolge Christi, durch ‚Abtötung' seines Ichs strebt er persönliche Vollkommenheit an, die aber keinen Selbstzweck darstellt, sondern allein der Ehre Gottes in der Welt dient. Die geistlichen Übungen des Ignatius von Loyola bilden die spirituellen Grundlagen des Ordens[3] und geben zugleich seine kirchliche Gesinnung wieder.

„1. Indem wir jedes eigene Urteil beiseite setzen, müssen wir unseren Geist bereit und willig halten, in allem der wahren Braut Christi unseres Herrn zu gehorchen, die da ist unsere heilige Mutter, die hierarchische Kirche.

2. Man empfehle die vor dem Priester abgelegte Beichte und den Empfang des allerheiligsten Sakramentes einmal im Jahre und noch viel mehr, wenn dies alle Monate geschieht...

3. Man empfehle die häufige Anhörung der heiligen Messe sowie die Gesänge, die Psalmen und langen Gebete in und außerhalb der Kirche, ebenso die zur bestimmten Zeit für jeden Gottesdienst und für jede Andacht angeordneten Stunden wie auch alle kirchlichen Tageszeiten...

6. Man schätze wert die Reliquien der Heiligen, indem man ihnen Vereh-

rung erzeigt und an die Heiligen Gebete richtet. Man lobe den Besuch der Stationskirchen, die Wallfahrten, die Ablässe, die Jubiläen, die Kreuzzugsbullen und das Anzünden von Kerzen in den Kirchen.

7. Man lobe die Verordnungen der Kirche in bezug auf die Fast- und Abstinenztage, wie in der Fastenzeit, an den Quatembertagen, an den Vigilien, am Freitag und am Samstag, ebenso die Bußwerke und zwar nicht nur die inneren, sondern auch die äußeren.

8. Man lobe Kirchenschmuck mit Kirchenbauten; desgleichen die Bilder und die Verehrung derselben mit Rücksicht auf das, was sie darstellen.

9. Man lobe endlich alle Gebote der Kirche und sei stets bereit, Gründe zu deren Verteidigung aufzusuchen, keineswegs aber zu ihrer Bekämpfung."[4]

Dank großer Förderung durch die Päpste, vor allem aber durch katholische Landesfürsten, fand der Orden rasche Ausbreitung. 1563 gab es bereits 3500 Jesuiten in 130 Häusern. Ihre Konvikte und Kollegien gründeten sie in Städten, eines der zentralen deutschen Kollegien entstand in München und wurde mit dem dortigen Hof verbunden: „Das Jesuiterische Collegium belangend, hat solches eine überaus große Weitin, daß der Größe halber wol ein König Hof halten kundte, mit unterschiedlich großen Höfen und Garten, groß und kleinen Zimmern in starker Anzahl, hübschen Refectoriis, Speißstuben, Schulen, Sälen, und mit Tafeln geziert, darin die Jugend alle Tag Meß, bisweilen auch Predigt höret." Es soll nach dem Eskorial in Spanien das „fürnembste Collegium in ganz Europa" sein.[5] Die Nähe zum Fürsten brachte den Jesuiten beträchtliches Prestige, zugleich aber auch die Abhängigkeit von absolutistischen Machtinteressen.

Die Bedeutung der Jesuiten gründet vorrangig in der Erziehung und Ausbildung einer katholischen Elite, vor allem des künftigen Klerus; die Unterrichtung des einfachen Volkes überließen sie anderen Orden. Sie errichteten neben ihren Konvikten ebenso aufwendige Bauten für Gymnasien und Lyzeen, in denen ein moderner leistungsorientierter Unterricht erfolgte und die Schüler in strenger Zucht auf ihre künftigen Aufgaben in der staatlichen Verwaltung oder in kirchlichen Ämtern vorbereitet wurden.[6] Hinzu kam der Aufbau eigener Universitäten bzw. Übernahme und Kontrolle der theologischen und philosophischen Fakultäten bestehender Universitäten. Mit dem in Rom unter ihrer Leitung stehenden Collegium Germanicum übten sie bald ein Monopol schlechthin über die Theologenausbildung in allen katholischen Ländern aus und verstanden, auf diesem Weg der Expansion lutherisch-protestantischer Lehre Einhalt zu gebieten.

Die Lehrgrundlage bildete zwar der neue Thomismus, aber die Gesellschaft Jesu war für späthumanistische Strömungen (Lipsius) ebenso offen wie für die modernen Naturwissenschaften, auf deren Gebiet sie Beträchtliches leistete. In der Lehre vertraten die Jesuiten somit einen Eklektizismus. Jedenfalls zeigte der Orden sich trotz aller individuellen Askese aufgeschlossen für moderne wissenschaftliche Entwicklungen, solange sie sich einiger-

32. a. Was ist der inhalt des ersten gebots: Du solt nit fremde götter haben? – b. Was ist die mainung des andern gebots: Du solt Gottes namen nit vergeblich führen? – c. Was erfordert das dritt gebot? Du solt den sabbath heiligen – d. Was gebeut das viert gebot: Du solt vatter und mutter ehren? – e. Was ist der inhalt des fünfften gebots: Du solt nit toeden? – f. Was verbeut das sechste gebott? Du solt nit ehebrechen? – g. Was beschleust das sibende gebot: Du solt nit stelen? – h. Was ist die maynung des achten gebots: Du solt kein falsche zeugenuß geben wider deinen nechsten? – i. Was ist der inhalt des zwayen letzten gebot: Du solt nit begeren deines nechsten hauß, weib, noch alles, was sein ist?
Aus: Katechismus von P. Canisius (1560)

maßen mit der katholischen Lehre und Frömmigkeit in Einklang bringen ließen. 1564 heißt es: „Das Studium der Wissenschaften, das nicht mit Frömmigkeit gepaart ist, nützt nicht bloß nichts, sondern schadet sogar sehr viel. Darum bringen über die christliche Gesellschaft diejenigen das größte Unheil, welche die Wissenschaft von der Frömmigkeit, die Beredsamkeit von der Weisheit, die Philosophie von der Sittenlehre lostrennen. Um so mehr wird unser Streben darauf gerichtet sein, daß wir, wie es treuen Lehrern der christlichen Jugend geziemt, alle Mühe, allen Eifer und Fleiß auf die Erhaltung der reinen Glaubenslehre und Erziehung zu lauteren Sitten, auf die Vereinigung von Wissen und Tugend, auf die gleichzeitige Empfehlung und Förderung der göttlichen und der menschlichen Wissenschaft verwenden."[7]

Das zweite Aktionsfeld bildete die Seelsorge, sie diente ebenso der Glaubensverkündigung wie der Herausbildung einer disziplinierten katholischen Frömmigkeit und ihrer Unterstellung unter den römischen Alleingeltungsanspruch. Diesem seelsorgerischen Engagement ist der große Erfolg der Jesuitenmission in den außereuropäischen Ländern zu verdanken. Im Unterschied zur Weltgeistlichkeit und auch zu den alten Orden nahmen die Jesuiten die Seelsorge sehr ernst. Da das Überleben der katholischen Kirche vom bewußten Bekenntnis ihrer Gläubigen abhing, kam es auf jeden Gläubigen an; es ging also nicht mehr allein um Verwaltung der kirchlichen Heilsgüter, sondern um das bewußte und gezielte Gewinnen der Seelen. Dazu diente einmal die Predigt. Ihre besondere Aufmerksamkeit galt den oberen Ständen und dem Adel, die sie unter ihren Einfluß zu bringen versuchten. Dies geschah etwa durch die neugeschaffenen Institutionen des Hofpredigers und des Beichtvaters, die dem Herrscher auch in allen wichtigen politischen Angelegenheiten zur Seite standen.[8] Damit steuerten die Jesuiten maßgeblich die Konfessionspolitik der frühneuzeitlichen Fürsten. Außerdem setzten sie sich energisch für einen neuen Sakramentenkult ein. Sie inszenierten eine eindrucksvolle Eucharistieverehrung und förderten die regelmäßige Beichte, in der sie das geeignetste Mittel zur Beeinflussung und Stärkung des Glaubens erkannten. Es ging dabei nicht mehr allein um die einfache Absolution, sondern um bewußte Kontrolle und Seelenführung des ‚Beichtkindes'. Allein der aktive Glaube zählte, dies hatte es in der katholischen Praxis bisher nicht gegeben. Nicht zuletzt versuchten die Jesuiten, die Marienverehrung wieder zu beleben, ihr diente u. a. die Gründung der Marianischen Kongregation, der bald die meisten katholischen Jugendlichen angehörten. Ebenso propagierten sie die Verehrung der Heiligen, allerdings auf der Grundlage einer historisch-kritischen Überprüfung, die alle Legenden tilgen sollte und nur einwandfrei beweisbare Heiligenviten akzeptierte. Diesem Bemühen diente das große wissenschaftliche Unternehmen der Acta Sanctorum, die 1773 50 Foliobände umfaßten und noch heute als Grundlage historischer Heiligenforschung gelten. Schließlich setzten die Jesuiten auch alle theatralischen und künstlerischen Mittel zur Stärkung des katholischen Glaubensbewußtseins und zur Absetzung vom Protestantismus ein. Das Hochamt wurde zur demonstrativen Schau und zum bedeutenden musikalischen Erlebnis.

Den schlichten Kirchenraum zierte ein ‚gereinigter' Heiligenhimmel mit eindrucksvollen Kunstwerken, deren Sinnlichkeit sich stark von der Nüchternheit protestantischer Gotteshäuser absetzte. Große Wirkung übte zeitweise auch das Jesuitentheater aus. Es entwickelte sich aus dem klassischen Schultheater, das die Jesuiten geradezu zum Erziehungsprogramm erhoben, wurde aber dann zur öffentlichen Schaubühne katholischer Rechtgläubigkeit und Spiritualität. Alle visuellen, akustischen und gelehrten Mittel wurden zur ‚Rück'-Gewinnung der Seelen herangezogen.[9]

Die katholische Propaganda, der überwältigende Ausbau des jesuitischen Schulsystems wie der große seelsorgerische Einsatz auf der Kanzel und im Beichtstuhl zeitigten bald große Erfolge, selbst strenge Protestanten zollten den Jesuiten Anerkennung. Aber neben der Bewunderung wurden auch Kritik und Furcht vor ihrem steigenden öffentlichen Einfluß laut, nicht nur von Seiten der Protestanten, sondern auch jener Katholiken, die das Bildungsmonopol der Jesuiten ablehnten; bekannt ist die Auseinandersetzung mit dem Jansenismus. Doch das hinderte selbst Jesuitengegner nicht daran, ihre Kinder auf Jesuitenschulen zu schicken.

Ein Schweizer Calvinist, der in Dillingen zwei Jahre „nicht ohne befriedigenden Fortschritt" rhetorische, logische und philosophische Studien betrieben hatte, bekannte später: „Dort ist nicht zu fürchten, daß die Jünglinge vom Pesthauche des Lasters angesteckt und verdorben werden, denn scharfe, strenge Zucht hält sie alle im Zaum. Keinem wird Geld in den Händen gelassen, keiner darf aus dem Kollegium hinausgehen, keinem wird unnützen und unnötigen Aufwand zu treiben gestattet. Köstliche Kleider zu tragen ist verboten, damit nicht durch dieses Beispiel auch andere zur Eitelkeit gereizt und die Eltern durch die Verschwendung der Söhne auf unbillige Art sich einzuschränken genötigt werden. Die Lehrart, die Emsigkeit und den Fleiß dieser Männer muß ich loben und billigen; ich würde aber dennoch keinem Reformierten raten, seine Kinder zu ihrer Ausbildung dorthin zu senden, denn stets arbeitet man mit allen Kräften dahin, den Jünglingen papistischen Aberglauben und Irrtümer einzupflanzen, welche bei tiefer geschlagenen Wurzeln nur schwer ausgerottet und vertilgt werden können".[10] Die Attraktivität des Jesuitenordens ließ mit der Entkonfessionalisierung der Gesellschaft nach, vor allem formierte sich aus katholischen Reformkreisen im 18. Jahrhundert eine scharfe Gegnerschaft, so daß schließlich die Aufhebung des Ordens 1773 von Protestanten und Katholiken als Sieg der Aufklärung gefeiert wurde. Der Antijesuitismus ist ein konstitutives Merkmal der Aufklärung.[11]

33. Aus: Joh. Saubert, Emblematum Sacrorum, Schöne Geistlichen Lehr und Trost Figuren, Nürnberg 1640

Zu den stärksten Reformkräften des Protestantismus zählte der Pietismus, der sowohl die Erneuerung des Menschen anstrebte wie auf die Umgestaltung der Welt Wert legte.[12] Seine Anfänge weisen zurück auf die Frömmigkeitsbewegung der Reformorthodoxie, auf den radikalen antiorthodoxen Mystizismus der Spiritualisten sowie auf die Erfahrung des Dreißigjährigen Krieges und dessen säkularisierende Wirkung für Staat und Gesellschaft. Der Krieg wurde als Produkt der Verderbtheit der Menschen, als Zorngericht Gottes, ja insgesamt als ein Versagen der reformatorischen Bewegung verstanden. Die große Friedenssehnsucht des Pietismus und seine Verurteilung aller gewaltsamen Auseinandersetzungen vor allem zwischen den Konfessionen haben hier ihre Ursache.

Der Pietismus entstand zu Ende des 17. Jahrhunderts und erlebte bis in die Mitte des 18. Jahrhunderts seine Blütezeit. Er ist aufs engste verbunden mit den Namen Spener, Francke und Zinzendorf und deren unterschiedlichen Reforminteressen und Theologien.[13] Daneben darf jedoch nicht die sehr große Zahl von evangelischen Theologen und Pfarrern vergessen werden, die pietistische Ideen verbreiteten und dabei durchaus eigene Wege gingen. Auch viele Laien, die von der Bewegung erfaßt wurden, spielten eine beträchtliche Rolle. Die theologisch gebildeten Pfarrer haben zwar den

Pietismus entscheidend geprägt, aber insgesamt handelt es sich um eine breite Laienbewegung, in der Stadtbürger wie Adlige und erstmals auch Frauen um ihre religiöse Selbstbestimmung und -entfaltung kämpften. Jedenfalls blieb der Pietismus nicht lange nur eine innerkirchliche Angelegenheit der evangelisch-lutherischen Kirche, sondern griff über in die Geschichte der Bildung aufsteigender bürgerlicher Schichten.

Der Pietismus war keine in sich geschlossene, einheitlich definierbare Bewegung. In der Frühzeit entfaltete er unterschiedliche Richtungen und Charaktere und erfuhr auch seit seinen Anfängen im 17. Jahrhundert einen beträchtlichen Wandel. Die Kernideen in religiöser Anschauung und Lehre blieben zwar lange konstant, aber ihre soziopolitische Bedeutung und soziale Anhängerschaft änderte sich beträchtlich. Solange der Pietismus gegen die lutherische Orthodoxie praktische Frömmigkeit und ein modernes Bildungsprogramm propagierte, stand er an der Spitze der dynamischen Kräfte der Frühaufklärung, sobald aber die sich ausweitende Aufklärung über die ‚Ziele' des Pietismus hinausging, wandte dieser sich von ihr ab.[14] Er wurde am Ende zu einer konservativen Bewegung, die über kurz oder lang alle frommen Gegner der Moderne sammelte. Mit diesem Wandel korrespondiert eine Veränderung in der sozialen Zusammensetzung der Pietisten. Aus einer stadtbürgerlichen Gruppierung mit starken Verbindungen zur politischen Führungsschicht wurde seit dem Ende des 18. Jahrhunderts eine kleinbürgerliche Bewegung, die dem soziokulturellen Wandlungsprozeß hilflos gegenüberstand und Ruhe und Selbstzufriedenheit in stiller Religiosität fand. Trotz aller Heterogenität und Breite theologisch-religiöser Interpretationen kennzeichnen den Pietismus vier grundlegende Merkmale, die gerade für das 18. Jahrhundert von besonderer Relevanz waren:

1. Aus der Kritik an der Amtskirche mit ihren starken Gemeindestrukturen, die dem einzelnen keine religiöse Entfaltungsmöglichkeit gab, erwuchs die Idee eines freiwilligen Zusammenschlusses in Form von Konventikeln oder religiösen Privatversammlungen, in denen an echter Erbauung interessierte Christen außerhalb der offiziellen Gottesdienste zusammenkamen. Diese collegia pietatis wurden vor allem von Spener favorisiert.[15]

„O wie würde es so viel nutzen schaffen / wann sonntags zuweilen gute freunde zusammen kämen / und an statt der gläser / karten / oder würffel / entweder ein buch vor sich nähmen / darauß zu aller erbauung etwas zu lesen / oder aus den predigten / was sie gehöret / wiederholten / und je einer / der anders etwas noch behalten hat / den andern wieder drein hülffe / daß sie nutzen aus den predigten haben möchten. Wann sie insgesambt von den göttlichen geheimnissen mit einander redeten / und der / welchem GOTT mehr gegeben hat / seine schwächere brüder darmit suchte zu unterrichten. Wo sie aber nicht gantz sich drein finden könten / einen prediger deßwegen besprächen / und ihnen die sache erläutern liessen. Ach! geschähe dieses / wie würde so wohl allerhand böses unterwegen bleiben / als insgesambt / der heilige sonntag mit grosser erbauung / und mercklichem nutzen bey allen geheiliget werden."[16]

Obwohl die Einheit der Kirche nicht verletzt werden sollte, brachte das Konventikelwesen eine Teilung in Gewohnheitschristen und Wiedergeborene. Die Erbauungsstunden standen im Zentrum des Lebens eines Pietisten, aus ihnen zog er seine religiöse Kraft und Sicherheit, die von ihm als wahrhaft christlich und moralisch anerkannte Existenz zu führen. Im Unterschied zu den Amtskirchen ging es in den Konventikeln immer nur um den einzelnen, der Leiter der Erbauungsrunde konnte ein Pfarrer oder Laie sein. Sie nannten sich alle Brüder, womit Standesgrenzen wegfielen, ohne daß die Runde allen sozialen Klassen offengestanden hätte.

2. In Abkehr von der neuen protestantischen Scholastik und Streittheologie bezogen die Pietisten sich in ihrem Glaubensinteresse ausschließlich auf die Bibel und die Auslegungen ihrer Theologien; sie lasen sie zur Erbauung, zur Klärung religiöser Fragen, und ähnlich wie die Täufer auch als Ratgeber zur konkreten Lebensbewältigung. Kirchliche Lehren und theologische Spekulationen traten in den Hintergrund. Dabei war der Gebrauch der Bibel keineswegs einheitlich, sosehr die Schrift immer als geschlossene, unmittelbare Offenbarung Gottes betrachtet wurde. Einerseits huldigte man einem naiven Biblizismus und suchte alle Handlungen an der Schrift zu orientieren, einzelne Bibelsprüche erhielten dabei lebensweisende Bedeutung.[17] Andererseits bemühte man sich, hinter der Schrift ein geschlossenes theologisches System als Kern der göttlichen Offenbarung zu rekonstruieren. Obwohl die Bibelexegese zumeist in den Händen der Pfarrer lag, nahmen Laien erstmals bewußt Anteil an der gemeinsamen Auslegung. Aus den Gesprächen über bestimmte Bibelstellen entwickelten sich religiöse Gespräche, die alle Lebensfragen umschlossen.

3. In der Verkündigung stand trotz des Bezugs auf Luther nicht mehr die allein aus Gnade gewonnene Rechtfertigung des Sünders im Mittelpunkt, sondern die Idee der Wiedergeburt, die einen umfassenden Wandel des Menschen zur Folge haben sollte.[18] Christsein war eine programmatische Aufgabe für das ganze Leben. Nicht mehr der Glaube selbst war entscheidend, sondern die Befruchtung des Lebens durch den Glauben. Die Wiedergeburt impliziert eine Aktivität Gottes gegenüber der Passivität des Menschen, ebenso eine Wiederherstellung des wahren Lebens nach der Vernichtung alles sündhaften Verderbens. Sie bedeutet eine Gesamtwende des Lebens, wobei der Durchbruch der Gnade, die „Erweckung", das fundamentale Initiationsereignis darstellte. Durch die Teilhabe an der göttlichen Natur wird der Mensch vollkommen. „Die Priester, Lehrer und Zeugen im Volk müssen so wenig als möglich übers Äußere raffinieren, am wenigsten aber die Sachen selber in eine Form und Falte legen wollen, sondern ihr Tichten und Trachten muß beständig und lediglich dahin gehen, daß Jesus Christus individualiter in den Herzen aufgerichtet, leben-

34. August Hermann Francke und Christian Thomasius in der Gründungszeit der Halleschen Universität

dig und groß werde bis zu völliger Größe. Da muß man der geistlichen Natur ihren Lauf lassen wie beim natürlichen Wachstum und ja nichts künsteln."[19] Insgesamt steht beim Pietismus nicht mehr die Gemeinde im Mittelpunkt, sondern der einzelne innere Mensch. Der religiöse Subjektivismus steht im Gegensatz zur Praxis protestantischer Glaubensverkündigung.

4. Allen pietistischen Richtungen ist ein strenger Moralismus, ja ethischer Rigorismus zu eigen. Zweifellos erfolgte er aus der strikten Anwendung der Bibel, darüber hinaus lag ihm aber auch das Bestreben zugrunde, alle Weltlichkeit im eigenen Inneren zu überwinden. Wiedergeboren konnte ja nur ein Christ sein, der Herr über seine Leidenschaften ist, eine Vorstellung, die zum Vorwurf des Hochmuts und der Heuchelei gegen die Pietisten führte. Das Asketische des Pietismus richtete sich einmal gegen die gesamte höfisch-

ständische Kultur, gegen jede Art von Verschwendung, Luxus und sinnlicher Festlichkeit. Vor allem Tanzen, Trinken und üppige Kleidung waren verpönt. Zum anderen führte der Moralismus zu einer strengen Kontrolle des eigenen Lebens, in dem alle weltlichen Aktivitäten, die keinem Heilszweck dienten, eingedämmt und auch alle unbedeutenden Handlungen wie das Eßverhalten einem genauen Disziplinierungsprogramm unterworfen werden sollten.[20] Wie in jeder rigoristischen Bewegung schloß dies nicht aus, daß aus dem strengen Puritanismus in manchen Gruppen libertinistische Formen gesellschaftlichen Umgangs erwuchsen.[21] Aber insgesamt wurde der Pietismus bekannt durch die Unterdrückung aller sinnlichen Verhaltensweisen. Dies war jedoch nicht verbunden mit einem Rückzug aus der Welt, im Gegenteil, dem Pietismus ist aus asketischem Bewußtsein heraus gleichzeitig ein Weltgestaltungswille zu eigen, der die Idee der Verchristlichung der Welt nicht nur auf das Innere der einzelnen Frommen beschränkt, sondern missionarisch alle Menschen erfassen soll. Hier gleichen sich Pietisten und Jesuiten. Die vielen sozialen Aktivitäten des Pietismus sind Ausfluß seines puritanischen Moralismus.

Der Pietismus hat trotz seines heterogenen Erscheinungsbildes und trotz der Bekämpfung und Unterdrückung zunächst durch die kirchliche Orthodoxie, später durch die Aufklärung, tiefe Spuren in der soziokulturellen Welt des 18. Jahrhunderts hinterlassen. Ohne seinen geistigen und praktischen Einfluß sind entscheidende Entwicklungen im deutschen Protestantismus, im deutschen Geistesleben sowie im Formierungsprozeß des Bürgertums nicht zu verstehen.

Obwohl der Pietismus als innerkirchlich-kritische Reformbewegung auf vielerlei Widerstand stieß, hat er doch das religiöse Leben des Protestantismus stark geprägt. Einmal hat er die Bibellektüre für weite Kreise selbstverständlich gemacht. Das Konventikelwesen schuf zwar eine kritische Distanz zur offiziellen Amtskirche, brachte aber zugleich erste Möglichkeiten, aus der verordneten Passivität herauszutreten und sich individuell zu bilden. Dann machte es jedem Christen zur Pflicht – im Halleschen Pietismus stärker als in Herrnhut –, soziale Probleme mitzulösen und sie nicht allein der Obrigkeit zu überlassen, insgesamt für eine praktische Verwirklichung des Glaubens im alltäglichen Leben zu sorgen. Vornehmste Betätigungsfelder wurden der Schulunterricht, die Einrichtung von Waisenhäusern und die Armenfürsorge.[22] Weiterhin förderten die Pietisten die Angleichung der protestantischen Konfessionen. Ihr ökumenisches Interesse war ernst gemeint, sie kannten erstmals nur ein allgemeines Christentum. Schließlich öffneten sie die Kirchen für das einfache Volk, das sie nicht länger nur als passive Zielgruppe der Verkündigung verstanden und gingen auf dessen religiöse Bedürfnisse in Unterricht und Predigt ein. So war der Pietismus nicht nur eine Bewegung frommer Laien, sondern zusehends auch des einfachen Volkes.

Nicht minder nachhaltig wirkte der Pietismus auf das deutsche Geistesleben ein, obwohl bald mit der Aufklärung eine Gegenkraft auftrat, die seinen Einfluß zurückdrängte, so vielfältige Beziehungen es zwischen den beiden Bewegungen auch gab. Besonders auffällig ist die große Zahl deutscher Intellektueller, die aus der Schule des Pietismus kamen, ihm wesentliche Anregungen verdankten, um dann allerdings durchaus eigenständige Wege zu gehen. Erinnert sei an Karl Philipp Moritz und Friedrich Schleiermacher. Von Bedeutung ist ferner der Beitrag des Pietismus zur deutschen Sprache.[23] Da er sich besonders einem ungelehrten Laienpublikum zuwandte, mußte er seine Erbauung und Lehre in einer Sprache vermitteln, die einerseits für alle verständlich war, zum anderen seine verinnerlichte Religiosität zum Ausdruck bringen konnte. Die schriftliche Hinterlassenschaft des Pietismus ist beachtlich. Zwar überzeugt nicht immer die literarische Kraft, aber schon bevor die Aufklärung eine eigene Briefkultur entwickelte, hatte der Pietismus eine facettenreiche Literatur – Briefwechsel, Tagebücher, Autobiographien und Predigten – geschaffen, die zu einem wesentlichen Bestandteil der literarischen Kultur vor allem des frühen 18. Jahrhunderts wurde. Ein Schwerpunkt lag dabei auf der individuellen und subjektiven Entwicklung, wie seine Impulse für die Entstehung der ‚normalen' Autobiographien überhaupt bekannt sind.[24] Einen besonderen Beitrag leistete er schließlich für die ‚Entdeckung' des Individuums. Zwar interessierte ihn nur die religiöse Entwicklung, aber in dem Maße, wie der Pietist begann, seine Seele zu analysieren, löste er sich langsam von der Tradition und bestimmte sich selbst nicht mehr als Objekt, sondern als Subjekt. Die Fähigkeit zur Selbstanalyse, die den Weg zur Psychologie wies, konstituierte die bürgerliche Selbstentfaltung auch als einen Selbsterziehungsprozeß.

Ebensowenig ist der Pietismus aus der Sozialisationsgeschichte des deutschen Bürgertums wegzudenken. Da er der Überzeugung war, daß die Erziehung grundlegend für die Bildung eines erweckten Christen sei, schufen die Pietisten eine vielfältige Grundausbildung, und das nicht nur, um dem einfachen Volk das Bibellesen beizubringen. Es ging nicht um gelehrt-spekulatives, sondern ausschließlich um praktisch-nützliches Wissen. In die Volks- und Realschulbewegung sind folglich viele pietistische Impulse eingegangen.[25] In der Betonung der Realien gab es zahlreiche Parallelen zum frühaufklärerischen Bildungsprogramm. Am stärksten allerdings wirkte der Pietismus mit seiner asketisch-antihöfischen Ethik auf die Moral des Bürgertums ein.

„Hiernächst ist zu merken, daß insonderheit drei Tugenden sind, welche man vor allem suchen muß, den Kindern bei noch zarten Jahren einzupflanzen, so sie anders zu einer gründlichen und beständigen Gottseligkeit sollen angeführt werden, nämlich: Liebe zur Wahrheit, Gehorsam und Fleiß. Da denn die entgegengesetzten Laster zugleich mit ebenso großem Ernst werden vermieden werden, nämlich Lügen, Eigenwille und Müßiggang. Durch

35. *Älteste Ansicht der Innenstraße und des Pädagogiums der Franckeschen Stiftungen*

die Liebe zur Wahrheit wird das Herz aufrichtig und redlich, auch frei und offen gegen jedermann, und schämt sich, mit heimlichen und falschen Tükken umzugehen. Durch den herzlichen Gehorsam wird die Herrschaft des eigenen Willens und Fürwitzes niedergelegt, und das Herz immer mehr und mehr erniedrigt und demütig gemacht, auch zu einer ungeheuchelten Bescheidenheit und Freundlichkeit angewiesen. Durch den Fleiß wird eine Beständigkeit in allen Dingen, und eine Dauerhaftigkeit erlangt, und das Gemüt frühzeitig aus der groben Unwissenheit und Unerfahrenheit herausgerissen (Francke).“[26]

Den pietistischen Kampf gegen Luxus und Verschwendung und für Fleiß und Sparsamkeit übernahm die Aufklärung, die gewissermaßen in einem Umkehrschluß die Pflichterfüllung zu einer quasi religiösen Aufgabe erhob. Gerade als Förderer bürgerlicher Tugenden fanden die Pietisten oft zumindest die indirekte Unterstützung staatlicher Kräfte. Ihr Fleiß und weltlicher Erfolg war sprichwörtlich. Weil der Pietismus nur auf die Vervollkommnung des inneren Menschen konzentriert war, zeigte er sich bei allem sozialen Engagement an der Entwicklung der politischen Welt letztlich uninteressiert. Seine Kritik am höfischen Luxus und an den Kriegen war moralisch bedingt und implizierte niemals – auch nicht in den Zeiten der

Französischen Revolution – den Willen, die politischen Verhältnisse zu ändern. Obwohl der Pietismus vieles am obrigkeitlichen Staat kritisierte, hat er die weltliche Obrigkeit als gottgegebene Ordnungsmacht stets akzeptiert.

Die tragenden Säulen der kirchlichen Reformen waren bei den Katholiken die Jesuiten und bei den Protestanten – allerdings erheblich später – die Pietisten. Bei aller Unvergleichbarkeit ihrer sozialen Strukturen, ihrer religiösen Zielsetzung und ihrer Einflußmöglichkeiten gab es doch Entsprechungen, die beide Reformgruppen als neue gesellschaftliche Kräfte mit modernen Zielsetzungen auszeichneten. Beide fühlten sich als Avantgarde des wahren Christentums und reagierten auf eine sich radikal verändernde Welt mit modernen Methoden. Gegen die beginnende Säkularisierung setzten sie eine ‚fundamentalistische' Glaubensverkündigung mit moralischen Verpflichtungen, die nicht nur für sie selbst, sondern für die ganze Christenheit verbindlich waren. Christsein bedeutete nicht mehr einfach Rückzug aus der Welt, Aufgabe des Christen – des Klerikers wie des Laien – war es vielmehr, sich durch asketische Lebensführung von aller Sündhaftigkeit und Weltlichkeit freizumachen, der Stimme des Gewissens zu folgen und in der Welt Zeugnis vom wahren Glauben abzulegen, d. h. sich den Anforderungen in Beruf und Alltag zu stellen und dadurch das Reich Gottes auf Erden zu verwirklichen. Asketische Selbstüberwindung und reformerischer Aktivismus bedingen sich dabei gegenseitig.

Jesuiten und Pietisten ging es also um Selbstheiligung und Selbstvervollkommnung durch Unterdrückung aller fleischlich-weltlichen Interessen, radikale Nachfolge Christi hieß für sie, nicht eigenen Wünschen nachzugehen, sondern das ganze Leben zur Verherrlichung und Vermehrung der Ehre Gottes einzusetzen. Dabei genügten ihnen nicht mehr nur rituelle Übungen und die Erfüllung der Zehn Gebote, sondern sie wollten darüber hinaus in Meditationen in sich gehen, Gott erfahren und ihr Gewissen schärfen. Diese religiöse Selbstbesinnung und alltägliche Selbstkontrolle dienten nicht der individuellen religiösen Entfaltung, sondern im Gegenteil der Auslöschung des eigenen Selbst, um allein Gott zu dienen. Der Einzelne zählte nur als Werkzeug Gottes. Zwar erfuhr der moderne Subjektivismus durch die Jesuiten und die Pietisten einen beträchtlichen Entwicklungsschub, fand aber zugleich auch eine eindeutige Grenze eben im Verbot der ‚Selbstliebe', die ja für alle orthodoxen Christen gerade zu den Todsünden des modernen Menschen zählte.[27]

Dieser Rückzug auf sich selbst bildete aber nur die eine Seite des ‚modernen' Christen, die andere bestand in dem Auftrag, das Reich Gottes auch nach außen aufzubauen, die Welt zu christianisieren. Selbstbewußt nannten Jesuiten und Pietisten sich Streiter Gottes. Zwar gab es auch hier strukturelle Unterschiede, aber beide elitäre Gruppierungen bekannten sich wie gesagt ausdrücklich zu einem Engagement in der Welt. Dies zeigte sich nicht nur in der globalen Ausweitung der Mission, sondern ebenso in der heimischen

Seelsorge und Ausbildung der Christen. Jesuiten wie Pietisten glaubten gleicherweise an die eingeschränkte Erziehbarkeit und Änderbarkeit des Menschen. Seelsorge und Erbauung bildeten die eine Seite, das pädagogische Engagement die andere Seite ihres Auftrags. Die Erziehung beschränkte sich nicht auf religiöse Belange, das Interesse an den ‚Realien' war sehr hoch. Jeder Christ sollte die Schöpfung kennenlernen und sie den Menschen dienstbar machen. Unter den Jesuiten und Pietisten gab es große Naturforscher.

Die neuen Reformer nahmen keine Außenseiterposition ein, sondern standen bei aller persönlichen Bescheidenheit mitten im sozial-politischen Leben. Sie bezogen ihren Lebensunterhalt aus kirchlichen Quellen und waren sich der obrigkeitlichen Unterstützung sicher, weil ihr Reformeifer herrschaftlichen Interessen nützte. Die starke obrigkeitliche Unterstützung und Privilegierung wurde als Anerkennung ihrer göttlichen Mission und Bestätigung ihres Erfolges von beiden Reformgruppen ohne Bedenken akzeptiert. Der Einfluß der Jesuiten in Bayern war beachtlich, sie beherrschten weitgehend das Bildungssystem[28] und die Verquickung des halleschen Pietismus mit Preußen beeinflußte nachhaltig dessen Staatsapparat.[29]

Sicherlich sind die Reformanstrengungen beachtlich gewesen, und nie zuvor war die Bevölkerung seelsorgerisch so gut betreut worden wie seit dem späten 16. Jahrhundert. Doch von einer durchgängigen Christianisierung der Gesellschaft, wie sie Anspruch und Ziel der Reformer war, kann nicht die Rede sein. Vor Beginn des 17. Jahrhunderts standen die Kirchen selbst noch auf keinem festen Fundament, die Klagen über gravierende Mißstände nahmen erst zu Ende des 17. Jahrhunderts ab. Es ist das Paradox der Geschichte, daß die Verkirchlichung zu einem Zeitpunkt ihren Höhepunkt erlebte, als die Aufklärung bereits die Grundfesten des Christentums und der Kirchen zu erschüttern begann.

Am weitesten und erfolgreichsten ging die Reform des Klerus und der kirchlichen Institutionen. Die Bildung eines neuen Klerikerstandes zeichnete sich um die Wende vom 16. zum 17. Jahrhundert allerdings stärker in der Stadt als auf dem Lande ab. Die Klagen über das Konkubinat der katholischen Geistlichkeit gingen mit dem ausgehenden 17. Jahrhundert zu Ende, ebenso die über die fehlende Ausbildung und Nachlässigkeit in der Ausübung von Gottesdiensten und Sakramentenspendung. Protestantische und katholische Geistliche galten im 17. Jahrhundert in Stadt und Land als ‚Intellektuelle'. Das evangelische Pfarrhaus wurde zum Vorbild und Modell evangelischer Gemeinden bzw. Familien[30], während die restaurierten Klöster das alte monastische Ideal revitalisierten.[31] Dieser Prozeß erreichte im frühen 18. Jahrhundert einen Höhepunkt.

Die Reformerfolge, die das kirchliche Leben der Gemeinden betrafen, waren vergleichsweise geringer. Ohne Zweifel gab es einige positive Ergebnisse. Der regelmäßige Kirchgang in Dörfern und Städten nahm zu, kaum jemand verzichtete auf die Taufe oder die christliche Beerdigung, und selbst die kirchliche Trauung setzte sich durch. Besonderen Anklang fand das wiederbelebte Wallfahrtswesen, insgesamt prägte die Kirche eindeutig das Gemeindeleben. Aber die Klagen über fehlende Sonntagsheiligung, über abergläubische Praktiken und über ungebührliches Verhalten in der Kirche nahmen dennoch nicht ab. Sicherlich hatte sich der Blick der Kritiker geschärft, man rügte nun, was früher nicht erwähnenswert war – unter dieser Rücksicht könnte man sogar von Erfolgen sprechen –, doch die Diskrepanz zwischen kirchlichen Normvorstellungen und realem Gemeindeleben blieb. Und obwohl die Beschwerden über absolutes Unwissen und fehlende Glaubenskenntnisse zurückgingen, zeitigte der Katechismus- und Elementarunterricht, der in den Händen der Geistlichkeit lag, nicht die erwünschten Erfolge. Welche Rolle im übrigen das religiöse Wissen im Alltagsleben der Leute spielte, wissen wir ebenso wenig wie wir die Erwartungen kennen, mit denen sie in die Kirche gingen. Es gab jedenfalls nicht nur religiöse Gründe, dem Gottesdienst beizuwohnen; man wollte sich zeigen, mit anderen Menschen sprechen.

So wenig von einer radikalen Christianisierung der Gesellschaft gesprochen werden kann, so wenig gab es, gemessen an den Reformintentionen, eine Verkirchlichung. Dennoch gingen in der Zeit vom Ende des 16. bis zu Beginn des 18. Jahrhunderts die Träume vieler Kirchenmänner in Erfüllung, wobei allerdings Unterschiede zwischen den Konfessionen nicht zu verkennen sind. Mit Rücksicht darauf, daß der Katholizismus inner- und außerhalb der Kirche abergläubisch-magischen Vorstellungen und Handlungen tolerant gegenüberstand, erreichte er eine maximale Verkirchlichung religiöser Gesinnungen und Praktiken in dieser Epoche. Die Kirche regierte in alle zentralen Lebensbereiche hinein und vermittelte in jeder Lage und Situation Sinngebungen. Autonome, von der Kirche nicht kontrollierte Bereiche gab es kaum, so oberflächlich auch manche Einbeziehung war. Geschickt verstand sie es, die unterschiedlichen Interessenlagen selbst des gemeinen Volkes anzusprechen und zu integrieren.

Anders verlief die Entwicklung in der protestantischen Kirche bzw. im protestantischen Lebensraum. Weil es hier eine striktere Trennung von religiöser und magischer Praxis, von kirchlicher und weltlicher Sphäre gab, waren einer Verkirchlichung des Glaubens und Handelns enge Grenzen gesetzt. Zwar versuchte der Protestantismus, seine Kontrollen zu verstärken, aber eine vollständige Durchsetzung seiner Interessen konnte er vor allem auf dem Land nicht erreichen. Die Möglichkeit, sich diesem Druck zu entziehen, war einfach zu groß: Was die Kirche verbot, konnte außerhalb der Kirche ohne weiteres getrieben werden.

Wieweit schließlich die Verchristlichung des alltäglichen Lebens Erfolg hatte, ist sehr schwer zu ermessen. Die Kirchen wollten im Zuge ihrer Festigung auch das moralisch-sittliche Leben ihrer Gemeinden verbessern.

Ihr Kampf galt vor allem dem maßlosen Trinken, der Gotteslästerung, dem unzüchtigen Leben und dem respektlosen Verhalten gegenüber Kirche und Obrigkeit. Um hier gegenzusteuern, setzte man Gerichte ein, führte soziale Kontrollen durch und intensivierte vorbeugend den Unterricht. Leider besitzen wir keine autobiographischen Zeugnisse über idealtypische christliche Lebensläufe, religiöse Biographien brachte nur der Pietismus hervor. Auch Visitationen geben nur begrenzt Auskunft, der Blick der Schreiber hat sich vom 16. bis zum 18. Jahrhundert grundlegend geändert. Einerseits war er liberaler geworden – die Protokolle hatten vor bestimmtem Brauchtum kapituliert –, andererseits rügten sie mit Strenge moralische Mißstände, die früher kaum erwähnt worden waren. Schließlich gibt es Schwierigkeiten, den Grad des kirchlichen Einflusses exakt abzuschätzen, weil sich für die Verbesserung sittlicher Zustände auch andere Institutionen zuständig fühlten. Doch alle Indizien weisen darauf hin, daß einmal das städtische Leben in disziplinierten Bahnen verlief, zum anderen die kirchliche Sexualmoral als offizielle Norm anerkannt wurde. Die christliche Botschaft richtete sich zwar an alle, doch die eigentliche Resonanz fand sie mehr in oberen als in unteren Ständen, damit diente sie zugleich mehr der Hierarchisierung als der Egalisierung der Gesellschaft.

Doch trotz dieser Einschränkung bleibt die Erkenntnis, daß im 17. und frühen 18. Jahrhundert die Kirche ihren größtmöglichen Einfluß ausübte. Christliche Normen waren verbreitet, alte Traditionen zurückgedrängt und aufklärerische noch nicht vorhanden, jedenfalls gab es kaum gesellschaftliche Gruppen, die nicht von der christlichen Botschaft berührt waren. Ohne ein öffentliches bzw. bewußtes Bekenntnis zu einer Kirche und ihrer Lehre konnte niemand ein öffentliches Amt ausüben. Wieweit sich gleichzeitig das Alltagsleben nach christlichen Prinzipien gestalten ließ, entzieht sich unserer Kenntnis. Aufgrund des sozialen Drucks und einer langfristigen Indoktrination kam es durchaus zu einer Verinnerlichung, zur Ausbildung eines christlichen Gewissens, eines Sündenbewußtseins und zu dem Wunsch, ‚rein' zu leben. Tiefe und Erfolg aber sind kaum zu überprüfen.

3. Aufklärung und Christentum

Bis ins 18. Jahrhundert, ins Zeitalter der Aufklärung, galt die christliche Religion trotz ihrer konfessionellen Differenzierungen letztlich unangefochten als das Deutungssystem, von der Bevölkerung angenommen, von den Herrschaften sanktioniert und von niemandem ernsthaft in Frage gestellt. Ihr Anspruch erstreckte sich nicht nur auf die eigentliche Glaubenswelt. Als Legitimationsgrundlage bzw. Welterklärungssystem begründete sie auch den Staat und das gesellschaftliche Zusammenleben und war untrennbar mit Wissenschaft und Bildung verknüpft. Zweifellos hatten bereits der Humanismus und vor allem die ‚modernen' Wissenschaften seit dem frühen 17. Jahrhundert religiöse Begründungen und christliche Legitimierungen zurückgedrängt, doch die Gesamtheit der Gesellschaft war mit Ausnahme einer kleinen Elite christlich-gläubig geblieben. Auch indifferente Leute zweifelten nicht an den Grundwahrheiten des Christentums. Selbst die großen Philosophen des 17. Jahrhunderts haben bezeichnenderweise noch immer nach Kompromissen mit dem Christentum gesucht, so daß dessen Geltungsanspruch als Ganzes letztlich uneingeschränkt fortbestand.

Dies änderte sich erstmals mit Beginn der Aufklärung. Sie brachte die erste große und folgenreiche Herausforderung für das Christentum, wenngleich ihre praktische Relevanz erst spät spürbar wurde.[1] Der unnachgiebige, sich konstant ausweitende Anspruch der kritischen Vernunft, außerhalb derer keine Wahrheit mehr anerkannt werden sollte, und die entstehende humane Moral, die alles auf das irdische Wohl des Menschen hin ausrichtete, haben das Christentum und die Kirchen, ja die Religion selbst nachhaltig berührt und beeinflußt. Dies wäre sicher nicht mit dieser Intensität erfolgt, wäre die Aufklärung nicht einerseits von staatlichen Kräften unterstützt worden, die sich ihrerseits von kirchlich-religiösen Bindungen freizumachen suchten, andererseits von den säkularen Interessen des entstehenden Bürgertums getragen worden, dessen Emanzipationswille nicht nur gegen die feudale Lebensordnung gerichtet war, sondern prinzipiell gegen alle nicht auf Vernunft und Moral begründeten Ordnungen – und damit auch gegen das bestehende Religions- und Kirchensystem.

Die Auseinandersetzung der Aufklärung mit dem Christentum, mit Kirche und Religion, war höchst intensiv und grundsätzlich, es ging nicht mehr um Wahrheit und Gültigkeit der jeweiligen Konfessionen, um einzelne Glaubenssätze und kirchliche Institutionen, sondern erstmals, wenngleich zunächst theoretisch, um den ganzen Komplex von Christentum, Kirche und Religion. Dabei wollte – wenn wir einmal einige radikale Richtungen außer acht lassen – die Aufklärung weder das Christentum noch die Kirche oder die Religion abschaffen, sosehr dies die etablierten Kirchen polemisierend behaupteten. Im Gegenteil, viele Aufklärer suchten nach neuen Verbindungen ihrer Ideen mit religiösen Lehren, erklärten die eigenen Bestrebungen für christlich und hielten die Religion insgesamt für unverzichtbar, freilich ohne länger die theologischen Inhalte voll zu akzeptieren.[2] Die z. T. ungewöhnlich scharfe Kritik, die erstmals öffentlich ausgesprochen wurde, richtete sich gegen den supranaturalen, spekulativen Charakter einer sich gegen jede rationale Begründung wehrenden Theologie, gegen magisch-abergläubische Praktiken und Glaubensvorstellungen, die die Menschen zu Dummheit und Kritiklosigkeit verdammten, und nicht zuletzt gegen die geistige Unterdrückung, die die Freiheit des Denkens zu unterbinden suchte. Nach der Reinigung von diesen Mängeln, so die Aufklärer, könnten Religion und Kirche in Verbindung mit ihren Ideen dem einzelnen wie der gesamten Gesellschaft zum Segen gereichen. Daß sich dadurch Aufgaben und Funktion von Religion und Kirche ändern mußten, war auch denen, die durchaus in der christlichen Tradition standen, nicht immer bewußt. Das Thema Christentum und Aufklärung läßt sich umfassend nur dann behandeln, wenn man beiden Seiten gerecht wird: der Aufklärung, ihrer Kritik und ihrem Programm sowie den Konfessionen, d. h. dem Protestantismus und Katholizismus und ihren Reaktionen auf die Aufklärung. Zugleich muß man bedenken, daß der aufklärerische Diskurs über Christentum, Religion und Kirche letztlich nur die lesefähigen, oberen und mittleren sozialen Schichten tangierte, sosehr einzelne kirchliche Vertreter die neue aufklärerische Botschaft auch von der Kanzel verkündeten. Die religiöse Praxis der kleinen Leute auf dem Lande wie in der Stadt berührte die aufklärerische Kritik wenig, unabhängig davon, daß sich viele Kreise nicht zuletzt unter dem Einfluß des Pietismus mächtig gegen die Relativierung religiöser Werte stemmten.

Zweifellos begründete die Aufklärung ein neues Verständnis von Religion und Christentum, das im letzten Drittel des 18. Jahrhunderts nicht nur im Protestantismus Aufnahme fand. Zumindest zeitweise vorherrschend war jedoch die aus der neuen Idee der Vernunft und Moral, vor allem der Selbstverwirklichung des Menschen erwachsene Kritik am ‚historischen' Christentum, an der Frömmigkeitspraxis und an der traditionellen Lehre der Kirchen.

Der schärfste Angriff erfolgte gegen alle Formen magisch-abergläubischer Frömmigkeit.[3] Er umfaßte sowohl die kanonisierten Formen im Katholizismus wie den Volksglauben und das Brauchtum und knüpfte dabei an die seit der Reformation nie verstummte Kritik am Aberglauben an. An ihm verurteilte die Aufklärung den Irrationalismus, der jede Aneignung neuer Denkvorstellungen unterband und damit auch soziale Änderungen behinderte. Nicht minder intensiv wandte sich die Aufklärung gegen den Wunderglauben und die barocke Frömmigkeit speziell des Katholizismus. Diese führten zur Verdummung des Volkes und raubten dem Menschen zugleich die Möglichkeit, seine Zeit für sich und die Gesellschaft nutzbringend anzuwenden, ja verleiteten geradezu zum Müßiggang. Die Reduzierung kirchlicher Feiertage und kirchlichen Brauchtums war folglich ein Ergebnis der fortschreitenden Aufklärung.[4] Gemäßigter, aber nicht weniger eindeutig wurde das Verhalten der konfessionellen Kirchen der Kritik unterzogen, allerdings stand die katholische Kirche mehr im Kreuzfeuer aufklärerischen Räsonnements als die evangelische. Die Aufklärer konzentrierten sich dabei einmal auf den weltlichen (Macht-)Anspruch der Kirchen, die profane Ordnung kirchlichen Regeln zu unterwerfen. Nicht der Staat habe der Kirche zu dienen, sondern die Kirche dem Staat. Den Anspruch auf Vorherrschaft hatten bereits die nachreformatorischen Territorialherren angemeldet, zur Realisierung kam es allerdings erst in der Aufklärung. Außerdem plädierten die Aufklärer für die Abschaffung der als parasitär bezeichneten Klöster, in denen nur Müßiggang und Dummheit herrschten und die den Menschen keinen Nutzen brächten. Sie setzten allein auf den Ausbau der Weltgeistlichkeit als der zentralen Instanz volksaufklärerischer Mission. Die Säkularisierung der Kirche zu Ende des 18. bzw. zu Beginn des 19. Jahrhunderts war eine Konsequenz des aufklärerischen Gebots der sozialen Nützlichkeit. Weiter kritisierten die Protagonisten der Aufklärung die Intoleranz und die Verfolgung Andersdenkender durch die Kirchen, die von ihrem Monopolanspruch nicht abrückten. Unfruchtbarer Streit und die Unterdrückung freier Meinungsäußerung wurden ihnen ebenso vorgeworfen. Tatsächlich gab es kaum einen engagierten Aufklärer, der nicht mit den Kirchen in Konflikt geriet; am bekanntesten ist der Streit zwischen Lessing und Goeze in Hamburg.[5] Insgesamt attackierte man die abergläubischen und intoleranten Praktiken der Kirchen, weil sie der Verwirklichung der Aufklärung im Wege standen. Die aufklärerische Kritik wurde in allen ihren Punkten bis zum Ende des Jahrhunderts zum ‚common sense'.

Weiterreichend und grundsätzlicher war die Kritik am historischen Christentum, mit der allerdings nur die oberen Stände bekannt wurden.[6] Manche Ansätze der Reformation wurden hier wieder aufgenommen. Zum einen wandte sich die Kritik gegen die Kanonisierung der kirchlichen Tradition, die als reines Menschenwerk entlarvt und als nicht wesentlich zum Christentum gehörig bezeichnet wurde; vor allem traf dieser Vorwurf die Glaubenslehre der katholischen Kirche. Nur die Botschaft der Hl. Schrift sollte gelten. Zum anderen wurde der Offenbarungscharakter der Bibel erstmals grundsätzlich in Frage gestellt, man zeigte in ihr Widersprüche auf und wollte ausschließlich ihre ethische Botschaft akzeptieren. Man beurteilte sie als von Menschen geschaffenes historisches Werk, das wie jedes andere der Kritik der Vernunft unterzogen werden müsse.[7] Die historische Bibelkritik rüttelte am Fundament aller Kirchen; die katholische konnte sich in diesem Punkt allerdings besser schützen, da sie das Prinzip der freien Auslegung ohnehin ablehnte. Mit der beginnenden Relativierung der christlichen Lehre wurde drittens die Theologie als Königin der Wissenschaften entthront, sie war eine Wissenschaft unter anderen, was auch zur Entstehung der vergleichenden Religionswissenschaft führte. Schließlich wurde das Christentum als eine das ganze Leben normativ regelnde und sinngebende Lehre relativiert. Sein Anspruch, allein die absolute Wahrheit zu verkünden und alle Menschen unter sein Diktat zu stellen, wurde zurückgewiesen. Seit der Reformation waren die historischen Erscheinungsformen der Kirche immer wieder angegriffen worden, aber mit der Aufklärung wurden Christentum, Kirche und Religion erstmals einer radikalen Vernunftkritik unterworfen. Die unmittelbaren Konsequenzen waren allerdings gering.[8]

Die Aufklärer zeigten sich keineswegs nur als radikale Kritiker, sondern verkündeten zugleich auch positive, vor allem in Deutschland neue Vorstel-

36. Predigt. Nach einem Kupferstich von Daniel Chodowiecki

lungen von Frömmigkeit, Kirche und Christentum.[9] Diese variierten freilich in ihrer Radikalität bzw. je nach der Nähe zu einer der Konfessionen. Vertreter einer ‚natürlichen' Theologie gab es nur im Bürgertum. Doch alle Idealvorstellungen kennzeichnen drei Merkmale: Die alleinige Grundlage aller religiös-kirchlichen Verkündigung sollte die Hl. Schrift sein, sie galt als Basis nicht nur der christlichen Dogmatik, sondern christlicher Ethik überhaupt, die vernünftiges Handeln begründen sollte, das nicht passiv auf ein Jenseits gerichtet ist, sondern die bessere Gestaltung des Diesseits, der Gesellschaft anstrebt. „Christlicher Glaube wird Teil einer praktischen Aufklärung." „Das Leben hier auf der Erde ... ist ein Geschenk Gottes, welches er jedem Menschen in jedem Augenblick, da Er es ihm verleihet, dazu gibt, daß es zum Nutzen der menschlichen Gesellschaft angewendet werde."[10]

Die eigentliche Praxis der Kirche sollte sich dementsprechend ausschließlich auf die sittliche Verbesserung der Menschen richten und jede Polemik und Kontroverse aufgeben. Durch Predigt und Unterricht sollte das Volk aufgeklärt, praktisch unterwiesen und in seinem sozialen Leben unterstützt werden. „Dies ist unsere Religion: die Liebe Gottes, die sich in einer allgemeinen Wohltätigkeit und Menschenliebe deutlich macht."[11]

Obwohl ein antihierarchischer Zug der Aufklärung eigen ist, will sie im Großen und Ganzen das Priestertum nicht abschaffen, sondern aus seinen Reihen Volkspädagogen und Volksaufklärer gewinnen, die eine vom Staat gesteuerte bessere Ausbildung erhalten sollten. Im elementaren Verständnis gab es etliche Berührungspunkte mit dem Pietismus, von dem die Aufklärung sich allerdings durch die grundlegend positive Einstellung zur Welt unterscheidet. Die Christlichkeit war nicht eine Lebensdimension außerhalb des irdischen Daseins, sondern die eigentliche Sphäre der aufgeklärten Welt. Diese neue Funktion der christlichen Lehre im aufgeklärten Verständnis war nicht ohne eine beträchtliche Bedeutungsverschiebung möglich, die nur ein Teil der Protestanten und Katholiken im 18. Jahrhundert nachvollziehen konnte.

Die Aufklärung im Protestantismus unterscheidet sich grundlegend von der im Katholizismus, die als eigenständige Größe in der Forschung erst spät erkannt wurde. Lange ging die Entwicklung des Protestantismus im 18. Jahrhundert konform mit der Aufklärung; vielfach war diese vor allem in Deutschland sogar ein Produkt der protestantischen Kultur. Dies lag einerseits an der gleichen Trägerschaft. Bekannte Aufklärer waren zugleich protestantische Theologen (Herder), hatten zumindest Theologie studiert oder entstammten einem protestantischen Pfarrhaus (Lessing).[12] Andererseits gründet diese Korrespondenz in der starken Orientierung an Wort und Schrift. Der Protestantismus und die Aufklärung waren vorherrschend Schriftkulturen, insofern bedeutete die Rezeption der Aufklärung im Protestantismus auch keinen so starken Einbruch wie im Katholizismus. Daran änderte auch der antiaufklärerische Akzent der lutherischen Orthodoxie wie des Pietismus nichts. Die Aufklärung verlangte vom Protestantismus keine Änderung der Glaubensgrundsätze, sondern war für ihn eine intellektuelle Herausforderung.

Kennzeichen des Protestantismus im 18. Jahrhundert sind einerseits die Auseinandersetzungen mit den großen Strömungen des Pietismus und der Aufklärung, andererseits die Herausbildung unterschiedlichster Positionen, was mit der freieren Auslegung der Schrift und der protestantischen Lehre zu tun hat. Denn im Unterschied zum Katholizismus gab es keine offiziell festgelegten Dogmen, so sehr die Orthodoxie die Lehre fixieren wollte. Die Freiheit in der Lehrverkündigung kam der kritischen Auslegung und damit der Grundlegung einer neuen aufgeklärten Theologie zugute. Die evangelische Kirche erlebte gerade in diesem Bereich eine Reihe aufsehenerregender Diskussionen, die jeweils das Problem der Aufklärung im Protestantismus thematisierten. Aus der Fülle bekannter Auseinandersetzungen seien drei Fälle hervorgehoben, die die Entwicklung der Aufklärung bzw. die Konfrontation von Christentum und Aufklärung deutlich machen: die Kontroversen um Edelmann, Reimarus und Bahrdt. Alle drei waren zwar Randfiguren des Protestantismus, offenbaren aber dessen Entwicklungsvielfalt.

1. Joh. Christian Edelmanns (1698–1767) Leben und Werk spiegeln in einmaliger Weise die intellektuelle Situation des Protestantismus um die Mitte des 18. Jahrhunderts.[13] Erzogen in einem orthodoxen Pfarrhaushalt, löst sich Edelmann während seines Theologiestudiums sukzessive von der Lehre der evangelischen Kirche, gibt sein Studium auf, wird Hauslehrer und freier Schriftsteller. Er wird mit allen Richtungen des separatistischen Pietismus bekannt, lebt in einer pietistischen Gemeinde, verläßt sie dann aber wieder, um sich unter dem Einfluß der englischen Deisten und vor allem der Lektüre Spinozas von allen kirchlichen Bindungen zu lösen und für sich selbst ein kirchenloses und vernunftreligiöses Leben anzustreben. Mit seinen Hauptschriften „Unschuldige Nachrichten" und „Moses mit aufgedecktem Angesicht" wendet er sich nicht nur gegen die bestehende Kirche und ihre religiösen Grundlagen, sondern gegen den Offenbarungscharakter der Bibel, weshalb er als Religionsspötter diffamiert wurde. Seine Schriften wurden verboten, er selbst wurde verfolgt, bis er in Preußen unter Friedrich II. Asyl fand – allerdings nur unter der Bedingung, nichts mehr zu schreiben. In seinen letzten Jahren lebte er völlig zurückgezogen, Zeitzeugen schreiben: wie ein Heiliger. Dies lag in der Konsequenz seiner Lehre. Urchristentum und Vernunftreligion setzte er in eins, den Kirchen bestritt er den Monopolanspruch auf biblische Verkündigung und sah allein in der ‚Nachfolge' Jesu das Ziel der Christen. Als Prophet der Vernunft hat Edelmann viele Kontroversen ausgelöst, aber keine Nachahmer gefunden. Obwohl seine Position nur von wenigen geteilt wurde, entspricht sie letztlich der eigentlich aufklärerischen Sicht: Jesus als Prototyp des wahren Menschen und die Hl. Schrift als Zeugnis wahren Menschentums. Spuren Edelmann'scher Theologie finden wir wieder bei Lessing, dessen christliche Aufklärung stark von Reimarus geprägt wurde.

2. Eine weitere Herausforderung stellte der Streit um das Lebenswerk des Hamburger Theologen und Philosophen Hermann Samuel Reimarus (1694–1768) dar, der durch das Eingreifen Lessings überregionale Bedeutung erlangte.[14] Bekannt wurde Reimarus' Religionskritik durch Lessing, der einige Passagen veröffentlichte und damit den sog. Fragmentenstreit auslöste, der die evangelische Kirche Norddeutschlands sehr erschütterte.[15] Reimarus lebte zunächst in Wittenberg, dann in Wismar, bis er als Professor für orientalische Sprachen am Gymnasium Johanneum in Hamburg eine Lebenszeitstelle fand. Auch er war früh von Zweifeln an der überlieferten Glaubenslehre ergriffen und wurde unter dem Einfluß der Lehre von Chr. Wolff ein Verteidiger der natürlichen Religion. Persönlich war Reimarus wie Edelmann ein frommer Mensch, der allerdings im Unterschied zu diesem Kirchenbesuch und Abendmahl beibehielt, obwohl seine theologische

Überzeugung dies nicht mehr erlaubte. Er gründete seinen Glauben auf die natürliche Vernunft und lehnte jede Offenbarung ab. Zeit seines Lebens beschäftigte er sich mit der Hl. Schrift. Sein Hauptwerk: „Apologie oder Schutzschrift für die vernünftigen Verehrer Gottes" wagte er nicht zu veröffentlichen. Mit ihm wollte er zum richtigen Verständnis der Hl. Schrift und zur Reinigung der Kirchen verhelfen. Tatsächlich aber löste er den Glauben an die biblische Offenbarung und ihre Wunder auf und erklärte die Anfänge der christlichen Religion rein vernunftmäßig. Die Konsequenz einer historisch-kritischen Untersuchung der Schrift wurde deutlich. Die christliche Heils- und Erlösungslehre sei nicht die Offenbarung Jesu, sondern eine Konstruktion der Jünger nach dessen Tod. Seine Botschaft bestand in einem einfachen, praktisch-sittlichen Aufruf, ohne Wunder und Auferstehungsglauben.

3. Edelmann und Reimarus waren ‚fromme' Männer und kritische Aufklärer zugleich, die aus ganz persönlichen Gründen Religionskritiker wurden. Eine völlig andere Figur war Karl Friedrich Bahrdt (1741–1792), eine höchst zwiespältige Persönlichkeit. Er erregte Aufsehen nicht nur wegen seines Lebenslaufs, sondern auch durch seine religiös-spöttischen Schriften.[16] Als Sohn eines orthodoxen Theologieprofessors in Leipzig machte Bahrdt schnell Karriere, lehrte als Professor in Erfurt und Gießen, wirkte auf Basedows Empfehlung als Direktor des Philanthropins Marschlin (Graubünden) und wurde 1776 sogar Generalsuperintendent in Heidesheim. Aufgrund seiner theologischen Lehre wurde er allerdings bald abgesetzt, ohne jemals wieder eine feste Stellung zu erlangen, obwohl er als Märtyrer der Aufklärung in Preußen begrüßt wurde und zeitweise in Halle lehren durfte. Er lebte von seiner Schriftstellerei, versuchte mit verschiedenen Schulprojekten Geld zu machen und starb schließlich als Weinwirt. Bahrdt ist nicht nur durch seine Theologie bekannt geworden, sondern durch seine radikal-aufklärerische Position, wie sie in seinen philanthropischen Projekten deutlich wurde, vor allem in seinem Versuch der Gründung einer Geheimgesellschaft. Diese „Deutsche Union" hat viele Aufklärer beschäftigt. Bahrdt war ein mutiger Kopf, er bekämpfte die lutherische Orthodoxie und nahm sogar eine Festungshaft in Kauf, als er das Wöllnersche Religionsedikt 1789 öffentlich verspottete. Theologisch stand er zunächst auf seiten der Orthodoxie, löste sich aber bald von ihr und wandelte sich zu einem Verfechter der ‚natürlichen' Religion. Er lehnte die biblischen Wunderberichte ab und sah in Jesus den Stifter eines geheimen Ordens. Bahrdt hat sehr viel geschrieben, u. a. auch eine populäre Bibelübersetzung veröffentlicht. Zwar konnte er die Diskussion in der Kirche nicht mitgestalten, aber als Popularphilosoph hat er große Wirkung ausgeübt.

So extreme Fälle diese Biographien auch darstellen, zeigen sie doch alle, wie leicht die evangelische Kirche durch ihre Öffnung zur Aufklärung und ihre relative Meinungsfreiheit ihre Geschlossenheit verlieren konnte. Sie gab der Aufklärung starke Impulse, verlor dafür aber an Glaubensmacht. Zwar konnte sie ihre Theologen durchaus reglementieren, aber dem waren eindeutigere Grenzen gesetzt als in der katholischen Kirche. Im Mittelpunkt aufgeklärter Theologie stand die historisch-kritische Auseinandersetzung mit den biblischen Grundlagen. Die Stimmen mehrten sich, die der Schrift den Offenbarungscharakter absprechen und sie nur noch als sittliche Botschaft sehen wollten. Dieser Trend korrespondiert mit der allgemeinen Relativierung der Glaubensinhalte und der Reduktion des Offenbarungsglaubens auf eine Ethik. In dem Maße, wie in Jesus die Gottheit geleugnet wird, gewinnt er als wahrer Mensch Vorbildcharakter.

Die Wirkung der Aufklärung im Protestantismus unterscheidet sich grundlegend von der Rolle der Aufklärung im Katholizismus. Es kam zwar nicht zu einem originären theologisch-theoretischen Beitrag katholischer Aufklärer, dafür aber traf die Aufklärung den Katholizismus in seinem kulturellen Selbstverständnis um so härter. Dennoch entwickelte sich die katholische Aufklärung zu einer innerkirchlichen Reformbewegung, die den Barockkatholizismus, der noch zu Anfang des 18. Jahrhunderts in voller Blüte stand, aus religiösen wie kulturellen Interessen überwinden wollte.[17] Die katholische Aufklärung war wesentlich getragen von Geistlichen und Beamten, also von der geistigen Elite der katholischen Länder. Ihre Zentren waren Residenz- und Universitätsstädte wie Würzburg, Mainz, Bonn, München, Salzburg und Wien. Während anfangs vor allem Klöster große Aktivitäten entfalteten, traten nach der Aufhebung des Jesuitenordens die Weltgeistlichen in den Vordergrund. Wie in protestantischen Territorien waren also gerade die Universitäten Hochburgen der intellektuellen katholischen Aufklärung. Nicht umsonst lagen weitere Mittelpunkte auch in Residenzstädten, fand sie doch von fürstlicher Seite Unterstützung und wurde von den Landesherren sogar selbstbewußt aus staatlichem Interesse gefördert. Der Josephinismus läßt sich in diesem Sinne als Produkt der katholischen Aufklärung begreifen.[18]

Die Aufklärung im katholischen Deutschland konzentrierte sich zum einen entsprechend ihrem intellektuellen Anspruch auf die Reform des ganzen Bildungswesens. Sie erfaßte das Volksschulwesen, die Gymnasien und die Universitäten, die ja lange von der katholischen Geistlichkeit bevormundet worden waren. Pragmatische Wissensvermittlung wurde gefördert und der Unterricht in deutscher Sprache forciert, womit der Vorsprung der protestantischen Länder eingeholt werden sollte. Der katholische ‚Minderwertigkeitskomplex' ist ein Produkt des 18. Jahrhunderts. Dann aber konzentrierte sich die katholische Aufklärung vor allem auf die Reform des Philosophie- und Theologiestudiums, um den künftigen aufklärerischen Geistlichen eine bessere Bildung zu vermitteln. Die Universitäten öffneten sich protestantischen Einflüssen – die Wolffsche Philosophie bildete fortan auch für die Katholiken die Grundlage der höheren Schulbildung –, biblische Theologie und Pastoraltheologie verdrängten die Scholastik, die bisher das Rückgrat jeder Theologenausbildung war. Vor allem galt es, die Kluft zwischen Priestern und dem Volk zu überwinden. Vorbildlich wurde hier Michael Sailer.[19]

Ein zweiter Bereich der Reformbestrebungen galt den traditionellen Kult- und Frömmigkeitsformen. Sie wurden zwar nicht gänzlich abgeschafft, aber doch erheblich reduziert und v. a. von abergläubischen Elementen gereinigt. Es erfolgte eine Gottesdienstreform, die Einschränkung des Wallfahrtswesens und der Heiligenkulte sowie eine Reduzierung der Feiertage.[20]

In einem bayerischen Mandat von 1785 heißt es u. a.: „Wir verbiethen sowohl in- als außer den Kirchen und Kapellen all jene Kennzeichen, wodurch (die abgeschaften Feyertäge) wieder erneuert werden (können). Unter die erste Gattung sind zum Beyspiele zu rechnen: das Läuten des Feyerabendzeichens, das Feyerabendmachen selbst, und alle öffentliche gottesdienstliche Handlungen, die an Vorabenden der noch bestehenden Sonn- und Feyertäge üblich sind; an den Tägen selbst hingegen das solenne Geläut, der feyerliche Aufputz der Kirchen und Altäre, die haltung der Hochämter, oder auch der ordinären Messen zu der an Werktägen ungewöhnlichen Zeit, Predigten, Opfergänge, Litaneyen, Rosenkränze und all andere Andachtsübungen, die nur für die Feyertäge bestimmt, und herkommlich sind... Nachdeme auch Die wahre Andacht und Frömmigkeit keineswegs darinn besteht, daß Feyertäge neuerdings gemacht, neue Bitt- oder Kreutzgänge, Wahlfarten, oder sogenannte Prozeßionen, und andere dergleichen öffentliche Andachtsübungen angestellt, hierdurch aber eine der Hauptpflichten nämlich der Arbeit, wozu der Mensch von seinem Schöpfer bestimmt ist, grossentheils vernachläßiget werde; so verbiethen Wir nicht nur alle dergleichen Unternehmungen für die Zukunft bey schwerester Strafe, sondern verordnen auch, daß es mit den sogenannten Bauern- und Handwerks- oder andern ohne landesherrliche Bewilligung bisher eingeführten, oder verlobten Feyertägen auf dem nämlichen Fuß, wie mit den übrigen abgeschaften Feyertägen gehalten werden solle."[21]

Die katholischen Frömmigkeitspraktiken waren also nicht mehr nur Gegenstand protestantisch-aufklärerischer Kritik, sondern wurden nun von den Katholiken selbst angegriffen. Unterstützung erhielt die innerkirchliche Reformbewegung von seiten der Obrigkeit, die sich davon eine Zunahme wirtschaftlicher Effektivität versprach. Die Kritik traf vor allem die Klöster als Stätten des Aberglaubens und der Pfründenwirtschaft. Abgesehen von Österreich wurden sie zwar nicht generell aufgehoben – das erfolgte in Deutschland erst zu Anfang des 19. Jahrhunderts –, aber ihr Wirkungs- und Aufgabenbereich wurde reduziert bzw. umdefiniert. Solange sie sozialen und pädagogischen Aufgaben nachkamen, fanden sie sogar Unterstützung. Da den katholischen Ländern lange noch keine Laien als Lehrer zur Verfügung standen, mußten sie immer wieder auf ihre Geistlichen zurückgreifen, die nun aber einer staatlichen Kontrolle unterworfen wurden. Dies lag im Interesse sowohl der Fürsten wie der katholischen Aufklärer, da sie nur so den aufklärerischen Auftrag garantiert sahen. Als einziger, allerdings mächtigster Orden wurde die Gesellschaft Jesu aufgehoben: nicht etwa auf Druck protestantisch-aufklärerischer Forderungen, sondern auf Betreiben katholischer Reformkräfte, die als entschiedenste Gegner der Jesuiten auftraten. Der Antijesuitismus war geradezu ein Kennzeichen der katholischen Aufklärung. Mit der Kritik am Ordensleben wurde allerdings die Frage des Zölibats nicht berührt, die Forderung nach seiner Aufhebung blieb marginal.

Bei allen kritischen Auseinandersetzungen mit Kirche, Religion und Christentum war das 18. Jahrhundert durchaus noch ein christliches, ja kirchlich-konfessionelles Jahrhundert. Es gab sicherlich einen wachsenden Indifferentismus, so klagte A. Bernd bereits 1676, daß das Räsonieren über die Religion „... nach meinem Urteil unter dem gemeinen Volk viel häufiger, als unter den Gelehrten selbst anzutreffen" sei. „Der irret sehr, der die große Indifferentisterei, da man Jüden, Türken und Heiden die Möglichkeit selig zu werden einräumet, nur bei Gelehrten und Fanaticis suchen will; ich bin unter gemeinen Leuten auferzogen worden, mit Bürgern und Bauern mehr, als mit vornehmen Leuten umgegangen; ich habe mit ihnen gegessen, getrunken, gespielet und habe ich auf nichts so genau, als auf ihre Religion, und was sie statuiren, und vor Principia hegen, Achtung gegeben; und ich bin versichert, daß unter 100 Bürgern in einer Stadt nicht einer sei, der nicht eben solche Sentiments hege, wie mein Vater."[22]

Zugleich aber entstanden auch neue religiöse Bewegungen. Jedes Dorf und jede Stadt hatte eigene Kirchen, die zumindest sonntags stark besucht waren, wenngleich der Kirchgang nicht so regelmäßig ausfiel wie von den Pfarrern gewünscht. Kirchenkritisches Verhalten war nicht identisch mit Kirchenfeindlichkeit oder gar Atheismus. Wenn einem die Predigt nicht behagte, suchte man einen anderen Gottesdienst auf, was bei der großen Auswahl von Gotteshäusern gerade in den Städten nicht schwerfiel. Unzweifelhaft entsprang der Kirchgang nicht unbedingt der Frömmigkeit, er erfüllte auch andere soziale Funktionen und Wünsche. Der sonntägliche Kirchenbesuch, die Einhaltung der Feiertage sowie der Sakramentenempfang gehörten zum ‚Lebensstil' jedes christlichen Bürgers.

Das gilt auch für das neue Bürgertum, das sich nicht nur zur Aufklärung bekannte, sondern aktiv für sie einsetzte, so wenig uns Goethe und Schiller, Lessing und Kant als Kirchgänger und gar Herder als Seelsorger und Prediger vertraut sind. Selbst unter den vielen Aufklärern gab es keinen, der seine Kinder nicht taufen ließ, den Religionsunterricht für sie ablehnte oder ohne kirchliche Trauung und Beerdigung auskam. Leider haben wir bisher zu wenig Informationen über das alltägliche religiöse Leben der Gesellschaft des 18. Jahrhunderts, vor allem das der literarischen Intelligenz, die selten aus dieser Perspektive betrachtet wurde. Es gibt kaum Zeugnisse, in denen Schriftsteller und Aufklärer über ihren Kirchgang und das religiöse Leben der Familie berichten, doch ebensowenig sprachen sie in ihrem umfangreichen Briefwechsel über das alltägliche Essen, Trinken und Feiern. Alle ihre Äußerungen sind auf außergewöhnliche Idealbilder konzentriert. Nur zwei Quellengattungen sind für unseren Zusammenhang ergiebiger: Reisebeschreibungen, in denen Katholiken über evangelische und Protestanten über katholische Gottesdienste und Frömmigkeitspraktiken berichten – erwähnt seien besonders diejenigen von Friedrich Nicolai[23] – sowie die im 18. Jahrhundert zahlreich erscheinenden Autobiographien.[24] Allein aus diesen Quellen erfahren wir etwas von der subjektiven Bedeutung religiöser Sozialisation, wie sie ja zu dieser Zeit noch gang und gäbe war. Hier wird auch die zunehmende Diskrepanz zwischen der Kirchlichkeit und privater Religiosität sichtbar.[25]

Von der religiösen Erziehung zweier aus kleinen Verhältnissen stammenden Schriftsteller berichten zwei kontroverse Erzählungen. Franz Xaver Bronner wurde zunächst Jesuit und konvertierte dann zum Protestantismus: „Meine Eltern waren beide andächtig, lehrten mich bald allerlei Formeln und taten sich manchmal etwas darauf zugute, daß ich sie so ganz, ohne anzustoßen, hersagen könnte. Freilich verstand ich nichts davon. ... So mußte ich die Morgen-, Abend- und Tischgebete laut sprechen. Doch erinnere ich mich, daß ich schon in der frühesten Jugend ein kleines Liedchen mit einiger Andacht und mit wirklich empfundenem Zutrauen, so oft ich zu Bette ging, wiederholte. Es hieß: ‚Heiliger Schutzengel mein, Laß mich dir befohlen sein usw.' Da stellte ich mir den heiligen Schutzengel als einen schönen freundlichen Jüngling vor, der mich beim rechten Arme führte. Den Teufel aber hatte man mir als ein abscheulich häßliches Ungeheuer beschrieben, das sich immer von der linken Seite mir zu nähern suche und Krallen und Zähne gegen mich hervorstrecke. ... Wir besaßen ein Büchlein voll Kupferstichen, welche das Leiden Christi vorstellten. Die Mutter erklärte uns, was wir nicht verstanden. Da kratzten wir aus christlicher Rache den Juden die Augen aus und schlugen sie mit Fäusten, daß der Tisch erzitterte. ... Im neunten Jahre sollte ich auch zum Abendmahl gehen. Mein Vater prüfte mich immer selbst, ehe ich zur Unterweisung ging, und wenn er fand, daß ich nichts gelernt hatte, so nahm er den hölzernen Präzeptor, wie er ihn nannte, einen Besenstiel, zu Hilfe. Dies zwang mir natürlicherweise die unbegreiflichsten Dogmen ohne weiteres in den Kopf. Meine Mutter nahm sich zugleich die Mühe, mich praktisch zu unterrichten, wie ich mich der Kommunionbank nähern, das geweihte Brot in den Mund fassen und mich nach dem Weggehen vom heiligen Tische verhalten sollte. Es gelang mir diesmal auch wirklich besser, ihrem Unterrichte nachzukommen, als bei der ersten Beicht. Nur eins wollte ihr nicht gefallen, nämlich als der Mesner mir den Weinbecher darbot, der sogleich nach der Kommunion herumgegeben wird, um die Hostie hinabzuspülen, schüttelte ich den Kopf vor dem Weine, wie einer, der etwas Ekelhaftes in den Mund gebracht hat. Wirklich hatte ich geglaubt, der Wein sei ein süßes, angenehmes Getränk; aber nun entdeckte ich mit Ekel, daß er nicht viel besser als Essig schmeckte."[26]

Ein völlig anderes Bild vermittelt Karl Philipp Moritz in seinem Anton Reiser.[27] Gespannt wartete Anton Reiser auf den Sonntag, an dem der Pastor predigen sollte. „Anton stand früher wie gewöhnlich auf, verrichtete seine Geschäfte und kleidete sich an. Als geläutet wurde, hatte er schon eine Art von angenehmen Vorgefühl dessen, was er nun bald hören werde. ... Als sie herein kamen, konnten sie kaum noch ein Plätzchen der Kanzel gegenüber finden. Alle Bänke, die Gänge und Chöre waren voller Menschen, welche alle einer über den andern wegzusehen strebten. Die Kirche war ein altes gotisches Gebäude mit dicken Pfeilern, die das hohe Gewölbe unterstützten, und ungeheuren langen bogichten Fenstern, deren Scheiben so bemalt waren, daß sie nur ein schwaches Licht durchschimmern ließen. So war die Kirche schon von Menschen erfüllt, ehe der Gottesdienst noch begann. Es herrschte eine feierliche Stille. Auf einmal ertönte die vollstimmige Orgel, und der ausbrechende Lobgesang einer solchen Menge von Menschen schien das Gewölbe zu erschüttern. Als der letzte Gesang zu Ende ging, waren aller Augen auf die Kanzel geheftet, und man bezeigte nicht minder Begierde, diesen fast angebeteten Prediger zu sehen, als zu hören. ... Seine Stimme war ein heller Tenor, der bei seiner Höhe eine ungewöhnliche Fülle hatte; es war der Klang eines reinen Metalls, welcher durch alle Nerven vibriert. Er sprach nach Anleitung des Evangeliums gegen Ungerechtigkeit und Unterdrückung, gegen Üppigkeit und Verschwendung; und im höchsten Feuer der Begeisterung redete er zuletzt die üppige und schwelgerische Stadt, deren Einwohner größtenteils in dieser Kirche versammlet waren, mit Namen an; deckte ihre Sünden und Verbrechen auf; erinnerte sie an die Zeiten des Krieges, an die Belagerung der Stadt, an die allgemeine Gefahr zurück, wo die Not alle gleich machte, und brüderliche Eintracht herrschte; wo den üppigen Einwohnern, statt ihrer jetzo unter der Last der Schüsseln seufzenden Tische, Hunger und Teuerung, statt ihrer Armbänder und Geschmeide, Fesseln drohten. – Anton glaubte einen der Propheten zu hören, der im heiligen Eifer das Volk Israel strafte, und die Stadt Jerusalem wegen ihrer Verbrechen schalt. ... Anton ging aus der Kirche nach Hause und sagte zu August kein Wort; aber er dachte von nun an, wo er ging und stund, nichts als den Pastor P. ... Von diesem träumete er des Nachts, und sprach von ihm bei Tage; sein Bild, seine Miene, und jede seiner Bewegungen hatten sich tief in Antons Seele eingeprägt."[28]

Die Aufklärung hat zwar nicht die Gegensätze zwischen Katholizismus und Protestantismus gemindert – geschweige denn aufgehoben –, aber eine Annäherung erreicht, insofern nach langer Zeit Katholiken und Protestanten wieder miteinander zu reden begannen und sogar gemeinsam mit einigen Juden über ihre Glaubensunterschiede hinweg gemeinsame aufklärerisch-praktische Interessen vertraten.[29] Es gab über die konfessionelle Einbindung hinaus erstmals vereinende Interessen an Literatur, Musik usw. einerseits, an Gesellschaftsreform und dem Ausbau des ökonomischen Austausches andererseits, die konstant zunahmen. Beispielhaft ist die Kooperation in den Aufklärungsgesellschaften oder das Zusammenwirken aufklärerischer Kräfte im geistlichen Kurfürstentum Mainz.[30] Gleichzeitig rückten die beiden Konfessionen in öffentlichen Belangen auch deshalb zusammen, weil der säkulare, aufgeklärte Staat den Kirchen keine Sonderrechte mehr zubilligte. Die konfessionelle Polemik und der konfessionelle Gegensatz, die bis weit ins 18. Jahrhundert hinein den Alltag bestimmten, wurden verdrängt durch eine gemeinsame Frontstellung gegen die Säkularisierung des Staates, damit vor allem gegen die öffentlich geförderte liberale Gesinnung, der die christliche Botschaft entgegengestellt wurde.

IV. Volksbildung und Neues Wissen

37. Kinder bei der Hausaufgabe. Kupferstich von Johann M. Mettenleiter, 18. Jahrhundert

1. Alphabetisierung und Volksbildung

Der Bildungsstand einer Gesellschaft wird gewöhnlich entweder am Grad der Alphabetisierung oder am Ausbau des Schulwesens gemessen. Schreiben- und Lesenkönnen zählen zu den Voraussetzungen für die Teilnahme an der öffentlichen Kultur einer Gesellschaft, das Niveau der Befähigung bleibt zumeist ungeprüft. Die gängige, auch ‚populäre' Bildungsgeschichte orientiert sich dementsprechend mehr oder weniger an der Geschichte des Schulsystems, vor allem an der des Volksschulwesens oder an der Alphabetisierung einer Gesellschaft. Ein weiterer Zugang eröffnet sich derzeit durch eine Lesergeschichte; sie fragt nicht mehr nur nach der literarischen Produktion, sondern auch danach, wie und was gelesen wurde. Allenthalben werden Schrift und Buch zum zentralen Kriterium des Bildungsstandes erklärt. Zweifellos ist dies legitim, doch darüber darf nicht vergessen werden, daß uns auf diesem Weg nur ein Ausschnitt aus der Geschichte der frühneuzeitlichen Volksbildung vermittelt wird, denn wesentliche Bereiche dieser Gesellschaft funktionierten ohne jede Schriftlichkeit und Buchproduktion. Das meiste zum alltäglichen Leben nötige Wissen erwarb man in dieser Zeit noch außerhalb der Institution Schule, ja selbst Lesen und Schreiben konnte man ohne sie lernen. In schulischer Hinsicht mag das Volk ungebildet gewesen sein, gleichwohl aber ist mit den Kategorien der studierten Aufklärer der allgemeine Bildungsstand der frühen Neuzeit nicht zu erfassen.

Ebensowenig läßt er sich aus dem Alphabetisierungsgrad ableiten, unabhängig davon, daß die Alphabetisierung ohnehin nur die Voraussetzung ist, um an der Schriftkultur zu partizipieren. Mit der Leistung einer Unterschrift ist noch wenig darüber gesagt, ob die betreffende Person wirklich schreiben konnte bzw. das Schreiben als eine besondere Befähigung begriff, mit der sich neue Lebenschancen eröffneten. Es gab nicht wenige Menschen, die wegen ihrer Kenntnisse bewundert wurden und eine besondere soziale Rolle spielten, ohne schreiben zu können. Die Fähigkeit, sich schriftlich äußern zu können, sagt auch kaum etwas über literarisches Wissen aus; dasselbe gilt schließlich vom Bücherbesitz. Aus den erhaltenen Bücher- und Nachlaßverzeichnissen leitet man allzu rasch entsprechende Bücherkenntnis und eine bestimmte Lektüre ab. Doch der Wissens- und Bildungsstand ist aus einem Verzeichnis allein nicht zu gewinnen, weil wir oft nicht wissen, wie der einzelne zu diesen Büchern kam und ob er sie überhaupt gelesen hat.[1]

Damit wird die Bedeutung von schulischer Bildung, Alphabetisierung und Buchlektüre, die in der frühen Neuzeit ungewöhnlich zunahmen, nicht unterschätzt, aber in seiner Bedeutung für die Alltagswelt muß das institutionalisierte Bildungssystem neu bewertet werden.

Lange, ja bis weit ins 20. Jahrhundert hinein, war das Wissen der meisten

Menschen mündlich tradiert, was nicht heißt, daß sie nicht lesen und schreiben konnten und literarische Kenntnisse keine Rolle spielten. Im Gegenteil, das Wissen, in das jemand ‚hineinwuchs' oder das er sich durch Erfahrungen aneignete und mit dem er auskommen mußte, war durchsetzt vom schriftlich Fixierten; mündliche und schriftliche Traditionen sind nicht voneinander zu trennen. Über die alltäglich verfügbaren Kenntnisse der Frauen und Männer wissen wir freilich wenig. Die spärlichen Hinweise aus Protokollen, Reisebeschreibungen, Visitationsberichten und Autobiographien reichen m. E. jedoch aus, um in Umrissen das mündliche Kommunikationssystem in der frühen Neuzeit zu rekonstruieren.[2]

Wenn wir die relativ kleine Gruppe außer acht lassen, die aufgrund ihres Amtes oder Berufes über gelehrtes Wissen verfügen mußte und in der Bildung zum Status zählte, erwarb in der frühen Neuzeit die ländliche und städtische Bevölkerung zumeist ihr praktisch-moralisches Wissen noch mündlich, entweder durch die Eltern oder die Lehrmeister bzw. die Arbeitsgemeinschaft vermittelt. „Wir arme Landbewohner, in einsamen, rauhen toggenburgischen Gebürgen, wo uns selten ein Strahl von auswärtigen Neuigkeiten erreicht, müssen uns dann freylich mit unserer Wißbegier auf das einschränken, was uns alle Tage umgibt, auf die Witterung, Fruchtbarkeit unserer Täler und Felshügel, gesunden und ungesunden Zeitläuften u. w. d. g. mehr ist", notierte Ulrich Bräker, der „Arme Mann im Tockenburg" 1791 in sein Tagebuch.[3] Eine berufsbezogene schulische Ausbildung für Bauern und Handwerker gab es erst im 19. Jahrhundert; in früheren Zeiten befaßte sich der Schulunterricht noch nicht mit dem Problem des Berufs- und Alltagslebens.

Das Wissen des einfachen Volkes war nicht weniger komplex als das der Gelehrten.[4] In vollem Umfang läßt es sich nur im Kontext der verschiedenen Arbeitswelten beschreiben. Ein Bauer mußte wissen, wann er säen und ernten konnte, wie der Boden zu bearbeiten war, er mußte mit seinem Vieh umgehen und es richtig ernähren können. Alle Techniken des Ackerbaus und der Viehzucht mußte er beherrschen, machte er Fehler, so litt das ganze Haus darunter. Ebenso kundig war die Bäuerin, die zudem oft gezwungen war, die Arbeiten des Mannes mit zu übernehmen. Auch die einfachste Haushaltsführung bedurfte vieler mühsam erworbener Kenntnisse. Hinzu kam die Erziehung der Kinder und ihre Pflege in den zahllosen Krankheitsfällen. Ähnlich kompliziert und umfassend waren die Kenntnisse, die ein Handwerker im Laufe seines Lebens gesammelt hat. Er mußte sein Werkstück qualifiziert herstellen, es gewinnbringend verkaufen und dabei seine Gesellen zur Arbeit motivieren. Ein Haus solide zu errichten, war nicht leicht, und einen fahrtüchtigen Wagen zu bauen ein Kunstwerk. Manche Handwerker erwarben sich geradezu ein Expertenwissen, die Kunst des Alten Handwerks ist weithin bekannt. Dabei waren Können und Wissen kein statisches, gleichbleibend überliefertes, immer wieder in derselben

Form angewandtes, praktisches Wissen. Wenn die Bauern sich den veränderlichen Natur- oder Marktgegebenheiten anzupassen hatten, so mußten sich die Handwerker darüber hinaus nach dem Geschmack der Zeit richten. Sie lebten nicht isoliert, sondern reagierten sensibel auf jede Veränderung. Das durch Schule oder Bücher vermittelte Wissen wurde ansatzweise erst im 18. Jahrhundert relevant.[5] Zwar gaben Hausväterliteratur und entsprechende Handwerksbücher schon seit dem 16. Jahrhundert reichliche Anregungen, sie wurden aber kaum zur Kenntnis genommen. Allein Kalenderblätter waren verbreitet. Selbst wenn Handwerker und Bauern lesen konnten, lasen sie kaum berufsbezogene Literatur. Was einer nicht wußte oder kannte, das erfuhr er von Experten, die es in jedem Dorf und in jeder Stadt gab.

Das einfache Volk verfügte auch über eine breite moralisch-soziale Kompetenz. Das betraf einmal die Regeln des Zusammenlebens im Dorf, in der Stadt oder in der Zunft, die nur selten schriftlich fixiert wurden. Was von einem Hausvater sozial erwartet wurde, war ebenso bekannt wie die Aufgaben eines Schultheißen. Das Dorf kam mehr oder weniger ohne jede Schriftlichkeit aus; anders war es in der Stadt, aber selbst dort wurden Verordnungen und Mandate vorgelesen. Jede Obrigkeit rechnete mit dem guten Gedächtnis ihrer Untertanen – und das war in der Regel auch beachtlich, wie wir vor allem aus den Auseinandersetzungen einfacher Leute mit ihren Herrschaften wissen.

Kenntnisse von Rechtsverhältnissen und -beziehungen hatten ‚Ungebildete' ebenso wie Gelehrte. Eine Dorfgemeinde wußte sich so gegen Übergriffe zu wehren, eine Zunft ihr politisches Gewicht in der Stadt zu verteidigen, ohne dafür Archivrecherchen vornehmen oder schriftliche Rechtsgrundsätze studieren zu müssen. Wenn es zu Schriftwechseln kam, nahm man die Hilfe von ‚Schreiberlingen' in Anspruch; aber der entscheidende Klärungsprozeß vollzog sich zumeist in der mündlichen Auseinandersetzung.[6] So schnell ließen sich die gemeinen Leute nicht übertölpeln, sie wußten, welche Rechte sie besaßen und wie sie sie zu ihren Gunsten ‚auslegten'. Dasselbe gilt auch für die moralischen Normen. Den Unterschied zwischen ehrenhaft und unehrenhaft kannte das Volk genauso wie den zwischen Recht und Unrecht, gut und böse – und das nicht nur durch die moralischen Belehrungen der Kirche, so bedeutsam ihre Rolle in dieser Hinsicht auch war. Das Moralsystem in der Volkskultur deckte sich nicht mit dem der Kirche, war aber nicht weniger subtil und ein Produkt bewährter Tradition.

In diesen komplexen, alltagsrelevanten Wissensbestand der traditionalen Gesellschaft wuchs die Jugend mit Hilfe der älteren Menschen regelrecht hinein, eine vermittelnde Rolle spielten zudem Rituale und Erzählungen. Einblick in die Lebensregeln von Dörflern und Städtern bieten u. a. die

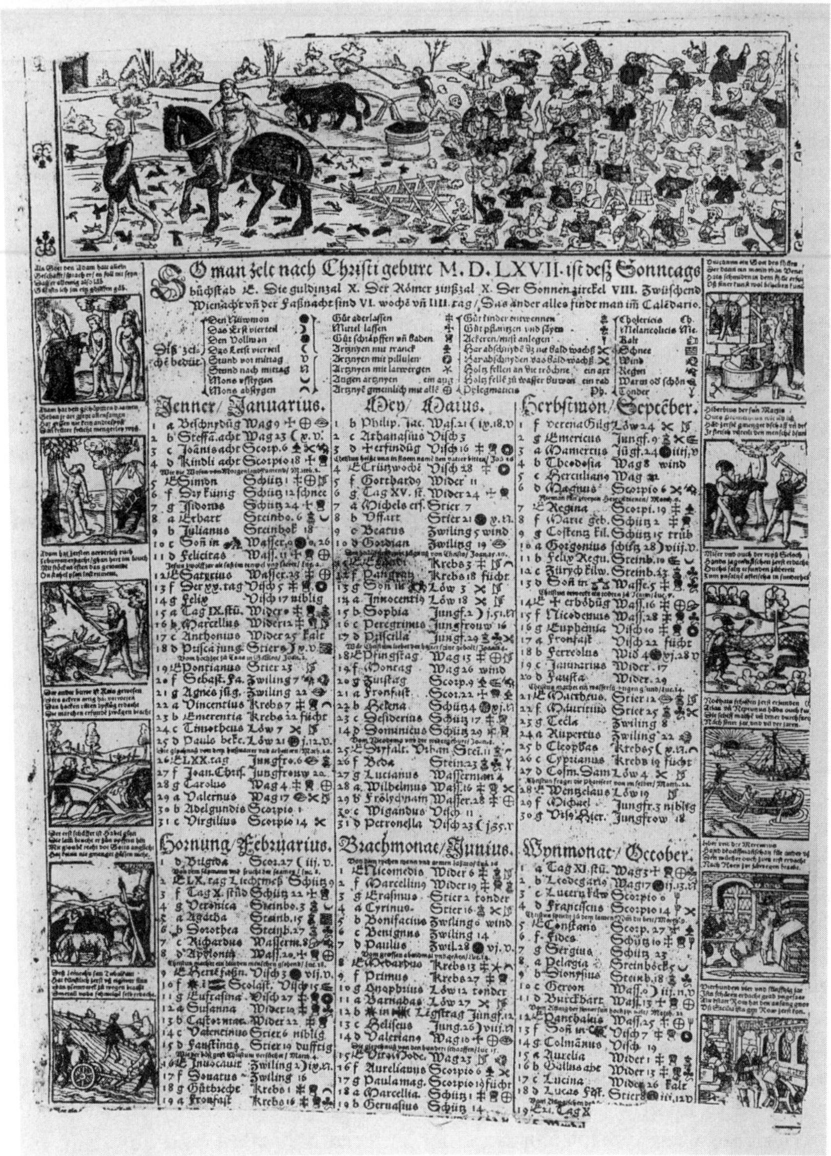

38. Einblattkalender von 1567

zahlreichen Sprichwörter, deren Niederschrift und Auswahl wir allerdings zumeist den Gelehrten verdanken.[7]

Es gab aber nicht nur ein breit gefächertes Wissen, das in die alltägliche Arbeit einging und den sozialen Lebenszusammenhang stabilisierte, sondern auch eines über Sinnzusammenhänge, das ausschließlich mündlich tradiert wurde. Darüber wissen wir bisher wenig, weil unser Interesse an theoretischer Erklärung sich ausschließlich an schriftkundigen Philosophen und Literaten orientiert. Vieles greifen wir als Aberglauben entsprechend den Verhaltensmustern auf, die uns aus der kirchlichen oder aufklärerischen Denuntiation überliefert sind. Vor allem betraf dies das Wissen von der Natur. Es mußten Krankheiten erkannt und geheilt, Unheil und Unwetter begreiflich gemacht werden. Hier gab es Berührungen mit den vermittelten kirchlichen Glaubensvorstellungen, die Erklärungen anboten, von denen aber nur wenige angenommen wurden. Zur Interpretation populären Wissens und Glaubens bieten sich nicht nur Texte aus Gerichtsverhandlungen und Erzählungen an, sondern auch die Überlieferung ritueller Praktiken.[8]

Zur Volksbildung gehört das Erzählgut. Anlässe, um Geschichten und Erlebnisse zu erzählen, gab es immer wieder. An langen Abenden vor allem im Winter wurde im häuslichen Kreis oder in Wirtshäusern erzählt. Ein besonderer Treffpunkt war die Spinnstube.[9] Während bei der täglichen Arbeit wohl wenig geredet wurde, bestanden bei den vielen Gängen und Wanderungen Möglichkeiten dazu. Nicht wenige Eltern unterhielten ihre Kinder mit Geschichten. Besonderes Gehör fanden die Fremden, unter ihnen regelrechte Wandererzähler – weil sie von anderen Ländern, Menschen und Sitten berichten konnten. Nicht zuletzt war auch der Jahrmarkt mit seinen Schaustellern eine ‚Nachrichtenbörse', auf der Dörfler und Städter begierig neuen und exotischen Geschichten lauschten. Besonderer Beliebtheit erfreuten sich, soweit wir sehen können, Erzählungen und Geschichten über Hexen, Gespenster, Teufel und Ungeheuer, hinzu kamen Schwank- und Wundergeschichten.[10] Einen Kanon populärer Erzählstoffe gab es nicht. Das, was in den bekannten Literaturgeschichten unter Volkserzählungen aufgeführt wird, waren nicht unbedingt populäre Geschichten, wie sie auch wirklich erzählt wurden, sondern literarische Fiktionen und Überarbeitungen.[11] Die Mixtur aus mündlicher und schriftlicher Tradition, aus Erzählungen Fremder und Predigten gelehrter Pfarrer ist kaum voneinander zu trennen.

Berichte über die Erzählpraxis der unteren Schichten sind aus dem 16. und 17. Jahrhundert nur vereinzelt zu finden; reichlicher fließen die Quellen im 18. Jahrhundert. Beispielsweise berichtete Fr. X. Bronner: „Oft erzählte uns der Vater vor dem Schlafengehen allerlei Geschichten von wilden Tieren, Gaunern im Walde, der wilden Jagd und dergl. Da waren wir ganz Ohr. ... Wir hatten unter uns das Gesetz gemacht, daß jede Nacht ein andrer, wenn wir zu Bette gegangen wären, so lange erzählen sollte, bis er merken würde, daß die übrigen beiden schliefen. Eifrig studierte also jeder auf eine lange Geschichte, und wenn sie nicht lang genug war, so suchte er sie mit allen Umständen auszumalen, daß sie lang würde. Wenn einer wenig oder nichts Gefallendes zu erzählen wußte, so hatte es nichts zu bedeuten; er machte uns bald lange Weile, und wir schliefen auch bald ein. Aber die Kunst bestand darin, so zu erzählen, daß die andern keine Lust bekamen, einzuschlafen und die Phantasie recht lange in lebhaftem Spiel zu halten. Wir setzten ordentlich eine Ehre darein, dieses Ziel am besten zu erreichen. Unsre Wißbegierde war dadurch unvermerkt zu einem hohen Grade aufgeregt, und wir baten jedermann, er möchte uns doch etwas erzählen. ... Unser Hang zu abenteuerlichen Erzählungen erhielt eine vorzügliche Nahrung im Winter. Da versammelten sich nachts die Nachbarsleute mit den Spinnrocken in unserer Stube und plauderten gar zu gern von Gespenstern, Hexen, Zauberern, Truten, Poltergeistern, weißen Frauen, versunkenen Schlössern, gefundenen Schätzen, Alraunen, vom Unsichtbar- und Festmachen und dergl. Aufmerksam saß ich hinter dem Ofen in meinem Winkelchen und wollte durchaus nicht zu Bette, obschon ich gar oft auf der Bank einschlief, wenn das Gespräch für mich nicht interessant genug war; oft getraute ich mir auch nicht mehr allein hinauszugehen, weil mich die Erzählungen von Gespenstern usw. sehr furchtsam gemacht hatten."[12]

Diese Erzähltradition führte beim gemeinen Volk eine eigene Existenz, niemand fand daran etwas Abstoßendes, nicht einmal die moralisierende Kirche. Selbst die ‚hohe' Literatur übernahm diesen Habitus. Erst unter dem Wirken der Volksaufklärung setzte ein langsamer Wandel ein. Sie, die sich die Erziehung des Volkes zum Ziele gesetzt hatte, kritisierte den beschränkten Wissensstand und die derbe Sprache. Das Erzählen würde nicht nur den Aberglauben verbreiten helfen, sondern auch die Menschen ängstlich machen. Gegen die „bisherigen unsinnigen, abgeschmackten, abergläubischen und schmutzigen Histörchen, Lieder, Eulenspiegel, Traumdeutungen, etc."[13] propagierten die Volksaufklärer Geschichten, die zu Religiosität, Sittlichkeit und vernünftigem Leben ermutigten. Vor allem aber empfahlen sie eine ‚gute Lektüre'.[14]

Das populäre Erzählgut unterschied sich je nach Region und Konfession sehr stark. Nicht zu vergessen ist auch, daß die Leute in ihrer Mundart sprachen und erzählten, auch wenn bestimmte Stoffe und Themen in schriftlicher, d. h. hochdeutscher Form übermittelt wurden.

Wenngleich Pfarrer stets darüber klagten, daß ihre Gemeindemitglieder die elementaren christlichen Grundideen nicht kannten, besaß das gemeine Volk aufgrund der konstanten Präsenz der Kirche doch ein religiöses Wissen, das durchaus fundiert und auch im Alltagsleben relevant war.[15] Durch den seit der Reformationszeit relativ streng gehandhabten Katechismusunterricht auch bei Katholiken – weitere lehrhafte Unterweisungen vor der Konfirmation und vor der Trauung kamen hinzu –, waren die Grundkenntnisse des christlichen Glaubens weit verbreitet, vor allem wußten die Leute im allgemeinen, wodurch sich die Konfessionen lehrmäßig unterschieden. Unzweifelhaft erfolgte die Unterrichtung bei Täufern und Pietisten intensiver, aber auch die ‚normalen' Protestanten und Katholiken waren nicht ahnungslos. Leider wissen wir über die populäre Glaubensrezeption wenig, wissen z. B. nicht, welche Glaubensgrundsätze unmittelbar einleuchteten und welche nicht. Beträchtliche Schwierigkeiten gab es offensichtlich vor allem bei der Lehre von der Menschwerdung Christi und der Jungfrauengeburt. Daran entzündete sich aus verständlichen Gründen nicht selten ein populärer Skeptizismus und ein durchaus verbreiteter Unglaube. Die erhaltenen Zeugnisse weisen auch und gerade in diesen Fällen darauf hin, daß selbst die Leseunkundigen sich ihre Gedanken machten.

Eine zweite entscheidende wissensvermittelnde Instanz für beide Konfessionen stellte die Predigt dar. Zumeist wurde für unsere heutigen Vorstellungen sehr lange gepredigt. Sicherlich ist es auch in diesem Fall nicht leicht zu rekonstruieren, was der einzelne Gläubige erfuhr, verstehen konnte und behielt bzw. weitererzählte, denn die zahlreichen gedruckten Predigten wurden nicht öffentlich gehalten, sondern waren eher als Muster für angehende Theologen und Pfarrer gedacht.[16] Alle Indizien weisen darauf hin, daß in der Predigt auch die religiöse Unterweisung und moralische Erbauung eine Rolle spielten, aber biblische Geschichten und Wunderberichte standen im Mittelpunkt. Selbst der Protestant erfuhr den Inhalt der Bibel primär nicht durch eigene Lektüre, sondern durch die allsonntägliche Predigt.

Religiöses Wissen wurde vor allem durch die Kirchen und ihre Pfarrer vermittelt, einige Kenntnisse erhielt der einzelne aber auch von Eltern und Verwandten. Denn wir können davon ausgehen, daß es nicht nur im Pietismus zahlreiche Laien gab, die sich in der Bibel und im christlichen Glauben gut auskannten.

Insgesamt verfügte also selbst das gemeine Volk ohne Schulausbildung über ein beträchtliches Wissen, das für seine alltäglichen Geschäfte und Berufstätigkeiten nötig war und das es entweder zu Hause, auf dem Markt oder in der Kirche erworben hatte. Das reichte zumeist, um im Leben zurecht zu kommen. Aus praktischen Erwägungen gab es wenig Anlaß, eine Schule zu besuchen und Lesen und Schreiben zu lernen, und deshalb existierte auch kein Grund, sich mit der seit jeher hoch entwickelten Schriftkultur auseinanderzusetzen. Insofern bedarf die Alphabetisierungskampagne der Kirchen und der Obrigkeiten sowie der regelrechte Aufbau des Schulwesens einer besonderen Erklärung.

Wir messen den Bildungsstand einer Gesellschaft heute nicht am Stand des allgemeinen Alltagswissens, sondern an der Leistungsfähigkeit des Schulsystems und vor allem am Grad der Alphabetisierung; sie gelten auch als Voraussetzung für Modernisierung und Demokratisierung.[17] Wie problematisch dies aber ist, wurde bereits erwähnt. Man denke nur daran, daß der Industrialisierungsprozeß im hoch entwickelten England nicht mit einer besonders starken Alphabetisierung korrespondierte, und umgekehrt, daß das als reines Agrarland industriell unterentwickelte Preußen im 19. Jahrhundert das dichteste Volksschulnetz besaß bzw. am konsequentesten die allgemeine Schulpflicht durchsetzte. Die Modernisierung (vor allem die Demokratisierung) waren also nicht unmittelbar abhängig von der Alphabetisierung.

Wenngleich also die Folgen der Alphabetisierung nicht überschätzt werden dürfen, so ist sie doch ein bedeutsamer Indikator der Literalität einer Gesellschaft und bleibt damit eine wichtige Voraussetzung der Modernisierung. Da viele Menschen in der frühen Neuzeit außerhalb der Schule Lesen und Schreiben lernten und auch die bloße Existenz schulischer Institutionen noch keine gesicherten Rückschlüsse auf solche Fähigkeiten zulassen, muß nun zunächst die Frage nach dem ‚wirklichen' Grad der Alphabetisierung gestellt werden. Den Alphabetisierungsprozeß einer Gesellschaft in der frühen Neuzeit vor allem auch quantitativ näher zu erfassen, hat sich besonders die englische und die französische Forschung zur Aufgabe gemacht; inzwischen ist in Deutschland ein ähnliches Interesse an der Alphabetisierungs- und Lesergeschichte zu beobachten.[18] Aufschluß über die Schreibbefähigung geben allgemein Visitations- und Konsistorialakten sowie besonders Testamente und Heiratsakten. Quantifizierbare Quellen auf einer breiten empirischen Basis liegen erst für das 19. Jahrhundert vor, dennoch lassen sich für die frühe Neuzeit wenigstens halbwegs gesicherte Statistiken erstellen.

Die Lesefähigkeit ging in der Regel dem Schreiben voraus. Es gab nicht wenige Frauen und Männer, die durchaus in der Lage waren zu lesen, sogar Bücher zu lesen, ohne daß sie ihren Namen richtig, geschweige denn einen Brief schreiben konnten. Umgekehrt wird es kaum jemanden gegeben haben, der schreiben, aber nicht lesen konnte.

Selbst lesen zu können war, so sehr dies immer von allen Seiten gefordert wurde und als gebildet galt, eine ambivalente Angelegenheit.[19] Einerseits konnte sich der Einzelne dadurch z. B. die evangelische Lehre besser aneignen oder obrigkeitliche Verordnungen ohne Hilfe studieren, wodurch Herrschaftspositionen gesichert erschienen. Andererseits entstand durch diese Fähigkeit die ‚Gefahr', festgelegte Normen und Autoritäten zu kritisieren und sich ihnen zu entziehen. Die Auslegungen der Schrift und der Schriftsteller konnten überprüft und obrigkeitliche Mandate oder Rechtsgrundsätze anders interpretiert werden. Vor allem aber – das wurde allerdings erst spät erkannt – bestand die Möglichkeit, sich durch eigenes Lesen der vorwiegend oralen Kultur zu entziehen und eine eigene Welt zu schaffen. In dem Maße, wie die Lesebefähigung zunahm, wurden alte Traditionen brüchiger, da über Alternativen nachgedacht werden konnte. Solange freilich der literarische Markt durch die Kirche gesteuert und monopolisiert wurde, gab es Grenzen. In dem Augenblick aber, wo Zensuren aufgehoben und Bücher zu Massenprodukten wurden, änderte sich das menschliche bzw. intellektuelle Verhalten und die Haltung gegenüber obrigkeitlichen und kirchlichen Autoritäten. Lesen konnte den Individualisierungsprozeß beträchtlich beschleunigen.

Schreibenkönnen heißt in der frühen Neuzeit vor allem, seine Unterschrift leisten, Schriftsätze selbst aufsetzen zu können und damit aus der Abhängigkeit anderer herauszutreten, schließlich durch Briefe mit Auswärtigen in Kontakt zu treten und als Bauer, Handwerker oder Kaufmann in eigenen Angelegenheiten Notizen zu machen. Ohne eine gewisse Rechnungsführung kam kein Betrieb aus. Vor allem aber ermöglichte die Fähigkeit zu schreiben – autodidaktisch oder in der Schule erworben –, aus dem vorgegebenen Berufsfeld (des Vaters) herauszutreten und ‚Karriere' zu machen. Sozial höhere Positionen waren für untere und mittlere Schichten ohne Schreibbefähigung seit dem 16. Jahrhundert kaum noch zu erwerben.[20]

Im Alphabetisierungsgrad gab es beträchtliche Unterschiede. Eine Unterschrift zu leisten war eine Sache, ein Schreiben, ja ein gut formuliertes, aufzusetzen eine andere. Da die meisten Menschen mit einer Mundart aufwuchsen, aber nur eine, wenn auch weit ausgelegte Hochsprache allgemein verständlich war, gab es beträchtliche Schwierigkeiten, sich dieser an sich ‚fremden' Sprache anzupassen.[21] Orthographisch richtig zu schreiben in einer Zeit, in der es keine klar definierten Regeln gab, stellte ebenso ein Problem dar wie die richtige Wortwahl. Alltäglich hart arbeitende Bauern und Handwerker ließen, auch wenn sie schreiben konnten, wichtige Aktenstücke von professionellen Schreibern verfertigen. Erst im Zeitalter der Aufklärung wurde es zu einer Selbstverständlichkeit, die eigenen Gedanken zu Papier zu bringen. Wie das Lesen konnte auch das Schreiben eine beträchtliche Individualisierung einleiten; aber für die meisten blieb dies ein unerreichtes oder gar nicht erstrebtes Ziel. Abgesehen von wenigen Ausnahmen herrschte ein pragmatischer Umgang mit der Sprache. Lebendig war vor allem die mündliche Erzählung.

Die Alphabetisierung selbst der unteren Schichten erfuhr zweifellos durch die Reformation einen beträchtlichen Aufschwung.[22] Hauptsächlich aber konzentrierte sie sich auf die oberen und mittleren Stände. Die Zahl der Leser wie der Schreibkundigen hatte sprunghaft zugenommen. Der expandierende Flugschriftenhandel – der allerdings auch des Lesens Unkundige erreichte – sowie die allgemeine Schriftorientierung aller reformatorischen Bewegungen forcierten diesen Prozeß nachhaltig. Die vielen Schulgründungen zeugen ebenso davon wie die Reformen bestehender Schulen. So gab es einige Handwerker und Bauern, die lesen und ein wenig schreiben konnten.

Vor allem die Bewegung der Täufer, die wie kaum eine andere wort- und schriftorientiert war, dürfte ihre Mitglieder zum Lesen ermutigt haben. Doch in dem Maße, wie die Reformation in obrigkeitliche Bahnen gelenkt wurde und eine Konfessionalisierung einsetzte, die individuelle Interpretationen ausschloß, wurde der Alphabetisierungsdruck von seiten der Kirchen und der weltlichen Obrigkeit wieder etwas zurückgenommen. Wohin eine freie Auslegungsmöglichkeit der Schrift vor allem bei den einfachen Gläubigen und Untertanen führen konnte, wußte man. Zwar gehörte bald eine gewisse Grundbildung zum sozialen Status, auch benötigte die Gesellschaft immer mehr Menschen, die Lesen und Schreiben konnten – die elementarste Verwaltung war auf sie angewiesen –, aber eine kritische Auseinandersetzung mit der Tradition war nicht erwünscht. Jede ‚Bildungspolitik' wurde auf die systemerhaltende Funktion von Schreiben und Lesen reduziert.

Einen zweiten regional sehr unterschiedlichen Alphabetisierungsschub erfuhr die Gesellschaft durch die Aufklärung, die in zunehmender Bildung die Chancen zur Emanzipation von Vorurteilen, von Aberglaube und Beschränktheit zu erkennen glaubte und sich expressis verbis an das einfache

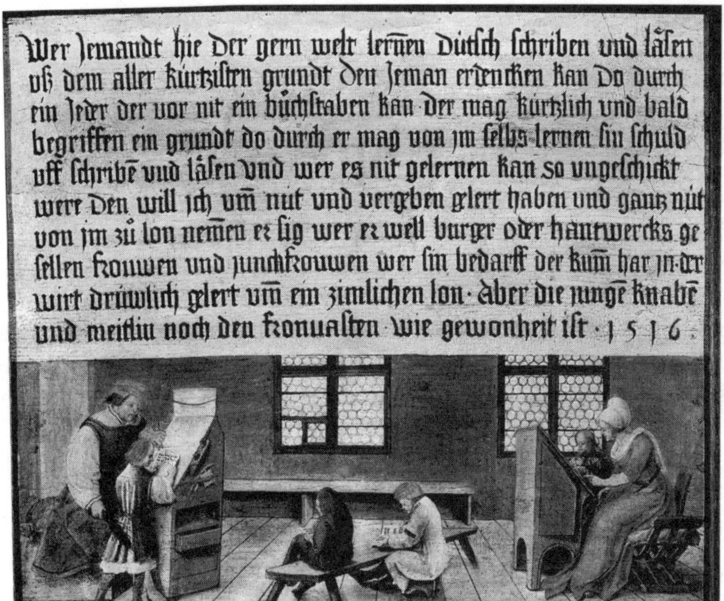

39. Ein Schulmeister und seine Frau bringen drei Knaben und einem Mädchen das Lesen bei. Aushängeschild eines Schulmeisters, Ambrosius Holbein, 1516

Volk wandte.[23] Aus ihrem Geist entwickelte sich das Volksschulwesen, durch das vornehmlich Lesen, Schreiben und Rechnen gelehrt und die durchgehende Alphabetisierung des Volkes erreicht werden sollte. Hier spielte bestimmt auch der pragmatische Grund eine Rolle, durch Schreiben und Lesen langfristig die materielle Wohlfahrt der Gesellschaft zu stärken. Doch der Druck, der in puncto Schulwesen von den Aufklärern auf Gemeinden, Staat und Kirchen ausgeübt wurde, resultierte vor allem aus dem emanzipatorischen Anspruch auf universelle Bildung; die Schreib- und Lesebefähigung galt als Zeichen der Mündigkeit. Daß hierdurch auch demokratische, zumindest aber antiabsolutistische Kräfte mobilisiert werden konnten, war den meisten Aufklärern nicht bewußt. Als die Alphabetisierungskampagnen erste Erfolge zeitigten bzw. jeder Grund- und Landesherr, der als aufgeklärter Fürst gelten wollte, sich für das Bildungswesen einsetzte, galten die ersten Klagen nicht etwa einem aufmüpfiger werdenden Geist, sondern der Gefahr, daß sich selbst Bauern und Handwerker, Knechte und Dienstmägde dem Müßiggang des Lesens hingeben könnten, obgleich die Arbeit doch ihre vornehmliche Aufgabe zu sein hatte.[24] Es ging nicht darum, den Emanzipationsprozeß, sondern die ‚ausbrechende Lesewut' zu bremsen. Wir können auf jeden Fall davon ausgehen, daß der aufgeklärte Staat vor allem in den Städten eine weitgehende Alphabetisierung erreicht hat. Damit entstand freilich keine Lese- und Schreibwut; unabhängig davon, daß nur ein geringer Teil der Bevölkerung die erworbenen Fähigkeiten weiterbildete, hatten die Lehrmethoden auch manchen den Spaß am Lesen und Schreiben verdorben.

Zwei Beispiele mögen den Stand der Alphabetisierung im 17. und 18. Jahrhundert beleuchten. Ausgewählt wurden eine ländliche Region und eine Stadt. Im oldenburgischen Kirchspiel Harpstedt gab es 1658 eine kleine kirchliche Schule. Als 1662 eine ausführliche Visitation anstand, untersuchte der Pfarrer – laut Seelenregister – besonders den Schulbesuch und den Kenntnisstand seiner Gemeinde. Dabei unterschied er nach sieben Kategorien, die neben dem Schulbesuch auch den Stand der Lese- und Schreibfertigkeit kennzeichnen. Die Kategorien hatte er wohl selbst entworfen:

1. „Ist zur Schule gegangen, kann lesen und schreiben
2. Ist zur Schule gegangen, kann lesen
3. Geht zur Schule, kann lesen
4. Kann lesen
5. Ist zur Schule gegangen
6. Ist zur Schule gegangen, soll auch ferner zur Schule gehen
7. Soll im Winter zur Schule gehen"

Eine statistische Auswertung ergibt unter Berücksichtigung der Altersgruppe folgendes Bild:[25]

Schreiben, Lesen und Schulbesuch in Harpstedt (1662) – Altersgruppen 5–29 in % (Fälle)

	Männer (228 Personen)					Frauen (210 Personen)				
Kategorie	Alter 5–9	10–14	15–19	20–24	25–29	5–9	10–14	15–19	20–24	25–29
1	–	–	5,3 (3)	– (1)	–	–	–	–	–	–
2	8,7 (6)	34,0 (17)	29,8 (17)	20,0 (8)	16,7 (2)	1,8 (1)	10,4 (7)	17,4 (8)	11,1 (4)	16,7 (1)
3	2,9 (2)	–	–	–	–	1,8 (1)	–	–	–	–
4	2,9 (2)	2,0 (1)	1,8 (1)	10,0 (4)	–	1,8 (1)	1,5 (1)	–	5,6 (2)	–
5	7,3 (5)	6,0 (3)	5,3 (3)	2,5 (1)	–	3,6 (2)	4,5 (3)	8,7 (4)	–	–
6	8,7 (6)	4,0 (2)	–	–	–	10,9 (6)	1,5 (1)	–	–	
7	18,8 (13)	8,0 (4)	7,0 (4)	–	–	14,6 (8)	14,9 (10)	2,2 (1)	–	–
8	50,7 (35)	46,0 (23)	50,8 (29)	65,0 (26)	83,3 (10)	65,5 (36)	67,2 (45)	71,7 (33)	83,3 (30)	83,3 (5)
100%	69	50	57	40	12	55	67	46	36	6

Drei Besonderheiten seien hervorgehoben: Einmal steht das Erlernen von Lese- und Schreibfähigkeit allgemein im Zusammenhang des Schulbesuchs. Es gab aber auch Personen, die ohne in die Schule zu gehen, lesen gelernt hatten. Schließlich fällt die hohe Zahl derjenigen auf, die versprachen, ihre Kinder im Winter zur Schule zu schicken. Man vertröstete den Visitator also auf den nächsten Winter. Im Sommer blieben die Kinder wegen der vielen anfallenden Arbeiten dem Unterricht fern. Von 438 Männern und Frauen konnten offensichtlich 86 eindeutig lesen, allerdings nur vier schreiben.

Gänzlich anders war die Lage in der Residenzstadt Koblenz zu Ende des 18. Jahrhunderts. Der Alphabetisierungsstand läßt sich an der Unterschrift beim Heiratsakt eruieren. Vom September 1798 bis September 1802, also in 4 Jahren, gab es 400 Heiraten. Von 298 namentlich genannten Männern hatten 259 ihren Heiratsakt unterschrieben und von 371 Frauen 224, d. h. 86,9 % der Männer und 60,4 % der Frauen konnten zumindest ihren Namen

Unterschriften nach sozio-professioneller Zugehörigkeit[26]

	Männer			Frauen			Gesamt		
	Mit Unt.	Ohne Unt.	% an Unt.	Mit Unt.	Ohne Unt.	% an Unt.	Mit Unt.	Ohne Unt.	% an Unt.
1) Unterschichten									
Tagelöhner	15	17	47	9	23	28	24	40	37,5
Weingärtner	11	2	85	3	10	23	14	12	54
Fuhrleute	9	4	69	6	7	43	15	11	58
Schiffer	23	5	82	16	12	47	39	17	70
Gesamt	58	28	67	34	52	40	92	80	53
2) Handwerker und Krämer									
Bäcker, Metzger, Wirte	26	2	93	25	3	89	51	5	91
Lederhandwerk	36	3	92	25	14	64	61	17	78
Textilhandwerk	31	2	94	14	19	42	45	21	68
Bauhandwerk	33	4	89	18	19	49	51	23	69
Sonstige	15	1	94	8	8	50	23	9	72
Gesamt	141	12	92	90	63	59	231	75	75,5
3) Mittlere Beamte und Angestellte									
Gesamt	23	2	92	15	10	60	38	12	76
4) Oberschicht									
Handelsleute	19	0	100	18	1	95	37	1	97
Honoratioren	19	0	100	19	0	100	38	0	100
Gesamt	38	0	100	37	1	97	75	1	99
5) Sonstige									
Juden	4	0		2	2		6	2	
Unbestimmte	3	0		0	3		3	3	
Gesamt	267	42	86,4	178	131	57,6	445	173	72

schreiben, im Durchschnitt macht dies 73,6%. Diese Zahl liegt über dem bekannten Maß zu Ende des 18. Jahrhunderts.

Generell läßt sich anhand des Koblenzer Materials dreierlei feststellen: Einmal spiegelt die Schreibbefähigung die soziale Hierarchie wider. Die Unterschicht und das Kleinbürgertum waren am wenigsten alphabetisiert, die Männer der Oberschichten hingegen fast vollständig; sie machten aber in der Gesamtpopulation der Stadt eine Minderheit aus. Frauen konnten weiterhin erheblich seltener ihre Unterschrift leisten, wobei der weibliche Analphabetismus der sozialen Stufenleiter entsprechend absinkt. Wenn man schließlich die Gruppe der Zugewanderten untersucht, so waren die aus einer Stadt Kommenden besonders hoch alphabetisiert. Dies bestätigt, daß die Städte in diesem Punkt dem Land deutlich voraus waren.

Untersucht man weiterhin die Tabellen der Schulkommission des Niedererzstiftes von Koblenz um 1788, wo rund 70% der Kinder, ja vom 7. bis 11. Lebensjahr alle zur Schule gingen, dann bekommen wir einen überraschenden Einblick in die Volksbildung des 18. Jahrhunderts.[27] Nicht erst die intensive Schulpolitik zu Ende des 18. Jahrhunderts sorgte für einen raschen Abbau des Analphabetismus, im Rheinland mit seiner dichten Städtelandschaft und einem entsprechend früh ausgebauten Schulnetz wurden Lesen und Schreiben schon lange zuvor gefördert. Über den allgemeinen Alphabetisierungsprozeß in ganz Deutschland können wir damit freilich noch nichts sagen. In jedem Dorf gab es offensichtlich Personen, die ausreichend lesen und schreiben konnten, und der alphabetisierte Anteil in den größeren Städten war überraschend hoch, im 18. Jahrhundert jedenfalls so groß, daß der Büchermarkt rasch expandieren konnte und die Nachlaßpapiere immer mehr Bücher verzeichneten.

Welche Rolle das Lesen- und das Schreibenkönnen für den einzelnen spielte, davon wissen wir wenig. Die Zeugnisse darüber, wie einzelne schreiben gelernt haben, nehmen erst im 18. Jahrhundert zu. Hervorzuheben sind einige autobiographische Beispiele von Personen, die gerade aufgrund ihrer Schreibbefähigung und ihrer grenzenlosen Lesewut aus der unteren Schicht aufsteigen konnten. Insofern sind diese Zeugnisse nicht repräsentativ für alle sozialen Gruppen, aber für jene, die die aufklärerische, selbstreflektierende Kultur begründeten.

Die spätere Schriftstellerin Anna Luise Karsch (1722–1791) lernte Lesen und Schreiben bei ihrem Onkel gegen den Widerstand ihrer Umwelt: „Die liebreichste Seele sprach in jedem Wort seines Unterrichts, und in weniger als einem Monat las ich ihm mit aller möglichen Fertigkeit die Sprüchwörter Salomonis vor. Ich fing an zu denken, was ich las und von unbeschreiblicher Begierde angeflammt, lag ich unaufhörlich über dem Buche, als welchem wir die Grundsätze unserer Religion erlernen. Mein ehrlicher Oheim freute sich heimlich, aber er riß mich oft vom Buche und wandelte mit mir durch ein kleines Gehölz oder durch eine blumige Wiese. ... Ich wiederholte ihm alles Gelesene und verlangte die Erklärung derjenigen Stellen, die über meine Begriffe waren. ... Ich lag ihm an, mich schreiben zu lehren; meine Großmutter widersetzte sich und wandte alle Beredtsamkeit an, um diesen Vorsatz zu zernichten."[28] Der „Arme Mann im Tockenburg", Ulrich Bräker (1735–1798), schreibt ausführlich über seine „unselige Wißbegierde". Er war nur wenige Wochen in die Schule gegangen. „Bey Haus hingegen mangelte es mir gar nicht an Lust, mich in mancherley unterweisen zu lassen. Das Auswendiglernen gab mir wenig Müh: Besonders übt' ich mich fleißig in der Bibel; konnte viele darinn enthaltene Geschichten aus dem Stegreif erzählen, und gab sonst überhaupt auf alles Achtung, was mein Wissen vermehren konnte. Mein Vater las' auch gern etwas Historisches oder Mystisches."[29]

Der spätere Geistliche Franz Xaver Bronner (1758–1850) war kurze Zeit auf einer Klosterschule, lernte aber vor allem von seinen Eltern: „‚Der Bube ist alt genug, er muß in die Schule', sagte mein Vater, ‚so ist er unter Tages beschäftigt und kommt uns vom Halse.' Ich ward also zu unsern Nachbarinnen, den Klosterfrauen, in die Unterweisung geschickt. Die Buchstaben konnte ich bald nennen; denn Vater und Mutter unterrichteten mich auch zu Hause. Aber es litt einigen Anstand, bis ich begriff, daß man im Lesen die Namen der Mitlauter nicht ganz, sondern nur den Anfangs- oder Endlaut davon aussprechen, und also, wenn Baum stand, nicht Be-a-u-em sondern Baum lesen müßte. Als ich dies gefaßt hatte, ging mir das übrige leicht vonstatten. Meine Schulgespielen waren meistens kleine Mädchen oder sehr junge Knaben. Die Mädchen lernten Lesen, Schreiben, Nähen, Stricken oder Spitzen klöppeln usw. Aber die Knaben buchstabierten beinahe alle im Namenbüchlein. Wenn sie größer wurden, schickte man sie zu den Schulmeistern."[30] Später heißt es weiter: „Nun fing ich auch an, das Schreiben zu lernen. Mein Vater konnte selbst ganz artige Buchstaben zeichnen, aber, was er geschrieben hatte, nimmer lesen. Da saß er nun an Sonn- und Feiertagen immer neben mir, einen Stecken oder eine Ochsensehne in der Hand, und schlug mich derb auf die Finger, wenn ich einen falschen Zug machte. Bei dieser Arbeit schwitzte ich allzeit große Tropfen. Kaum konnte ich die Buchstaben von freier Hand malen, so wagte ich es, einen Danksagungsbrief an meine Ahnfrau zu schreiben. So wie die Laute der Wörter nach der schwäbischen Mundart aufeinander folgten, so wählte ich auch die gehörigen Buchstaben dafür, wodurch eine ganz besondere Orthographie in meinen Brief gebracht ward. ... Bald mußte ich auch im Lesen geschriebener Briefe mich üben. Da lag ich oft selbst mit mir im Streite, wie dieses oder jenes Wort abgeleitet wäre, wie die Zusammenfügung der Silben geschehen, oder wie es nach meinem Sinne geschrieben werden müßte. Freilich irrte ich meistens; aber dennoch glaub' ich, dies Räsonnieren über Wörter war nicht ganz unnütz."[31]

Auch der Pfarrer Christoph von Schmid (1768–1854) konnte in seiner Schulzeit mit Unterstützung seiner Eltern rechnen, der Vater war allerdings ein gebildeter Amtmann. „Er (Vater) hörte uns ... ab, was wir an diesem Tage in der Schule gelernt hatten, und wußte uns so lehrreich als angenehm zu unterhalten – vorzüglich mit Erzählungen, unter denen mir die biblischen Geschichten die liebsten waren und bis zu dieser Stunde unvergeßlich blieben.[32] ... In die allgemeine deutsche Schule wurden wir ... nicht geschickt. Sie war mit Kindern überfüllt, und die Lehrart ließ Vieles zu wünschen übrig. ...“ Dafür kam er in die ‚Nachschule‘. „Wir zwei Knaben lernten das Lesen, wobei aber von dem Vater zu Hause fleißig nachgeholfen wurde, sehr schnell, ... auch mit dem Schreiben ging es ziemlich gut.“[33]

Karl Fr. Klöden (1786–1856) litt – als Sohn eines preußischen Soldaten – in seiner Erziehung unter dem häufigen Schulwechsel. Eine besondere Rolle spielte seine Mutter, die selbst Schulunterricht empfangen hatte, der, so kurz und dürftig er gewesen war, „doch ihre ganz vorzüglichen Anlagen geweckt und teilweise entwickelt (hatte). Lektüre beim Stricken und der Umgang mit ihren Brüdern, deren Lektionen sie in der Wiederholung mit ihnen gleichfalls lernte, halfen weiter. Lesen durfte sie nur beim Stricken, und selbst da oft nur verstohlen.“[34] Klöden selbst machte als Fünf-/Sechsjähriger Bekanntschaft mit Büchern. „Meine Mutter besaß nämlich Splittgarbers Lesebuch und bemühte sich, wenngleich in sehr unterbrochenen Zeiträumen, mir daraus die erste Buchstabenkenntnis beizubringen, was mich wenig interessierte.[35] ... Ein zweites Buch, welches meine Eltern besaßen, waren Simonettis Predigten. Ich konnte sie weder lesen noch verstehen, aber die Buchdruckerstöcke am Ende jeder Predigt waren mir Bilder, denn sie enthielten in den Arabesken allerlei Figuren, namentlich Faunen und Satyrn, von welchen man mir gesagt hatte, es seien ‚Waldteufel‘. Ich quälte meine gute Mutter, mir von diesen recht viel zu erzählen, denn sie interessierten mich, ich weiß nicht warum, über die Maßen, doch konnte ich nichts über sie erfahren.“[36] Später heißt es weiter: „Obgleich ich jetzt schon sieben Jahre alt war, konnte ich doch noch nicht lesen. Meine Mutter erhielt für mich den Eintritt in eine Armenschule; ich konnte sie aber nicht regelmäßig besuchen. ... Was darin vorgenommen wurde, begriff ich nicht, und das ‚a, b, ab, b, a, ba‘ langweilte mich unendlich. Die beiden Pädagogen saßen im schlechtesten Anzuge, mit baumwollenen weißen Nachtmützen auf den Köpfen, einen Stecken in der Hand, da, und das einzige, was ich verstand, waren die Prügel, die es häufig regnete. ... Gelernt habe ich dabei eigentlich nichts, denn dazu war die Sache nicht angetan.“[37]

Alle diese Beispiele zeigen, daß das Lesen und Schreiben von den Eltern bzw. Verwandten gefördert wurde, die Schule an sich spielte nur eine geringe Rolle und die Erinnerung an sie war wenig positiv – nicht nur wegen der häufigen Prügelstrafe. Das Lernen war eingebunden in die allgemeine Erzählkultur; die Kinder berichteten, was sie gelesen hatten, und die Eltern nahmen daran großen Anteil. Schließlich vollzog sich dieser Lernprozeß – der in jedem Leben unabhängig von der späteren Karriere anders verlief –, keineswegs kollektiv zusammen mit anderen Gleichaltrigen. Jeder mußte für sich selbst lernen und mußte sich dabei notgedrungen mit der schulischen und elterlichen Autorität auseinandersetzen.

2. Erziehung und Schulsystem

Sicher konnten Männer und Frauen Lesen, Schreiben und ein elementares Grundwissen außerhalb institutionalisierter Schulen erlernen, auch galt die Schulausbildung noch nicht generell als Grundlage des sozialen Aufstiegs. Dennoch leitete das Schulsystem den entscheidenden Prozeß ein, der nach und nach vom 16. bis 18. Jahrhundert fast alle Männer und viele Frauen erfaßte.[1] Die Schule wurde zur entscheidenden Sozialisationsinstanz. Aus einer kaum alphabetisierten Gesellschaft mit einer schmalen intellektuellen Elite wurde eine Gesellschaft mit ausgeprägter Schreibkultur, in der jeder zumindest eine erste Schulausbildung genossen hatte. Dies war das Produkt eines sich konstant ausweitenden Schulsystems, das bald nicht nur alle Märkte und Städte erfaßte, sondern auch Dörfer und Landpfarreien. Zu Ende des 18. Jahrhunderts gab es kaum noch einen Marktflecken oder eine Pfarrei in Deutschland, die nicht über eine Schule verfügten, Städte besaßen sogar mehrere, wenngleich ihr Niveau für unsere Verhältnisse noch bescheiden war.

Die Bildungsexplosion in der Zeit zwischen Reformation und Aufklärung hätte bestimmt nicht den großen Erfolg gehabt, wäre das Schulwesen nicht von Staat und Kirche entscheidend gefördert worden. Schon das Mittelalter, vor allem das Spätmittelalter, kannte ein entwickeltes Schulsystem, aber verglichen mit dem späterer Zeiten war es nur von marginaler Bedeutung. Die Kirchen, die sich vor allem seit der Reformationszeit entscheidend um die Schulen kümmerten, hatten nicht nur Interesse an einem ausgebildeten Nachwuchs; wollten sie das neue Bibelchristentum realisieren, mußten sie das Schulwesen aktivieren, um dadurch den jeweiligen Konfessionsglauben bei ihren Mitgliedern zu verankern.[2] Doch beschränkte sich der kirchliche Anspruch nicht auf eine geistlich-religiöse Ausbildung. Dahinter stand vielmehr ein neues Menschenbild, zu dem Lesen und Schreiben notwendig gehörten. Der Erziehungswille der Kirchen wurde von der weltlichen Obrigkeit unterstützt. Ihr ging es dabei weniger um Ausbildung von Fachkräften, als um die Erziehung von fleißigen christlichen Untertanen, die wußten, welche Pflichten sie hatten.

Die Schule wurde neben den Kirchen zu einem wesentlichen Integrationsmittel des Territorialstaates, das über alle regionalen und familiaren Grenzen eine ideologische Einheit schuf. Während die entscheidenden Impulse im 16. Jahrhundert zwar von seiten der Kirche kamen, beanspruchte die weltliche Obrigkeit zusehends Kontrollrechte. Im 18. Jahrhundert wurde aus dem kirchlich geprägten Schulwesen schließlich eine staatliche Institution zur Absicherung herrschaftlicher Interessen. Zu Ende des 18. Jahrhunderts änderte sich das Spektrum noch einmal in der Weise, daß nun

Zunahme der Schulmeisterstellen auf Dörfern in regionaler Differenzierung (Kurmark)[3]

Gebiet	Zahl der Küster- und Schulmeisterstellen			Dorfzahl	Dichte 1801
	1750	1800	1801	1801	in %
Altmark	278	293	300	513	58,5
Prignitz	188	246	243	312	77,9
Mittelmark	674	921	882	981	89,9
Uckermark	232	271	287	247	100
insgesamt	1372	1731	1712	2053	83,4

bürgerliche Bedürfnisse und Reformansprüche das Bildungssystem als aufklärerisches Instrument zur Besserung und Versittlichung der Menschheit einsetzten.

Die Entwicklung des frühneuzeitlichen Schulsystems ist gekennzeichnet durch die Vielfalt der Schultypen.[4] Ein einheitliches Schulsystem bildete sich erst zu Ende des 18. Jahrhunderts heraus. Zwar entstanden aus den sog. deutschen Schulen unsere Grundschulen, aus der Lateinschule und dem Gymnasium die höheren Schulen und aus den Hohen Schulen unsere Universitäten; insofern sind die Grundzüge des modernen Bildungssystems in der frühen Neuzeit wiederzuerkennen. Doch selbst innerhalb eines Schultyps gab es keine einheitlichen Normen, und entsprechend beträchtlich waren die Unterschiede. Was als deutsche Schule auf dem Lande existierte, unterscheidet sich nach Größe und Niveau wesentlich von der gleichen Institution in der Stadt. Und auch zwischen den verschiedenen Systemen waren Differenzen nicht immer eindeutig zu bestimmen. Es gab Lateinschulen, die mehr leisteten als Universitäten, städtische Privatschulen, die nicht besser waren als die Landschulen. Allgemeine Vergleiche sind kaum statthaft. Ein klares Prüfungssystem war ebenso unbekannt wie die Einteilung in Altersklassen. Die Schulen regelten ja noch nicht den Zugang zu bestimmten Berufen. Nicht jeder Beamte konnte auf eine Universitätsausbildung verweisen, und viele Bürgermeister hatten nicht einmal eine Stadtschule besucht. Zwar diente die Schulausbildung einer Standeszuschreibung, aber die sozialen Karrieren in der frühen Neuzeit korrespondierten durchaus nicht mit der schulischen Ausbildung. Selbst eine professionelle Lehrerausbildung mit qualifizierender Abschlußprüfung kam erst im späten 18. Jahrhundert auf.

Es gibt zwar keinen unmittelbaren Übergang von der frühneuzeitlichen Elementarschule zur modernen Volksschule, aber diese steht insofern in der Tradition des alten Schultyps, als beide die Grundschule der jeweiligen Zeit und Gesellschaft darstellten. Was unter Elementarschule verstanden wird, umfaßt die unterschiedlichsten Formen elementarer schulischer Wissensvermittlung. Es gab ja bereits seit dem Spätmittelalter Schulen, die von den Kirchen unterhalten wurden, dann Dorf- bzw. Landschulen außerhalb der Städte, die zahlenmäßig aber erst seit dem späten 16. Jahrhundert zunahmen, und schließlich Deutsche und Rechenschulen vor allem in Städten, die entweder private oder öffentliche Einrichtungen waren.[5] In Größe, Aussehen und Ausstattung unterschieden sie sich alle, eine gewisse Normierung setzte erst im späten 17. Jahrhundert ein, dann vor allem im späten 18. Jahrhundert unter landesfürstlichem bzw. aufklärerischem Druck.

Lehrpläne gab es nicht, erste, von den Kirchen oder den Obrigkeiten erlassene Instruktionen des frühen 17. Jahrhunderts griffen noch lange nicht, als Lehrbuch galt bis in die Aufklärungszeit der Katechismus, bei Katholiken wie Protestanten. Das erste aufklärerische Schulbuch in Preußen, ‚Der Kinderfreund', stammte von Friedrich E. v. Rochow (1775).[6] Auf unterschiedlichste Weise wurde in diesen Schulen das Lesen und Schreiben und z. T. auch das Rechnen gelehrt; hinzu kam seit der Reformation eine Einführung in den Katechismus. Doch die Kinder sollten in den Schulen nicht nur elementare Kulturtechniken erlernen, sondern die entscheidende Erziehung erhalten. Sie sollten „in gottes und jrer eltern forcht, und andern eerlichen und sytlichen tugenden und künsten aufferzogen" werden, damit sie „alle Gottseligkeit und Christenlichen gehorsame von erster jugent an, lehrnen, einnemen und hinnach im gantzen leben behalten".[7] Während es schon im Spätmittelalter in den meisten Städten Schreib- und Rechenschulen gab, verbreiteten sich die Schulen auf dem Land erst seit dem späten 16., wenn nicht gar im 17. Jahrhundert.

Das Elementarschulwesen in der Stadt wie auf dem Land wurde selten hauptamtlich betrieben, dafür reichte das ausgesetzte Gehalt bzw. das Geld der Gemeinde nicht. Zumeist übernahmen kleine Handwerker das Amt des Schulmeisters als Nebentätigkeit, oder der Pfarrer versorgte die Schule nebenher. In den Städten gab es auch zünftisch organisierte Schulmeister, die ihre Schule wie ein privates Unternehmen führten.[8] Aber dies währte nur kurze Zeit. Weil durch diese Privatinitiative kein ordentlicher Unterricht garantiert schien, versuchten schon im 16. und 17. Jahrhundert städtische Obrigkeiten und Landesfürsten, in Verbindung mit der Kirche regulierend und reglementierend einzugreifen, allerdings lange ohne jeden Erfolg. Zwar gewann man zusehends ‚hauptamtliche' Schulmeister, aber auch sie mußten nebenher noch anderen Beschäftigungen nachgehen. Noch 1783 wirkten im bayerischen Landgericht Neumarkt a. d. Rott von 25 Lehrern vier zugleich als Totengräber, einer als Konduktdiener, drei als Weber, je einer als Zimmermann, Krämer, Wirt, Maler und Musikant, zwei als Marktschreiber.[9] Die schlechte Besoldung bedingte notgedrungen einen unregelmäßigen Schuldienst, nicht selten überließen die Lehrer den Unterricht überhaupt

40. Der Schulmeister. Kupferstich aus Chr. Weigel, Abbildung der Gemein-Nützlichen Hauptstände, Regensburg 1698

ihren Ehefrauen oder einem Bediensteten. Selbst hoch qualifizierte Lehrer konnten nicht ausreichend besoldet werden.

Vom Elementarschullehrer verlangte man für unsere Vorstellungen und gemessen am intellektuellen Habitus eines zeitgenössischen Akademikers nicht viel. Lesen und Schreiben sollte er können, nicht unwesentlich war auch seine sittliche und religiöse Qualität; es hieß, daß er „wohlgeschickt seye, die liebe Jugendt in Gottesforcht, lesen, schreiben, rechnen, visiren und andern hierzugehörigen Künsten zu instituieren und zu unterweisen" (Nürnberg).[10] Doch dies blieb lange ein frommer Wunsch. Die Klagen über wenig qualifizierte Lehrer durchziehen alle Visitationen und Ordnungen vom 16. bis 18. Jahrhundert, auch wenn es zahlreiche Ausnahmen gab.

Grundlegend gebessert wurde die pädagogische Eignung mit der Aufklärung und der Errichtung von Lehrerseminaren. Volles Lob erntete ein Lehrer aus Geisenhausen 1800: „Der Lehrer ist zugleich Organist, ein rechtschaffner Mann, der sich wegen seinen rastlosen Arbeiten um seine Schule gewiss allezeit verdient gemacht hat. Die schon öfters eingeschickten Schriften sprechen ihm volles Lob von selbsten. ... Diese Schule ist sonst gut eingerichtet, und wird nicht nur Christentum, Lesen, Schreiben, Zeichnen und Rechnen, sondern auch außer der Schulzeit Musik gelernt."[11]

Der Schulbesuch war im 16. Jahrhundert weitgehend freiwillig. Die Idee einer Schulpflicht entwickelte sich aus dem Erziehungs- und Disziplinierungsanspruch der Kirchen und der Obrigkeiten, aber auch sie wurde erst zu Ende des 18. Jahrhunderts realisiert. Es war nicht so, daß die Eltern im Prinzip ihre Kinder vom Schulunterricht abhielten oder sich gegen die neue Bildungskultur wehrten, aber die meisten Kinder, vor allem auf dem Lande, waren im Sommer unabkömmlich, und im Winter fehlte es ihnen an der Kleidung, dagegen konnte auch der öffentliche Druck wenig ausrichten. In dem Maße, wie das ländliche Schulsystem expandierte, verstärkte sich der Widerstand der Eltern. Selbst das aufklärerische Schulwesen kannte seine Grenzen, und über dem verbreiteten pädagogischen Reformeifer darf man nicht vergessen, daß die Realität anders aussah.

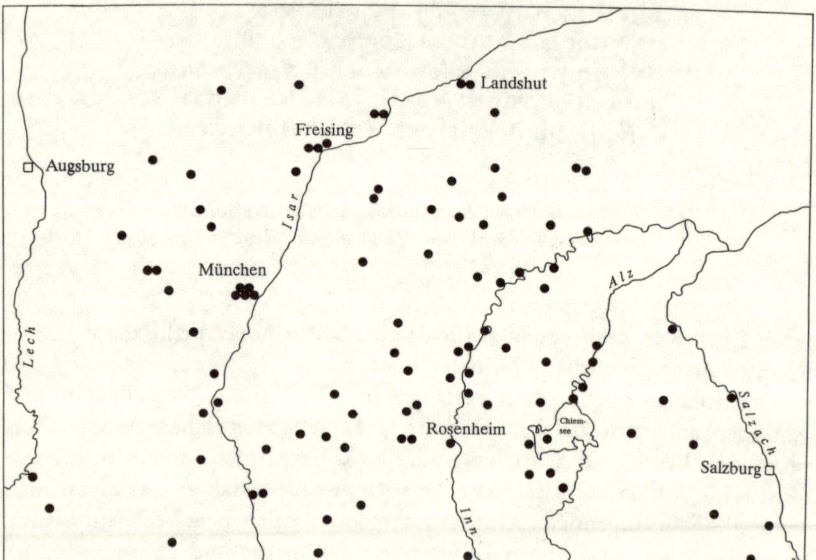

Elementarschulen im 16. Jh. im Raum der Erzdiözese München/Freising

Im Prinzip sollte der Nachwuchs der gesamten Bevölkerung die Schule besuchen, es gab zumindest bezüglich der Elementarschulen keine Ausgrenzung. In manchen Regionen existierten sogar eigene Mädchenschulen. In den Städten war der Schulbesuch stets weiter verbreitet als auf dem Land, seit dem Ende des 16. Jahrhunderts lassen sich dann aber insgesamt steigende Schülerzahlen feststellen. Nur der Dreißigjährige Krieg brachte einen beträchtlichen Rückfall, der jedoch rasch wieder aufgeholt wurde. Wir müssen davon ausgehen, daß die Hälfte der Bevölkerung zumindest kurzfristig eine Schule besucht hat. Die Effektivität können wir freilich nur sporadisch messen. Dabei zeigt sich der Unterschied von katholischen und evangelischen Regionen nicht so kraß, wie lange angenommen wurde. Unzweifelhaft war in protestantischen Ländern der Druck auf die Eltern, ihre Kinder in die Schule zu schicken, größer, aber wenn die Schulordnungen der katholischen Städte und Kirchen nur einigermaßen in die Realität umgesetzt wurden, verschwinden die Unterschiede.

Seit der Mitte des 18. Jahrhunderts verfügte Bayern beispielsweise über ein nicht viel geringeres Schulnetz als Preußen.[12] Jede bayerische Pfarrei besaß zumindest eine Schule, und es gab kaum eine kirchliche Einrichtung, die nicht das Schulwesen förderte. Von welcher Qualität diese Schulen waren, ist eine andere Frage. Wir wissen auch nicht, wie lange die Kinder in die Schule gingen. Gewünscht wurde eine Einschulung mit dem 5. bzw. 6. Lebensjahr und ein Schulbesuch bis zum 12. Lebensjahr, was wohl selten durchgeführt werden konnte. In der Aufklärungszeit wurde darüber lange diskutiert.

„Es ist aber gar nicht zu vermuthen, daß jene von den gnädigsten Verordnungen beabsichtigte Bildung zum Christen und guten Unterthan bey Kindern von 12 Jahren vollendet werden kann. Es muß nothwendig, was biß in dieß Alter in ihrem Verstand und Herz gepflanzt worden ist, bey zunehmenden Verstandskräften erst zur Reife gebracht werden, und dieß wird dann dem Zwecke in dem Grade entsprechen, in welchem die Verstandskräften bey zunehmendem Alter mehr werden entwickelt, und deutlicherer Begriefe empfänglicher werden."[13]

Wir wissen aus vielen Instruktionen, wie der Unterricht offiziell gestaltet werden sollte, wie er aber konkret ablief, darüber gibt es nur wenige Zeugnisse. Nach eher geringfügigen Veränderungen zwischen dem 16. und dem 18. Jahrhundert kam der entscheidende Wandel erst mit der aufklärerischen Pädagogik, wenngleich die eklatanten Unterschiede zwischen Land und Stadt noch immer nicht überwunden werden konnten. Die ganzjährige Schule konnte sich auf dem Land lange nicht durchsetzen. Nach einer Visitation der deutschen Schule in Landshut 1602 blieben die Kinder sowohl im Sommer wie im Winter von morgens 6 bis 9.00 in der Schule, noch einmal am Nachmittag von 12.00 bis 4.00. Der Schulunterricht begann mit einem gemeinsamen Morgengebet aus dem Katechismus. Das Rechnenlernen lief getrennt vom Schreibunterricht. Zumeist war entweder der Nachmittag oder der Vormittag dafür vorgesehen. Feiertage gab es für die Lehrer nicht. Sonn- und feiertags führten sie die Schüler in die Kirche, während des Fastens begann der Morgenunterricht mit einer Predigt. Besonders hervorgehoben wird, daß auch das Evangelium gelesen wurde.[14]

Plastischer und eindringlicher werden die Beschreibungen erst zu Ende des 18. Jahrhunderts, der Blick der Inspekteure war mittlerweile geschärft. Einen Bericht aus der Schule im bayerischen Emmering (1803) soll daher wörtlich zitiert werden: „Früher konnte man auf das Schulgehen nicht trachten, weil das Schulzimmer nur 30 Kinder faßte; im Sommer 1803 wurde es neu gebaut und ist 28 Schuh lang 24 Schuh breit und faßt 100 Kinder. Aber von den 94 schulfähigen Kindern gehen nur 54 in die Schule, dem einen ist der Weg zu weit, der andere hat keine Schuhe, der dritte hat kein Brot, jeder hat eine Ausrede. Der Cooperator erteilt den Unterricht im Buchstabieren und Anfangslesen wie auch in den ersten Spezies der Rechenkunst, der Provisor im Verständlichlesen in Druck und Schrift, der Schullehrer erteilt den Unterricht im Schreiben, der Pfarrer in der Religions- und Sittenlehre und Naturlehre, wie auch im Kopfrechnen und Diktando schreiben. Bei keinem vorfallenden Hindernuß sind also alle die 4 in der Tagesschule, 2 oder 3 sind aber allezeit gegenwärtig. Der allgemeine Unterricht wird jederzeit von einem Geistlichen erteilt. Ober der Schulstube ist eine Arbeitsschule, es sind 2 Zimmer eines fürs männliche Geschlecht, eines fürs weibliche Geschlecht. Die Knaben erhalten Unterricht im Erdmischen, Holzschlag, Ausrotten, Kleebauen und Erdäpfelbauen, im Baumschneiden -setzen -pelzen und -oculieren auch einige Handgerüste zum pasteln Rechen und Gabeln ausflicken; die Mädchen im Nähen, Spinnen, Stricken, Kochen, Küchengarten, im Winter: Schlittenfahren, im Sommer: Kegeln und Karten. Das Hilfs- und Notbüchl und der Volkskalender ist ausgeteilt und erklärt worden."[15]

Die Schulwirklichkeit und der Erfolg des Unterrichts hingen wesentlich von der Qualität des Lehrers ab, aber auch vom Pfarrer und der Gemeinde und ihrem Engagement, wobei die Bedingungen und Voraussetzungen in den Städten natürlich besser waren als auf dem Land. Aber auch hier spielte die weltliche Obrigkeit, der entstehende frühmoderne Staat, eine maßgebende Rolle, wenngleich deren Interessen trotz aller Reglementierung unerfüllbar waren. Die Schulpläne und Instruktionen gingen oft ebenso an der Wirklichkeit vorbei wie das Engagement der vielen Pädagogen, die sich seit dem 18. Jahrhundert der Volksbildung und -erziehung in besonderem Maße zuwandten.[16] Dennoch ist der staatliche Anspruch maßgebend geworden, vollzieht sich doch auch auf der Ebene des Elementarschulwesens sukzessive ein Prozeß, der nicht nur zum staatlichen Bildungsmonopol, das die Schule langsam von dem kirchlichen Einfluß ‚befreite', sondern zu einer eigenständigen Schulverwaltung führte.

41. Die Schulstunde, von Georg Melchior Kraus, um 1770

Die Vielzahl von Schulordnungen, zunächst oft in Verbindung mit der neuen Kirchenordnung, dann aber auch als Teil der Polizeiordnungen des frühneuzeitlichen Territorialstaates, verdeutlicht einmal, wie hoch das öffentliche Interesse am Aufbau eines effektiven Schulwesens war – wobei es natürlich nicht nur um Vermittlung elementaren Wissens ging, sondern um Erziehung der Untertanen zu gottesfürchtigen und braven ‚Bürgern' –, aber auch, wie eng der staatliche Diskurs mit der Entfaltung der Pädagogik verknüpft war. Die meisten Planer waren keine pragmatischen Bildungsplaner, sondern Idealisten, die es für selbstverständlich hielten, daß allein der Staat in der Lage sei, die anstehenden bildungspolitischen Probleme zu lösen. Daß sie dabei das kommunale und kirchliche Schulsystem verdrängten und allzuoft die Wirklichkeit aus den Augen verloren, steht auf einem anderen Blatt. Für die materielle Ausstattung gab es ebenso klare Grenzen, wie auch das Interesse der Eltern, ihre Kinder zur Schule zu schicken, nur teilweise aktiviert werden konnte. Vergegenwärtigt man sich die Probleme der Schulordnungen vom 16. bis zum 18. Jahrhundert, so läßt sich eine eindeutige Problemverschiebung feststellen. Im 16. Jahrhundert standen eindeutig konfessionspolitische Zielsetzungen im Vordergrund, Schulmeister sollten auf die katholische oder protestantische Konfession eingeschworen werden und alles zur Stärkung des Glaubens der Untertanen einsetzen. Mit dem Beginn des 17. Jahrhunderts wuchsen die organisatorischen Probleme, überhaupt eine halbwegs funktionierende Schule zu erhalten bzw. zu verbessern, ihre materielle Basis zu regeln und kompetente Lehrer zu gewinnen.

Der Dreißigjährige Krieg unterbrach eine erfolgreiche Schulpolitik. Ideologische Probleme traten in den Hintergrund. Die letzte große Schulordnung und Instruktionsberichte im Alten Reich im 18. Jahrhundert leiten eine dritte Phase ein, die einerseits nun eindeutig von säkularen Interessen geleitet war, andererseits gerade in der Schule die Institution zur Verbreitung von Aufklärung und Erziehung erkannte. Pädagogische und didaktische Probleme wurden bedacht, Lernziele genauer definiert und ein Volksschullehrerstand erzogen, dem man bald die großen Volkserziehungsaufgaben im Sinne des aufgeklärten Absolutismus übertrug.

Die ersten großen Schulordnungen entstanden zu Anfang des 16. Jahrhunderts, sie standen im Kontext der reformatorischen Erneuerung. Aus der Vielzahl späterer Ordnungen sei besonders auf zwei Schulordnungen verwiesen, die von wegweisender Bedeutung im Reich waren: die Gothaische Schulordnung von 1642 und das preußische General-Land-Schul-Reglement von 1763. In der Schulordnung von Gotha hieß es noch knapp: „daß die Knaben und Mägdlein in diesem löblichen Fürstentum durchgängig vermittelst göttlicher Hilfe und angewandtem gebührenden Fleiß im Katechismo und dessen Verstande, auserlesenen biblischen Sprüchen, Psalmen und Gebetlein, wie auch im Lesen, Schreiben, Singen, Rechnen und, wo man mehr als einen Praeceptorem hat, in Wissenschaft etlicher nützlicher, teils natürlicher, teils weltlicher und anderer Dinge in guter Ordnung nach und nach unterrichtet, und daneben zu christlicher Zucht und guten Sitten angeführt werden mögen."[17]

Der religiöse Zusammenhang von Lernen und Erziehung ist 1642 noch so deutlich gegeben wie im 16. Jahrhundert. Etwas mehr als hundert Jahre später setzte sich ein ganz anderer, neuer Tenor durch. Die Unwissenheit sollte nun, nach dem Siebenjährigen Krieg, auch aus den Dörfern vertrieben werden. „Denn so angelegentlich Wir nach wiederhergestellter Ruhe und allgemeinem Frieden das wahre Wohlsein Unserer Länder in allen Ständen uns zum Augenmerk machen: so nötig und heilsam erachten Wir, es auch zu sein, den guten Grund dazu durch eine vernünftige sowohl als christliche Unterweisung der Jugend zur wahren Gottesfurcht und andern nützlichen Dingen in den Schulen legen zu lassen." Deswegen wird ein generelles Reglement erlassen, „damit der (so) höchstschädlichen und dem Christentum unanständigen Unwissenheit vorgebeugt und abgeholfen werde".[18]

In dem Maße, wie die Elementarschule ins Interessenfeld der weltlichen Obrigkeiten bzw. des Staates tritt, entwerfen Pädagogen neue Erziehungs-

42. Die häusliche Lektion. Radierung von Daniel Chodowiecki

lehren. Im späten 17. und vor allem im ganzen 18. Jahrhundert gibt es eine große Anzahl bekannter und einflußreicher Pädagogen; die Reihe geht von Comenius über Basedow bis Pestalozzi, daneben sind aber auch die vielen kleinen Pädagogen zu nennen, die durch einzelne Schriften bzw. durch konkrete Modellversuche sich einen Namen gemacht oder an der staatlichen Schulgesetzgebung mitgewirkt haben.[19] Zumeist kamen die Pädagogen aus dem Pfarrerstand und hatten einschlägige Erfahrungen beim Aufbau neuer Schul- und Erziehungsprogramme. Ihr Programm darf aber ebensowenig wie das Schulgesetzwerk des frühmodernen Staates mit der Realität gleichgesetzt werden; zwischen der Zielvorstellung und der Wirklichkeit gab es extreme Diskrepanzen. Noch lange wurden Lehrer eingestellt, die von der neuen Pädagogik nie etwas gehört hatten. Dennoch darf man die sich etablierende Pädagogik keinesfalls unterschätzen. Ihre Bedeutung liegt zum einen darin, daß sie erstmals alle entscheidenden Schwierigkeiten der Schulerziehung formuliert hat: Ungewöhnlich scharfsinnig erkannte sie die Probleme der einzelnen Schulformen und formulierte ein Programm künftiger Entwicklung, das aber erst im 19. Jahrhundert relevant wurde. Zum anderen thematisierte sie erstmals die Kindheit als eine eigene Lebensphase, die sich in wesentlichen Punkten vom Erwachsensein unterscheidet. Sollte eine Erziehung erfolgreich sein, mußte sie den Wahrnehmungsformen der Kinder entsprechen. Eine erste Kinderpsychologie entstand. Die Entdeckung der Formbarkeit der Kinder durch die Erziehung war ein Hauptverdienst der Pädagogen. Dann seien noch drei Besonderheiten hervorgehoben. Alle Pädagogen hielten an der alten Praxis der Bestrafung von ungehorsamen Kindern fest: bevor der neue Mensch entstehen konnte, mußte sein Eigenwille gebrochen werden. Erst zu Ende des 18. Jahrhunderts kamen erste Zweifel an dieser Praxis auf, ohne daß sie allerdings die Schulwirklichkeit veränderten. Aber die Bestrafung sollte nun nicht mehr der Willkür und Unbeherrschtheit der Lehrer entspringen, sondern Vernunftgeboten unterworfen werden, die der Einsicht der Schüler entsprechen. Ferner plädierten die Pädagogen für eine Einheitsschule mit gleichen Lehrplänen. Nur dadurch sei eine gleiche Bildung garantiert – doch das hätte gleichzeitig eine Bürokratisierung des Schulwesens und konstante Kontrolle durch staatliche Inspekteure verlangt. Nicht zuletzt erstrebten sie auch eine institutionalisierte Lehrerausbildung. Die Lehrer sollten Vorbilder sein, deswegen bedurften sie einer eigenen Ausbildung auf Seminaren. Die Lehrtätigkeit sollte keine Nebenbeschäftigung sein und die Qualifikation der Lehrer über das Schreiben und Lesenkönnen hinausgehen. Die ersten Institutionen zur Lehrerausbildung schuf der Pietist Francke in Halle, wie überhaupt der Pietismus in Deutschland maßgebenden Einfluß sowohl auf die Schuldiskussion wie auch auf die Schulwirklichkeit nahm.[20] Auf staatlicher Basis kam es aber erst Ende des Jahrhunderts zur Gründung von Lehrerausbildungsstätten, von Lehrerseminaren.[21]

Die Aufklärung erreichte zwar keine grundlegende Neuerung des Elementarschulwesens, auch blieb sie der Tradition mehr verhaftet, als sie wahrhaben wollte, aber in sechs Punkten wurde nun Ernst gemacht:

1. mit der Einführung der allgemeinen Schulpflicht, womöglich mit einer Schuldauer vom 6. bis 12. Lebensjahr. Zwar gab es nur begrenzte Hoffnungen, dies vor allem auf dem Land durchführen zu können, aber von diesem Ziel rückte niemand mehr ab.

2. Mit der Aufstellung von obligatorischen Schulplänen für eine ganze Territorialgesellschaft, die den Lehrern beträchtliche Orientierungshilfen brachten, sie zugleich aber auch auf ein Programm verpflichteten. Abweichungen wurden nicht toleriert.

3. Mit der Verstaatlichung der Schule; nur der Staat garantierte die Sicherstellung der Ausbildung und Erziehung, wodurch sie der staatlichen Aufsicht und Kontrolle unterworfen wurden. Das galt auch für die Schulen, die nach wie vor von Geistlichen versorgt wurden.

4. Mit der aufklärerischen Erziehung zu ‚mündigen' Untertanen. Es ging nicht um die Erziehung zur autonomen Entscheidung, auch nicht um ein rein weltliches Erziehungsideal. Gottesfurcht und christliches Bekenntnis und Handeln blieben vorrangiges Erziehungsziel. Zu Konflikten zwischen Staat und Kirche kam es erst im 19. Jahrhundert.

5. Mit der obligatorisch außerhäuslichen Erziehung und Ausbildung. Der private Unterricht war nach wie vor üblich, aber ein Schulbesuch wurde für alle verpflichtend, womit die Familie als ausschließliche Sozialisationsinstanz zurückgedrängt wurde bzw. die elterlichen Interessen den staatlichen Zielen untergeordnet wurden.

6. Mit der einheitlichen Durchsetzung der deutschen Sprache für alle Schüler aller deutschen Territorien. Zwar gab es schon seit der Reformationszeit die deutschen Schulen, d.h. auch Schulen, die nicht das Lateinische, sondern die Muttersprache pflegten, aber daß der Staat nun alle Untertanen auf die deutsche Hoch- und Schriftsprache verpflichtete, stellt ein Novum dar und kann für die Bildungsgeschichte nicht hoch genug bewertet werden. Der Dialekt war nur mehr eine Sache der regionalen oralen Kultur.[22]

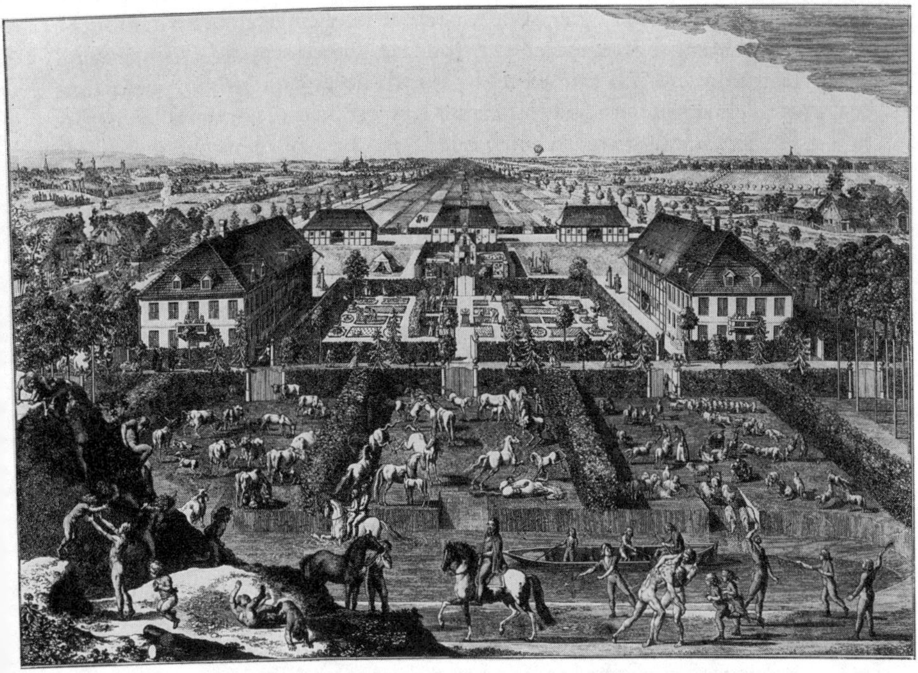

43. Panorama der pädagogischen Provinz. Radierung von Daniel Chodowiecki

Nicht allein die Predigt und die literarische Kultur des 18. Jahrhunderts sorgten für die allgemeine Durchsetzung der Hochsprache, sondern vor allem die Elementar- bzw. Volksschule, so unvollkommen sie allzulange noch praktiziert wurde. Die hochdeutsche Sprache verdrängte aber zu Ende des 18. Jahrhunderts weitgehend nicht nur die Dialektformen in der Bevölkerung. Die Förderung der hochdeutschen Sprache beendete jedenfalls die Vorherrschaft des Lateinischen in Gymnasium und Universität. Die deutsche Kulturnation entstand vor jeder politischen Vereinheitlichung deutscher Länder des Reiches, zu der es ja bekanntlich erst viel später kam.

Auch das höhere Schulwesen war in der frühen Neuzeit von einer großen Vielfalt geprägt.[23] Selbst im deutschen Raum gab es nicht das Gymnasium, das den Zugang zur Universität regelte. Dies zeigt sich nicht nur an der Vielzahl der Bezeichnungen – es gab die Latein- und gelehrte Schule, die Rats- und Bürgerschule, das klösterliche Kolleg sowie das illustre Gymnasium –, sondern auch an den unterschiedlichen Abgrenzungen einerseits zur Elementarschule, andererseits zur Universität. Einige Lateinschulen bzw. Gymnasien der frühen Neuzeit unterhielten in den unteren Klassen eine deutsche Schule, andere boten in den oberen sogar ein akademisches Grundstudium. Der Charakter einer höheren Schule hing einerseits von der Größe und dem Lehrangebot, andererseits von den Interessen der Gründer und Trägerinstitution ab. Im großen und ganzen gab es drei Grundtypen: Einmal unterhielten seit dem Spätmittelalter fast alle Städte, vornehmlich natürlich die Reichsstädte, Lateinschulen oder Rats- und Bürgerschulen als städtisch-kommunale Einrichtungen.[24] Zweitens existierten protestantische und katholische Gelehrtenschulen, unter denen die Jesuitengymnasien besonders hervorzuheben sind.[25] Schließlich errichteten auch Fürsten und Landesherrschaften gelehrte Landes- bzw. Fürstenschulen zur Ausbildung ihrer Eliten. Berühmte Beispiele sind das Akademische Gymnasium in Straßburg (1538), die Fürstenschule in Schulpforta (1543), das Graue Kloster in Berlin (1574) sowie das Jesuitengymnasium in München (1560).[26] Im Unterschied zur Elementarschule bildeten die Gelehrtenschulen Korporationen mit eigener Finanzverwaltung und unterstanden kirchlicher, städtischer oder fürstlicher Kontrolle; staatlichen Normen wurden sie erst spät unterworfen. Das uns vertraute Gymnasium ist ein Produkt des 19. Jahrhunderts.

Die Anfänge des Gelehrtenschulwesens stehen unter dem starken Einfluß des Humanismus, bedingt auch der Reformation, ohne daß es allerdings – obwohl Melanchthons Autorität lange nachwirkte – unmittelbar in den Dienst der reformatorischen Botschaft gestellt wurde. Überhaupt spielte im Unterschied zur Universität die Gelehrtenschule keine nennenswerte Rolle in der Reformationsgeschichte. Ein verstärktes öffentliches Interesse an den Gymnasien finden wir erst im Frühabsolutismus und der Zeit gegenreformatorischer Aktivitäten, als es darum ging, eine qualifizierte Beamtenschaft und kirchentreue Kleriker zu erziehen, wohingegen die Aufklärung zwar Spuren im höheren Schulsystem vor allem in den ‚Philanthropinen' hinterließ, sich letztlich jedoch mehr auf die Volksschulreform konzentrierte. Aufgrund der rechtlichen Lage waren hier die staatlichen Einflußmöglichkeiten sehr gering.

Im Zentrum der Latein- bzw. Gelehrtenschule und des illustren Gymnasiums stand die lateinische Sprache, als Unterrichtsgegenstand und als Unterrichtssprache. Deutsch durfte nicht gesprochen werden. 1529 heißt es: „Es ist ein verkehrter Weg ohne Grund, daß man einen Knaben, der in der Lernung verharren und aufwachsen soll, am ersten in die deutschen Schulen schreiben und lesen lernen gehen läßt. Denn ich hab's aus eigener, auch anderer Meister Erfahrung, daß die, so am ersten im Deutschen zu lernen haben angefangen, hernachmals zum Latein und anderen Zungen ungeschickter und tölpischer gewesen sein; und es ist fast zu wundern, was doch die Eltern dazu bewegt, so viel Fleiß auf das Deutsch zu wenden, daß ihre Kinder vor lateinischer und griechischer Zunge das Deutsch zu lernen mit solchen Kosten befohlen werden, welches sie von Natur und ein jeder ungelehrter Laie von sich selber mit der Zeit gewöhnen, üben und reden lernen."[27]

Erlernt und gesprochen wurde bei Protestanten und Katholiken nicht etwa das ‚Küchenlatein' der mittelalterlichen Kirche, sondern das durch den Humanismus gereinigte Latein der antiken, heidnischen Autoren. In einer Zeit, in der die schriftlichen Hauptquellen des Christentums neu entdeckt wurden und alles Nichtchristliche aus den Kirchen verbannt werden sollte, ist dies keine Selbstverständlichkeit. Ebenso hätten christliche antike Autoren wie Augustinus als Autoritäten dienen können und nicht der selbst von den Jesuiten favorisierte Cicero. Ein zweites ist mit der Ausweitung des lateinischen Schulwesens seit dem frühen 16. Jahrhundert hervorzuheben. Latein wurde auch für jene, die keine Universität besuchten und einen akademischen Beruf anstrebten, die ‚gelehrte' Schrift- und Verkehrssprache, obwohl der Protestantismus zeitgleich der deutschen Predigt, dem deutschen Katechismus und der deutschen Schule zum Durchbruch verhalf. Für viele wurde die lateinische Welt das Medium abstrakter Welterfahrung.[28] Das Lateinische wurde nicht als Fremdsprache gelernt, sondern als Sprache der Gelehrsamkeit und als Mittel sprachlicher Zucht. Wir müssen nicht nur bei den Gelehrten, sondern allgemein bei der gehobenen Schicht von einer latenten Zweisprachigkeit ausgehen, so gering auch die Lateinkenntnisse im einzelnen gewesen sein mögen.

Das Ziel selbst des gelehrten Unterrichts war freilich in erster Linie die Erziehung zu Zucht und Disziplin wie zu Glaubenseifer und treuem Staatsdienst. Dies wurde in der bekannten Studienordnung des Jesuitenordens, der Ratio studiorum von 1555, ebenso festgeschrieben[29] wie etwa ein

Jahrhundert später in der Schulordnung von Braunschweig/Wolfenbüttel (1651): „Nun diktieret die Vernunft selbst, daß zu Erhaltung solches hochnützlichen Zwecks, aller Menschen zeitlicher und ewiger Glückseligkeit, zweierlei Hauptmittel verordnet: Erstlich daß die Jugend fleißig, mit großer Behutsamkeit und ziemlicher Strenge erzogen, vom Bösen abgehalten und hingegen zu allem Guten gewöhnet; zum andern daß denjenigen, so ihre Jahre erreichet und nun mehr vollständige cives rei publicae geworden sind, keineswegs vergönnet werde, ihres eigenen Willens und Gefallens zu leben, sondern daß auch dieselben durch obbemelte media gehalten werden, allen Wandel, Tun und Lassen dergestallt im ganzen Leben anzustellen, wie es die von Gott zu dem End verordnete Obrigkeit nach der Richtschnur göttlichen Worts und der Ehrbarkeit gebeut."[30]

Im Vordergrund der Lateinschule stand neben dem Erlernen der lateinischen Sprache, die Lektüre lateinischer Schriftsteller und die Aneignung humanistischer Bildung. Zumeist erfolgte der Unterricht in drei Stufen. In der ersten wurden Lesen und Schreiben gelernt, in der zweiten mußte die Grammatik angeeignet werden und in der dritten wurden Rhetorik und Dialektik studiert. Oberstes Ziel war die Eloquenz, deren Grundlage nicht eine kritische Aneignung fremder Texte und Kulturen war, sondern das

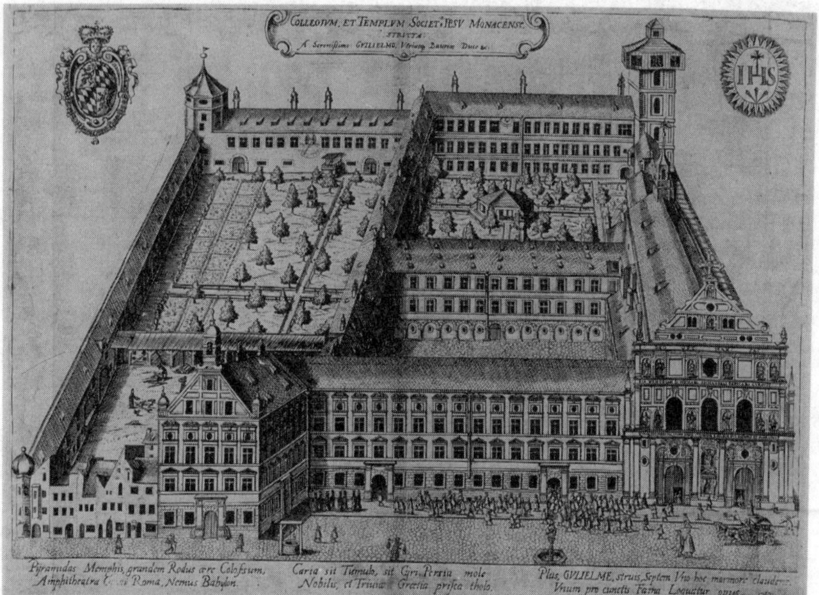

44. Das Jesuitenkolleg in München. Kupferstich von Johann Smissek, um 1650.

Gedächtnistraining und die Wahrung der Tradition. Je nach Größe bot die Schule auch einen Grundkurs in Philosophie und Theologie an. Zumeist handelte es sich um Lehrstoffe, die in der philosophischen Fakultät der Universitäten vermittelt wurden. Sosehr jede Schule sich im einzelnen von den anderen unterschied, war der Grundbestand doch überall gleich.

Die Grenzen des hier fixierten Bildungskanons wurden zu Anfang des 17. Jahrhunderts in dem Maße bewußt, wie einerseits die modernen Wissenschaften an gesellschaftlicher Bedeutung gewannen, und wie man andererseits die Unterrichtung moderner Sprachen zu vermissen begann. Der Aufstieg der französischen Kultur ging ebenso an der Schule vorbei wie die Entwicklung der modernen Naturwissenschaften. Nur vereinzelt standen im 17. Jahrhundert Fächer wie Mathematik und Physik oder Geschichte und Geographie auf dem Lehrplan, erst im 18. Jahrhundert wurden sie zunehmend in den Unterricht einbezogen. Zu Ende dieses Jahrhunderts gab es zwar ein breites Angebot, aber die Unterschiede der einzelnen Gymnasien blieben bestehen. Neben dem bis in die Mitte des 18. Jahrhunderts als Unterrichtssprache vorherrschenden Latein setzte sich die deutsche Sprache nur zögernd durch, eine Aufnahme und Verarbeitung der deutschen Literatur gab es in der Gelehrtenschule nur sporadisch. Moderne Entwicklungen fanden eher eine Resonanz in den im 17. Jahrhundert neu gegründeten Ritterakademien[31] sowie in den neuen Realschulen des 18. Jahrhunderts[32], deren Bedeutung allerdings nicht überschätzt werden darf. Bis weit in die Aufklärungszeit hinein vermittelte das Gymnasium ein an der humanistischen Antike orientiertes Bildungssystem, das kritisches Denken und Lernen ausschloß. Die meisten Kritiker des 18. Jahrhunderts werden der Situation der Schule nicht gerecht und messen sie an Maßstäben, die kaum realisierbar waren und den Bedürfnissen der Gesellschaft nicht gerecht wurden; sie vermitteln aber dennoch einen Einblick in die Schulwirklichkeit.

Der Berliner Propst Reinbeck, ein Schüler des großen Pietisten und Pädagogen ‚realistischer' Prägung, Francke, urteilte 1740: „Die meisten Schulen sind so eingerichtet, daß die allerwenigsten Menschen sich derselben mit Nutzen bedienen können. Wer nicht auf die Wissenschaften sich allein legen, sondern eine Kunst oder sonst ein gutes Handwerk oder die Kaufmannschaft erlernen will, findet bei den Schulen gar schlecht seine Rechnung. Es wird in denselben auf die Reinigkeit und Rechtschreibung der Muttersprache wenig gesehen; die Rechenkunst wird sehr sparsam getrieben; zur Historie und Geographie werden entweder gar keine oder die Woche über nur aufs höchste ein paar Stunden und dieses noch wohl dazu privatim ausgesetzet. Die Weltweisheit, insonderheit die Vernunftlehre, wie auch die Meßkunst sind auf den allermeisten Schulen unbekannte Sachen. ... Überdem sind die meisten Schulen so eingerichtet, daß wer sich nicht vornehmlich auf die Gottesgelahrtheit legen will, in denselben viel Stunden vergeblich zubringen muß. Ein solcher kann fast nichts anderes als ein bischen Latein, und dieses noch wohl dazu schlecht genug, daraus mitbringen. Aber auch die andern, welche sich der Gottesgelahrtheit gewidmet haben, finden gar selten die richtige Anweisung. Latein ist ihr vornehmstes Werk; die deutsche Sprache wird gar sehr versäumt. Und gleichwohl sollen diese Menschen ihren Gemeinden dermaleinst nicht Latein, sondern Deutsch predigen. Daher geschieht es denn auch, daß sie hernach in ihre Predigten einen Haufen lateinische, mit deutschen Endigungen versehene Wörter einmischen und kaum glauben, daß sie alles mit gutem Deutsch geben könnten, wodurch sie dann dem gemeinen Mann unverständlich werden."[33]

Die gelehrten Schulen waren sozial-pädagogische Einrichtungen von Kommunen, Kirchen oder Landesherrschaften, die die Jugend erziehen und ihr gelehrtes Wissen vermitteln sollten. Sichtbares Zeichen ihrer Eigenständigkeit war der oft repräsentative Bau. Nebenher übernahmen Schüler eines Gymnasiums Aufgaben im Kirchendienst, stellten den Chor und begleiteten Leichenzüge und zeigten sich als geschlossene Gruppe bei Aufzügen und Prozessionen. Von großer Bedeutung wurde im 17. Jahrhundert nicht nur bei den Katholiken das Theaterspiel der Schule. Bekannte Theaterdichter wie Jacob Bidermann und Christian Weise waren Gymnasiallehrer, deren Stücke die Schüler öffentlich aufführten.[34] Im 18. Jahrhundert traten anstelle des Schauspiels zu Jubiläen oder auch Geburtstagen öffentliche Gedenkfeiern mit Wettkämpfen und Reden.

Die Gelehrtenschule kannte im Unterschied zur Elementarschule bereits seit dem 16. Jahrhundert ein Klassensystem mit verschiedenen Fachlehrern in getrennten Räumen, das jedoch nicht in Altersgruppen aufgeteilt war – das Miteinander unterschiedlichster Jahrgänge in einer Klasse gehört zum frühneuzeitlichen Unterrichtssystem überhaupt –, sondern verschiedenen Lehrgängen diente. In der Regel wurde die Schule drei oder fünf Jahre besucht, eine feste Norm gab es nicht. Selten durchlief jemand alle Klassen, mancher hatte vorher eine Elementarschule besucht, viele kamen unmittelbar in die Lateinschule. Der Übergang von einer Klasse in die andere erfolgte nicht nach uns bekannten Kriterien, es gab auch keinen Abschluß, der es erlaubte, einen bestimmten Beruf zu ergreifen oder zur Universität überzuwechseln. Der Zugang zur Universität war bis ins 18. Jahrhundert hinein ebensowenig abhängig von dem Besuch eines Gymnasiums wie dessen Besuch den Abschluß einer Elementarschule voraussetzte. Viele bekannte Literaten und Schriftsteller des 18. Jahrhunderts haben überhaupt nicht oder nur für kurze Zeit ein Gymnasium besucht; vor allem in den gehobenen Schichten war der Privatunterricht üblich.[35]

Das Gymnasium unterrichtete Ortsansässige und Auswärtige; je nach ihrem Bekanntheitsgrad zogen die Gelehrtenschulen Schüler sogar aus weiter Ferne an. Diese wohnten zumeist in einem mit dem Gymnasium verbundenen Konvikt, wie es bei den Jesuitengymnasien generell die Regel war. Auf der Fürstenschule in Grimma herrschte folgende Tagesordnung: Früh um 5 Uhr wurden die Knaben geweckt. Nach ihrem Morgengebet machten sie ihre Betten, kehrten ihre Kammer und putzten die Schuhe, um halb sechs folgte ein Gottesdienst. Von 6–9 Uhr gab es die ersten Lektionen und um 9.00 das Mittagessen. Bis 11.00 hatte jeder Schüler frei. Von 11–12 mußte studiert werden, zwischen 12–1 sangen sie gemeinsam. Von 1–2 erhielten sie die nächsten Lektionen. Um 2.00 wurde Vesper gehalten mit Gesang und Kollekte in der Kirche, dann folgte das Vesperbrot. Zwischen 3–4 waren die letzten Lektionen eingeplant. Um 4.00 stand das Abendessen auf dem Programm. Zwischen 6 und 8.00 Uhr abends konnte jeder studieren. Der Tag endete um 8.00 Uhr mit einem Abendgebet, mit Gesang und der Lesung eines Kapitels aus der Bibel. Zu Bett schließlich betete der Einzelne noch seinen Abendsegen und ein Vaterunser. Das Vaterunser wurde auch vor jeder Lektion vom Primus der Klasse lateinisch oder griechisch gesprochen. Sonntags und mittwochs mußten die Schüler zur Predigt, die nachher abgefragt wurde. Ferien und freie Tage gab es fast nicht.[36]

Der Erfolg und das Gedeihen der Gelehrtenschulen hingen von der Qualität und dem Engagement der Lehrer ab. Sie waren in der Regel entschieden besser ausgebildet als die deutschen Schulmeister, zumeist hatten sie selbst ein Gymnasium besucht, zum Teil eine Universität. Vielfach jedoch bildete die Lehrerstelle an einer Lateinschule nur eine Übergangsstelle für Theologen, die auf eine frei werdende Pfarrstelle warteten, oder für angehende Beamte. Selbst in Klosterschulen war die Fluktuation hoch, was beweist, daß die Stellen finanziell schlecht ausgestattet waren, und die Lehrtätigkeit nicht als ‚Haupt'-beruf angesehen wurde. Der größte Teil der Geistlichkeit mußte derartige Stellen durchlaufen. Nur die Schulleiter machten Ausnahmen, aber auch diese Posten waren nicht sonderlich begehrt. In der Regel erhielten die Schulleiter von der Kommune oder der Herrschaft eine feste Besoldung, hinzu kamen Naturalien, doch häufig mußten sie sich noch um Nebenverdienste kümmern. Mit einer speziellen Ausbildung begannen die Pietisten in Halle, doch eine eigene Ausbildungsinstitution wie für die angehenden Volksschullehrer gab es nicht. Didaktische Befähigung wurde ebensowenig überprüft wie pädagogische Eignung, es kam lediglich darauf an, der lateinischen Sprache mächtig zu sein und die elementaren Kenntnisse in lateinischer Literatur, in Religion und Philosophie vermitteln zu können. Das schloß nicht aus, daß an manchen Schulen ausgezeichnete Lehrer, ja Gelehrte unterrichteten, da sie aber häufig die Stelle wechselten, war ihr Einfluß langfristig gering. Überhaupt spielte die persönliche Begabung des Lehrers nur bedingt eine Rolle, entscheidender war der strenge Lehrplan und der intellektuelle Anspruch der gesamten Schule.

Über die Schüler wissen wir wenig. Die Lateinschule wie das Gymnasium waren weitgehend Knabenschulen; während Mädchen die Elementarschule besuchten, blieb ihnen das Gymnasium verschlossen. Eine entsprechende Ausbildung konnten sie höchstens zu Hause erhalten. Die höheren Schulen waren entschieden größer als die Elementarschulen. Oft unterrichteten sie 200 bis 300 Schüler, die großen Jesuitengymnasien hatten zeitweise sogar 800–1000 Schüler. Nach der sozialen Zusammensetzung kamen sie weitgehend aus der Oberschicht, aus Beamten- und in protestantischen Ländern aus Theologenfamilien, selbst adlige Kinder besuchten die Gymnasien. Dabei gab es prinzipiell keine Abschottung nach unten, nur Schulgeld setzte eindeutige Schranken. Begabte, aber arme Kinder erhielten jedoch von den Kirchen nicht selten ein Stipendium. Seit dem 16. Jahrhundert gehörte der Schulbesuch für die Oberschicht zum Status. Aber nur die wenigsten Kinder harrten die ganze Schulzeit aus, viele besuchten selbst die höheren Schulen nur kurzfristig. Eine feste Schuldauer gab es nicht. Ein klares Berufsziel war auch mit dem Gymnasium nicht unmittelbar vorgegeben, es wurde ja dominant Latein gelehrt. Schüler qualifizierten sich für die Universitäten, gingen dann in geistliche und weltliche Berufe oder wurden Lehrer. Eine klare Kenntnis über die Karriere der Schüler besitzen wir für die frühe Neuzeit nicht. Doch können wir allgemein davon ausgehen, daß alle Mitglieder der oberen Stände ihren Kindern eine Schulausbildung zukommen ließen. Weil allerdings das Ansehen vieler Gelehrtenschulen gerade im 18. Jahrhundert sank, nahm die private Ausbildung, der private Unterricht vor allem durch Hauslehrer, wieder zu. Adlige finden wir im 18. Jahrhundert kaum noch auf öffentlichen, klösterlichen oder städtischen Gymnasien. Selbst als das Abitur zu Ende des 18. Jahrhunderts zur Voraussetzung des Universitätsstudiums wurde, hatten viele das Gymnasium überhaupt nicht oder nur für kurze Zeit besucht.[37]

Welche Rolle die Schule im Leben bekannter Aufklärer aus der unteren Schicht spielte, zeigt ein Beispiel. Es verdeutlicht die Qualität der Schulausbildung, die ungewöhnlichen Anstrengungen und den Geist einer neuen Generation, die bewußt mit der Tradition brach.

Joh. Joachim Winckelmann (geb. 1717), der große Literat und Antikekenner, war der Sohn eines armen Schuhflickers aus Stendal, dessen Haus aus einem einzigen Raum bestand, der zugleich als Werkstatt, Wohn- und Schlafstube dienen mußte.[38] Dank seines großen Lerneifers und eines Freitisches kam er früh auf eine Lateinschule, mußte aber anfangs mit Nachhilfestunden seinen Unterhalt verdienen. Der Lateinunterricht stand im Vordergrund, aber er erhielt auch eine Einführung in das Griechische. Besonders interessierten ihn theologische Fragen. Als Amanuensis des Rektors hatte er Zugang zu dessen Büchern, ein Privileg, das er reichlich nutzte. Mit dem 18. Lebensjahr wechselte er zunächst an das Cöllnische Gymnasium in Berlin, wo er seine Griechischkenntnisse verbesserte, dann nach Salzwedel. Mit 19 Jahren schrieb Winckelmann sich als Theologiestudent an der Universität Halle ein. Er hörte theologische und philosophische Vorlesungen, studierte aber vor allem die französischen und englischen Skeptiker. 1740 verließ er – ohne ein besonderes Examen – die Universität, um zunächst in einem adligen, dann in einem bürgerlichen Haushalt als Informator bzw. Hauslehrer zu wirken. 26jährig wurde er endlich Konrektor einer Schule in Seehausen in der Altmark; obwohl er keine pädagogischen Neigungen verspürte, mußte er dort 5 Jahre ausharren. Er lehrte Hebräisch und Griechisch sowie Geometrie und Logik, aber sein Erfolg und Ansehen waren bei den Schülern wie bei den Bürgern der Stadt gering. Als er einmal während einer Predigt Homer las, wurde er zum Elementarunterricht abgeordnet. „Ich habe den Schulmeister mit großer Treue gemacht, und ließ Kinder mit grindigen Köpfen das ABC lesen, wenn ich während dieses Zeitvertreibs sehnlich wünschte, zur Kenntnis des Schönen zu gelangen und Gleichnisse aus dem Homer betete.“[39] Seine Einnahmen waren gering, verschiedene Nebenverdienste in der Kirche und durch Privatstunden deshalb unabdingbar. „Den ganzen Winter kam er nicht ins Bett, sondern saß im Lehnstuhl in einem Winkel vor einem Tisch, auf beiden Seiten standen zwei Bücherrepositorien. Wenn er den Tag mit Schulstunden und dem Unterricht seiner Pensionäre zugebracht hatte, so studierte er für sich bis Mitternacht; dann löschte er seine Lampe und schlief bis 4 Uhr auf dem Stuhle. Um vier zündete er das Licht wieder an und las bis 6 Uhr, wo die Information seiner Junker von neuem begann.“[40] Während seiner Schulzeit erwarb er sich ein immenses Wissen in der griechischen Literatur und in Geschichte. 1748 befreite ihn der Ruf als Bibliothekar und Sekretär an den Dresdner Hof vom leidigen Unterrichten.

Wie das niedere Schulwesen stand auch das höhere unter der Aufsicht kirchlicher oder staatlicher Institutionen, die das Ansehen der Lateinschulen oder Gymnasien sicherstellten. Schon früh versuchte der Staat Einfluß auszuüben, aber der Verstaatlichungsprozeß setzte doch später ein als im Bereich der Elementar- und Volksschulen. Erst zu Ende des 18. Jahrhunderts, als sich auch in den absolutistischen Staaten eigene Schulbehörden entwikkelten, kam es zu einer gewissen Vereinheitlichung. Das eigentliche Schulinteresse des aufgeklärten Staates richtete sich jedoch nicht auf das Gymnasium, sosehr kritische Stimmen laut wurden gegen die Präponderanz des Lateinischen, die Vernachlässigung der deutschen und der französischen Sprache, vor allem gegen die fehlende Vermittlung von naturwissenschaftlichem und historischem Wissen. Besondere Aufmerksamkeit verdienen die diesen Interessen entgegenkommenden Philanthropinen, deren erste 1774 in Dessau gegründet wurde. Die Aufklärungszeit konzentrierte sich aber insgesamt mehr auf die Errichtung von Realschulen, die den Absichten der Aufklärung eher entgegenkamen und vor allem der Landeswohlfahrt dienen sollten, indem sie praktisches Wissen vermitteln und dem Bürger eine berufsgerechtere Ausbildung garantieren sollten, wenngleich die Idee der Realschule nur bruchstückhaft realisiert wurde. Der heutige Forschungsaufwand entspricht nicht der damaligen Bedeutung dieses Schultyps. Aufschlußreich ist allerdings, daß bereits im späten 18. Jahrhundert öffentlich Kritik an der einseitig humanistischen Ausbildung der Schüler geübt wurde und die Gründung sogar von Realgymnasien gefordert wurde. Bevor diese allerdings konkretisiert wurden, entstand erst einmal das ausschließlich staatliche humanistische Gymnasium der Humboldtzeit.

3. Die Hohe Schule und die moderne Wissenschaft

In der frühen Neuzeit gab es auch nicht die Universität, sondern eine Vielfalt unterschiedlichster Formen von Hohen Schulen.[1] Allein die kaiserlich privilegierte nannte sich Universität, daneben kennen wir Hochschulen, die das gleiche, wenn nicht sogar ein breiteres Lehrangebot vermittelten. Es gab kirchlich-klösterliche Hochschulen im Universitätsrang wie die der Jesuiten in Dillingen oder Breslau; städtische Universitäten wie in Altdorf bei Nürnberg und Landesuniversitäten wie in Halle oder Ingolstadt.[2] Damit waren die Universitäten allerdings keine rein kirchlichen, städtischen oder staatlichen Institutionen (wie im 19. Jahrhundert), sondern eigenständige Kooperativen mit eigenem Rechtsstatus, eigener Gerichtsbarkeit und eigenen grundherrschaftlichen Einkünften, die bei aller kirchlichen und staatlichen Kontrolle eine unbestrittene Autonomie besaßen wie andere ständische Einrichtungen. Die Hohen Schulen umfaßten unterschiedlich viele Fakultäten, manche unterhielten zugleich ein Gymnasium. Einige hatten nur eine philosophische und theologische Fakultät, andere alle vier Fakultäten, seit dem 18. Jahrhundert gab es zudem eine kameralwissenschaftliche.[3] Schließlich ist noch eine Art von Fachhochschulen zu nennen, die nur Juristen bzw. Beamte oder Theologen ausbildeten. Zu diesen können die Ritterakademien gezählt werden, aber auch eine Schule wie die Karlsschule in Stuttgart – auf der Schiller studierte –, einer der modernsten Schultypen der Zeit.[4]

Die Universitäten sind mit ihrer Aufteilung in Fakultäten mittelalterlichen Ursprungs. Wenngleich sich im Laufe der frühen Neuzeit vieles änderte, unterschieden sie sich in ihrer Aufgabenstellung und Struktur wesentlich von der modernen Universität. Sie waren Lehr- und Standesinstitutionen, die mit einem wissenschaftlichen Betrieb wenig gemein hatten. In der hierarchischen Struktur der Universität spiegelt sich das mittelalterliche bzw. frühneuzeitliche Weltbild wider. Die unterste, artistische oder philosophische Fakultät bot gewissermaßen ein studium generale für alle Studenten an, hier konnten die sog. sieben freien Künste studiert werden: Grammatik, Rhetorik und Dialektik, Arithmetik, Geometrie, Astronomie und Musik. Bereits im 16. Jahrhundert vollzog sich eine Konzentration auf Dialektik bzw. Logik, auf Philosophie, d.h. Physik, Metaphysik und Ethik,

45. Doktor-Promotion im Collegium Welserianum zu Altdort, Kupferstich von Johann Georg Paschner, um 1705–1750

sowie auf Mathematik. Darüber stand die medizinische Fakultät, die juristische – die für den frühmodernen Staat so wichtig wurde – sowie als angesehenste und einflußreichste die theologische Fakultät. Der Universität angegliedert waren vor allem Kollegien; moderne Institute bildeten sich hingegen erst im späten 18. Jahrhundert heraus. Wie die Universitäten insgesamt waren auch die Fakultäten autonome Einrichtungen, standen aber durchaus in intensivem Kontakt miteinander. Besondere Anregungen kamen aus Italien und aus Holland.

Trotz aller Versuche, sich den Aufgaben der Zeit zu stellen und den Anforderungen der Kirche oder des Staates gerecht zu werden, bildeten die Universitäten bis weit ins 18. Jahrhundert hinein relativ starre Institutionen, die nur bedingt moderne Entwicklungen bzw. die Impulse der modernen Wissenschaften mit aufnahmen. Die lateinisch-humanistische Tradition war allenthalben bestimmend, was nicht nur mit der vorherrschenden lateinischen Sprache, sondern auch mit den rezipierten Lehrautoritäten zu tun hatte; eine derartige Rolle spielte die aristotelische Schule in der Philosophie, die Galen'sche Tradition in der Medizin, das römische Recht in der Jurisprudenz und die mittelalterliche Scholastik in der katholischen Theologie sowie eine nicht wesentlich anders strukturierte lutherische Orthodoxie bei den Protestanten. Sicher stand man den modernen Naturwissenschaften nicht völlig fern, auch drang die historische Methode langsam vor, doch die Vermittlung orthodoxer Lehrmeinungen blieb das non plus ultra. Lehrfreiheit gab es nicht, weder für Theologen noch für Philosophen, die Orientierung an Autoritäten bestimmte sogar das ganze soziale Leben an der Universität. Dem entsprach die Lehrmethode, kritische Selbstaneignung war ein Fremdwort, wie in der Schule wurde diktiert, repetiert und auswendig gelernt.[5] Denn es ging wesentlich um Wissens- und Traditionswahrung sowie um Aneignung elementarer Gelehrten- und Kulturtechniken.

Trotz einer ungewöhnlichen Traditionsorientierung und der intellektuellen Orthodoxie an deutschen Universitäten kam es seit dem späten Mittelalter zu einem fortgesetzten Wandel. Zunächst versuchte die Reformation bzw. der Humanismus, die Institution für ihre Interessen nutzbar zu machen, nicht umsonst spielten die Universitäten eine entscheidende Rolle bei der Intellektualisierung der reformatorischen Botschaft.[6] Luther und Melanchthon waren Universitätsgelehrte, das wirkte sich auf den Geist der neuen Kirche ebenso wie auf die Universitäten mit ihren alles beherrschenden theologischen Fakultäten aus. Eine entscheidende Reformphase erlebte die Universität einige Jahrzehnte später im Zusammenhang der Konfessionalisierung der Gesellschaft und der Herausbildung frühmoderner Staatlichkeit. In dieser Phase entstehen die konfessionell geprägten Landesuniversitäten mit ihrem Lehr- und Meinungsmonopol für die ganze Territorialgesellschaft. Der Dreißigjährige Krieg hat diese Entwicklung nicht gebremst, sondern nach einer Stagnationsphase eher noch verstärkt. Aus den weltläufigen – wenn auch kleinen – Universitäten des Spätmittelalters und des 16. Jahrhunderts, auf denen viele Auswärtige und Ausländer studierten, wurden Provinzuniversitäten für Landeskinder. Einen dritten Einschnitt brachte schließlich die Aufklärung, wobei die Umgestaltung jedoch nicht auf einen Schlag, sondern nach einem teilweise Jahrzehnte währenden Neuorientierungsprozeß erfolgte.[7] Mit unseren modernen haben selbst die ‚aufgeklärten' Universitäten allerdings noch wenig zu tun; diese entstehen erst zu Beginn des 19. Jahrhunderts parallel zur Neugründung des Gymnasiums.

Die Universitäten der frühen Neuzeit waren bei 150–300 Immatrikulierten und einer kleinen Zahl von Professoren für unsere Verhältnisse klein. Die Professoren entstammten wie die Theologen weitgehend dem mittleren Bürgertum, im 16. Jahrhundert gab es auch noch einige Lehrer aus der Unterschicht.[8] In dem Maße jedoch wie die Korporation der Professoren sich als geschlossene soziale Gruppe herausbildete und die Laufbahn festgelegt wurde, rekrutierte sich ein beträchtlicher Teil wie in anderen Berufszweigen, aus wenigen Familien, in denen nicht selten das Professorenamt sogar vererbt wurde. Eine Habilitierung gab es nicht, doch hatten die Professoren in der Regel zumindest ein volles Universitätsstudium absolviert und es mit dem Doktortitel abgeschlossen, der gleichsam den Eintritt in die gehobene Gesellschaft ermöglichte. Sie hatten in der Regel eine feste Besoldung, bezogen außerdem Studiengebühren bzw. Hörgelder, oder unterhielten eine Hausgemeinschaft mit ihren Studenten. Ohne Frage spielte die wissenschaftliche Qualifikation eine Rolle, aber nicht minder wichtig war die Protektion und die richtige Konfession bzw. der Glaubenseifer. Leistungsdenken war bei der Auswahl kein Kriterium, nur das Ansehen galt.

Die Professoren mußten in der frühen Neuzeit ein großes Deputat erfüllen, dennoch wurden sie zugleich in vielfältige öffentliche Aufgaben eingebunden. Professoren der Philosophie unterrichteten oft gleichzeitig in einem Gymnasium, Mediziner waren als Ärzte tätig, manche sogar als Hofärzte und genossen dadurch besondere Privilegien. Die Juristen wirkten als Gutachter, die in den vermehrten Entscheidungsprozessen des Staates begehrte Berater waren. Und nicht wenige Theologen predigten allsonntäglich in der Universitätskirche und saßen als Experten in kirchlichen Gremien. Beim Ausbau der Konfessionskirchen und des frühmodernen Beamtenapparats bzw. der frühneuzeitlichen Verwaltung wirkten Universitätsprofessoren tatkräftig mit, was auch den ungewöhnlich gelehrten Duktus bei der Regelung öffentlicher Angelegenheiten erklärt. Angesichts dieser professoralen Aufgabenfelder waren die Universitäten keine Forschungsstätten in unserem Sinne, sondern Dienstleistungsinstitute für die Kirchen bzw. den landesfürstlichen Staat. Jedenfalls spielten sie beim Aufbau des frühmodernen Staatswesens eine größere Rolle als in der Wissenschaftsentwicklung. Selbstverständlich gab es auch eine wissenschaftliche Tätigkeit, aber sie nahm in der Universität bis zum Ende des 18. Jahrhunderts keine zentrale Stelle ein. Die Verbindung von Forschung und Lehre ist eine Idee des 19. Jahrhunderts.

Im Prinzip konnte jeder junge Mann studieren, der die nötigen intellektuellen Voraussetzungen hatte, über reichlich Geld verfügte oder ein Stipendium erhielt, wodurch vor allem Theologen gefördert wurden. Konkret war es aber nur eine kleine Schicht von bürgerlich-adligen Familien, die ein Studium für ihre Kinder finanzieren konnte, praktische Berufserwägungen spielten dabei allerdings eine geringere Rolle als Prestigegründe, denn unmittelbar verwertbar war das Erlernte sowieso nicht. Mit einem Studium verband sich die Möglichkeit, ein Amt zu erwerben, vor allem der Doktortitel verschaffte Reputation in der ständischen Gesellschaft wie im Staatsapparat. Klare Zugangsregeln zur Universität gab es erst seit Ende des 18. Jahrhunderts, als das Abitur eingeführt wurde. Erwartet wurde eine gewisse Vorbildung, die allerdings nicht überprüft wurde. Studiendauer und ausreichende akademische Kenntnisse waren keine Einstellungsbedingung für die begehrten Ämter, oftmals gaben Familienverbindungen, die Herkunft und die religiösen oder politischen Gesinnungen den Ausschlag. So wie es keine

Zahl der Inskriptionen an sämtlichen deutschen Universitäten 1600–1830[9]

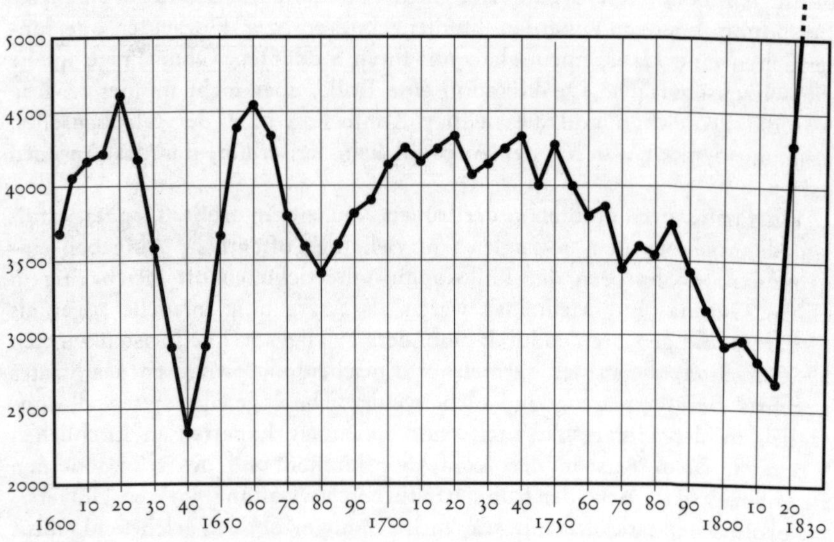

klaren Aufnahmeregeln gab, war auch ein bestimmter Studienabschluß nicht vorgesehen. Zwar konnte man den Magister machen und promovieren, aber diese Titel waren eher Standesbezeichnungen als Qualifikationszeugnisse. Den Doktortitel erwarb man durch die öffentliche Disputation über Thesen der Doktorväter, wobei die Antworten oft bereits vorher festlagen. Eigenständiges, womöglich wissenschaftliches Denken, stand somit nicht zur Debatte. Weil die Qualifikation zum Magister oder Doktor auch noch finanziert werden mußte, gingen die meisten Studenten ohne jeden Abschluß wieder ab.

Über das eigentliche Fachstudium hinaus existierte schon in der frühen Neuzeit eine andere Seite des Studentenlebens: Ähnlich wie die Handwerksgesellen außerhalb der Meisterbetriebe ein eigenes, in Verbänden organisiertes Leben führten, vereinigten sich die Studenten in zumeist nach Regionen oder Nationen geordneten Landsmannschaften und pflegten dort einen ‚Lebensstil', der nicht selten auf heftige staatliche und kirchliche Kritik stieß.[10] Als die Aufklärer begannen, auch die Universität dem ‚Richterstuhl der Vernunft' zu unterwerfen, kritisierten sie nicht nur den weltfremden scholastischen Lehrbetrieb, sondern auch das ‚lasterhafte' Treiben der Studenten.

In „Dichtung und Wahrheit" schreibt Goethe in sicherlich stilisierendem Rückblick beispielsweise: „Jede der deutschen Akademieen hat eine besondere Gestalt: denn weil in unserem Vaterlande keine allgemeine Bildung durchdringen kann, so beharrt jeder Ort auf seiner Art und Weise und treibt seine charakteristischen Eigenheiten bis auf's letzte; eben dieses gilt von den Akademieen. In Jena und Halle war die Rohheit auf's höchste gestiegen, körperliche Stärke, Fechtergewandtheit, die wildeste Selbsthülfe war dort an der Tagesordnung; und ein solcher Zustand kann sich nur durch den gemeinsten Saus und Braus erhalten und fortpflanzen. Das Verhältnis der Studierenden zu den Einwohnern jener Städte, so verschieden es auch sein mochte, kam doch darin überein, daß der wilde Fremdling keine Achtung vor dem Bürger hatte und sich als ein eignes, zu aller Freiheit und Frechheit privilegiertes Wesen ansah. Dagegen konnte in Leipzig ein Student kaum anders als galant sein, sobald er mit reichen, wohl und genau gesitteten Einwohnern in einigem Bezug stehen wollte."[11]

Sosehr die Universitäten die jungen Männer disziplinieren wollten – entweder sollten sie in der Hausgemeinschaft der Professoren gezügelt werden oder in einem kirchlich geleiteten Konvikt leben –, so erfolglos waren diese Bemühungen. Wenn sich die biederen Männer des 17. und 18. Jahrhunderts im späteren Leben an ihre Studienzeiten erinnerten, dann schilderten sie mehr ihren Ulk und allerlei Universitätsgrotesken als das, was sie erlernt hatten. Eine systematische und zugleich disziplinierende Ausbildung setzte erst in der Mitte des 18. Jahrhunderts ein, doch selbst als das Abitur zur Aufnahmebedingung und ein bestimmter Abschluß verlangt wurde, bestimmte das Studium noch lange nicht ausschließlich das Leben der Studenten.

Zumeist waren die Universitäten Prestigeobjekte der Landesherren oder der Kirchen, sie lagen oft an einem repräsentativen Platz in einer Stadt. Über Raummangel wurde selten geklagt, ebensowenig über die unzureichende Ausstattung. Die Bibliothek war allerdings nur den Professoren zugänglich. Den Studenten wurden die Vorlesungen diktiert, und Bücher mußten sie – wenn nötig – exzerpieren.[12] Aufgrund der Überschaubarkeit der Universitäten versanken selbst Fremde nicht in Anonymität, sie wurden schnell integriert, blieben aber meist nicht lange, da ein häufiger Universitätswechsel üblich war.

Signifikant und oft Anlaß zu scharfer Kritik waren vier Phänomene, die die deutschen Universitäten über Jahre kennzeichneten: Einmal wurden die meisten in kleinen Ortschaften außerhalb der großen Residenzstädte, d. h. den eigentlichen Machtzentren gegründet. So gab es beispielsweise keine Universitäten in München, Mannheim, Berlin oder Dresden, dafür aber in Greifswald, Rinteln, Ingolstadt und Graz. Das berühmte Wittenberg war ein großes Dorf. Die Universitätsstädte prägte somit ein kleinbürgerlicher Geist. Zum anderen beschränkte sich das Studium auf eine stupide ‚Paukerei', die nur ein Auswendiglernen und die Wahrung der Tradition erlaubte. Eine intellektuelle Auseinandersetzung fehlte ebenso wie anregende Diskussionen mit den Professoren über aktuelle Probleme; dies änderte sich erst zu Ende des 18. Jahrhunderts. Außerhalb der Universität etablierte sich drittens eine vielgestaltige Studentenkultur, in der Saufereien und nächtliche Exzesse nicht fehlten. Hier erfuhr der einzelne Student eine spezifische Sozialisation im Übergang von der Jugend zum Erwachsenendasein als Pfarrer oder Beamter. Schließlich unterlag das Universitätsleben dem Zwang geistiger Konformität, die vor allem von dem Universitätsprediger überwacht wurde. Abweichungen von der offiziellen Lehre wurden hart bestraft, das allgemein übliche Zensurrecht half bei der Reglementierung.

Prinzipiell sind die Strukturen des deutschen Universitätswesens bis zum Ende des 18. Jahrhunderts konstant geblieben, zumindest bei den meisten Hochschulen. Und doch hat sich unter dem Druck staatlicher Interessen und aufklärerischen bzw. frühaufklärerischen Engagements ein Wandel vollzogen. Eine bedeutsame Vorreiterrolle übernahm die preußische Landesuniversität Halle mit ihrer Öffnung gegenüber den praktischen Wissenschaften und einer Säkularisierung der Jurisprudenz.[13] Eng verbunden mit dem Aufstieg Halles zur Reform-Universität sind die Namen August H. Francke und Christian Thomasius, der auch für die deutsche Sprache auf der Lehrkanzel stritt. Mit der Vertreibung von Christian Wolff (1723) endete hier jedoch vorerst der Reformwille. An die Stelle von Halle trat die Universität Göttingen (1737), mit der erstmals eine reine Staatsuniversität errichtet wurde, die die Lehrfreiheit der Professoren garantierte.[14] „Zweck der Anstalt ist die Lehre aller der studierenden Jugend anständigen, nützlichen, im gemeinen menschlichen Leben vorkommenden und ihren Gebrauch habenden Disziplinen, Wissenschaften, Künsten und Sprachen."[15] Typische Repräsentanten der Göttinger modernen Gelehrsamkeit waren die beiden Naturwissenschaftler Albrecht v. Haller und später Georg Christoph Lichtenberg.

Im Zusammenhang mit diesen beiden neuen Universitäten, aber auch unabhängig von ihnen, vollzogen sich entscheidende Entwicklungen. Einmal wurde die Vorrangstellung der theologischen Fakultäten beseitigt; die Auflösung des Jesuitenordens 1773 stand am Ende dieses Prozesses. Korrespondierend dazu emanzipierten sich zweitens Philosophie und Jurisprudenz von der Theologie – nicht nur vom kirchlichen Einfluß, sondern auch vom spezifisch theologischen Denken. Das philosophische Studium, vor allem die ‚Popularphilosophie', gewann sogar ein Übergewicht. Drittens vollzog sich eine vollkommene Abkehr von der lateinischen Gelehrsamkeit. Außer der Theologie – aber zusehends auch sie – wurden alle Wissenschaften nunmehr in deutscher Sprache unterrichtet. Viertens begann der Aufstieg historisch-philosophischer Wissenschaften, der die Grundlage für die Geisteswissenschaften legte. Schließlich wurden die modernen Naturwissenschaften nicht mehr nur rezipiert, sondern als zentrale Elemente in den Kanon universitärer Ausbildung aufgenommen.

Die Universitäten waren nicht die Hauptstätten der Aufklärung, ihre innovatorische Kraft blieb beschränkt. Vergleichen wir aber die aufklärerische Bewegung in Deutschland mit der des Auslandes, vor allem Frankreichs und Englands, dann fällt dennoch ihr akademischer Charakter auf. Viele bekannte Aufklärer wie Thomasius, Wolff, Lichtenberg oder Kant waren Universitätsprofessoren; ihre Wirksamkeit entfalteten sie allerdings weniger als Lehrer denn als Gelehrte und Schriftsteller; ihr Werk prägte den intellektuellen Diskurs in Deutschland.[16] Nicht wenige Professoren wirkten auch in Aufklärungsgesellschaften mit; bekannt ist ihr hoher Anteil im Mainzer Jakobinerclub. Der Geheimbund der Illuminaten, eine typisch deutsche Erscheinung, kam auf Initiative Adam Weishaupts, eines Professors an der katholischen Universität Ingolstadt, zustande.[17]

Die Argumentations- und Schreibweise der zeitgenössischen Publizistik erinnert dementsprechend vielfach an wissenschaftliche Abhandlungen, die sich nicht an das allgemeine Publikum richteten, sondern an gelehrte Leser mit Universitätsstudium. Das trifft vor allem für die großen Zeitschriftenpublikationen aus Leipzig, Göttingen und Salzburg zu. Sicherlich thematisierte auch die deutsche Aufklärung alle Probleme menschlichen und sozialen Zusammenlebens, aber Fragen der Wissenschaft sowohl aus der Naturforschung wie der Geschichtswissenschaft spielten eine besondere Rolle. Viele aufklärerische Schriften und Zeitschriften glichen fachwissenschaftlichen Publikationen; Wissenschaftler stellten sich erstmals der allgemeinen Öffentlichkeit, zugleich aber wurden wissenschaftlich-gelehrte Fragen Hauptgegenstand der aufklärerischen Diskussion. Politische und soziale Themen traten hingegen an den Rand. Schließlich thematisierte die deutsche Aufklärung spezifische Probleme der Universitäten, die der allgemeinen höheren Bildung und solche der Presse- und Meinungsfreiheit. Natürlich kritisierten die Aufklärer auch die sozialen Zustände, die Macht der Kirchen und die Adelsvorherrschaft, vor allem aber ging es ihnen um eine Sicherung der Rechte von Intellektuellen, ob sie nun als freie Schriftsteller lebten oder an Universitäten lehrten.[18] In einem umfassenderen Sinne Hochburgen einer emanzipatorischen Aufklärung waren allerdings nur die Universitäten Göttingen und Jena.[19]

Verfolgt man die Entwicklung der Universitäten vom 16. bis zum 18. Jahrhundert, so lassen sich vier entscheidende Trends feststellen, die vielfältig mit denen des höheren Schulwesens korrespondieren, im universitären Bereich aber am deutlichsten erscheinen. Einmal erfolgte eine Regionalisierung der Universitäten insofern, als der Anteil von auswärtigen Studenten konstant abnahm. Studierten noch im 16. Jahrhundert viele Ausländer an deutschen Universitäten, so schrieben sich im 18. Jahrhundert nur noch Landeskinder ein – Resultat des landesherrlichen Interesses an getreuen Beamten und Pfarrern. Zum anderen vollzog sich in dieser Zeit eine beträchtliche Professionalisierung des Gelehrtenstandes. Waren im 16. Jahrhundert die Universitätsprofessoren noch vielfältig einsetzbar – viele lehrten in unterschiedlichen Disziplinen –, spezialisierten sie sich im 18. Jahrhundert weitgehend auf ein Fach. Parallel dazu differenzierte sich der Fächerkanon erheblich. Um die Mitte des 18. Jahrhunderts kam mit der Kameralistik eine ganz neue Fakultät hinzu, und die philosophische Fakultät erweiterte ihr ‚Angebot' vor allem auf naturwissenschaftliche Fächer. Obwohl das System der alten Disziplinen noch vorherrschte, konnte man zu Ende des Jahrhunderts moderne Fächer wie Geschichte, Statistik und Philologie studieren.[20] Weiterhin gelang seit der Mitte des 18. Jahrhunderts eine folgenreiche Emanzipation von kirchlich-theologischer Indoktrination. In doppelter Hinsicht verschwand nun die alles dominierende Stellung der theologischen Fakultät, so daß sich Fächer wie Philosophie und Jurisprudenz auf ihre säkularen Interessen besinnen konnten. Schließlich ging es der Universität nicht länger um die Ausbildung von loyalen und untertänigen Beamten oder Theologen, sondern um die Erziehung mündiger und gelehrter Bürger, die sich eigenständig für die öffentlichen Interessen und Probleme einsetzen konnten.

Wenngleich die frühneuzeitlichen Universitäten ‚Stätten offizieller Wissenschaftspflege' waren, hatten sie bis zur Mitte des 18. Jahrhunderts nur hie und da Anteil an der Entstehung der modernen Wissenschaften. Die mit ihr verbundene Revolutionierung des Weltbildes ist Resultat internationaler – europäischer – Zusammenarbeit. Weit mehr als andere Phänomene der frühen Neuzeit überschreitet dieser Prozeß ‚nationale' Grenzen, so sehr auch eigenständige Entwicklungen zu konstatieren sind.[21]

Eine moderne Wissenschaftsgeschichte darf sich nicht ausschließlich auf die großen Persönlichkeiten und ihre epochemachenden Werke beziehen. Viererlei wäre wohl zu berücksichtigen: Zunächst muß sie das herrschende Wissenschaftssystem einer Zeit vergegenwärtigen, gleichgültig, ob es ein überholtes Weltbild reproduzierte oder innovatorisch wirkte. Auf den Universitäten der frühen Neuzeit wurden neue wissenschaftliche Ideen allgemein sehr spät rezipiert. Damit unterschied sich deren Wissenschaftsverständnis wesentlich von dem der neuen Naturwissenschaften.

Dann sollten vor allem die Rahmenbedingungen und das soziale Umfeld der Genese der modernen Wissenschaften voll berücksichtigt werden, denn einerseits fielen selbst die großen Ideen nicht vom Himmel, sie waren vielmehr in soziale Interessenfelder eingebunden, andererseits stehen hinter den großen Namen die der vielen kleinen Forscher und Erfinder.

Weiterhin muß unser Interesse sich auch auf die nicht-naturwissenschaftliche Forschung bzw. Wissenschaft richten. Unzweifelhaft übernahmen die Naturwissenschaften in der frühen Neuzeit bei der Entstehung des modernen Weltbildes die Vorreiterrolle, aber auch andere neue Wissenschaften – wie z. B. die Geschichte – prägten das zeitgenössische Selbstverständnis nachhaltig.

Schließlich sind diejenigen intellektuellen Strömungen mit zu untersuchen, die nicht in die Erfolgsgeschichte der modernen Naturwissenschaften eingingen, aber nicht weniger ‚zeitgemäß' waren. Hier ist beispielsweise an die hermetische Philosophie zu denken, eine nicht ‚rationalistische' Philosophie, die unterschwellig von der Reformationszeit bis ins 19. Jahrhundert eine starke Resonanz fand.[22]

In unserem Zusammenhang kann nur kurz auf das Konzept der frühmodernen Wissenschaft und ihre komplexe Entwicklung eingegangen werden. Das allgemeine Programm der neuen Wissenschaft, mit dem sie an die Öffentlichkeit trat, läßt sich auf einige Punkte festlegen: Sie war erstens antiautoritär. Gegen das bestehende Bildungsmonopol der Kirche, der Universität und ihre philosophischen Autoritäten, Ptolemäus, Galen und Aristoteles, kämpfte die neue Wissenschaft um Meinungsfreiheit; Wissen konnte nicht durch Auslegung der Tradition erlangt werden, sondern nur durch unmittelbare Beobachtung, Messung und Interpretation der Natur, wobei die Mathematisierung zur Objektivität verhalf. Der Antiaristotelismus, der bereits in der Reformation auftauchte, war das allen Naturforschern gemeinsame Bekenntnis.[23]

Nicht minder deutlich war das Bekenntnis zum Fortschritt. Wenn mit Deutlichkeit von neuer Wissenschaft, neuer Erkenntnis und neuer Gesellschaft gesprochen wird, so impliziert dies, daß die Bewegung nicht mehr am Reformideal der Renaissance oder am Humanismus (i. S. der Wiederherstellung alter Ideale) orientiert war, sondern ihr Ziel im Neuen und Unbekannten sah, denn „nichts ist so verborgen, daß man es nicht doch entdeckte" (Descartes).[24]

So elitär die neue Wissenschaft sich auch gab – sie war entschieden antiständisch. Wissen war nicht mehr Sache eines Standes, der es verwalten oder monopolisieren konnte wie der Adel die politische Macht und die Kirche die Heilsgüter; es war das Gut aller, an dem jeder durch seine Vernunft partizipieren konnte. Das antiständische Bewußtsein der neuen Wissenschaften enthierarchisierte nicht nur das Wissenschaftssystem – alle Wissensformen sind Diener der Wahrheit und nicht der Theologie und deshalb ihr gleichgestellt –, sondern auch die Gelehrtenwelt, in der alle, die etwas zu sagen hatten, unabhängig von ihrem Stand eingeladen waren zur wissenschaftlichen Diskussion. Ein besonderes Mittel bildeten die ausgeschriebenen Preisfragen, vor allem im 18. Jahrhundert.[25] Die Idee der gelehrten Vereinigung spielte untergründig seit dem 16. Jahrhundert eine Rolle. Zur tatsächlichen Gründung effektiver Gesellschaften kam es aber erst nach der Mitte des 17. Jahrhunderts.[26]

Die Förderung von Wissen und Erkenntnis hatte keinen Selbstwert, sondern sollte der Erziehung, Bildung und moralischen Besserung der Gesellschaft dienen. Der pädagogische Impetus war allen, wenn auch mit unterschiedlicher Intensität, gemeinsam. Das Bemühen um eine Didaktik und Universalsprache gehörte ebenso dazu wie der konkrete vielfältige Einsatz der Gelehrten für die Besserung von Staat und Gesellschaft, Kirche und Schulen. Die wissenschaftliche war von der pädagogischen Bewegung nicht zu trennen, die sich zu Anfang des 17. Jahrhunderts (Ratke, Comenius) zu profilieren begann und gegen die herkömmliche Praxis an Schulen und Universitäten die Konzentration auf Realien, die Betonung der sinnlichen Erfahrung und eine positive Bewertung der körperlichen Arbeit verlangte.

Schließlich propagierte die neue Wissenschaft erstmals eine Praxis- und Zweckorientierung aller wissenschaftlichen Beschäftigung. Wissen und Forschung sollten in den Dienst der materiellen und kulturellen Verbesserung der Gesellschaft gestellt werden, sowohl die öffentliche Wohlfahrt fördern, wie Gewerbe und Landwirtschaft unterstützen. Der Praxisbezug der neuen Wissenschaft, der mit dem Bekenntnis zur Erfahrung als dem Hauptkriterium der wissenschaftlichen Erkenntnis korrespondiert, ist der deutlichste Grundzug der wissenschaftlichen Bewegung.[27]

Anschaulichen Ausdruck fand das frühneuzeitliche wissenschaftliche Bewußtsein in der Utopie der Beschreibung einer idealen Welt, die als rationale Konstruktion einer neuen, alle Probleme der ständischen Ordnungskrise überwindenden sozialen Wirklichkeit immer wieder eine Faszination ausübte.[28] Es ist wohl kein Zufall, daß gerade um 1600, als die neue säkularisierte Wissenschaft sich herausbildete, in vielen intellektuellen Kreisen literarische Utopien entstanden, die bekanntesten sind J. V. Andreaes „Christianopolis" (1619), T. Campanellas „Civitas Solis" (1623) und F. Bacons „Nova Atlantis" (1627). Bei unübersehbaren Unterschieden in Struktur und Programmen, wo spezifische Erfahrungen der lutherisch-südwestdeutschen, katholisch-süditalienischen bzw. puritanisch-englischen Gesellschaft durchschlagen, stehen doch alle im gleichen Kontext der durch die Renaissance vermittelten rationalen Ordnungsvorstellung, der durch die europäische Expansion eröffneten Kenntnis von alternativen Kulturen sowie der durch die wissenschaftliche Bewegung des 16. und 17. Jahrhunderts gewonnenen Einsicht in die soziale Funktion von Wissenschaft und Bildung.

Die frühneuzeitlichen Utopien sind keine revolutionären Handlungsprogramme, sondern bieten Anweisungen an die Intellektuellen, sich ihrer sozialen Verantwortung bewußt zu werden und sich zu organisieren, um in der Gesellschaft eine rationale Ordnung auf der Grundlage wissenschaftlich-intellektueller Einsicht zu fördern, die allein die neuen politischen, sozialen und kulturellen Probleme zu lösen vermag. Die ideale Gesellschaft kann erst entstehen, wenn anstelle der ständischen Hierarchie (Adel, Klerus) eine durch eine Geisteselite begründete soziale Ordnung errichtet wird, in der einerseits politisches und moralisches Handeln zur Deckung kommen, andererseits alle materiellen und kulturellen Bedürfnisse befriedigt werden.

46. Paracelsus. Stich von Balthasar Jenischen, um 1565

Aufhebung der Eigentumsordnung, Aufwertung körperlicher Arbeit, schulische Ausbildung und strikte Familienplanung sollen eine Ordnung begründen helfen, die der Welt den langersehnten Frieden bringt. Die Wirkung der literarischen Utopien war recht beschränkt, als Ausdruck des europäischen Intellektualismus der frühen Neuzeit, der im Zusammenhang der neuen Wissenschaft entstand, geben sie aber beträchtlichen Aufschluß über die Bedürfnisstruktur der Intellektuellen. Dem Volk blieb diese Welt ‚totaler Anschaulichkeit' allerdings letztlich fremd.

Die Entstehung der modernen Wissenschaft vollzog sich in der frühen Neuzeit in drei Phasen. Die erste Formierungsphase von 1440–1540 fiel in die Zeit der Renaissance und wurde bestimmt durch die entschiedene Kritik an der mittelalterlichen Tradition, eine systematische Wiederentdeckung der Antike und eine erste positivistische Beschreibung der Natur. Die Hinwendung zur Naturforschung steht in Verbindung einerseits zur Kunst der Renaissance, andererseits zur Erfindung verschiedener technischer Geräte. Die ersten Naturforscher waren oft zugleich Handwerker oder Ingenieure, Künstler oder Ärzte. Zwar spielten die Entdeckungen in der Astronomie schon eine besondere Rolle bei der Formulierung des neuen Wissenschaftsprogramms – wurde ja die ‚kopernikanische Wende' geradezu sprichwörtlich für die intellektuelle Revolution –, aber das neue Naturinteresse war nicht ausschließlich auf den Makrokosmos orientiert. Ein starkes Interesse konzentrierte sich auf die Erforschung und Beschreibung des menschlichen Körpers.[29] Lange war ja im christlichen Mittelalter die Obduktion des menschlichen Körpers verboten, erst das 16. Jahrhundert eröffnete neue Erkenntnismöglichkeiten, obwohl die Orientierung an der Antike noch lange vorherrschte. Ein weiteres Interesse richtete sich auf die Naturwelt, auf Pflanzen und Tiere. Leonhard Fuchs sammelte in seinem „New kreutterbuch. De historia stirpium" (1542) über die Pflanzenwelt alles Wissen der Zeit. Wie Fuchs als Begründer der Botanik, so gilt Konrad Gesner als ein erster Zoologe. In seinem Handbuch „Historia animalium" (1552/8) beschrieb er die ganze damals bekannte Tierwelt. Eine dritte Richtung konzentrierte sich auf die Beschreibung der Metalle und der Erde, sie steht im Zusammenhang mit der Erschließung der Bodenschätze durch den Bergbau. Georg Agricolas „De re metallica" von 1556 gilt als erste Einführung in die frühneuzeitliche Chemie, deren Entwicklung allerdings noch lange stark von der Alchemie bestimmt ist.[30] Paradigmatisch steht hierfür Paracelsus, dessen wirkliche Bedeutung jedoch schwer zu bestimmen ist.[31] Eine vierte Richtung widmete sich der kartographischen Erschließung der Erde, die im Zuge der europäischen Expansion von großer Wichtigkeit war und zur Entstehung der Geographie führte. Einen ersten Erdglobus schuf Martin Behaim (1492), bedeutender waren aber die Einzelkarten. Das größte Werk legte Gerhard Mercator vor.

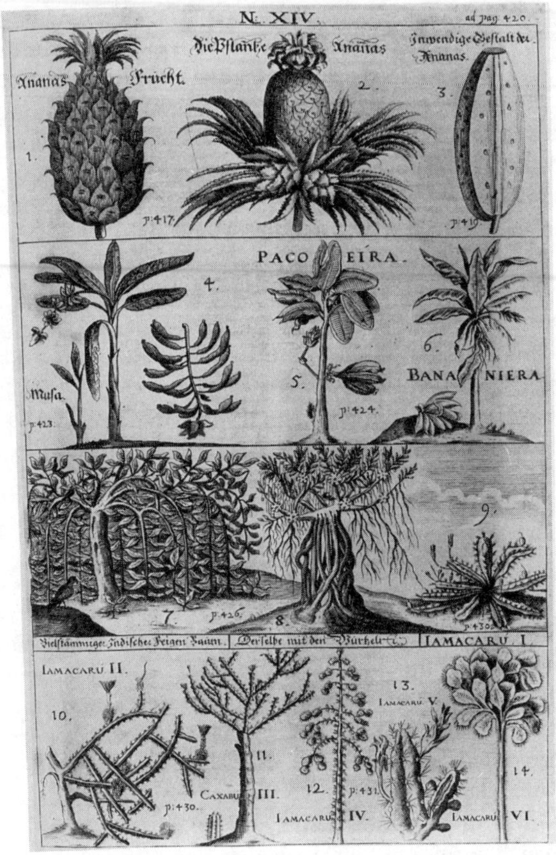

47. Ananas. Pflanzer mit Fruchtstand, Einzelfrucht und Fruchtschnitt zus. mit anderen indianischen Gewächsen. Stich

Als die einflußreichste und wirksamste Richtung der Naturforschung gilt aber die Astronomie; sie revolutionierte langfristig das ganze Weltbild.[32] Zentral sind die Entdeckungen von Kopernikus – wir sprechen deswegen auch von der kopernikanischen Revolution. Nikolaus Kopernikus entdeckte, daß entgegen aller christlichen Überlieferung nicht nur die Erde sich dreht, sondern auch die Planeten sich um die Sonne bewegen. Damit wurde die Erde aus dem Mittelpunkt des Weltsystems zum Teil eines unbegrenzt begriffenen Universums, und in Folge dessen die alte, auf dem biblischen Schöpfungsbericht ruhende Kosmologie in ihren Grundlagen erschüttert. Einen stringenten Beweis konnte Kopernikus allerdings nicht führen, auch begnügte er sich mit einer Neuinterpretation des Ptolemäus, statt sich der unmittelbaren Naturbeobachtung zuzuwenden. Wie nicht anders zu erwarten, löste sein 1543 publiziertes Werk „De revolutionibus orbium Coelestium libri sex" eine große Debatte aus, es gab Zustimmung, aber auch Ablehnung durch alle Konfessionen. Zu den eifrigsten Widersachern zählte Luther; er, der schon früher von den neuen Theorien gehört hatte, rügte 1539 den Astronomen, „der beweisen will, daß die Erde sich dreht, und nicht der Himmel und die Sonne und der Mond. Das ist, wie wenn jemand, der in einem fahrenden Wagen oder Schiff sitzt, annehmen wollte, daß er unbeweglich sei und Erde und Bäume sich bewegten. Heutzutage ist das jedoch so Sitte: wer klug sein will, muß notwendig etwas Eigenes produzieren, was unbedingt das Beste sein muß, weil er es produziert hat. Der Narr wird noch die ganze Astronomie auf den Kopf stellen. Und doch war es, wie die Heilige Schrift erklärt, die Sonne und nicht die Erde, der Josua befahl, stillzustehn."[33] Daß Kopernikus recht hatte, wurde erst später bewiesen, das war einer nächsten Phase der Wissenschaftsentwicklung vorbehalten. Zweifellos war seine Entdeckung revolutionär, nur gilt dies in keiner Weise von seiner Arbeitsweise.

Naturentdeckung und Naturbeobachtung vollzogen sich in der Renaissance auf dem Hintergrund eines intensiven Studiums antiker Autoren, die nach und nach neu herausgegeben wurden. Nicht durch unmittelbare Beobachtung und Überprüfung in der Natur kam es zu Neuentdeckungen, sondern durch kritisches und gründliches Lesen und Sammeln aller vorhandenen Quellen und Fakten. Aber in dem Maße, wie die Naturforscher sich über die Lektüre hinaus auf die Natur selbst einließen, befreiten sie sich von den antiken Vorbildern, wandten sich gegen Aristoteles, Galen, Ptolemäus etc. und stießen in unbekanntes Land vor: es entstand eine neue Wissenschaft mit neuen Begründungszusammenhängen.

Die zweite Phase der Entwicklung der modernen Wissenschaft lag im Zeitraum von 1540/50 bis 1650, einer von Kriegen und Krisen (des 17. Jahrhunderts) geprägten Zeit. Während sich die Naturforschung bis zum Dreißigjährigen Krieg vor allem in Deutschland und Italien konzentrierte, traten in der Folgezeit England und Frankreich in den Vordergrund, ein Zeichen, daß politische und soziale Konstellationen bei der Wissenschaftsentwicklung bedacht werden müssen. Beschränkte sich die Forschung bisher vor allem aufs Sammeln, auf Einzelerfindungen, entwickelte sich nun eine gewisse Systematik, die jetzt auch vorrangig von akademisch ausgebildeten Wissenschaftlern vorangetrieben wurde.

Einmal ging es in dieser Phase um den Beweis der kopernikanischen Theorien. Joh. Kepler war es, der die von Kopernikus aufgedeckten Gesetze mathematisch bestimmte.[34] Doch seine Bedeutung erschöpfte sich darin noch nicht. Bekannt wurde er zugleich durch eine Darstellung der Planetenbewegungen, die er exakt berechnete, als Teil der ‚Harmonie der Welt'.

Auch Galileo Galileis Bedeutung ging weit über seinen ersten empirischen Beweis des kopernikanischen Gesetzes hinaus, den er mit Hilfe eines Teleskops erfolgreich durchführte.[35] Er wurde zum Begründer der Experimentalphysik, für die er sich zudem öffentlich so intensiv einsetzte, daß er seinen Beweis der kopernikanischen Wende widerrufen mußte. Mit seinem „Dialog über die beiden hauptsächlichsten Weltsysteme, das System des Ptolemäus und das des Kopernikus" von 1632 nahm er nicht nur radikal Abschied von der antiken Naturforschung, sondern wurde ein Hauptvertreter der neuen Wissenschaft, die ausdrücklich nichts gelten ließ als die mathematische Berechnung und den experimentellen Nachweis. Die Konfrontation mit der katholischen Kirche hat der Wissenschaft nicht geschadet, im Gegenteil, ihre neue Rolle im frühneuzeitlichen Weltbild gestärkt.[36] Es ging nun nicht mehr um neue Einzelkenntnisse, sondern um ein neues Weltverständnis. Auch auf anderen Gebieten wurde die reine Wissenssammlung, die Gewinnung von Einzelerkenntnissen abgelöst durch prinzipiell neue Einsichten. Der Entdecker des Magnetismus, William Gilbert, äußerte sich auf derselben Grundlage wie der Entdecker des Blutkreislaufs William Harvey. Gilbert beschränkte sich nicht nur auf Experimente, sondern leitete von ihnen allgemeine Vorstellungen ab. U. a. behauptete er, daß die Planeten durch

48. Altdorf. Nürnbergische Universität: Anatomisches Theater oder Anatomiekammer

eine magnetische Anziehungskraft in ihrer Bahn gehalten würden. Damit gab er eine erste plausible physikalische und völlig unmythische Erklärung für den Bau des Weltalls. Als ebenso revolutionär kann die Blutkreislauflehre von Harvey angesehen werden. Er blieb nicht beim bloßen Sezieren und Beobachten stehen, sondern suchte nach einer mechanischen Erklärung der Bewegungen des Blutes im Körper. Der Körper war für ihn eine Art hydraulischer Maschine, wobei er dem Herzen im Körper den gleichen zentralen Platz einräumte wie der Sonne im Universum.[37]

In dieser Phase blieb es allerdings nicht nur beim Entwurf eines grundlegend neuen Weltbildes, hinzu kam eine neue Philosophie, die die aristotelische Grundlage der christlichen Gesellschaft völlig ignorierte und zugleich eine neue intellektuelle Begründung wissenschaftlicher Reflexion lieferte. Mit René Descartes und Francis Bacon tritt endgültig der Mensch in den Mittelpunkt der menschlichen Reflexion. Die Bedeutung dieser Theoretiker gründete nicht mehr auf einzelnen wissenschaftlichen Erkenntnissen und Erfindungen; Descartes war zwar ein vorzüglicher Mathematiker, stand aber selbst nicht in der Forschung, dasselbe gilt für Bacon, der niemals experimentiert hatte. Sie waren Theoretiker und Philosophen des Wissens und der Wissenschaft und stellten methodische Weichen für die Zukunft. Alle Forschungen verfuhren von nun an entweder induktiv oder deduktiv. Im „Discours de la méthode" ging Descartes vom radikalen Zweifel aus und begründete einen philosophischen Subjektivismus und Rationalismus, dem alle Erkenntnis unterworfen wurde.[38] Bacon verpflichtete die Wissenschaft auf Fortschritt und Nutzen. Bei ihm wird der Wissenschaftler zum Wohltäter der Menschheit.[39] „Vor allem aber, wenn es einem Menschen gelingen würde, nicht irgend eine bestimmte Erfindung zu machen, wie nützlich sie auch immer sei, sondern ein Licht in der Natur zu entzünden ... dieser Mann (so glaube ich) würde der Wohltäter des Menschengeschlechts sein – der Verkünder der Herrschaft des Menschen über das Universum, der Vorkämpfer der Freiheit, der Bezwinger und Überwinder der Not."[40] Schließlich ging es zur Absicherung der fortschrittlichen Entwicklung in der Naturwissenschaft in dieser Phase um eine Trennung von Religion und Wissenschaft. Nicht umsonst wurde Galilei gerade deswegen zum Widerruf gezwungen, weil er aus seiner Naturerkenntnis Schlußfolgerungen für die christliche Lehre zog. Seit Bacon und Descartes wurde der kirchliche Aristotelismus pragmatisch hingenommen, jeder Angriff auf die Kirche vermieden, indem man die Gültigkeit der wissenschaftlichen Forschung nur auf die Naturwelt bezog. Auf diese Selbstbeschränkung der Naturforschung reagierte die Kirche ihrerseits auch mit Zurückhaltung. Indem die frühneuzeitliche Naturwissenschaft Fragen der Religion – ebenso wie die des politischen Zusammenlebens – ausklammerte, vermied sie jeden Konflikt, was nicht heißt, daß die einzelnen Naturwissenschaftler areligiös gewesen wären.

49. Abbildung der unterirdischen Wassergänge und wie ein Teil des Wassers vom Centralischen Feuer erhitzet werde; aus: E. G. Happelii ‚Größte Denkwürdigkeiten der Welt', 1690

In der dritten Phase von 1650 bis 1690 konsolidierte sich die wissenschaftliche Bewegung. Die Wissenschaft wurde zu einer gesellschaftlichen Institution.[41] Zwar gab es stets noch lockere Verbindungen mit den Universitäten, die Träger der neuen Bewegung waren aber ausschließlich ‚Privatleute', die ihre Forschungen nach Möglichkeit sogar selbst finanzierten. Dies konnte nur in England und Frankreich zum Erfolg führen, weil hier stabile politische Zustände herrschten. Es war dies die Blütezeit der experimentellen Wissenschaft, durch welche die intellektuelle Vorherrschaft der Antike, vor allem des Aristoteles, endgültig überwunden wurde. Nicht mehr die Abrechnung mit der Tradition stand im Vordergrund, sondern die Errichtung eines neuen Weltbildes.

In diesem Zeitabschnitt gelang einmal eine ungewöhnliche Zunahme an wissenschaftlichen Erkenntnissen auf allen Gebieten, von denen man gesellschaftlichen Nutzen erwartete. Mancherorts wurden die Wissenschaften erstmals auch staatlich gefördert. Eine wichtige Voraussetzung waren die vielen technischen Erfindungen, physikalischen Instrumente und optischen Gläser, die allenthalben hergestellt wurden. Zum Teleskop kamen nun das Mikroskop und das Barometer. Zum anderen vollzog sich eine Konzentration der Forschungsenergien auf die neuen Felder der Optik bzw. der Theorie des Lichts, auf das Vakuum bzw. die Theorie der Gasezusammensetzungen sowie schließlich auf die Atomlehre, womit der aristotelischen Mechanik letztlich der Boden entzogen wurde. Von wegweisender Bedeutung waren die Forschungen von Robert Boyle, von Christian Huygens und Pierre Gassendi.[42] Auch sie waren Universalgelehrte, doch traten sie erstmals als naturwissenschaftliche Experten und Spezialisten hervor. Zentrale Figur dieser Phase wurde Isaac Newton, der auf den verschiedensten Feldern arbeitete, dessen besondere Leistung aber darin bestand, daß er das allgemeine System der Mechanik vollendete.[43] Mit seiner Theorie der Schwerkraft und der neuen Infinitesimalrechnung löste er alle astronomischen und mechanischen Probleme der entstehenden experimentellen Wissenschaft. Das Universum gehorchte nach ihm einfachen mathematischen Gesetzen. Das statische Weltbild der Tradition löste er ab durch ein dynamisches Weltbild, das bis Einstein Gültigkeit behielt. Ein Meisterwerk seines Könnens, die Bibel der neuen Wissenschaft, wurden seine „Philosophiae Naturalis Principia Mathematica“ von 1687. Newtons Bedeutung lag darin, daß er eine mathematische Methode zur Umformung physikalischer Prinzipien in quantitativ berechenbare Resultate lieferte, die durch Beobachtung bestätigt werden konnten, während sich umgekehrt aus solchen Beobachtungen wieder physikalische Prinzipien ableiten ließen. Newton wirkte weit über den Rahmen der Naturforschung hinaus. Bekannt ist sein Einfluß auf den Skeptizismus des 18. Jahrhunderts.

In dieser Phase kam es auch zu einer ersten Institutionalisierung in Form einer Akademie der Wissenschaften in Paris und London. Zwar gab es schon früher gelehrte Vereinigungen, vor allem in Italien, aber auch in Deutschland, aber erst diese Akademien verwirklichen den neuen Anspruch der experimentellen Forscher, sich außerhalb der Universität zu treffen, Gedanken auszutauschen und gemeinsam zu forschen. Beide Gesellschaften entwickelten sich aus informellen Kreisen, die sich zum Schutz ihrer Interessen versammelten und für die Verbreitung von Wissen und Nutzen einsetzten. Hier wirkten die Ideen Bacons nach. Aufnahme fand jeder, der wissenschaftlich etwas zu sagen hatte, über Wert und Wahrheit der Erfindungen und Theorien entschied der öffentliche Diskurs. Zur Debatte standen alle

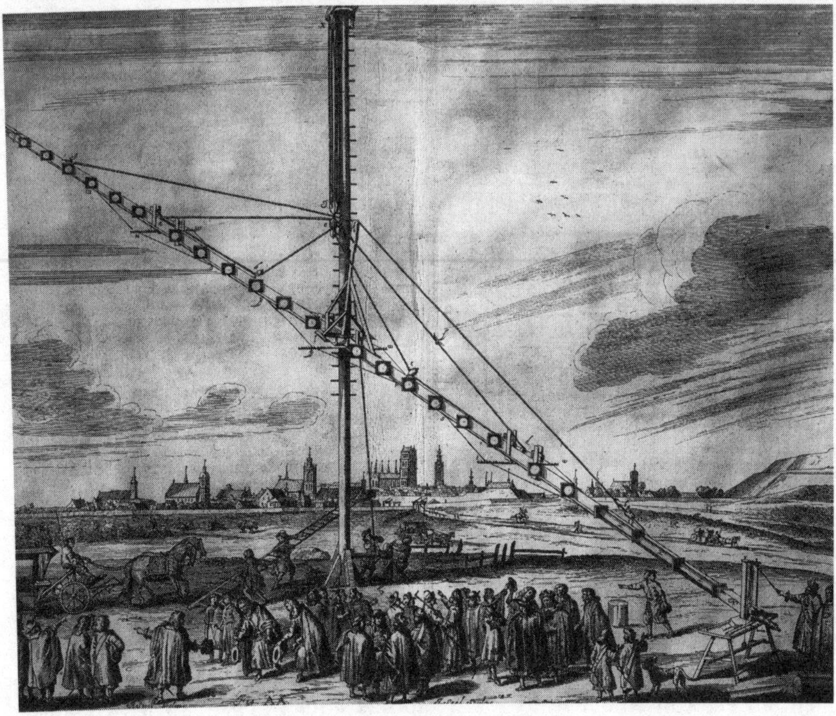

50. *Luftfernrohr des Johannes Hevel, Danzig, um 1641*

wissenschaftlichen Probleme der Astronomie wie der Chemie, der Mechanik wie der Optik. Die erste wissenschaftliche Akademie in Deutschland wurde von Leibniz zu Beginn des 18. Jahrhunderts gegründet.[44] Sie knüpfte nicht an die englische Tradition an, die sich vor allem auf die empirischen Naturwissenschaften konzentrierte, sondern entwickelte eine eigene Struktur.

Gottfried Wilhelm Leibniz nimmt in der wissenschaftlich-gelehrten Entwicklung eine gesonderte Rolle ein. Seine Leistung gründet weniger in spezifisch naturwissenschaftlichen bzw. mathematischen Erfindungen und Entdeckungen, so sehr er mit der Infinitesimalrechnung in Konkurrenz zu Newton trat. Er repräsentierte vor allem als großer Vermittler zwischen Altem und Neuem, zwischen Christentum und Naturforschung und zwischen abstrakter Wissenschaft und pragmatischer Anwendung. Wie kaum ein anderer bündelte er alle frühaufklärerischen Bestrebungen in Deutschland um 1700, wenngleich seine unmittelbare Wirkung gering blieb.

Mit der Herausbildung neuer wissenschaftlicher Institutionen endete der Prozeß der Formierung eines neuen Wissenschaftssystems, das ja nicht nur neues Wissen und neue Erkenntnisse vermittelt, sondern eine neue Philosophie hervorgebracht hatte. Am Ende dieses Prozesses steht ein neues Weltbild, das sich wesentlich vom christlich-mittelalterlichen unterscheidet.

So geschlossen die Entwicklung der neuen Wissenschaften erscheint und so konsequent sich ihre Vertreter vom antiken wie christlichen Weltbild lossagten – sie verkündeten alle ein neues Zeitalter und betonten den Bruch mit der Tradition –, so verfehlt wäre es doch, die modernen Forscher als traditionslos und antichristlich zu bezeichnen. Auf drei Punkte sei näher eingegangen.

Auch wenn man sich bewußt war, Neuland zu erkennen und zu betreten, war doch die Orientierung an den antiken – eben erst wiederentdeckten – Autoren lange Zeit vorherrschend. Bei der Formulierung neuer Fragestellungen waren sie unverzichtbar. Außerdem wurden letztlich auch noch lange mehr antike Texte interpretiert als Naturerscheinungen beobachtet und Experimente im Labor durchgeführt. Die Vorherrschaft des antiken Weltbildes wurde trotz Kopernikus und Galilei erst in der zweiten Hälfte des 17. Jahrhunderts überwunden. Der Antiaristotelismus war ein Kampfbegriff der modernen Wissenschaft, aber viele Gegner des Aristoteles standen ihm weit näher als sie selbst ahnten.

Zum anderen läßt sich der Aufstieg der modernen Wissenschaft auch nicht als ein konsequenter Weg des Rationalismus belegen. Sicherlich spielten Vernunftgründe neben den empirischen Erfahrungen eine bedeutende Rolle, aber die Verquickung der modernen Naturforschung mit Magie, Alchemie und Astrologie blieb weit stärker als es ihren Vertretern bewußt war. Wir wissen, daß Paracelsus ein Anhänger der Alchemie war, ebenso daß Kepler die Astrologie verteidigte, aber unabhängig von diesen persönlichen Verquickungen lassen sich naturphilosophische und naturwissenschaftliche, chemische und alchemistische sowie astronomische und astrologische Problemstellungen lange Zeit nur schwer trennen. Jedenfalls trat die moderne Wissenschaft nicht mit einem in unserem Sinne rationalistischen Erklärungsanspruch auf, und die rein empirische Wissenschaft, die sich ausdrücklich von magischen, alchemistischen und astrologischen Weltbildern löste, entwickelte sich erst erstaunlich spät.

Schließlich ist das Verhältnis der Naturforscher zur Religion und zur Kirche komplexer, als lange angenommen wurde. Aus dem Widerruf Galileis darf m. E. nicht zu viel abgeleitet werden. Sicherlich waren die offiziellen Kirchenvertreter sowohl auf katholischer wie protestantischer Seite keine besonderen Eiferer für die neuen Wissenschaften, doch wissen wir auch, wie stark die Jesuiten und andere Geistliche die Wissenschaften förderten. Ebenso differenziert müssen wir das Verhältnis der Gelehrten und Wissenschaftler zur Kirche bzw. zum Christentum betrachten und bewerten. Nicht wenige unter den bekannten Forschern sind für ihre Kirchentreue und persönliche Frömmigkeit bekannt. Kepler war ein gläubiger Protestant und Galilei ein aktiver Katholik, Boyle ein strenger Puritaner und selbst Newton sehr religiös. Leibniz setzte sich für die Versöhnung der Kirchen ein. Viele von ihnen haben auch religiöse Schriften hinterlassen. Erklärte Kirchengegner, geschweige Atheisten gab es unter ihnen nicht, und das nicht etwa aus strategischen Gründen. Sicherlich verstanden sie es, sich aus religiösen Streitigkeiten herauszuhalten und nach dem Fall Galilei auch ihr wissenschaftliches Programm so zu verwirklichen, daß es möglichst nicht mit religiös-kirchlichen Anliegen kollidierte, obwohl die Konsequenzen ihrer Forschungen wichtige Pfeiler des religiösen Glaubens untergruben. Daß die Erde sich drehte, widersprach der biblischen Überlieferung, daß der Mensch wie eine hydraulische Maschine funktionierte und das Universum nach eigenen Gesetzen aufgebaut war, widersprach der Lehre von der Schöpfertat Gottes, die Unendlichkeit des Universums stand der Lehre von der Unendlichkeit Gottes entgegen. Dadurch wurde aber kein Gelehrter und Wissenschaftler Gegner der Kirche oder des Christentums – diese sollten sich nur auf einen moralisch-religiösen Bereich beschränken –, im Gegenteil, abgesehen von einigen Ausnahmen kann man die Vertreter der modernen Wissenschaften sogar als besonders religiös bezeichnen. So widmeten sie sich mit geradezu religiösem Eifer ihren Aufgaben, für viele ging es darum, die Schöpfung Gottes zu erschließen. Kepler, Newton und Leibniz entwickelten sogar eigene Theologien, und selbst Descartes meinte, mit seiner Philosophie Gott besser beweisen zu können als die Scholastik. Insofern muß der Beitrag der Naturwissenschaften zur Säkularisierung der Welt sehr differenziert gesehen und bewertet werden.

V. Aufklärung und Bildung

51. Bildnis des Johann Peter Uz (1720–1796), Landrichter, Dichter, Geh. Justizrat, unbek. Meister

1. Kritik und Vernunft

Zweifellos war die Aufklärung in ganz Europa vor allem eine intellektuelle Bewegung, daher eher vergleichbar mit dem Humanismus als mit der Reformation. Sie wollte die Wissenschaften fördern, allgemein das Wissen verbreiten, alle Bereiche menschlichen Denkens der Vernunft unterwerfen. Erkenntnis und Wahrheit waren Ideal und Ziel der Aufklärung. Aber es blieb nicht nur bei Gelehrsamkeit und intellektueller Erkenntnis, die Aufklärung zielte darüber hinaus auf eine gänzliche Reform der gesellschaftlichen Zustände und des menschlichen Lebens; kurz, es ging um die Befreiung von Aberglauben und Tradition, von Fremdbestimmung und Rechtlosigkeit zugunsten einer vernunftgeleiteten Sozialordnung, die die menschlichen Rechte sicherte und das Glück der Menschen garantierte, ohne allerdings die gesellschaftlichen Grundlagen des absolutistischen Staates und der Ständegesellschaft bewußt in Frage zu stellen oder gar zu ändern. Die Aufklärung implizierte zum einen eine Neubegründung des Gemeinwesens außerhalb theologisch-religiöser Begründung und eine materielle Verbesserung im Sinne öffentlicher Wohlfahrt durch Ausbau einer Infrastruktur, durch Besserung der Rechtspflege und durch Förderung von Handel und Landwirtschaft. Zum anderen erstrebte sie eine Besserung der Menschen durch Befreiung von Aberglauben und Unwissenheit, durch Förderung von Erziehungs- und Schulanstalten sowie durch Stärkung der sozialen Moral in Familie und Gemeinde. Zum Ideal wurde der vernunftgeleitete, tugendhafte Mensch.[1]

Aufklärung war jedenfalls nicht nur eine Angelegenheit der Theorie, des wissenschaftlichen Fortschritts, sondern war auf Praxis, auf Änderung angelegt; insofern kann von einer soziokulturellen Bewegung gesprochen werden.[2]

Die Aufklärung war zwar eine gesamteuropäische Erscheinung, genauso wie die Entwicklung der Naturwissenschaften und der Pädagogik oder der Literatur des 18. Jahrhunderts kann sie letztlich nur in gesamteuropäischem Kontext bewertet und analysiert werden. Doch obwohl die intellektuellen Diskurse im 18. Jahrhundert sehr weit reichten, gab es eine eigene deutsche Aufklärungsbewegung mit besonderen Merkmalen, die nur aus der deutschen Geschichte zu erklären sind und für ihre Wirksamkeit bedeutsam wurden. Einmal (1) kennzeichnet die deutsche Aufklärung ihr stark gelehrt-akademischer Charakter.[3] Dies heißt zwar nicht, daß die Universitäten, wie bereits hervorgehoben, die Hochburgen der Aufklärung waren, aber der Anteil der akademisch gebildeten Gelehrten war in der Aufklärungsbewegung besonders hoch, ebenso ging es lange und wesentlich um die Diskussion akademischer und gelehrter Probleme. Im Unterschied zu Frankreich und England wurden soziale Fragen bis zum späten 18. Jahrhundert stark ausgeblendet. Weiterhin (2) fällt die Nähe zur obrigkeitlich-staatlichen Reformpolitik auf, weswegen es kaum zu antiobrigkeitlichen Tönen kam; die meisten Aufklärer waren mit den Zielen des aufgeklärten Absolutismus einig. Dies erklärt sich natürlich auch als Resultat der sozialen Zusammensetzung, waren die Hauptträger doch vor allem Beamte, deren aufklärerisches Engagement z. T. aufging in der staatlichen Reformpolitik; demokratisches Denken war ihnen daher fremd.[4] Nicht zuletzt (3) fehlte der deutschen Aufklärungsbewegung ein kultureller Mittelpunkt. Zu einer entsprechenden Konzentration aller aufklärerischen Kräfte wie in Paris und London, wo sich alle Aufklärer trafen, konnte es in Deutschland nicht kommen. Zwar wurden Berlin, Hamburg, Leipzig, Mainz, Mannheim usw. wichtige Zentren, aber ein besonderes Zeichen der deutschen Aufklärung blieb ihre Heterogenität.[5] Viele Aufklärer lebten eingebunden in kleine Herrschaften und kannten sich nicht persönlich. Um so stärker und bedeutsamer wurden das Zeitschriftenwesen und die Briefwechsel. Für die Politisierung der Aufklärer gab es eindeutige Grenzen.[6] Schließlich (4) kreiste die aufklärerische Diskussion in Deutschland stark um religiöse Probleme, die vor allem durch die konfessionelle Spaltung bedingt waren, aber auch die enge Verbindung der Aufklärung mit dem Protestantismus sowie das lange Zusammenwirken von Aufklärung und Pietismus hinterließen Spuren.[7] Nicht zuletzt zählten Pfarrer und Theologen zu den entschiedenen Aufklärern. Jedenfalls fehlte der deutschen Aufklärung eine starke soziale und politische Komponente, die kulturellen und literarischen Ansprüche und Ziele überwogen.

Die deutschen Aufklärer haben selbstbewußt von ihrer Zeit als von einem Zeitalter der Aufklärung gesprochen. Der Begriff „Aufklärung“ taucht erstmals bereits zu Ende des 17. Jahrhunderts auf. Kaspar Stieler schrieb 1696: „Gleich wie in allen dingen, so zur Aufklär- und Verbesserung des Verstandes gehören, zuförders eine gute Natur oder Geburts-Art gehöret; ... also erfordern wir auch bey der Zeitung (es ging um der „Zeitungs Lust und Nutz“) eine Geistigkeit, gutes Gehirn und ingenium.“[8] Als Epochenbegriff erscheint er allerdings erstmals 1741. Die Hamburger „Stats- und Gelehrte Zeitung“ erklärt: „Dieses Bemühen (die Wissenschaft begreiflich zu machen), welches wir der Fertigkeit geschickter Männer zuschreiben müssen, ist mit einem so guten Erfolg fortgesetzet worden, daß wir deswegen unsere Zeiten aufgeklärte Zeiten nennen können.“[9] Fortan wird der Begriff zur Signatur der Anstrengungen eines Jahrhunderts; um 1780 stand die Aufklärung in Deutschland auf dem Höhepunkt ihrer gesellschaftlichen Geltung. Unter den Versuchen, sie präzise zu beschreiben, ragt besonders die Definition des Philosophen Kant hervor: „Aufklärung ist der Ausgang des Menschen aus seiner selbst verschuldeten Unmündigkeit. Unmündigkeit ist das Unvermögen, sich seines Verstandes ohne Leitung eines anderen zu bedienen. Selbstverschuldet ist diese Unmündigkeit, wenn die Ursache derselben nicht am Mangel des Verstandes, sondern der Entschließung und des Muthes liegt, sich seiner ohne Leitung eines andern zu bedienen. Sapere aude! Habe Muth, dich deines eigenen Verstandes zu bedienen! ist also der Wahlspruch der Aufklärung."[10] Aus dieser vielzitierten Begriffsbestimmung abzuleiten, daß Kant das Selbstverständnis der gesamten deutschen Aufklärung um 1780 wiedergibt, wäre allerdings eine Täuschung. So sehr Kant die reflektierteste Definition überliefert hat, blieb sie doch nur eine unter anderen. Das allgemeine Verständnis variierte; zu Ende des 18. Jahrhunderts wurde sogar eine lebhafte Kontroverse geführt um wahre und falsche Aufklärung.[11] „Jede Aufklärung, theologische, philosophische und politische", heißt es bei Karl Friedrich von Moser (1792), „die nicht, um das wenigste zu sagen, gleichen Schritt hält mit der zeitlichen und ewigen Glückseligkeit des Menschen, ist verdächtig; jede Aufklärung, religiöse und politische, die dem Menschen das nimmt, was er zu Trost, Licht, Stab und Ruhe in dem jetzigen Erziehungsstand dieses Erdenlebens braucht, oder die ihm mehr geben will, als er nach seinen Geistes- und Verstandeskräften zu gebrauchen, zu benutzen und zu verwalten vermag, ist Täuschung, Betrug, Schwärmerei, Treulosigkeit am Menschen und durchaus nicht die Handlung eines verständigen und rechtschaffenen Mannes. ... Die Wahrheit liegt in der Mitte; wohl dem, der diesen Weg findet, Segen dem, der ihn wahr, richtig, deutlich bezeichnet."[12]

Sicher war die Aufklärung nicht die einzige intellektuelle Kraft im 18. Jahrhundert, es lassen sich nicht nur mit dem Pietismus andere Strömungen festmachen, die das kulturelle Klima stark mitbestimmten. Einflußreich waren auch spätere literarische Bewegungen wie der Sturm und Drang, die Erweckungsbewegung usw., die zum Teil sogar antiaufklärerische Ziele verfolgten.[13] Aber trotz allem war die Aufklärung wohl die stärkste Kraft mit langfristigen Folgen, die auch durch die Französische Revolution nicht aufgehalten wurden. Wir wissen, daß viele Staatsverwaltungen zumindest einer gemäßigten Aufklärung verpflichtet waren und blieben, selbst die Kirchen verfolgten aufklärerische Ziele. Vor allem über den literarischen, v. a. den Zeitschriftenmarkt, blieben aufklärerische Ziele präsent und erreichten ein sich ausweitendes aufgeklärtes Publikum.

Bei aller Skepsis gegenüber bestimmten aufklärerischen Strömungen gab es kaum einen Schriftsteller, Philosophen oder Intellektuellen, der nicht zumindest zeitweilig von der Aufklärung affiziert war. Das heißt aber nicht, daß die Aufklärung ihrem universalistischen Anspruch gerecht wurde, über alle konfessionellen und ständischen Schranken hinweg jeden Staatsbürger zu erreichen. Selbst die gebildete bzw. akademisch ausgebildete Beamtenschaft gilt nicht generell als aufklärerisch. Auch sprach die Aufklärung nur einen Teil der Geistlichkeit an, insbesondere der größte Teil der katholischen Geistlichkeit blieb der Tradition treu. Vor allem fand die Aufklärung keinen Eingang in das gemeine Volk, obwohl es im Mittelpunkt der soge-

52. Satire auf die Unbrauchbarkeit der Philosophie. Kupferstich von J. Wolff, 18. Jahrhundert

nannten Volksaufklärung stand. Die Aufklärung blieb bei aller Popularisierung eine an der Schriftlichkeit und an ‚vernünftigen' Regeln orientierte Bewegung, mit der letztlich nur das ‚neue' Bürgertum und Teile des Adels etwas anfangen konnten, die sich allesamt eine Verbesserung ihres jeweiligen sozialen und politischen Status versprechen mußten. Jedenfalls wurden Unterschichten kaum und Handwerker nur wenig erfaßt; mit ihrem antiabergläubischen Programm und ihrer Arbeitsmoral stießen die Aufklärer dort weitgehend auf taube Ohren. Wieweit sich Frauen schließlich der aufklärerischen Moral und Vernunft verpflichtet fühlten, wissen wir kaum, denn öffentliche Aktivitäten sind nicht überliefert. Trotz ihres universalistischen, überständischen Anspruchs war die Aufklärung in ihrer Reichweite somit recht begrenzt.[14]

Ein letztes muß zur allgemeinen Charakterisierung noch hervorgehoben werden: Die Aufklärung war eine intellektuelle Bewegung, die von Reflexion, Kritik und Diskussion lebte und das ganze private wie öffentliche Leben Vernunftregeln unterwerfen wollte, um eine bessere, gerechtere und glücklichere Gesellschaft zu schaffen. Damit erklärte sie aller Körperlichkeit, Leidenschaft und Sinnlichkeit einen lebenslangen Kampf. Nur durch Arbeit und Selbstbeherrschung, ja Dressur, konnte der Untertan und Staatsbürger zu dem werden, was die Vernunft von ihm erwartete. Sosehr die Aufklärung durchaus von Glück sprach und dies in einem natürlichen Leben zu finden versprach, war ihr ein strenger, puritanischer Zug zu eigen; deswegen konnte sie auch so lange mit den Pietisten konform gehen und mit ihnen sowohl gegen das luxuriöse Hofleben wie gegen die derben Volkssitten streiten. Bei aller Weltzugewandtheit und aktivem Gestaltungswillen kämpfte die Aufklärung entschieden für Wohlgesittetheit und Selbstzucht, in ihnen gründet die neue bürgerliche Moral.[15]

Das Aufklärungszeitalter war ein Jahrhundert der Kritik.[16] Kritik an bestimmten Zuständen in den Kirchen und Herrschaften, an bestimmten Sitten und Gebräuchen hat es immer gegeben; neu an dem kritischen Habitus der Aufklärer war insgesamt seine grundsätzliche Art, vor allem aber die radikale Begründung und Orientierung an Moral und Nutzen. Kritik um ihrer selbst willen war unbekannt. Kritik und Reform, Kritik und Neuordnung waren nicht zu trennen. Kritik bedeutete Aufklärung und Verbesserung. Nicht von ungefähr entwickelte sich das neue kritische Bewußtsein aus dem Umgang mit der modernen Wissenschaft, mit der kritischen Erforschung von Natur- und Kulturwahrheiten, erweiterte sich dann aber rasch auf Bereiche des Glaubens und des kirchlichen Lebens und richtete sich schließlich sogar auf die moralischen und sozialen Zustände der verschiedenen Stände. Selbst der Staat und der Fürst wurden zu Ende des Jahrhunderts Gegenstand der Kritik. Der Weg von der wissenschaftlichen Kritik zur Gesellschaftskritik war lang und keineswegs gradlinig.[17]

Die Intensität und Art der Kritik war ein Zeichen steigender Reflexion, zugleich aber auch Ausdruck einer verstärkten Abkehr von der Tradition; die Kritik wird Medium zur Errichtung einer neuen Vernunftordnung, damit ein wichtiges Moment bürgerlicher Selbstfindung und bürgerlichen Selbstbewußtseins.

Erste Ansätze eines kritischen Bewußtseins entwickelten sich im Umgang mit den modernen Wissenschaften, sowohl in der Naturforschung wie in der

Humanwissenschaft. Kritik war nicht per se mit der Gelehrsamkeit verbunden, die es ja lange mit einfachem Sammeln zu tun hatte, sondern sie begann mit der radikalen Auseinandersetzung, mit einer systematischen Reflexion sowohl des überkommenen Natur- und Weltbildes wie auch der schriftlich fixierten Tradition. Die wissenschaftliche Kritik produzierte neues Wissen, neue Erkenntnis, stellte aber zugleich die bestehende religiös-kosmologische Weltordnung in Frage. Die Kontroverse mit dem ptolemäischen Weltbild führte zur kopernikanischen Wende, die Kritik an der aristotelischen Schulphilosophie brachte eine neue Erfahrungswissenschaft hervor, und die Zweifel an der biblischen Offenbarung leiteten sogar die Säkularisierung des christlichen Weltbildes ein.[18] Damit stand die wissenschaftliche Vernunftkritik nicht nur am Anfang der Moderne, sie gebar nicht nur eine neue Weltanschauung, sondern leitete den Niedergang der christlichen Kultur ein, wie sie für das Mittelalter und auch für die Reformation noch maßgebend war. Zum einen hat die moderne Naturwissenschaft das christliche Weltbild untergraben, zum anderen entzog die historisch-kritische Methode der religiösen Begründung des soziokulturellen Lebenszusammenhangs den Boden. Aberglaube und Wunderglaube konnten vor dem kritischen Urteil einer wissenschaftlich geschulten Vernunft nicht mehr bestehen. Mit der „Kritik der reinen Vernunft" wurde selbst die Erkenntnismöglichkeit des Menschen einer Kritik unterzogen und alle metaphysische Begründung als Spekulation enttarnt. Kant versteht unter der Kritik der reinen Vernunft „nicht eine Kritik der Bücher und Systeme, sondern die des Vernunftvermögens überhaupt, in Ansehung aller Erkenntnisse, zu denen sie, unabhängig von aller Erfahrung, streben mag, mithin die Entscheidung der Möglichkeit oder Unmöglichkeit einer Metaphysik überhaupt und die Bestimmung so wohl der Quellen als des Umfanges und der Grenzen derselben, alles aber aus Prinzipien".[19]

Das zweite Feld wissenschaftlich-kritischer Auseinandersetzung bildeten die Religion und die Kirche, sowohl die protestantische wie vor allem die katholische. Es gab in den Kirchen selbst nicht wenige Kräfte, die sich den aufklärerischen kritischen Forderungen zumindest in Maßen öffneten und ihrerseits einen kräftigen Beitrag zur Aufklärung leisteten. Aber dies verhinderte nicht, daß die Kritik auch fundamentale Probleme von Religion und Kirche thematisierte: Einmal waren es der Herrschaftsanspruch und die konkrete Herrschaftspraxis der Kirche, die kritisiert wurden. Dann attakkierten die Aufklärer das Bildungsmonopol der Kirchen, das moderne Entwicklung und eine freie Meinungsäußerung unterband, so daß die Menschen nicht aufgeklärt, sondern nur indoktriniert wurden. Schließlich wurden die Kirchen, vor allem die katholische, als Hort von Aberglauben und Unwissen angeprangert.[20] Noch weiterreichend war die Kritik an den Glaubensinhalten. „Erziehung gibt dem Menschen nichts", heißt es bei Lessing („Die Erziehung des Menschengeschlechts"), „was er nicht auch aus sich selbst haben könnte: sie gibt ihm das, was er aus sich selber haben könnte, nur geschwinder und leichter. Also gibt auch die Offenbarung dem Menschengeschlechte nichts, worauf die menschliche Vernunft, sich selbst überlassen, nicht auch kommen würde: sondern sie gab und gibt ihm die wichtigsten dieser Dinge nur früher".[21]

Während im Protestantismus der Offenbarungsglaube dem Urteil der Vernunft unterworfen wurde, zog man im Katholizismus gegen Heiligenkulte und Wunderglaube zu Felde. Einen Höhepunkt erlebte die Kritik im letzten Drittel des Jahrhunderts, als man Kirchlichkeit und Frömmigkeit schlechthin als Hindernis auf dem Weg zu Mündigkeit und Aufklärung denunzierte.[22] Die Angriffe der Aufklärer zielten damit nicht nur auf die Herrschaftskirche, sondern auf die christliche Botschaft an sich. Wenn Wunder angezweifelt und die Auferstehungslehre widerlegt wurden, verlor die Kirche an metawissenschaftlicher Kompetenz. Die wissenschaftliche Kritik zerstörte viele transzendentale Vorstellungen der christlichen Kirchen. Das Verbot des Jesuitenordens und der Sturm auf die Klöster wurde als Sieg der Aufklärung gefeiert.

Ein dritter Komplex der aufklärerischen Kritik betraf das adlige Leben und den Hof, auch hier mündete sie mit allem Vorbehalt freilich in Sozialkritik.[23] Obwohl der Adel es verstand, sich den aufklärerischen Ansprüchen zu fügen, ja sich sogar in ihren Dienst stellte, während sich umgekehrt bürgerliche Aufklärer ihrerseits nicht scheuten, den Adelstitel anzustreben und dies als sozialen Aufstieg zu interpretieren, steigerte sich im Laufe der Zeit die Hof- und Adelskritik.[24] Sie betraf nicht mehr nur den verschwenderischen, luxuriösen Habitus, sondern einerseits die vielen Privilegien und den Besitz des Adels, andererseits seine soziale Vormachtstellung in Staat und Kirche. Alle einträglichen und einflußreichen Stellen blieben dem Adel vorbehalten, gleichgültig, ob er den mit ihnen verbundenen Aufgaben gewachsen war oder nicht. Nicht Leistung war entscheidend, sondern die Geburt, nicht der Einsatz für den Staat, sondern adlige Ehre und Fürstennähe. Hiergegen erhob sich der Protest der Bürger, die von allen Ämtern ausgeschlossen waren. Unter vernünftigen Perspektiven stellten adlige Tugenden keinen Wert an sich dar. Dies alles hinderte allerdings die Bürgerlichen nicht, auch weiter um die Gunst des Adels zu buhlen.

Die aufklärerische Kritik weitete sich viertens auf die zeitgenössischen Sitten und Gebräuche aus, die vor allem vom einfachen Volk gepflegt und getragen wurden. Geleitet von einem Gesellschaftsbild, in dem Arbeit und Fleiß die Mittel waren, um soziale und sittliche Zustände zu bessern und in dem diese Tugenden konstitutive Wesensmerkmale des aufgeklärten Menschen wurden, konzentrierte sich die aufklärerische Kritik zunächst auf den Aber- und Wunderglauben des Volkes.[25] Er wurde als Zeugnis der allgemeinen Unwissenheit angeprangert, die ein vernünftiges Handeln unmöglich machte. Abergläubische Bauernregeln behinderten beispielsweise die Modernisierung der Landwirtschaft und die alten Handwerkerrituale eine Effektivität der Gewerbebetriebe. Zum anderen kritisierte die Aufklärung Faulheit und Müßiggang der Leute; vor allem die vielen Feste und Feiertage verkürzten die Arbeitszeit ganz wesentlich. In einem Hirtenbrief von 1782 klagte der aufgeklärte Erzbischof Coloredo von Salzburg über die verbreitete Ansicht des gemeinen Volks, „als wenn es größere Sünde wäre an einem Feyertage eines Heiligen, auch an einem aufgehobenen, zu arbeiten als am Sonntage, der doch eigentlich der Tag des Herrn ist; ... als wenn die Heiligen mit Müßiggang, und Faullenzen und mit Vernachlässigung seiner Nahrungs- und Berufsgeschäfte geehrt werden, als wenn sie die Schadenfrohe Richter einer erlaubten und christlichen Arbeit seyn könnten. Sie, die in der unaussprechlichen Herrlichkeit des himmlischen Vaterlandes durch unsere Feyerlichkeiten und Pracht, durch frommen Müßiggang und Umherziehen nichts gewinnen, und durch dessen Unterlassung nichts verlieren können".[26] Dieser Kampf gegen den Müßiggang war Teil der Kampagne gegen Bettel und Armut. Doch auch die Unmäßigkeit, die Verschwendung und die rohen Sitten des Volkes, die eine Erziehung zum gesitteten Menschen unmöglich machten, waren den Aufklärern ein Dorn im Auge. Nützlichkeitserwägungen und sittliche Ideale sind bei den aufklärerischen Bestrebungen kaum voneinander zu trennen.

Schließlich machte die aufklärerische Kritik nicht einmal Halt vor den Fürsten und ihrer absolutistischen Herrschaft. Zu Ende des Jahrhunderts hat sie sich infolge der Französischen Revolution zu einer radikalen Herausforderung an den Staat verdichtet.[27] Auch die Fürsten hatten sich generell nicht gegen die aufklärerische Bewegung gestellt, im Gegenteil, sie allenthalben gefördert, allerdings nur so weit, wie sie auch der staatlich-herrschaftlichen Praxis dienen konnte. Nicht mehr das Gottesgnadentum der Fürsten war der Hauptkritikpunkt der Aufklärer, sie kritisierten insgesamt die Unterdrückungspolitik des Staates, die dem Volk wenig Entfaltungsspielraum gewährte. Besonders angegriffen wurden einerseits die fehlende Unterstützung der aufgeklärten Bildungspolitik, andererseits die Zensurmaßnahmen, die vor allem die Intellektuellen trafen und den freien aufklärerischen Diskurs störten. Die Figur des Despoten hatte in den 80er Jahren literarische Konjunktur, sowenig die einzelnen Fürsten sich dadurch angesprochen fühlten oder auch fühlen mußten.[28] Dabei ging es den Aufklärern nur vereinzelt um die Abschaffung der Fürstenherrschaft, im Vordergrund stand die Errichtung eines bürgerlichen Rechtsstaates, der gleiche Rechte für alle Gebildeten sicherte und die Vorherrschaft des Adels abschaffte.

Zweifellos erreichte die Gesellschaftskritik in Deutschland nicht die Dimension der Auseinandersetzungen in Frankreich und England, aber auch hier läßt sich eine konstante Ausweitung des kritischen Bewußtseins feststellen. Überdies vollzog sich die Kritik ausschließlich im schriftstellerischen

Rahmen, in einer intellektuellen Auseinandersetzung und im kritischen Räsonnement, die sich in einer Vielzahl von Zeitschriften und Schriften niederschlugen. Der kritisch-wissenschaftliche Duktus blieb bis zum Ende des 18. Jahrhunderts vorherrschend, zu einer Formation im Sinne einer sozialen Bewegung kam es nicht, es sei denn, daß man den Aufstieg des neuen Bürgertums in diesem Kontext sieht.

Sosehr schließlich kein gesellschaftlicher Bereich von Kritik verschont blieb, schlug die aufklärerische Kritik doch niemals um in eine radikale Herausforderung bzw. Infragestellung von Staat, Kirche und Ständegesellschaft. Gewiß unterlagen alle traditionellen Institutionen im 18. Jahrhundert einem bedeutenden Wandel, aber für die Abschaffung des absolutistischen Staates, für die Trennung von Staat und Kirche und für die volle bürgerliche Gleichheit plädierte kaum jemand. Alle hofften, durch Reformen die Aufklärung zu verwirklichen, radikal waren die Aufklärer nur im Denken.

Die Kritik an bestehenden Denkgewohnheiten und Zuständen bildete nur die eine Seite der Aufklärung, der Reformwille auf allen kulturellen und sozialen Gebieten die andere, deutlich wird ein utopischer Anspruch, ohne daß die Aufklärung auf ein geschlossenes Programm oder einen einheitlichen Begriff zu bringen wäre. Nicht auf bestimmte Gegenstände und konkrete Ziele war die Aufklärung gerichtet, sie wollte überall mehr Licht ins Dunkel bringen, die Vernunft fördern, Wissen verbreiten und damit auf eine bessere Zukunft für alle hinarbeiten.

Zunächst ging es der Aufklärung im allgemeinen um Wahrheit als die Leitlinie jeden Erkenntniswillens. In der Welt des Wissens und der Erkenntnisse sollte nichts als die Wahrheit gelten, womit jede Autoritätsfixierung und jeder unbeweisbare Glaube ausgeschaltet werden sollte. „Auf nichts als auf die Wahrheit", heißt es in der Satzung der Bayerischen Akademie der Wissenschaften (1759), „soll eine Rücksicht genommen, und diese durch die Anzeigung ächter Gründe erwiesen, schulsectenmäßige aber und ungegründete Vorurtheile nicht geachtet werden".[29] Jeder Wahrheitsliebende sollte seine Vernunft gebrauchen und bevor er etwas behauptete, alles gründlich überprüfen. Der Wahrheitswille orientierte sich einerseits an der eigenen Erfahrung und Beobachtung, andererseits an eindeutigen Vernunftschlüssen. Die aufklärerische Wahrheit implizierte Unparteilichkeit. Diese Wahrheitsorientierung besaß aber nicht nur eine objektive Seite, sondern erhob auch den subjektiven Anspruch, sich keiner kirchlichen wie staatlichen Vormacht zu beugen, denn einen Monopolanspruch auf die absolute Wahrheit konnte keine Institution erheben. Wahrheit konnte nur mühsam und in einem langen Prozeß erkannt werden. Ihre Findung konnte nicht die Sache eines einzelnen sein. Ohne Überprüfung und Weiterentwicklung durch andere mußte jede Erkenntnis subjektiv bleiben. Wahrheit ließ sich für die Aufklärer nur in einem Diskurs aufdecken und finden. Die Auseinandersetzung und der Streit waren konstitutiv für den Wahrheitsfindungsprozeß der

53. Allegorie des Lichtes und der Wahrheit. Öl auf Leinwand von Franz Anton Maulbertsch, um 1750

Aufklärer, der sich damit grundlegend vom Wahrheitsbegriff der Christen, der auf dem Glauben ruhte, unterschied.[30]

Zweitens ging es den Aufklärern (von Anfang an) um die Mündigkeit der Menschen. Zwar gilt diese Forderung anfangs nur für die Gelehrten, später erstreckte sie sich aber auf die ganze bürgerliche Gesellschaft. Als eine zentrale Voraussetzung wurde eigenständiges Denken verlangt, nicht um sich in jedem Fall der traditionellen Vorgegebenheiten zu entledigen, sondern um sich in jeder Lebenslage des Verstandes bedienen zu können. „Die Emanzipation vom blinden Gehorsam", schrieb Georg Forster 1792, „die alle Zwangsmittel und alle Befehle überflüssig macht, setzt zugleich voraus, daß wir die Richtschnur unseres Verhaltens in unserm Innern besitzen, und ruht mit Zuversicht in der Überzeugung, daß wir mit dem Pfunde, welches uns anvertraut ist, nach der Freisprechung von jedem dogmatischen Zwange wuchern, jedesmal nach bester Einsicht handeln und unaufhörlich streben werden, diese zu berichtigen und zu erweitern".[31] Freilich galt diese Forderung vor allem für den mentalen Bereich wissenschaftlichen Denkens, im religiösen Leben und in der Wahrnehmung der eigenen Welt. Ein bestimmtes Maß wurde dabei nicht gesetzt, nur sollte nichts unreflektiert bleiben. Das Gebot des Selbstdenkens schloß die Forderung nach einer bewußten Lebensgestaltung ein, die ebenfalls ganz der Vernunft unterstellt werden sollte. Diesem Ziel diente vor allem die Erziehung. Es sollten nicht etwa die verschiedenen Stände aufgehoben werden, aber jeder sollte sich seiner gesellschaftlichen Stellung bewußt werden und seine Arbeit, sei sie angenehm oder nicht, annehmen und positiv gestalten zum Wohl des Ganzen. Das Mündigkeitsgebot erstreckte sich allerdings ausschließlich auf die, die in der Lage waren, sich ihrer Vernunft zu bedienen. Das schloß nicht aus, daß die Mündigkeitsforderung Motor für die soziale Emanzipation bzw. Leitfaden der aufklärerischen Erziehungsprogramme wurde. Doch kein Aufklärer dachte daran, daß die Bauern und Frauen ihr Schicksal selbst in die Hand nehmen sollten.[32]

Zum Programm der Aufklärung zählte drittens die Hoffnung auf eine ‚neue' Gesellschaft.[33] Alles orientierte sich bei den kulturellen, sozialen und politischen Anstrengungen auf die Zukunft. Sosehr die Tradition nach wie vor eine Rolle spielte und die historische Vergangenheit erstmals erforscht wurde, erkannte man in der Vergangenheit doch nichts positives, sie sollte ganz überwunden werden, denn man sah in ihr ein Zeitalter der Religionsstreitigkeiten, des Aberglaubens und der Unterdrückung. Die Aufklärer wollten zwar auch ihre Gegenwart mitgestalten – sie waren selten nur Schriftsteller oder Philosophen, sondern standen aktiv als Universitätslehrer, Beamte oder Geistliche in der Öffentlichkeit –, erst zu Ende des Jahrhunderts vermehrte sich die Zahl der nicht mehr sozial eingebundenen Intellektuellen. Aber trotz dieser Verankerung ist für alle die Zukunft der beherrschende Orientierungspunkt. Von ihr erwartete sich die ganze Aufklärungsgesellschaft eine endgültige Befreiung von Unfreiheit und ‚Unmündigkeit', die Erfahrung der Veränderbarkeit und Reformierbarkeit der Welt stärkte das utopische Denken, erst mit der Französischen Revolution endete dieser Optimismus. Adam Weishaupt erklärte noch 1786: „Und so gehen Welt und Schule, Weisheit und Torheit beständig an der Hand, und führen uns zum Ziel. Dies ist der Gang unserer heutigen Kultur, und er wird, wie ich vermute, auch der Gang aller künftigen sein. ... Neue Formen, Einrichtungen, Rechte und Stände der Menschen kommen zum Vorschein ... und dadurch eine Nation oder das ganze Geschlecht reifer wird, einen Schritt weiter seiner Vervollkommnung entgegen zu gehen."[34]

Auf drei Bereiche setzten die Aufklärer dementsprechend ihre Hoffnung: Einmal ging es um das aufgeklärte Wissen und seine allgemeine Verbreitung in Form des naturwissenschaftlichen und kulturwissenschaftlichen Unterrichts, des Ausbaus des Zeitungswesens und der Publikation literarischer Werke. Die neue Philosophie war der Vernunft verpflichtet und sollte der Selbstbefreiung des Menschen dienen, der eigenen Gestaltung der Welt. Dabei setzten die Aufklärer auch auf konkrete Verbesserungen – die praktische Aufklärung wird nicht weniger betont als die theoretische –, vorrangig aber war allen Aufklärern die Besserung und Aufklärung des einzelnen Menschen; erst wenn diese erreicht wären, würde sich alles andere von selbst ergeben.

Eng verbunden damit ist das Engagement für die allgemeine Erziehung besonders der Jugend. Erst wenn sie von den Zielen der Aufklärung durchdrungen ist, kann ein neues Zeitalter anbrechen. Unter dieser Rücksicht wundert es nicht, daß die meisten Aufklärer zugleich Pädagogen waren und Erziehungspläne entwarfen; hier kam die utopische Energie der Aufklärer zum Tragen. Vor dem Willen zur Änderung der sozial-politischen Wirklichkeit stand für die deutsche Aufklärung allgemein die Bildung des neuen Menschen, der selbstbestimmt sein Leben in die Hand nahm. Daß dies bestimmte soziale und politische Verhältnisse voraussetzte, wurde kaum gesehen. Bezeichnend ist, daß die deutsche Aufklärung keine sozialen Utopien hervorbrachte; ihr bedeutsamstes Metier war der Bildungsroman.[35]

Eine weitere Leitidee der Aufklärung war die Toleranz, das Akzeptierenlernen verschiedener Lebens- und Weltanschauungen nebeneinander. Wir wissen, wie schwer es das aufgeklärte Bürgertum hatte, sich gegen konservative und traditionalistische Richtungen durchzusetzen. Auch war persönliche Toleranz zweifellos nicht gerade die stärkste Tugend der Aufklärer, aber sie propagierten doch insgesamt einmal Toleranz zwischen den Konfessionen, stellten sich außerhalb des Religionsstreits zwischen Katholiken und Protestanten wie zwischen Lutheranern und Reformierten, und suchten zu vermitteln. Zum anderen setzten sie sich dafür ein, daß die unterschiedlichen Richtungen der Aufklärung sich gegenseitig tolerierten, das Gemeinsame vor den Unterschieden betonten. Sicherlich war auch manchem Aufklärer absolutistisches Denken nicht fremd; insgesamt aber plädierten sie für eine Pluralität der Meinungen, die Wahrheit ist nie Sache einer Partei, sondern kann nur im gemeinsamen Diskurs und Streit errungen werden, wofür Toleranz konstitutiv ist. „Diejenige Vorstellungsart aber, die keine andere neben sich dulden mag, die allein gelten will, wo alle gleiche Ansprüche und gleiche Mängel haben, verdient allein in die Schranken der Gleichheit zurückgewiesen zu werden."[36] Schließlich verlangten die Aufklärer von den Obrigkeiten und Staaten Toleranz gegenüber den unterschiedlichen Meinungen der Untertanen. Sie sollten nicht nur über dem Religionsstreit stehen, sondern zugleich die Vielfalt der Presse akzeptieren und eine unabhängige Aufklärungskultur tolerieren, wenn nicht sogar stärken. Das Toleranzgebot war aufs engste verbunden mit der Forderung nach Meinungs- und Glaubensfreiheit.[37] Eine Relativierung der Werte war aus der Sicht der Aufklärung damit nicht verbunden.

Ein viertes Programm stellt der Kosmopolitismus der Aufklärer dar, das Bekenntnis zum ‚Weltbürgertum'.[38] Die Aufklärer waren dabei keineswegs eine sozial ungebundene Gruppe, noch lebten sie fern von den sozialpolitischen Gegebenheiten und Realitäten, aber ihr Bekenntnis zum Kosmopoli-

54. Natural Philosophy. Federzeichnung von Joh. Hein. Ramberg, 1789

tismus war eine darüber hinausgehende Vision. Weltbürger sein hieß für die Aufklärer einmal, ihre intellektuelle Identität nicht mehr aus dem ständischen Bewußtsein, der Kirchlichkeit oder der Staatszugehörigkeit zu beziehen, sie verstanden sich nicht mehr primär als Gelehrte, Theologen oder preußische Beamte, sondern als Vertreter einer neuen aufgeklärten Weltordnung, ohne damit die traditionelle Welt in eigener Person zu überschreiten. Zum anderen hieß Kosmopolit sein, der Menschheit verpflichtet zu sein, sich primär als Mensch zu verstehen und der Herrschaft von Vernunft, Toleranz und Moral zu dienen, die allerdings auch an Ort und Stelle zu realisieren war. Das Bekenntnis zum Weltbürgertum schloß patriotisches Engagement nicht aus. Friedrich Schiller schrieb 1784 emphatisch: „Ich schreibe als Weltbürger, der keinem Fürsten dient. Frühe verlor ich mein Vaterland, um es gegen die große Welt auszutauschen."[39] Und Wieland 1788 in „Das Geheimniß des Kosmopoliten-Ordens": „Die Kosmopoliten führen den Namen der Weltbürger in der eigentlichsten und eminentesten Bedeutung. Denn sie betrachten alle Völker des Erdbodens als eben so viele Zweige einer einzigen Familie und das Universum als einen Staat, worin sie mit unzähligen andern vernünftigen Wesen Bürger sind, um unter allgemeinen Naturgesetzen die Vollkommenheit des Ganzen zu befördern, indem jedes nach seiner besondern Art und Weise für seinen eigenen Wohlstand geschäftig ist."[40]

Seit je hatten sich Gelehrte als Mitglieder einer Gelehrtenrepublik verstanden, in der jeder gleiche Rechte genoß; entsprechend war der Geist der Aufklärer ein Bekenntnis zur Gemeinschaft aufgeklärter Bürger, die sich ihres Menschseins bewußt sind und über alle Grenzen hinweg ihr aufklärerisches Ideal zu verwirklichen suchen. Zwar bezogen sich die Aufklärer auf die ganze menschliche Zivilisation, ein Elitarismus ist aber unverkennbar, insofern der aufgeklärte Bürger per se als kultivierter Bürger verstanden wurde. Das beginnende Interesse für die nationale Geschichte und Kultur widersprach dem kosmopolitischen Anspruch nicht.

Schließlich ging es der Aufklärung um eine neue Moral; nicht allein der aufklärerisch denkende Mensch wurde Ziel der Aufklärung, sondern ebenso stark der aufklärerisch handelnde Mensch. Theoria cum praxi war eine Maxime der Aufklärung. Die neue Sittlichkeit wird bestimmt durch den rigorosen Bruch mit der religiös-kirchlichen Tradition. Der Mensch ist von Natur aus nicht böse, von Erbsünde und Schuld belastet, sondern von Natur aus gut und kann dementsprechend nach Beseitigung mentaler Hindernisse das Gute in sich zur Entfaltung bringen. Der sittliche Mensch ersteht allerdings nicht ohne Anstrengung: die Arbeit an sich ist ebenso nötig wie eine Selbstdisziplinierung und Orientierung an der Vernunft als Maxime sittlichen Handelns. Von dieser Möglichkeit leitet sich der aufklärerische Optimismus ab. Alles liegt in der Hand des Menschen, Vernunft kann die Leidenschaften besiegen. Der sittliche Mensch ist schließlich einerseits derjenige, der aus sich heraus unabhängig von traditionellen Vorgaben in Übereinstimmung mit der Natur oder der allgemeinen Vernunft das Richtige tut. Einen Gegensatz zwischen notwendiger Pflichterfüllung und subjektivem Glücksempfinden gibt es nicht. Andererseits ist der sittliche Mensch verpflichtet, die Gestaltung der Welt als seine Aufgabe anzunehmen.[41] Nur in der Praxis erfüllt sich das aufgeklärte Gebot der Vorherrschaft der Vernunft. Ein streng praxisbezogener puritanischer Zug ist in der Aufklärung unverkennbar. Jedenfalls ist ein wahrhaft aufgeklärtes Leben zugleich ein moralisches Leben.

2. Medien der Aufklärung

Die Aufklärung war ein Zeitalter der Selbstreflexion, der individuellen Selbstfindung und der subjektiven Entscheidung mit starkem moralischem und öffentlichem Engagement. Sie hätte aber nicht die ihr eigene Bedeutung, die starke Ausbreitung und Durchschlagskraft erlangen können, wenn sie sich nicht jenseits der traditionellen Machtzentren mit Kommunikationsformen organisiert hätte, die dem besonderen Bedürfnis der Aufklärer nach Gesprächen, nach Freundschaft und nach Verbreitung ihrer Ideen entgegenkamen. Sicherlich bedienten sich die Aufklärer auch des Hofes, der Kirche und der Universitäten, aber ihre eigentlichen Organisationsformen waren andere. Drei wichtige Medien und Institutionen sind hervorzuheben: Einmal gründeten Aufklärer eigene Gesellschaften zur Verbreitung ihrer Ideen, um im geschützten Raum zu diskutieren, dann schufen sie informelle Gruppen jenseits aller ständischen Schranken mit einem ausgedehnten Briefwechsel; schließlich kam es zu einem breit ausgebauten Zeitschriftenwesen und einem sich ausweitenden literarischen Markt, der trotz aller Zensurmaßnahmen zu einem eigenständigen kulturellen Machtfaktor heranwuchs. Bücher, Briefwechsel und Gesellschaftsgründungen hatte es zwar schon früh gegeben, aber im Aufklärungszeitalter gewinnen sie eine grundlegend neue Qualität.

Eine spezifische Form des öffentlichen Engagements der Aufklärung und des entstehenden Bürgertums bildeten die Aufklärungsgesellschaften, die im 18. Jahrhundert in großer Zahl gegründet wurden.[1] Sie führten unterschiedliche Namen, verfolgten die unterschiedlichsten Ziele und hatten unterschiedlichste Wirkungen. Bis zum Ende des Jahrhunderts war der größte Teil der aktiven Aufklärer zumindest zeitweise in diesen Gesellschaften organisiert gewesen. Es begann mit Gründungen von gelehrten und literarischen Gesellschaften, die dem intellektuellen Austausch dienten und von akademisch geschulten Gelehrten getragen wurden. Die bekanntesten waren die Preußische Akademie der Wissenschaften[2] und die Deutschen Gesellschaften, die Gottsched zur Besserung der deutschen Sprache ins Leben gerufen hatte.[3]

Ein schön New Lied/
genant

Der Teutsche Michel/

Wider alle Sprachverderber/Cortisanen/Concipisten vnd Concellisten/welche die alte Teutsche Muttersprach mit allerley frembden/Lateinischen/Welschen/Spanischen vnd Frantzösischen Wörtern/so vielfältig vermischen/verkehren vnd zerstören/daß sie jhr selber nit mehr gleich sihet/vnd kaum halber kan erkant werden.

Im Thon: Wo kombt es here/daß zeitlich Ehre.

1.
ICH teutscher Michel/versteh schier nichel
In meinem Vatterland/es ist ein schand.
Man thut jetzt reden/als wie die Schwede,
In mein Vatterland/pfuy dich d schand.
2. Fast jeder Schneider/will jetzund leyder/
Der sprach erfahren seyn/vnd red Latein:
Welsch vnd Frantzösisch/halb Iponesisch/
Wann er ist voll vnd toll/der grobe Knoll.
3. Der Knecht Matthies/spricht bona dies/
Wann er gut morgen sagt/vnd grüßt die Magd
Sie wend den Kragen/thut jhm dancksagen/
Spricht Deo grattias/Herr Hipocras.
. Ihr fromme Teutschen/man solt euch beutscl en
Daß jhr die Muttersprach/so wenig acht.
Ihr liebe Herren/das heißt nicht mehren/
Die Sprach verkehren/vnd zerstören/
. Ihr thut alles mischen/mit faulen Fischen/
Vnd macht ein misch gemäsch/ein wüste wäsch:
Ein faulen Hasenkäß/ein wunderseltzams gfräß/
Ein gantzes A.B.C. ich nicht versteh.
6. Was ist armiren/was avisiren/
was avanciren/was attaquiren/
Was approchiren/archibusieren/
was arriviren/accordiren?
7. Was ist blocquiren/was bastoniren?
Benedicieren blaterieren?
Was blasphemieren/was buccinieren?
was balsamieren/blandiren?
8. Was ist campieren/was cortesiren/
Contribuiren crepiren?
Was ist citiren/was callepieren?
was convoyiren/charschieren?
9. Was ist Armada/was retirada/
was pallisada/steggada?
Was ist intrada/was della spada/
was cavalcada/provada/
10. Wz ist ein Gubernier/verkaufft er Mertzen Bier?
was ist ein Commendant/für ein Trabant?
Was ist Colonell/ein Müller oder Meel?
was ist Major/ein newes Stadtthor?
11. Was ist der Capitain/ein doller Goggelhan/
was ist ist Cornet/ein faule Bauren-greth?
Was seind denati/für Commissari?
wer ist jhr adjutant? der Jud im Land.
12. Ey holla holla/was ist parolla?
was Soldatesca/wer da/wer da?
Was ist mostrada/was salva guarda/
was ist standar/parlar/potz guter Jahr?
13. Was ist artollerey/was ist infanterey/
was ist die cavallerey/was ein parthey?
Was ist die harmoney/nur für ein Katzen-gschrey/
was bringt die phantasey/für ein convoy.
14. Was ist damniren/was dubitiren/
Dissimuliren/dominiren/
Was dispensiren/was discurriren/
was diffamiren/despectiren?
15. Was ist erriren/was excusiren/
Elaboriren/emendiren/
Was excludiren/examiniren/
Effectuiren/expediren?
16. Was ist fundiren/favorisiren/
was factoriren/fallieren?
Was ist floriren/fructificiren/
was ist flangiren/flottiren?
17. Wz ist dz Hauptquartir/ein fräsigs wildes thier/
was ist die Guarnison/was ein squadron?

Was ist die gantz Armee/nur lauter ach vnd weh/
was ist der Randefuß ein Habermuß.
18. Wer ist der Belnider/ein Schneider ohne scher/
Ist dann Escurial/ein Schusteraal?
Was ist Constabel/potz Endteschnabel/
Was ist parabel/für eine Gabel?
19. Wer seind die Dame/krumb oder lahme/
wer seind die Cavallier? oi oi monsieur.
Wer ist der favorit? ich traw vnd glaub jhm nit/
Er hat ein böß credit/wie ein Bandit.
20. Wer ist der Landerley/wer ist der Signori/
Was ist die Gelery/gusy gusy.
Was ist oy per ma fey/ist es ein Fuder Hey/
was perlamor de die/ja morgenfrüh.
21. Was ist gustirn/was gratuliren/
Gratificiren/gaudiren?
Was ist grassieren/was gubernieren/
was gallantisiren/glorieren?
22. Was ist der Fresco/für ein Tudesco/
wer ist der Gentilhoum/Thorwächter z' Rom/
Was ist der Tragoner/ein Königslohner/
Ein Muntisoner/Parmasoner?
23. Was ist ein Officier/was ein Avanturier/
wer ist der Ingenier/wer ist Curier?
Was ist ein Passagier was ist ein forestier/
was ist ein Curisier? ein wilder Stier.
24. Was ist condition/was amunition/
was reformation: confusion?
Was ist relation/was information/
was visitation? Ich lauff darvon.
25. Was ist Officiant/ein grosser Elephant/
Ist nit der furfant/dir auch verwandt?
Was ist Comediant/was hat er für ein schand/
was ist ein Rebellant/für ein Bachant.

26. Was ist logieren/was lamentiren/
was laboriren/was lediren/
Was licentiren/was liberiren/
was liquidiren/lustrieren?
27. Was ist Marschiren/was molestiren/
was mantenieren/mundiren?
Was ist movieren/was meritieren/
was manteniren monciren?
28 Was ist nacriren/was negotiren/
Notificieren/negiren?
Was nominiren/negligiren/
Nobiliren/nociren?
29. Was ist ein Flotta/was ist ein Grotta?
was ist die Allianz/ein Bawren-tantz/
Was ist doch ein Caball/ein alte Kuh im Stall?
Ist dann der Fabelhanß/die Martinsganß.
30. Was ist ein digniter/ist es die Mergentörly/
was ist ein qualitet/sag an Knolpet/
Was ist Commoditát/was die Neutralität/
was sey Ballet/Trombet/kein Baur versteht.
31. Wz ist ein Traditor? ach bhüt mich Gott darvor/
Ist dann Buldron/deß Meister Hanse Sohn.
Was seyn Bastoni/für gut Bugoni/
Was sein Buffoni? Narroni.
32. Was ist alarm/alarm/ju ju das Gott erbarm/
was ist nur traffico/für Haberstroh?
Was ist die Liga/liga/liga.
Olla putrida/fattiga?
33. Was ist impressa/wer gibt die spesa/
was ist Signor Patron/für ein speon?
Was ist Bagaschi/was fonteraschi/
was ist ein Baschi/guraschi.
34. Was ist orniren/was obediren/
was obscuriren/offendiren?

Was ist partiren/was perdoniren.
Parlamentiren/possiren/
35. Was ist quartieren/was quiesciren/
Qualificiren/queriren?
Was quadruplicieren/quadripartieren/
Was quernliren/cassiren?
36. Was seyn Retutten/Höcht oder Rutten/
was seyn Statuten/für Dutten?
Was seyn Recutten/für alte Kutten/
was seyn Patuten für Flutten/
37. Was ist contento/was fünff percento/
was ist auff interim/doch für ein Stimm/
Was hast basta/ich mag nit fasta/
Ich wohn beym Summlier/trinck wein für Bier.
38. Wo bleibt das Proviant/ist keins mehr in dem Land/
wer gibt vns dann vivers d von nivers?
Commiß nimb hin vnd friß/es ist ein guter Biß/
Servitz ist gantz kein nütz/schweig still ich schwitz.
39. Was ist der Hugenot? gar ein stoltze Krot;
wie besteht der Floriot? mit schand vnd spott/
Wer ist der Idiot/ist er dein Patriot?
was ist Pilcot für gsod/ach lieber Gott.
40. Was ist regieren/was retiriren
was recontriren/refreschiren?
Was ruiniren/recommandiren:
was rebelliren/reformiren?
41. Was ist spediren/was strapiziren/
was succurriren/secundiren?
Was scharmitziren/was simulieren/
was fincertiren/verführen.
42. Wos ist Gran Duca/was ist Barucca/
Wer ist der Admiral ein Futteral/
Wer ist der Gran Prior/er geht gantz in malor/
Ist ein Servitor/vnd sucht favor.
43. Was ist ein Pruniol/ein schöner Capriol/
was ist das Victriol/was Spaniol/
Was ist Alteza/was ist grandeza/
was ist forteza/del meza/
44. Was ist ein Pannatel/ist es ein Schriffterel/
was ist der Cerebell/nur für ein Gsell/
Was ist der Mirabel/ein junges Lämble Fell?
was ist der Dilledell für ein Rebell?
45. Was ist ein Marcepan/ein Henne oder Han/
was ist Grobian/doch für ein Gspan?
Was ist ein Busican/was ist ein Carpezan/
was ist ein Partisan/für ein Phasan?
46. Was ist taxiren/was trasctiren/
Temporisiren/torquiren?
Was transferieren/tumultuiren?
was transigiren/tentiren?
47. Was ein Potentat/Prælat vnd Deputat/
was ist ein Panlarat für ein Salat?
Was ist ein Bastonat/was ist ein Advocat/
was Commissaria? gsegnen Gott das Bad.
48. Was ist jhr Eminentz/was jhr Magnificentz.
was ist jhr Excellentz/was ist Licentz?
Was ist Obedientz was ist Correspondentz/
was ist Plenipotentz bey bestekentz.
49. Was ist Allegrament/Patent vnd mancament/
was ist retranchiment/was Malcontent:
Wer ist der Præsident/botz hundert tausend schände/
Vollend dein Blodermennt/vnd mach ein End/
50. Habt jhr verstanden mit Spott vnd Schanden/
wie man die Sprach verkehrt/vnd gantz verstört?
Ich Teutscher Michel/versteh schier nichel
In meinem Vatterland/es ist ein Schand.

Getruckt im Jahr/da die Teutsche Sprach verderbet war.

55. *Wort- und Bildsatire auf die Modesucht und Verderbnis der deutschen Sprache. Flugblatt eines Unbekannten um 1642*

In der moralisch-patriotischen Gesellschaft in Hamburg kamen 1728/29 interessierte Personen zur gemeinsamen Erörterung von aktuellen Fragen zusammen: „Wöchentlich ward ein gewisser Abend ausgesetzet, an welchem sie, nach hingelegten mehrentheils öffentlichen und wichtigen Ampts-Geschäfften, ihre Gemüther in einer so vernünftigen als freundlichen Unterhaltung zu erquicken suchen wollten. Alles, was üppig und eitel, oder Zeit- und Lustverderblich heißen konnte, ward durch beliebte Gesetze aus dieser Gemeinschaft verbannet, hingegen das gemeine Beste zur hauptsächlichsten Augenmercke aller Ihrer Reden und Gedancken gesetzet. Auf desselben Vortheil, Ehre und Auffnahme traffen alle Ihre Vorträge, als auf einen Mittel-Punct, zusammen ...“[4]

Um die Mitte des Jahrhunderts erfolgte eine zweite Gründungswelle. Jetzt sind vor allem die patriotisch-gemeinnützigen Gesellschaften zu nennen,[5] die weniger gelehrte als praktische Ziele verfolgten, sowie der Orden der Freimaurer, der mehr oder weniger als Geheimorganisation bald alle aufklärerischen Zentren in Städten und an Höfen miteinander verband.[6] In einer Freimaurerrede aus Frankfurt heißt es 1742: „Die Maurerei, die in unsern Tagen so berühmt ist, ist eine Verbindung einsichtsvoller Männer, die, vereinigt durch das Band der Bruderliebe, geleitet durch die Grundsätze der Moral, sich bestreben, eine vernünftige Gesellschaft zu bilden, zu der jedes Mitglied alle Eigenschaften mitbringen soll, die die Gesellschaft nützlich und angenehm machen ...“[7] Von besonderer Bedeutung war die Patriotische Gesellschaft in Hamburg.[8]

Schließlich gab es eine Welle von Gründungen von Lesegesellschaften, die sich ebenfalls in fast allen Städten bildeten.[9] Ihr Programm wird im Plan einer Lesegesellschaft der Stadt Koblenz (1783) besonders deutlich: „Lehrreicher gesellschaftlicher Umgang und das stete Lesen jener Schriften, welche der Welt die Veränderungen, Abwechslungen und Merkwürdigkeiten aller Reiche und Staaten und das Fortrücken der menschlichen Kenntnisse in allen Gattungen von Wissenschaften vor Augen legen, sind die Mittel, wodurch Aufklärung und Licht verbreitet, und jedem zugleich die Gelegenheit dargeboten wird, die von seinen Berufsarbeiten erübrigten Erholungsstunden mit reinem Vergnügen zu benützen. Dieses erwünschliche Ziel wird unmöglich anders erreicht als durch eine Verbindung mehrerer Personen, welche mittels eines gemeinsamen Beitrages sich die besten politischen und gelehrten Zeitungen, Journalien, periodische Schriften und andere gemeinnützige Werke, womit die literarische Welt nach und nach bereichert wird, anschaffen, an einem eigenen schicklichen Orte niederlegen, solche daselbst zu jeder beliebigen Stunde des Tages lesen und sich das Gelesene durch Unterhaltung und wechselseitige Mitteilung ihrer Begriffe und Kenntnisse nützlich und angenehm zu machen suchen.“[10] Nicht zuletzt kam es auch zur Bildung erster politischer Gesellschaften. Hier ist einmal der Geheimbund der Illuminaten zu nennen, der allerdings 1785 verboten wurde,[11] zum

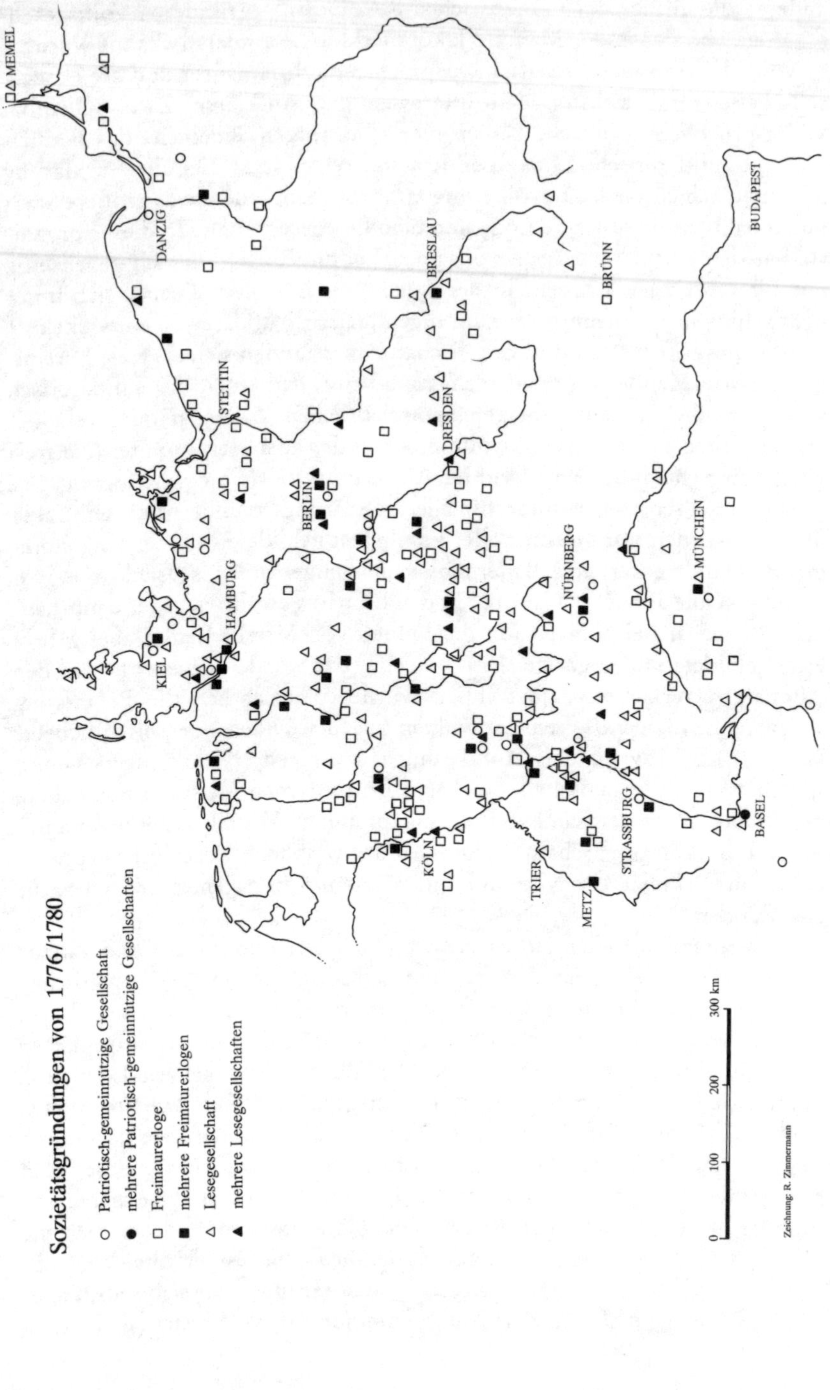
Sozietätsgründungen von 1776/1780
Patriotisch-gemeinnützige Gesellschaft
mehrere Patriotisch-gemeinnützige Gesellschaften
Freimaurerloge
mehrere Freimaurerlogen
Lesegesellschaft
mehrere Lesegesellschaften
MEMEL
DANZIG
BRESLAU
BRÜNN
BUDAPEST
STETTIN
DRESDEN
BERLIN
HAMBURG
KIEL
NÜRNBERG
MÜNCHEN
KÖLN
TRIER
METZ
STRASSBURG
BASEL
0
100
200
300 km
Zeichnung: R. Zimmermann

anderen die infolge der Französischen Revolution gegründeten Volksgesellschaften, von denen der Mainzer Jakobinerklub besonders bekannt wurde.[12]

Von all diesen Gesellschaften entsprachen die Freimaurer und die Lesegesellschaften am stärksten den Interessen der Aufklärer. Zwei scheinbar widersprüchliche Wünsche kamen hier zum Tragen, einerseits das Bedürfnis, eine aufklärerische Elite zu bilden, andererseits das Ziel, die Aufklärung in weiten Schichten der Bevölkerung zu verbreiten. Jede etwas größere Stadt besaß bald zumindest eine Loge und eine Lesegesellschaft. In dieser organisierten sich Aufklärer zur gemeinsamen Lektüre bzw., um sich gegenseitig mit Literatur zu versorgen. In der Loge ging es zudem darum, sich unter dem Schutz des Geheimnisses zum tugendhaften Aufklärer zu entwickeln.[13]

Alle diese Sozietäten und Gesellschaften verstanden sich als freie Vereinigungen von Männern. Freie Vereinigung heißt, daß jeder, der aufklärerisch wirken wollte, jenseits von genossenschaftlichen Zwängen oder religiös-ideologischen Fesseln als Individuum ein- oder austreten konnte. Die freiwillige Entscheidung, ein bewußter Akt, konstituierte die Vereinigung.

Die Gesellschaften wollten für alle Aufklärungsfreunde offen sein, aber de facto wurden nur gelehrte oder zumindest gebildete Männer aufgenommen.[14] Handwerker und Bauern blieben weitgehend ausgeschlossen, vor allem aber die Frauen. Wenn ihnen der Eintritt gewährt wurde, dann handelte es sich dabei zumeist um die Frauen von Mitgliedern. Dabei gab es viele gebildete und sogar gelehrte Frauen – das wurde keineswegs von den Aufklärern verkannt –, aber ihnen wurde offensichtlich die Befähigung abgesprochen, sich als freie Individuen zu entscheiden oder öffentlich für Wissenschaft, Tugend und Aufklärung einzusetzen. Nicht zuletzt widersprach es dem puritanischen, Spiel und Erotik fernen Geist der Sozietäten, den Frauen eine eigenständige Rolle einzuräumen. Vor allem die Freimaurerei und die Lesegesellschaften schlossen das weibliche Geschlecht expressis verbis aus.[15] Freier Umgang und aufklärerisches Engagement waren Sache der Männer.

Gemeinsam war allen aufklärerischen Sozietäten im großen und ganzen ein doppeltes Ziel: Einmal wurde die Selbstbildung im gesellschaftlichen Rahmen angestrebt, die gelehrten oder moralischen Charakter annehmen konnte und bis zur moralischen Vervollkommnung im Sinn der aufgeklärten Vernunft führen sollte. Dies betrifft vor allem die exklusiven Lese- und Freundschaftszirkel sowie die esoterisch-geheimen Gesellschaften, allen voran die Freimaurer. Das eigene Wissen sollte erweitert werden durch Lektüre und Vorträge, durch gemeinsame Erarbeitung theoretischer und praktischer Probleme. Aber nicht nur theoretische Aufklärung diente zur Bildung, sondern auch neue Rituale und Umgangsformen, denen sich die Mitglieder unterwerfen mußten und durch die ein neues Verhalten eingeübt wurde.[16] Zwar konzentrierte man sich in den Gruppen auf sich selbst, aber der Außenbezug fehlte niemals völlig. Zumindest in der Vorstellung bestand

Übereinstimmung darin, mit der Selbstbildung und eigenen moralischen Vervollkommnung zugleich die Gesamtgesellschaft zu reformieren.

Zum anderen ging es um das, was die Gesellschaften mit der ‚Verbreitung' von Aufklärung meinten. Durch öffentliche Vorträge und Diskussionen, durch Zeitschriftengründungen und die Ausschreibung von Preisfragen erstrebten sie die Verbesserung der Gesellschaft, des Staates, aber auch die Aufklärung des Volkes.[17] Das Bekenntnis zur Förderung des Gemeinwohls ist allen Sozietäten eigen. Dabei wandten sie sich allgemein an die Öffentlichkeit und an den Staat. Wie das Programm der gemeinnützigen Gesellschaften zeigt, war das Spektrum der Reformvorschläge sehr breit. Es ging von der Schuleinrichtung bis zur Agrarreform, von Fürsorgemaßnahmen bis zur praktischen Anwendung technischer Erfindungen. Zwar bestritten die Sozietäten insgesamt die obrigkeitliche oder kirchliche Zuständigkeit nicht, aber mit ihrem Reformprogramm erhoben die in den Gesellschaften vereinten Männer erstmals als Privatleute und würdige ‚Bürger' Anspruch auf Mitgestaltung und Mitverantwortung und ermutigten alle Untertanen-Bürger als Patrioten oder Weltbürger, die Besserung ihrer Welt selbst in die Hand zu nehmen.[18] Bei noch so esoterisch-exklusiver Ausrichtung legitimierte jede Gesellschaft ihr Handeln insgesamt mit der allgemeinen Aufforderung, selbst etwas zu tun, Vernunft und Moral im Rahmen der Möglichkeiten zu realisieren und damit eine Reform der Gesellschaft einzuleiten.

Aber trotz allen pragmatischen Forderungen und aller Hochhaltung ritueller Geselligkeit bildete doch immer die gelehrte Diskussion, das aufklärerische Gespräch über literarisch-philosophische wie weltlich-gesellschaftliche Themen die Grundlage aller Gesellschaften. Der Aufbau eines gesellschaftlichen Rahmens, in dem die Mitglieder überhaupt erst ihre gemeinsamen Interessen finden, artikulieren und propagieren konnten, war gewissermaßen der Kern der Gesellschaftsarbeit. Nach den erhaltenen Vortragslisten ähnelten sich die Themen der in den Sozietäten erörterten Fragen sehr: Sie handelten von wahrem Patriotismus und echter Weltbürgerlichkeit, von Freundschaft und Menschlichkeit, vom Nutzen der Gesellschaft und der Notwendigkeit einer Reform des Staates, nicht zuletzt immer wieder von der Förderung der Wissenschaft, der Besserung der Moral und der Forcierung der Aufklärung.

Im Prinzip konnte jedes naturphilosophische und staatstheoretische, jedes moralische und ästhetische Problem diskutiert werden, sofern es alle Mitglieder als aufgeklärte Bürger gleicherweise betraf. Ausgeschlossen waren ausdrücklich alle religiös-kirchlichen und politisch-staatlichen Themen, also Gegenstände, die im Herrschaftssystem und in den Kirchen monopolisiert waren.[19] Dafür gab es mehrere Gründe. Jeder Eingriff in staatliche und kirchliche Belange hätte als Verschwörung ausgelegt werden können. In der Regel hielten sich die Gesellschaften deshalb an die stillschweigende Vereinbarung einer ‚friedlichen Koexistenz', immerhin waren viele ihrer Mitglieder ohnehin Beamte und Geistliche. Vielleicht wichtiger aber als diese Vorsichtsmaßnahme war der Wunsch aller Sozietäten und ihrer Mitglieder, die Harmonie und Einheit der eigenen Gesellschaft nicht durch Themen zu gefährden, die allzu kontrovers behandelt werden konnten. Um eine konfliktfreie Kommunikation zwischen Männern oft verschiedener Gruppen zu garantieren, in deren Namen ja die neue vernünftige Wirklichkeit realisiert werden sollte, mußten alle Probleme von vornherein ausgeschlossen bleiben, durch die es zu Unfrieden oder Streit kommen konnte. Dadurch hob man sich zugleich auch positiv ab von der höfischen und kirchlichen Welt und begründete einen eigenen Raum außerhalb dieser sozialpolitischen Pole der Zeit.

Darüber hinaus waren alle Themen ausgeschlossen, die die Ehrwürdigkeit und Abgehobenheit der Versammlungen gefährden konnten. Deswegen wurde nicht nach der Konfession und dem politischen Bekenntnis gefragt, auch sollte das Mitglied in der Gesellschaftsarbeit seine Alltags- und Berufsprobleme hinter sich lassen. Dabei ging es nicht nur darum, berufsspezifische Interessen auszuschließen und Gespräche über Alltagsdinge zu unterbinden, sondern um den Charakter der Sozietäten an sich, in denen sich die einzelnen nicht als Beamte, Professoren oder Ärzte, sondern als Menschen, Aufklärer und Literaturfreunde vereinigen sollten. Nur das Verbindende, das gemeinsame Interesse sollte für die Gemeinschaft konstitutiv sein.

Zur Sicherung eines vernünftigen, gesellschaftlichen Lebens, das sowohl dem Gebot der herrschaftsfreien Kommunikation genügte wie die Gleichrangigkeit aller Mitglieder garantierte, erstellten alle Gesellschaften eine differenzierte Satzung, auf die jeder einzelne verpflichtet wurde.[20] Sie regelte genau die Aufnahmemodalitäten, die Wahl des Vorsitzenden und den Ablauf der Sitzungen. Es war geradezu die Überzeugung aller Aufklärer, daß das gesellschaftliche Zusammenleben und das soziale Handeln einer Regelung durch Gesetze bedürfe. Vor allem aber sollte die Satzung die Gleichheit aller Mitglieder garantieren. Dies schuf erstmals die Möglichkeit, daß Vertreter der verschiedenen Stände und Berufe in einem selbst geschaffenen Kommunikationsraum die gleiche Stimme besaßen und ihre Meinung frei äußern, daß Adelige und Bürgerliche sich als gleichrangig gegenübertreten konnten.[21] Nur im Schutz der Logen oder in der Versammlung der Literaturfreunde nannten sich die Mitglieder allerdings gegenseitig Bruder oder Freund, im alltäglichen Leben, in der öffentlichen Gesellschaft besaß dieser Anspruch jedoch keine Relevanz. Die angestrebte Gleichheit ließ auch die Konfessionen unberücksichtigt. In diesem abgehobenen Raum der Gesellschaft verkehrten Katholiken, Lutheraner, Calvinisten und sogar Juden in sonst nicht gekannter Vorurteilslosigkeit miteinander. Die Sozietäten waren so frei von konfessionellem Geist, daß sie sich gleicherweise in katholischen wie protestantischen Territorien ausbreiten konnten; dies gilt z. B. sowohl für die Freimaurerei wie für die Lesegesellschaften.

56. Immanuel Kant mit Tischgenossen. Ausschnitt aus einem Gemälde von E. Doerstling, um 1786

Alle Sozietäten verwirklichten eine diskursive Geselligkeit, die sich grundlegend unterschied von der auf den Fürsten orientierten ständisch-höfischen Kultur wie von der liturgischen Welt der verschiedenen Kirchen. So vielfältig die einzelnen Mitglieder auch der kirchlichen oder höfischen Welt verbunden waren, so sehr bezog doch das neue Sozietäts-Bürgertum sein Selbstverständnis und Selbstbewußtsein zusehends nicht länger aus der sozialen Stellung innerhalb der feudalen Gesellschaft, sondern aus dem Bekenntnis zur modernen Wissenschaft, zur Aufklärung und bürgerlichen Moral, vor allem aus der Zugehörigkeit zu einer rational-vernünftigen, überständischen und überkonfessionellen Gemeinschaft. In diesem Sinne entwickelten die ‚gelehrten' Gesellschaften und die ‚moralische' Freimaurerei in der Tat das Muster bürgerlicher Gesellschaft.[22]

Die soziokulturelle Bedeutung der Gesellschaften lag vor allem in sechs Bereichen.[23]

Zunächst traten die einzelnen Gelehrten und die gebildeten Bürger, die sich durch ihre Bedürfnisse und Tätigkeiten aus der traditionellen Lebenswelt herauslösten, mit dem Eintritt in eine Gesellschaft aus ihrer sozialständischen Isolierung heraus. Indem sie sich zusammentaten, gemeinsam ihre Interessen formulierten und womöglich gemeinsam nach außen auftraten, wurde ein Zusammenhalt über alle Grenzen hinweg im Sinne einer Gelehrtenrepublik erstellt, der für die geistige Entwicklung des einzelnen entscheidend wurde. Sich zusammenzuschließen half nicht zuletzt auch den Gelehrten, Aufklärern und gebildeten Bürgern, ihre nicht selten schwierige soziale Lage am Hof, in Universität und Schule oder in der Verwaltung besser zu ertragen. In kollektiver Arbeit und Kommunikation sahen sie neue Möglichkeiten, individuelle Interessen und gesellschaftliche Aufgaben über ihre berufliche Tätigkeit hinaus zu verbinden und dadurch neue Identitäten auszubilden.

Vor allem fanden die Mitglieder in den Sozietäten oft erstmals die Gelegenheit, unter Gleichgesinnten über alle Stände hinweg ihre Interessen zu besprechen, Vorträge zu halten, wodurch sie gezwungen wurden, ihre Gedanken zu formulieren und diese einer allgemeinen Kritik zu unterwerfen. Die Möglichkeit, nicht nur zu lesen, sondern auch Vorträge zu hören und darüber mit Gleichgesinnten zu sprechen, war ein bedeutsamer Erfahrungsgewinn. Wenn man anordnete, während der Vorträge nicht zu reden und sich nachher in einer bestimmten Reihenfolge zu Wort zu melden – und zwar laut und deutlich –, so weist dies darauf hin, wie schwierig es war, auch in diesem Rahmen eine herrschaftsfreie Kommunikation durchzuführen. Die Bedeutung des in der Gemeinschaft Vorgetragenen wurde oft dadurch erhöht, daß ein Protokoll geführt, die Reden gesammelt und gelegentlich sogar gedruckt wurden.

Eine grundsätzlich neue Erfahrung war für viele weiterhin der demokratische Umgang miteinander. Während sie in den staatlichen, ständischen wie kirchlichen Institutionen noch weitgehend hierarchische Strukturen erlebten, erfuhren sie in den Sozietäten – allerdings in den öffentlichen mehr als in den Geheimgesellschaften – erstmals sogar schriftlich fixierte demokratische Regeln. Über die Aufnahme neuer Mitglieder, über alle die Gesellschaft insgesamt betreffenden Angelegenheiten und über die Ernennung eines ‚Vorstandes' entschieden nach dem Mehrheitsprinzip sämtliche eingetragenen Mitglieder, die alle gleiche Rechte und Pflichten hatten. Sosehr adeligen Mitgliedern und auch den Gründungsmitgliedern noch ein Vorrang eingeräumt wurde, konnte dieses Ungleichgewicht stets durch besondere Aktivitäten einfacher Mitglieder ausgeglichen werden, so daß tatsächlich alle bei entsprechendem Einsatz gleicherweise wirken konnten.

Nicht nur weil die Gleichheit aller Mitglieder satzungsmäßig festgelegt war, sondern weil Bürgerliche und Adelige über gemeinsame Interessen sprachen und sich miteinander für Reformen und Aufklärung einsetzten, vollzog sich über die gegenseitige Achtung hinaus erstmals auch eine Annäherung beider Stände. Zwar war außerhalb der Sozietät wenig davon zu spüren, doch die alte Distanz wurde doch grundsätzlich aufgebrochen. Gefördert wurde dieser Prozeß dadurch, daß einerseits im 18. Jahrhundert zusehends Adelige Beamtenposten übernahmen und damit in Konkurrenz zu Bürgerlichen traten, andererseits Bürgerliche aufgrund ihrer Ausbildung und Befähigung im absolutistischen Staat ungeahnte Aufstiegsmöglichkeiten erhielten und sogar durch Nobilitierung in den Adelsstand aufrückten. Die zumindest in den Sozietäten realisierte aristokratisch-bürgerliche Allianz stellte etwas qualitativ Neues dar. Damit einher ging freilich eine rigide Abschottung nach unten. Bei der Gleichheitsidee dachten die Aufklärer mehr an die gebildeten Bügerlichen und Adeligen als an die Gleichheit aller Menschen.

Die Sozietäten waren auch moralisch-sittliche Anstalten der bildungsbürgerlichen Eliten, die nicht nur eine neue Bildung und Moral predigten, sondern ihre Mitglieder zu einem Verhalten erzogen, das einem moralischen Anspruch, der sich über die höfische und populäre Kultur erhob, gerecht werden sollte. Dies implizierte die Einübung vernünftigen Redens und eines geselligen Beisammenseins, das ebenso frei war von Lärm, Anzüglichkeiten und Grobheiten wie von Tändeleien, Spiel und Erotik. Solange die Gesellschaften notgedrungen in Gasthäusern oder am Hof tagten, war die Ausgrenzung unehrenhaften Verhaltens schwierig. Erst als sie eigene Häuser einrichteten, konnten sie ihr Disziplinierungskonzept erfolgreich umsetzen. So entstand eine vornehme und feine Gesellschaft, die beispielhaft bürgerliche Umgangsformen zur Norm jeder Kommunikation und Vereinigung erhob.[24]

Schließlich entwickelten die Sozietäten über den aufklärerischen Diskurs hinaus gesellschaftliche Aktivitäten, die sich grundlegend von denen des absolutistischen Staates und der Kirchen unterschieden. Denn die Mitglieder waren davon überzeugt, daß es nicht nur beim theoretischen Erkennen bleiben könne, sondern daß Aufklärung sich durch eine Verbesserung und Reform der Gesellschaft realisieren werde. Die ungewöhnliche Bereitschaft der Aufklärer für soziales Engagement und soziale Verantwortung hatten ihre Ursache in der Überzeugung, nicht als Beauftragte des Staates, sondern eben als aufgeklärte Menschen dem Gemeinwohl verpflichtet zu sein. Außerdem galt es, die Aufklärung in den Dienst einer persönlichen moralischen Besserung zu stellen, nicht nur gelehrt zu reden, sondern als gebildete und gesittete Bürger das im eigenen Handeln und Leben zu verwirklichen, was Vernunft und Moral von jedem verlangten. Allerdings haben die Gesellschaftsmitglieder ihre moralische Erfahrung innerhalb der Sozietät nie zum Maßstab für das Leben ‚draußen' genommen, so daß sie relativ unproblematisch einerseits als untertänige Beamte in der staatlichen Verwaltung arbeiten wie andererseits als mündige Menschen in der Gesellschaft auftreten konnten. Dennoch haben die in den Gesellschaften gesammelten demokratisch-gemeinnützigen Erfahrungen ein Maß an bürgerlicher Selbstbestimmung aktiviert, das über diesen elitären Raum hinaus in die gesellschaftliche Praxis und das politische Zusammenleben des aufsteigenden Bürgertums und des spätabsolutistischen Staates hineinwirkte.

Eine Form, außerhalb traditioneller Treffpunkte miteinander zu kommunizieren und sich aufzuklären, bildeten die Aufklärungsgesellschaften; eine andere stellte der nicht minder wirkmächtige Briefwechsel und die sich in ihr artikulierte Freundschaft dar.[25] Das 18. Jahrhundert war ein Jahrhundert der Freundschaft und des Briefwechsels.[26] „Bedenken Sie fein", schrieb Lessing, „daß der Mensch nicht blos von geräuchertem Fleisch und Spargel, sondern was mehr ist, von einem freundschaftlichen Gespräch, mündlich oder schriftlich, lebt".[27] Gerade der sich konstant ausweitende Briefwechsel intensivierte die Kommunikation unter den Aufklärern und gebildeten Bürgern in besonderer Weise. Manche Briefwechsel der prominenten Schriftsteller sind sogar geschlossen ediert. Aber Analysen vor allem zur Gesprächskultur der Zeit liegen so gut wie nicht vor. Die erhaltenen Briefe dienten bisher ausschließlich der Rekonstruktion der Lebensgeschichte bedeutender und weniger bedeutender Aufklärer und Literaten sowie der Interpretation schriftstellerisch-dichterischer Werke. Was sie aber insgesamt im Kommunikationsprozeß der entstehenden bürgerlichen Gesellschaft für eine Rolle spielten, welcher Anteil der Briefwechsel an der bürgerlichen Kultur hatte, davon wissen wir bis heute wenig.

Gerade für die Aufklärer wie für die Gebildeten insgesamt, die sich durch ihre Interessen und Tätigkeiten immer mehr außerhalb der Stände- und Hofgesellschaft bewegten und sich dadurch von der Tradition lösten, wurde die persönliche Kommunikation unter ihresgleichen über die Teilnahme an den Interessen der gesamten Gesellschaft hinaus ‚lebenswichtig', ja zu einem Lebensbedürfnis, nicht nur, um der sozialen und mentalen Isolierung zu entgehen – wir wissen, wie klein und zerstreut diese Gruppen waren –, sondern auch, um sich im Gespräch selbst zu bilden und ihre Individualität in Auseinandersetzung mit der Allgemeinheit zu bringen. „In der Fröhlichkeit eines angenehmen Umgangs, unter gutmütigen und doch lebhaften und geistreichen Freunden, sind wir oft weit mehr zum Denken aufgelegt und fassen die Gegenstände schärfer ins Auge als in den Stunden der Einsamkeit und der Arbeit auf unserer Studierstube" (Garve).[28]

Eine ausgeprägte Briefkultur hatte es schon vor dem 18. Jahrhundert gegeben. Nur unterschied sie sich grundlegend von der des Zeitalters der Aufklärung, die vor allem ein Freundschaftsbriefwechsel war. Auf fünf Ebenenen ist ein grundlegender Wandel festmachbar. Einmal wurde der neue Briefwechsel grundsätzlich in deutscher Muttersprache geschrieben. Im 16. bis frühen 18. Jahrhundert herrschte auch in Deutschland der lateinische und französische Brief vor. Während die höfische Welt vornehmlich sich der französischen Sprache bediente, schrieben bis weit ins 18. Jahrhundert hinein Gelehrte Latein. Der ungeheuer große Briefwechsel von Leibniz ist in lateinischer, französischer und deutscher Sprache verfaßt, entsprechend den verschiedenen Ansprechpartnern. Zwar blieb die französische Sprache vor allem durch den Einsatz von Friedrich II. von Preußen noch lange Ausdrucksform des vornehmen höfischen Lebens, aber seit der Mitte des 18. Jahrhunderts werden mit dem Aufbruch der literarischen Bewegung im entstehenden Bürgertum nur noch deutsche Briefe gewechselt. Zum anderen bekennt sich der Brief der Aufklärung (und der Empfindsamkeit) zu einer „natürlichen" Sprache, die sich nicht nur stark abhob vom Kanzleistil der alten Zeit, sondern von aller standesbezogenen Gesprächskultur. Vor allem Christian Gellerts „Gedanken von einem guten deutschen Brief" (1742) tat seine Wirkung. „Man überlasse sich der freywilligen Folge seiner Gedanken und setze sie nacheinander hin, wie sie in uns entstehen: so wird der Bau, die Einrichtung, oder die Form eines Briefes natürlich sein".[29] Es änderte sich nicht nur die Schreibart, sondern ebenso die Anrede, die frei wird von devoten Formeln. Es weitete sich drittens sowohl der Schreiberkreis wie das Themenfeld. Briefe schrieben früher Standespersonen, die aufgrund bestimmter Anlässe sich an andere wandten, um Informationen zu erhalten. Der gelehrte und fromme Brief waren die typischen Formen des Privatbriefes. Wer berufsmäßig nicht dazu gezwungen war, schrieb nicht. Nun wurden in verstärktem Maße auch diejenigen in eine Korrespondenz einbezogen, die nicht als Informanten galten oder über spezifisches Wissen verfügten sowie Themen angesprochen, die früher kaum Gegenstand von Briefwechseln waren: Stellungnahmen zur Literatur, allgemeinphilosophische Fragen sowie eigene Befindlichkeiten. Es waren Themen, die die Korrespondenten als aufgeklärte Menschen betrafen. Es handelte sich im echtesten Sinne um persönliche Briefe. Viertens wurden in Briefen der Aufklärer die ständischen Schranken – nach oben – durchbrochen, die sozialen Grenzen zwischen Bürgerlichen und Adeligen durchlässig. Zwar korrespondierten früher Gelehrte und Theologen durchaus auch mit Adeligen und Fürsten, aber jeder soziale Abstand wurde gewahrt. Mit der Aufgabe devoter Sprache wechselten nun Aufklärer und Literaten ungeniert Briefe mit Vertretern des Adels, die sich der literarischen Bewegung geöffnet hatten und sich der Bekanntschaft mit Bürgerlichen rühmten. Erinnert sei an die Freundschaft Karl Augusts von Weimar mit Goethe. Herzog Friedrich von Augustenburg und Graf Schimmelmann schrieben an Schiller: „Zwey Freunde, durch Weltbürgersinn mit einander verbunden, erlassen dieses Schreiben an Sie, edler Mann! Beyde sind Ihnen unbekannt, aber beyde verehren und lieben Sie".[30] Schließlich vollzog sich hier eine beträchtliche Annäherung der Geschlechter, womit Frauen erstmals als intellektuelle Partner ernst genommen wurden. Zwar gab es auch früher schon Korrespondenzen zwischen Männern und Frauen, so beispielsweise die von Leibniz mit allerdings adeligen Damen, aber wenn die Frau verheiratet war, war eine freundschaftliche Verbindung mit einem anderen verheirateten Mann unvorstellbar. Dies änderte sich nun grundlegend. Erinnert sei an den Briefwechsel zwischen der Karschin und Gleim, zwischen Sophie la Roche und Wieland wie von Charlotte von Stein und Goethe. Es begannen Frauen nicht nur selbständig zu schreiben, sondern auch Briefwechsel mit einem Mann über Jahre zu führen, den sie nicht einmal kannten.

Die Gesprächs- und Briefkultur der Aufklärungszeit stellt einen völligen Bruch mit traditionellen Kommunikationsformen dar. „Das 18. Jahrhundert wird nicht zufällig zu einem des Briefes. Briefe schreibend entfaltet sich das Individuum in seiner Subjektivität" (J. Habermas). Daß freilich nicht alle Briefwechsel der Zeit den Bedingungen entsprechen, versteht sich, gemeint ist hier nur der des entstehenden gebildeten Bürgertums. Die aufklärerische Briefkultur kennzeichnet drei besondere Merkmale:

Einmal entsprang sie einem neuen ungewöhnlich starken Bedürfnis nach Mitteilung, nach Gedankenaustausch. Ging es oft zunächst nur darum, mit einem Bekannten oder einem Freund ins Gespräch zu kommen, ohne besondere Anliegen, wurde nun der Briefwechsel zum Ausdruck aufklärerischen Lebensstils. Oft ging es um die eigene literarische Produktion, um die Auseinandersetzung mit einem gerade erschienenen Buch oder um allgemeine Probleme der Zeit, oft aber gab es auch keinen anderen Anlaß, als den, miteinander zu sprechen, weil man gerade die Zeit hatte, Langeweile verspürte oder einsam war. Es ist zugleich eine Art der Selbstdarstellung, der Selbstbestätigung, vor allem mit namhaften Personen in Briefwechsel zu stehen. Für uns heute erscheinen viele Briefe der Zeit deshalb so substanzlos.

Zum anderen zeichnen sich die Briefe der Aufklärung aus durch ihre Subjektivität. Die Schreiber geben tiefen Einblick in ihre Befindlichkeit und inneren Erfahrungen und Überzeugungen, ja in persönlichste Dinge. „Briefe an den Vertrauten unseres Herzens sind keine rechnerischen Ausarbeitungen, jedes Wort wird ihm willkommen sein, das Ausdruck dessen ist, was in unseren Seelen vorgeht", heißt es bei Adolph von Knigge.[31] Das betraf nicht jeden Briefwechsel. Aber jede Korrespondenz ist auf Freundschaft angelegt und will Freunde vereinen. Am ungebrochensten äußerten sich subjektive Gefühle und Empfindungen in der Sturm-und-Drang-Zeit. Selbstbeobachtung und Offenherzigkeit korrespondieren durchaus dabei mit dem Interesse am anderen. „Sagen Sie mir auch etwas von Ihren Umständen, Ihrem Äußerlichen, Ihrem Wohnort, Ihrer Lebensart etc. Dergleichen Mittheilungen erweiteren und öffnen die Herzen. Ich will Ihnen von mir sous à propos etwas sagen".[32]

Schließlich und vor allem ging es um einen Diskurs, in dem nicht Wissen lehrmäßig vermittelt wird, sondern Meinungen ausgetauscht werden, um gemeinsam der Wahrheit näher zu kommen. Wer die absolute Wahrheit zu besitzen glaubt, kommuniziert nicht. Nur der sucht das Gespräch, das mündliche wie schriftliche, der auf Hilfe, Korrektur und Ratschläge angewiesen ist, und als solche kommunikative Menschen verstanden sich die meisten Aufklärer. Von welcher Bedeutung das Gespräch für den einzelnen war, läßt sich beispielhaft an Lessings Lebensgeschichte aufzeigen. Sein

Gesprächsinteresse entwickelte sich nicht erst in der Wolfenbütteler Einsamkeit.[33] Nach Friedrich Nicolai – einem seiner Freunde – ging es in den Disputen mit Lessing nie darum, „Einen zur Meinung des Anderen schlechterdings zu bekehren, sondern Jeder blieb selbständig, ging nur aus dem freundliche Dispute vorurtheilsfreier und mit helleren und bestimmteren Ideen nach Hause".[34] Eine solche Einstellung teilten die meisten Schriftsteller des 18. Jahrhunderts, der alltägliche Kontakt mit Freunden diente primär der gegenseitigen Aufklärung und ‚Selbstverwirklichung'. Es entsprach ganz und gar der dialogischen Struktur der Aufklärung. 1785 gestand der bekannte Popularphilosoph Christian Garve: „Es ist wahr, daß ich zu allen meinen Ideen Veranlassung brauche, und daß die Gedanken anderer, die ich prüfe, mir am öftesten diese Veranlassung geben: sowie ich mich zurückerinnere, hat mein vornehmstes Nachdenken darin bestanden, den Unterricht, den ich von anderen empfing, auszulegen, zu bestreiten, zu bestätigen."[35]

Briefe hat fast das ganze gebildete Bürgertum geschrieben, zur spezifischen Mitteilungsform wurden sie natürlich für die Schriftsteller. Der Brief gehörte zurecht zum literarischen Werk.

Für das Briefeschreiben wandten die Aufklärer viel Zeit und Geld auf, da der Kreis der Korrespondenten zumeist recht groß war. Die erhaltenen Nachlässe sind beträchtlich, aber nur die wenigsten – abgesehen von den bekannten Schriftstellern – erschlossen. Lessings Briefwechsel umfaßt beispielsweise 1700 Briefe von und mit rund 150 Autoren,[36] der von Forster 1260 bei etwa 75 Adressaten,[37] der von Hamann 1200 von und mit rund 90 Autoren.[38] Die Korrespondenz von Nicolai umfaßt sogar Briefe von rund 2500 Autoren aus dem ganzen deutschen Raum.[39] Kaum ein Thema wurde ausgespart. Man schrieb über literarische, philosophische, ästhetische und pädagogische Gegenstände, über religiöse Erfahrungen und moralische Empfindungen, über Neuerscheinungen und über Menschen, die lieben Mitbürger und Zeitgenossen. Eine fundierte Analyse der Themen und Verfasser fehlt bisher, einige Stichproben geben allerdings interessante Hinweise; die Autoren stammen weitgehend aus dem gleichen aufklärerischen Milieu, es sind alle Gruppen der bürgerlichen Berufe vertreten, ein kleiner adliger Anteil kommt hinzu, wenngleich Frauen gerade am aufklärerischen Briefwechsel besonders stark beteiligt sind, ist ihr Anteil an der – zumindest gedruckten – Gesamtkorrespondenz eher gering.[40] Es waren Männer, die korrespondierten, was allerdings nicht ausschloß, daß die Frauen an dieser Kommunikation teilnahmen.

So ungern mancher Briefe schrieb und so zögerlich er antwortete – wie wir es beispielsweise von Lessing wissen –, freute sich doch jeder über die Post. Briefe werden zu besonderen Tageserlebnissen. „Ihre vortrefflichen, von wahrer Freundschafft gantz überfließenden Briefe", schrieb Georg Christoph Lichtenberg 1784 an Gottfried Hieronymus Amelung, „lese ich mit unbeschreiblichem Vergnügen; wenn ich sie durchgelesen habe, so fühle und träume ich sie durch, und dieses Gefühl und diese Träume dauern offt 10, 20mal die Zeit des Lesens".[41] Die erhaltenen Briefe las man nicht nur mehrfach, sondern teilte ihren Inhalt auch Freunden und Familienmitgliedern mit. Selbst die intimsten Schreiben waren immer an Gruppen gleicher Gesinnung gerichtet. Geradezu einen Briefkult trieb man im Hause La Roche.

Goethe erinnerte sich in „Dichtung und Wahrheit": „Denn es war überhaupt eine so allgemeine Offenherzigkeit unter den Menschen, daß man mit keinem Einzelnen sprechen, oder an ihn schreiben konnte, ohne es zugleich als an mehrere gerichtet zu betrachten. Man spähte sein eigen Herz aus und das Herz der andern, und bei der Gleichgültigkeit der Regierungen gegen eine solche Mitteilung, bei der durchgreifenden Schnelligkeit der Taxischen Posten, der Sicherheit des Siegels, dem leidlichen Porto, griff dieser sittliche und literarische Verkehr bald weiter um sich. Solche Korrespondenzen, besonders mit bedeutenden Personen, wurden sorgfältig gesammelt und alsdann, bei freundschaftlichen Zusammenkünften, auszugsweise vorgelesen; und so ward man, da politische Diskurse wenig Interesse hatten, mit der Breite der moralischen Welt ziemlich bekannt."[42]

Sicherlich hätte es diese Expansion des Briefwechsels nicht gegeben, wäre nicht eine elementare Voraussetzung gegeben gewesen, die des Ausbaus eines funktionierenden Verkehrs- und Postwesens. Dies wußten die Aufklärer: „Das Postwesen gehört unstreitig zu der kleinen Zahl von Erfindungen, auf denen die ganze Kultur unserer heutigen, so sehr verfeinerten Staaten wie auf einer Grundsäule ruht. Ohne Postwesen wäre unsere Weltkunde voll Gebrechen, alles kaufmännische und literarische Kommerz beinahe unmöglich und die Kreise der Freundschaft, dieses beste Glück der Menschheit, auf den engen Bezirk unserer körperlichen Gegenwart eingeschränkt."[43]

Jeder Briefschreiber hatte seine besonderen Freundschaften und Bekanntschaften, insgesamt gab es ein eng verknüpftes Netz der meisten Aufklärer und gebildeten Bürger untereinander. Dieses Kommunikationsgeflecht erstreckte sich über den ganzen deutschen Raum und umfaßte Katholiken wie Protestanten, wenngleich die Protestanten aus Nord- und Mitteldeutschland überwogen. Wenn man die vermehrte Reisetätigkeit hinzunimmt sowie die vielfältige Mitarbeit an Zeitschriften, dann hatte sich seit der zweiten Hälfte des 18. Jahrhunderts eine intensive Kommunikationskultur jenseits aller regionalen Grenzen gebildet, die die literarische und aufklärerische Öffentlichkeit maßgeblich bestimmen konnte.

Gewiß spielten die Gesellschaften ebenso wie die Briefwechsel für die Verbreitung aufklärerischer Ideen und die Etablierung einer aufklärerischen Kultur eine große Rolle, sie dokumentieren die äußere wie die innere Seite der Bewegung im 18. Jahrhundert. Aber entscheidender noch war die Ent-

57. Geselligkeit in der Kakaostube. Gemälde von Peter Horemans, nach 1750

wicklung des Büchermarktes; die aufklärerische Kultur war vor allem eine des Buches.[44] Das Buch gewann im Aufklärungszeitalter eine Bedeutung wie nie zuvor: es änderte nicht nur das Leseverhalten, sondern langfristig den ganzen Lebensstil. Bereits die Zeitgenossen sprachen von einer ‚Lesewut', die die Gesellschaft des späten 18. Jahrhunderts erfaßt habe, und die Forschung spricht von einer Leserevolution, deren Grundlage die rapide steigende Zahl von Büchern und damit von Schriftstellern und Lesern war. Aus Oldenburg berichtet zu Ende der 70er Jahre Gerhard A. von Halem in seiner Selbstbiographie: „Statt daß sonst nur Prozesse, Familienvorfälle und Schwächen des Nächsten Gegenstände gesellschaftlicher Unterhaltung waren, sprach man jetzt von Schauspielen und anderen Gegenständen der Literatur. Alles fing an zu lesen. 1778 waren schon vier Büchergesellschaften im Gange".[45] Wenngleich wir nur beschränkte Möglichkeiten haben, die genaue Wirkung der Bücher zu messen, so weisen doch die Ausweitung des Buchhandels und die steigende Zahl der Käufer auf ein grundsätzlich neues Verhalten hin, das mehr als nur die traditionellen Gewohnheiten änderte. Die neue literarische Öffentlichkeit ist Ausdruck einer Individualisierung und Emanzipation von der Ständegesellschaft.

Zunächst etwas zum Büchermarkt, der im Laufe des 18. Jahrhunderts in einem bisher nicht gekannten Maße expandierte. Zwar haben wir keine genauen Informationen über die gesamte Produktion im deutschsprachigen Raum, mit den Frankfurter und Leipziger Meßkatalogen jedoch die Möglichkeit einer Schätzung anhand der in beiden Städten überregional und interkonfessionell gehandelten Bücher. Im Jahre 1763 sind in den Katalogen 265 Neuerscheinungen mehr angezeigt als 1721. Im Zeitraum von 1763 bis 1805 verzehnfachte sich diese Steigerungsrate, so daß 1805 2821 Bücher mehr auf die Messen kamen als 1763. 1740 rechnete man mit etwa 750 jährlichen Neuerscheinungen, in den 80er und 90er Jahren schätzten Zeitgenossen die Produktion in Deutschland ohne das Habsburger Reich auf rund 5000 Novitäten pro Jahr.[46]

Parallel zum allgemeinen Wachstum der Buchproduktion im letzten Jahrhundertdrittel ist ein rascher Niedergang der lateinischen Gelehrtensprache festzustellen. Vor allem dank des großen Engagements von Thomasius bildete sich eine deutsche Wissenschaftssprache heraus. Noch 1740 waren 27,7 % aller Meßnovitäten in Latein geschrieben – dabei ist das katholisch-theologische Schrifttum noch kaum berücksichtigt – 1770 hat sich der Prozentsatz auf 14,25 % und um 1800 auf 3,97 % reduziert. Der Buchmarkt ist nun – wie rund einhundert Jahre vorher schon in England und Frankreich – nicht länger die ausschließliche Domäne der Gelehrten und Gebildeten.

Auch die Verteilung der einzelnen Sachgebiete hat sich grundlegend geändert. Am konstantesten blieb noch die Produktion juristischer und medizinischer Bücher (5–6 % bzw. 8 %). Den größten Einbruch erlebte die theologische und die Erbauungsliteratur, vor allem in den Jahren 1770–80. 1770 war noch ein Viertel des Buchangebotes auf den Messen theologischen und religiösen Inhalts, 1780 nurmehr 18 % und 1800 etwa 13,5 %. Zwar blieb der Süden noch eine Hochburg theologischen Schrifttums, aber in Sachsen wie überhaupt im Norden stieg schnell das Interesse an anderen Themen, beispielsweise an Geographie von 1,8 % in den Jahren 1740–1770 auf 4,5 % im Jahre 1800. Einen bedeutenden Zuwachs erlebten vor allem die populärphilosophischen Schriften. Für die ganze Epoche noch bezeichnender ist die Zunahme der schöngeistigen Literatur. 1740 spielte sie mit knapp 6 % noch keine Rolle. 1770 stand sie in der Skala mit 16,5 % schon an zweiter Stelle, und um 1800 hatte sie mit 21,45 % den ersten Rang erreicht. Damit war die Theologie endgültig überflügelt.

Die Zahlen verweisen somit auf einen bedeutsamen kulturhistorischen Vorgang. Charakteristisch ist die Verteilung der literarischen Gattungen: An

58. Die Arbeit in der Buchdruckerei. Kupferstich von Johann Matthias Schuster nach einer Zeichnung von Daniel Chodowiecki

der Spitze stand nun der Roman, die Lieblingslektüre der neuen Leser. 1740 machte sein Anteil nur 2,9% des gesamten Buchangebots aus, um 1800 jedoch 11,7%. In dem Ostermeßkatalog von 1800 werden 300 neue Romane, 64 neue Schauspiele und 34 Gedichtbände aufgeführt.[47]

Mit der Ausweitung von Buchproduktion und -vertrieb entstanden nicht nur in den meisten Städten Buchhandlungen als ständige Einrichtung, sondern eine Großzahl neuer Verlagshäuser, die erstmals für den Markt produzierten, den Autoren ein Honorar zahlten und damit die Voraussetzungen schufen für den freien Schriftsteller.[48] Als mächtigster Verleger galt Erasmus Reich in Leipzig. Sein bekanntester Autor war Wieland. Es machten sich aber auch andere verdient um die Aufklärung. Einflußreiche Verleger wurden auch Friedrich Nicolai, der in Berlin seit 1765 seine ‚Allgemeine Deutsche Bibliothek' herausgab, Georg Joachim Göschen in Leipzig, der die deutsche Klassik druckte, sowie Johann Friedrich Cotta in Stuttgart, der Verleger Goethes und Schillers.[49]

Mit der steigenden Buchproduktion und der Expansion des Verlagssystems hatten die bekannten Schriftsteller und Philosophen des 18. Jahr-

Anzahl der zur Ostermesse neuerschienenen Titel pro Jahr und prozentualer Anteil einzelner Sparten an der Gesamt-Titelproduktion[50]*:*

	1740		1770		1800	
	Anzahl absolut	%-Anteil am Gesamt	Anzahl absolut	%-Anteil am Gesamt	Anzahl absolut	%-Anteil am Gesamt
Gesamt-Titelproduktion	755	100,0%	1144	100,0%	2569	100,0%
Religiöse Literatur insges. (darin enthalten:)	291	38,5%	280	24,5%	348	13,5%
Erbauungs-, Predigt- und Andachtsliteratur	144	19,1%	124	10,8%	149	5,8%
Schöne Künste und Wissenschaften (darin enthalten:)	44	5,8%	188	16,4%	551	21,4%
Dichtung (darin wiederum enthalten:)	32	4,2%	153	13,4%	424	16,5%
Gedichte	10	1,3%	37	3,2%	34	1,3%
Dramatische Poesie	2	0,3%	42	3,7%	64	2,5%
Erzählungsliteratur/Romane	20	2,6%	46	4,0%	300	11,7%

hunderts ausreichende Möglichkeiten, ihre Werke zu veröffentlichen; im gleichen Zeitraum wuchs aber auch die Zahl der Schriftsteller fast ins unermeßliche. Nach Meusels Schriftstellerlexikon gab es 1761 noch keine 3000 Autoren, 1795 bereits 8000, und im Jahre 1806 stieg die Zahl auf rund 11000. Nicolai spricht sogar von 20000 Schreibern im damaligen deutschen Sprachraum. Wieland äußerte sich 1784 über die Vielschreiberei, den entstehenden anonymen Büchermarkt und dessen Wirkung auf die Literatur: „Jedermann schreibt Bücher, Bärtige und Unbärtige, Gelehrte und Ungelehrte, Meister, Gesellen und Lehrjungen; wer sonst nichts in der Welt kann und seinem Leibe keinen Rat weiß, schreibt ein Buch. In jedem noch so kleinen Städtchen des deutschen Reichs sitzt ein Buchhändler oder wenigstens ein Buchbinder, der mit Verlagsartikeln auf die Messen ziehen oder doch in seiner Gegend herum hausieren will. Daher die unzählbare Menge von Buchfabriken..., daß unsere ganze Literatur beinahe nichts mehr als Kompilation oder Sudelkocherei ist".[51]

Die Auflagenhöhe der genannten Buchproduktion ist leider nur schätzbar. Man kann davon ausgehen, daß von einem Buch im Durchschnitt in den 80er Jahren kaum mehr als 600 Exemplare gedruckt wurden. Die belletristische Literatur mit guten Erfolgsaussichten wurde um 1800 mit rund 3000–4000 Stück aufgelegt. Natürlich gab es auch Ausnahmen. So erreichte der Bestseller der aufgeklärten Volkspädagogik, das „Noth- und Hilfsbüchlein für Bauersleute“ von Rudolf Zacharias Becker (1778/88), bis 1811 eine Auflage von einer Million Exemplaren, und eines der erfolgreichsten Bücher der Aufklärung, Friedrich Nicolais Roman „Leben und Meinungen des Herrn Magisters Sebaldus Nothanker“ (1773/6), in vier Auflagen 12000 Exemplare. Es gab freilich viele illegale Nachdrucke, so daß wir die genaue Höhe nicht angeben können.

Eine besondere Rolle spielte außerdem in der Aufklärungszeit das Zeitschriftenwesen.[52] Auch Zahl und Auflagen der Zeitschriften expandierten in einem ungewöhnlichen Maße, sind aber wiederum zahlenmäßig nicht genau zu bestimmen. Es gab allerdings kaum einen Aufklärer, der nicht eine Zeitschrift gründete oder an ihr aktiv mitwirkte. Dementsprechend war das Spektrum der Zeitschriften ungewöhnlich breit. Neben gelehrt-wissenschaftlichen gab es literarische Zeitschriften, neben Modejournalen erste Kulturzeitschriften, auch Tageszeitungen sowie eigene fachwissenschaftliche und staatliche Mitteilungsblätter wurden angeboten. 1740 existierten allein 31 literarische Zeitschriften, ihre Zahl stieg bis 1790 auf 111, insgesamt erschienen in diesem Zeitraum 323 Zeitschriften, darunter 99 Theaterzeitschriften, 30 literarisch-kritische Zeitschriften und 45 Zeitschriften mit literarisch-wissenschaftlichem Charakter. Insgesamt sollen im 18. Jahrhundert rund 4000 deutschsprachige Zeitschriften verschiedenen Typs erschienen sein. Eine besondere Gattung stellen die „Moralischen Wochenschriften“ dar, die ihrem Publikum die spezifisch bürgerliche Tugendlehre und Bildung der Aufklärung in Abwendung vom höfisch-galanten Lebensideal vermitteln wollten.[53] Zwischen 1740 und 1750 sind 260 Neugründungen nachweisbar, zwischen 1751 und 1760 nochmals 331. Von besonderer Bedeutung wurde die 1765 von Nicolai gegründete „Allgemeine Deutsche Bibliothek“, weil sie die wichtigsten Bücher der Zeit besprach. Sie kam in 45 Jahren auf insgesamt 264 Bände und hatte 433 Mitarbeiter. Die ‚Intelligenzblätter‘ seit der Mitte des 18. Jahrhunderts waren zwar dominant Organe des aufgeklärten Absolutismus, aber nicht minder aktiv in der Propaganda für eine praktische Aufklärung. Zu Ende des Jahrhunderts wurden schließlich vermehrt politische Zeitschriften gegründet. Wielands „Teutscher Merkur“ (1773ff.), Schlözers „Staatsanzeigen“ (1776ff.) und die „Berlinische Monatsschrift“ (1783ff.) waren die bekanntesten und einflußreichsten.

Auch an der Entwicklung der Zeitschriften läßt sich der Wandel der Aufklärung feststellen. Am Anfang standen die gelehrten und moralischen

Grosses vollständiges
UNIVERSAL
LEXICON
Aller Wissenschafften und Künste,
Welche bißhero durch menschlichen Verstand und Witz
erfunden und verbessert worden,
Darinnen so wohl die Geographisch-Politische
Beschreibung des Erd-Creyses, nach allen Monarchien,
Käyserthümern, Königreichen, Fürstenthümern, Republiquen, freyen Herrschafften, Ländern, Städten, See-Häfen, Vestungen, Schlössern, Flecken, Aemtern, Klöstern, Gebürgen, Pässen, Wäldern, Meeren, Seen, Inseln, Flüssen, und Canälen; samt der natürlichen Abhandlung von dem Reich der Natur, nach allen himmlischen, lufftigen, feurigen, wässerigen und irrdischen Cörpern, und allen hierinnen befindlichen Gestirnen, Planeten, Thieren, Pflantzen, Metallen, Mineralien, Saltzen und Steinen rc.
Als auch eine ausführliche Historisch-Genealogische Nachricht von den Durchlauchten und berühmtesten Geschlechtern in der Welt,
Dem Leben und Thaten der Käyser, Könige, Churfürsten und Fürsten, grosser Helden, Staats-Minister, Kriegs-Obersten zu Wasser und zu Lande, den vornehmsten geist- und weltlichen Ritter-Orden rc.
Ingleichen von allen Staats- Kriegs- Rechts- Policey und Haußhaltungs-Geschäfften des Adelichen und bürgerlichen Standes, der Kauffmannschafft, Handthierungen, Künste und Gewerbe, ihren Innungen, Zünfften und Gebräuchen, Schiffahrten, Jagden, Fischereyen, Berg- Wein- Acker-Bau und Viehzucht rc.
Wie nicht weniger die völlige Vorstellung aller in den Kirchen-Geschichten berühmten Alt-Väter, Propheten, Apostel, Päbste, Cardinäle, Bischöffe, Prälaten und Gottes-Gelehrten, wei auch Concilien, Synoden, Orden, Wallfahrten, Verfolgungen der Kirchen, Märtyrer, Heiligen, Sectirer und Ketzer aller Zeiten und Länder,
Endlich auch ein vollkommener Inbegriff der allergelehrtesten Männer, berühmter Universitäten Academien, Societäten und der von ihnen gemachten Entdeckungen, ferner der Mythologie, Alterthümer, Müntz-Wissenschafft, Philosophie, Mathematic, Theologie, Jurisprudentz und Medicin, wie auch aller freyen und mechanischen Künste, samt der Erklärung aller darinnen vorkommenden Kunst-Wörter u. s. f. enthalten ist.
Nebst einer Vorrede, von der Einrichtung dieses mühsamen und grossen Wercks
Joh. Pet. von Ludewig, JCti,
Königl. Preußischen geheimden und Magdeburg. Regierungs- und Consistorial Raths, Cantzlers bey der Universität, und der Juristen-Facultät Praesidis Ordinarii, Erb- und Gerichts-Herrn auf Bendorff, Pretz und Gatterstätt.
Mit Hoher Potentaten allergnädigsten Privilegiis.

Erster Band. A. —— Am.

Halle und Leipzig,
Verlegts Johann Heinrich Zedler,
Anno 1732.

59. *Titelblatt des ‚Großen vollständigen Universal Lexicons', von Johann Heinrich Zedler, 1732*

Zeitschriften, dann folgten die literarischen und fachwissenschaftlichen sowie allgemein aufklärerische Zeitschriften, zu Ende des Jahrhunderts artikulierte sich schließlich erstmals ein eindeutig politisches Interesse. Gerade die Zeitschriften sorgten in der zersplitterten deutschen Kulturlandschaft für die Politisierung der Bevölkerung.

Die Konzentration auf die schöngeistige und philosophische Literatur sowie das Zeitschriftenwesen läßt leicht vergessen, daß für die Entwicklung und Verbreitung der Aufklärung nicht minder wichtig die Vielzahl popularphilosophischer Schriften und die großen Lexika waren. Erstmals wurde hier in enzyklopädischer Form von einer großen Zahl von Gelehrten das Wissen der Zeit zusammengefaßt. Das erste Unternehmen organisierte Johann Heinrich Zedler unter dem bezeichnenden Titel: „Grosses vollständiges Universal-Lexicon aller Wissenschaften und Künste, welche bißhero durch menschlichen Verstand und Witz erfunden und verbessert worden", das in 68 Bänden zwischen 1732–1754 erschien. Das zweite Projekt stammt von Joh. Georg Krünitz. Seine „Oeconomisch-technologische Encyklopädie oder allgemeines System der Staats- Stadt- Haus- und Landwirthschaft" (1773–1858) umfaßte sogar 242 Bände mit je 600 bis 800 Seiten. Ebenso umfänglich sollte die „Deutsche Enzyklopädie oder allgemeines Realwörterbuch aller Künste und Wissenschaften" werden, von der zwischen 1778 bis 1807 allerdings nur 23 Bände vorgelegt werden konnte.

Aus der ungewöhnlichen Zunahme der Buchproduktion schloß man allgemein auf radikal veränderte Lesegewohnheiten der Gesellschaft; die Zeitgenossen sprachen sogar von einer ‚Lesewut'.[54] „Man stopft hier [in Hamburg] die Menschen mit Lektüre, wie man Gänse mit Nudeln stopft".[55] Zweifellos kann man allgemein von einem gewandelten Leseverhalten sprechen: Bücher wurden nicht wie früher mehrfach gelesen, sondern die Vielfalt des Bücherangebots führte zu einer extensiven, aber nur einmaligen Lektüre. Diese Annahme muß allerdings differenziert gesehen werden. Denn die intensive Wiederholungslektüre herrschte in den nichtbürgerlichen Schichten bis ins 19. Jahrhundert vor. Das lag nicht nur an der Unerschwinglichkeit von Büchern für die breite Bevölkerungsschicht, sondern auch daran, daß das Lesen allein dem elitären Bürgertum geradezu als Standeskennzeichen vorbehalten blieb. Auch was die ‚Lesewut' betrifft, müssen wir bedenken, daß nach wie vor nur eine kleine soziale Schicht überhaupt ausreichend lesen konnte und selbst diese Menschen meist noch anderes zu tun hatten, als Bücher zu verschlingen. Sicherlich gab es Fälle von exzessiver Leselust, wie sie etwa Ulrich Bräker bei sich beschrieb: „Ich gestehs, und mein Hang ist stark – doch ich habe Vortheil, die Erfahrung lehrts mich. Und wer solte in dem Umgang mit soviel weisen Männern nicht immer lehrnen. O entzükente Vergnügen ..."[56] Wegen dieser Lesewut und des leichten Zugangs fanden die Lesegesellschaften und -kabinette regen Zuspruch. Natürlich trieb die Begeisterung fürs Lesen auch sonderbare Blüten.

So wurde 1784 im Hause Stolberg – so heißt es in einem Brief – „Um zehn Uhr ... gefrühstückt. Dann liest Stolberg ein Kapitel aus der Bibel und einen Gesang aus Klopstocks Liedern vor. Jeder geht nach seinem Zimmer. Ich lese dann in dem ‚Spectator', der ‚Physiognomik' und noch einigen Büchern, die mir die Gräfin gegeben hat. Sie kommt zu mir herunter, indeß Lotte übersetzt, und ich lese ihr den ‚Pontius Pilatus' von Lavater eine Stunde vor. Indessen sie ihre lateinische Stunde hat, schreibe ich ab für sie oder lese für mich, bis angerichtet ist. Nach Tisch und Kaffee liest Fritz aus den ‚Lebensläufen', dann kommt Lotte zu mir herunter, und ich lese mit ihr den Milton eine Stunde. Dann gehen wir wieder herauf, und ich lese dem Grafen und der Gräfin vor aus dem Plutarch, bis es Teezeit ist um 9 Uhr Abends. Nach dem Tee liest Stolberg ein Kapitel in der Bibel und einen Gesang aus Klopstock vor; damit Gute Nacht."[57] Aber diese Lebensweise finden wir nur vereinzelt in der bürgerlich-adligen Schicht.

Es gibt zwar im späten 18. Jahrhundert bereits lesende Handwerker und sogar Bauern, doch von einer eigentlichen Demokratisierung des Lesens kann noch keine Rede sein. Aufschlußreich ist allerdings, daß die weitere Verbreitung schon im 18. Jahrhundert Warnungen vor dem vielen Lesen auslöste. Ursprünglich hatten die Aufklärer Lektüre für alle Bevölkerungskreise propagiert, seit den 80er Jahren werden selbst sie auffallend vorsichtiger; sie befürchten, daß die alltägliche Arbeit darunter leidet. Besonders große Bedenken tragen sie gegenüber der unkontrollierten Lektüre von Frauen, vor allem von Dienstmägden.[58]

Selbst ein radikaler Aufklärer wie Knigge äußerte sich: „Daß man den Bauern nach und nach zu bewegen suche, von manchen ererbten Vorurtheilen in der Art des Feldbaues und überhaupt in Führung des Haushaltes abzugehen, daß man durch zweckmäßigen Schulunterricht die törichten Grillen, den dummen Aberglauben, den Glauben an Gespenster, Hexen und dergleichen zu zerstören trachte, daß man die Bauern gut schreiben, lesen und rechnen lehre, das ist löblich und nützlich. Ihnen aber allerlei Bücher, Geschichten und Fabeln in die Hände zu spielen, sie zu gewöhnen, sich in eine Ideenwelt zu versetzen, ihnen die Augen über ihren armseligen Zustand zu öffnen, den man nun einmal nicht verbessern kann, sie durch zuviel Aufklärung unzufrieden mit ihrer Lage, sie zu Philosophen zu machen, die über ungleiche Austeilung der Glücksgüter plappern ... das taugt wahrlich nicht".[59]

Unabhängig davon, daß der Teil der Handwerker und Bauern, der intensiv las, recht gering blieb, hätten diese Bedenken auch kaum die steigende Leselust bremsen können. Der literarische Markt funktionierte nach eigenen Gesetzen. Bemerkenswert aber ist, daß die Aufklärer vor den sozialen Konsequenzen ihrer eigenen Forderung zurückschreckten, sobald einige das

Aufklärungsangebot ernst nahmen. Wenngleich insgesamt davon auszugehen ist, daß die sog. ‚Leserevolution' nur in einem begrenzten Rahmen stattfand, so bleibt doch der Tatbestand festzuhalten, daß das Lesen zu Ende des 18. Jahrhunderts eine soziale Dimension erreichte, die die Kultur zahlreicher Menschen, nicht nur der oberen Stände, maßgebend prägte. Durch die Lektüre trat der einzelne in eine Sphäre der Imagination und des Wissens ein, die neben der Alltagswelt zunehmend relevant wurde und die Lesergemeinschaft sukzessive aus der Welt der traditionellen Autoritäten herausführte. Der bürgerliche Emanzipationsprozeß vollzog sich wesentlich durch die Lektüre; alternative Denkbilder tauchten auf und machten neue Erfahrungen möglich. Die innere und äußere Welt wurden transparenter, was den Selbstbehauptungswillen stärkte. Der Büchermarkt, die Briefwechsel und die aufklärerischen Sozietäten haben wesentlich die Aufklärung verbreitet, zugleich schufen sie Institutionen, die über die Einzelinteressen hinaus den aufklärerischen Diskurs absicherten, vor allem forcierten sie den Prozeß der Verbürgerlichung.

3. Die Kultur der aufgeklärten Bürger

Hauptträger der deutschen Aufklärungsbewegung waren zweifellos Gelehrte und Akademiker. Doch gab es beträchtliche soziale Differenzierungen. Es bekannten sich zur Aufklärung Universitätsprofessoren wie Militärs, Kaufleute wie Ordensgeistliche, Ärzte wie Beamte. Die Untersuchung der Sozialstruktur der Gesellschaft der Aufklärer hängt wesentlich davon ab, ob man sich von der offiziellen Berufsbezeichnung leiten läßt oder vom Selbstverständnis bzw. von der Selbsteinschätzung der Träger.[1] Eine Möglichkeit bietet die Analyse der Sozialstruktur auf der Grundlage von Mitgliederlisten der Aufklärungsgesellschaften, damit erfaßt man allerdings nur jene, die sich bewußt organisierten, was eine besondere Aktivität voraussetzte.

Weiter führt der Versuch, alle diejenigen zu erfassen, die durch eine aufklärerische Schrift hervorgetreten sind, denn ein zentrales Medium der Aufklärung war das Schrifttum.[2] Allerdings erreicht man über diesen Weg nicht die passiven Förderer. Schließlich können die Abonnentenlisten philosophischer oder literarischer Werke untersucht werden, wodurch nicht nur die eigentlichen Aktiven und Aktivisten erfaßt werden, sondern auch Interessenten und passive Kenner, die allerdings Geld genug haben mußten, um ein größeres Werk käuflich zu erwerben.

Nach unserer bisherigen Information setzte sich die Gesellschaft der Aufklärer vor allem aus Staats- und Kirchenbeamten zusammen, vorrangig aus Hofbeamten, Universitätslehrern und Pfarrern; sie fühlten sich als intellektuelle Elite. In allen uns bekannten Listen werden Frauen nicht erwähnt,

Mitgliederstruktur der Freimaurerlogen[3]

Leipzig 1787		*Weimar 1781*	
Loge: Minerva zu den drei Palmen		Loge: Amalia	
Mitglieder 137 (davon 26 Adelige)		Mitglieder 55 (davon 30 Adelige)	
Hof- und Verw. Beamte	27	Beamte	23
Kaufleute	25	Ärzte	6
Erbherrn	12	Militärs	4
Professoren	10	Professoren	2
Juristen	9	Kaufleute	2
Ärzte	7	Studenten	2
Architekten	3	Musiker	2
Weinhändler	3	Bankiers	1
Geistl./Theol.	2	Hofbuchdrucker	1
Maler	2	davon aus Weimar	30
Uhrmacher	1		
Bankiers	1		
Buchhändler	1		
davon aus Leipzig	59		

Mitgliederstruktur der Lesegesellschaften

Bonn 1787–1799		*Trier 1785/93*	
Mitglieder 174 (davon 52 Adelige)		Mitglieder 134 (davon 18 Adelige)	
Beamte	42	Beamte	50
Geistliche/Theol.	32	Geistliche/Theol.	32
Professoren/Lehrer	30	Professoren/Juristen	10
Militärs	16	Militärs	5
Hofmusiker	12	Ärzte	3
Juristen/Notare	6	Kaufleute	3
Deutsch-Ordensräte	6		
Kaufleute	2		
Gesandte	2		
Hofschauspieler	2		
Archivare	2		
Hofmaler	2		

Subskriptionsliste der ‚Gelehrtenrepublik' von F. G. Klopstock[4]

Landesherren	0,7%
Adel ohne Berufstitel	5,5%
beamteter Adel	6,6%
adeliger Klerus	0,9%
Militär	3,9%
bürgerliche Beamte der Verwaltung	19,3%
sonstige Hof- oder Staatsbedienstete	1,2%
beamtete Erzieher (Professoren, Lehrer usw.)	8,6%
Hofmeister	0,8%
bürgerlicher Klerus (Pfarrer, Pastoren usw.)	6,7%
Candidaten (noch nicht beamtete, examinierte Theologen)	2,2%
freiberufliches akademisches Bürgertum (Ärzte, Advokaten usw.)	4,9%
Handels- und Finanzbürgertum (Kaufleute, Verleger, Bankiers)	3,6%
Bibliotheken	0,5%
Lesegesellschaften	0,2%
Zeitschriften	0,1%
Subskribenten ohne nähere Berufs- oder Standesangaben, Ungenannte und Studenten	34,2%

ebensowenig Vertreter der ländlichen Bevölkerung wie der städtischen Unterschichten, vor allem auch nicht Handwerker. Der sich formierende neue Bürgerstand war Hauptträger der Aufklärung – womit beileibe nicht alle neuen Bürger Aufklärer waren –, die Grenzen zum Adel sind offen, wohingegen die Abgrenzung nach unten deutlich ist.

Bei aller Konstanz gab es in der sozialen Zusammensetzung der sich herausbildenden Gesellschaft der Aufklärer aber auch einen unverkennbaren Wandel von Anfang bis zum Ende des 18. Jahrhunderts, der den Charakter des Jahrhunderts entscheidend mitprägte.[5] Während in der Frühaufklärung akademisch gebildete Gelehrte (Thomasius, Gottsched, von Loen, Brockes) hervortraten, die zwar von öffentlichen Diensten lebten, sich aber der Gelehrtenrepublik verpflichtet fühlten, beherrschten in der zweiten Phase gelehrte Beamte und Theologen den aufklärerischen Diskurs, nicht nur als Privatpersonen, sondern auch als Vertreter der staatlichen, reformerischen Öffentlichkeit (Sonnenfels, Basedow, Haller, Hippel, Justi). Sie sind getragen von der Hoffnung, den Staat bzw. den absolutistischen Hof für die Aufklärung zu gewinnen und setzten sich vor allem für die praktische Aufklärung ein. Die letzte Phase ist entscheidend geprägt von solchen Männern, die sich als Weltbürger, als der Vernunft verpflichtete Bürger für eine bürgerliche Öffentlichkeit und ein Räsonnement einsetzten, das im existierenden Staat kein Hindernis mehr sah. Erst zu Ende des Jahrhunderts treten verstärkt Freiberufliche, vor allem Schriftsteller und Ärzte hervor, aber auch diese Aufklärer (Nicolai, Forster, Schlözer, Weishaupt, Knigge) entstammen zumeist einer bürgerlichen Oberschicht.

Aktiv im Sinne der Aufklärung war insgesamt nicht etwa das alte Stadtbürgertum oder die sogenannte neue Manufakturbourgeoisie. Obwohl sich die meisten als unabhängige, gebildete Bürger begriffen, standen sie fast immer in mehr oder weniger unmittelbarer Verbindung zur staatlichen Verwaltung bzw. hatten wichtige öffentliche Ämter inne. Einer Politisierung der Aufklärung waren zwar dadurch deutliche Grenzen gesetzt, aber dem kulturell-literarischen Engagement um so mehr Entfaltungsmöglichkeiten geboten.

Die Kultur und Lebensweise der aufgeklärten Bürger ist bisher nicht umfassend beschrieben worden.[6] Probleme resultieren aus der uneinheitlichen Vorstellung, die das Jahrhundert vom aufgeklärten Bürger hatte. Außerdem wurde der aufgeklärte zusehends mit dem gebildeten und gesitteten Bürger gleichgesetzt. Vorwiegend kennen wir den Begriff aus der Literatur. In diesem Zusammenhang ist der aufgeklärte Bürger allerdings ein Idealbild, das nicht der Wirklichkeit entspricht. Weil er aber zum Leitbild einer ganzen Gesellschaft wurde, müssen wir das Fiktionale in dieser Figur und dessen Bedeutung für die kulturellen Normen aufschlüsseln. Schließlich galt der Begriff des aufgeklärten Bürgers auch als eine Selbstbezeichnung aller für die Aufklärung aktiven Männer. Er implizierte eine neue Wirklichkeit, die die Ständegesellschaft transzendierte.[7]

Die Aufklärung verlangte bewußte Entscheidung und eigenes Denken, das aufklärerische Engagement war aber nicht nur Sache des reinen Willens und freier Lebensentscheidung. Herkunft, Ausbildung und Berufstätigkeit bestimmten zwar nicht, disponierten aber das aufklärerische Engagement.

Jeder Untertan der absolutistischen Herrschaft und jedes Mitglied der Ständegesellschaft konnte im Prinzip Aufklärer werden, die aufklärerische Kultur stand allen jenseits von Staatszugehörigkeit, sozialem Status, Konfession und Geschlecht offen, das unterschied sie von der altständischen Kultur. Dennoch gab es ein relativ streng umrissenes soziales Umfeld und Milieu, aus dem die meisten Aufklärer kamen und innerhalb dessen sie sich artikulierten. Obwohl einige Aufklärer aus den Unterschichten stammten, ging die überwiegende Mehrheit doch aus den mittleren und gehobenen Ständen hervor.[8] Der staatlich-öffentliche oder kirchliche Dienst der Eltern scheint die beste Voraussetzung für das spätere aufklärerische Engagement der Kinder gewesen zu sein. Außerdem hatten allein diese sozialen Gruppen Möglichkeiten, ihre Kinder adäquat ausbilden zu lassen. Diese empfingen meist auch die ersten intellektuellen Anregungen im Elternhaus, das eine soziale Erwartungshaltung förderte.

Weiterhin hatten alle bekannten aufgeklärten Bürger eine höhere Ausbildung genossen, sie verfügten nicht nur über ein im Elternhaus vermitteltes Elementarwissen, sondern hatten nicht selten die Universität, zumindest ein Gymnasium besucht, waren also mit intellektuellen Tätigkeiten vertraut, so traditionell die Lehr- und Wissensvermittlung auch war. Jedenfalls hatten sie eine gewisse intellektuelle Auseinandersetzung kennengelernt und geistige Anregungen erfahren, womit eine entscheidende Voraussetzung für Selbstbildung und Kritik gegeben war. Viele hatten das Diskutieren schon in jungen Jahren gelernt, so unproduktiv das im einzelnen war.

Nicht zuletzt schuf die ‚Berufstätigkeit' der Träger der Aufklärung eine günstige Voraussetzung für ein aufklärerisches Engagement. Diese Berufstätigkeit war zwar vielfältig eingebunden in städtische, staatliche oder kirchliche Institutionen, vermittelte aber nicht nur eine materielle Absicherung, so gering sie auch sein mochte, sondern forderte zu Auseinandersetzungen und einem vollen Engagement für öffentliche Angelegenheiten heraus. Zwar spielten für die eigene Karriere immer noch familiäre Beziehungen eine Rolle, aber das Leistungsprinzip trat verstärkt hinzu. Die meisten Aufklärer hatten ihre soziale Position ihrer eigenen Anstrengung und Leistung zu verdanken. Zumeist erlaubte die Berufstätigkeit eine geistige Nebenbeschäftigung. Die private Lektüre und das Schreiben wie auch die Tätigkeit in einer Loge oder Lesegesellschaft war in diesen Kreisen auch ‚mental' vereinbar mit der Berufstätigkeit.[9] Anders gestaltete sich dagegen die Lebensweise der ausgeschlossenen Handwerker und Bauern, die nur begrenzt lesen und schreiben konnten.

Herkunft, Berufstätigkeit und Ausbildung schränkten den Kreis der aufgeklärten Bürger beträchtlich ein. Was an Erfahrungen aus diesen Bereichen, aus dem Familienhaus, der Erziehung bzw. der Berufstätigkeit zusammenkam, verallgemeinerten die Aufklärer nicht selten zum Programm der Aufklärung; insofern betraten sie nicht immer Neuland und produzierten nicht grundsätzlich Neues, sondern standen in einer intellektuellen Tradition. Ihre spezifische Art der Reflexion über sich und andere, über die Gesellschaft, über Staat und die Kirche, bestimmte den Diskurs. Der stark gelehrte und staatlich orientierte Zug der deutschen Aufklärung hat hier seine Wurzeln. Die Kultur der Aufklärer blieb im Rahmen ihres Erfahrungs- und Lebenszusammenhangs, der sich wesentlich unterschied von dem der Handwerker und Bauern, aber auch der Vertreter der alten Ständeordnung wie der Lohnarbeiter. Nur zur Welt des Adels gab es Berührungen.

Der aufgeklärte Bürger war sicherlich stolz auf die erreichte soziale Position, leitete aber sein Selbstbewußtsein und sein aufklärerisches Engagement nicht von seinem Status in der Öffentlichkeit als Beamter, Lehrer oder Pfarrer ab, ebensowenig aus einer christlich-religiösen Verantwortung, wie

60. Aus: Berliner Calender auf 1774 von Daniel Chodowiecki

wir sie noch von den Pietisten kennen, sondern aus der über allen Ständen und Religionen stehenden Vernunftordnung und Wahrheit einerseits und der Zugehörigkeit zur neuen aufklärerischen Elite andererseits. Zudem lebten diese Bürger weit verstreut in den verschiedensten Städten und Ländern. Sie wandten sich gegen die Ständeordnung, die sie für verknöchert hielten, gegen die Adelsherrschaft, die ihren gesellschaftlichen Anspruch allein auf Herkunft, Ansehen und Privilegien gründete. Vom luxuriösen Lebensstil des Adels wollten sie sich ebenso distanzieren wie vom ‚rohen' Volk. Dies sollte sich auch nach außen hin zeigen.[10]

Aufgeklärt ist der Bürger – so lautet sein Anspruch –, der nicht nur über seine Position reflektiert und sich der Vernunfteinsicht im praktischen Leben fügt, sondern sich permanent bildet und die Aufklärung zur Verbesserung der sozialen Welt verbreitet. Der aufgeklärte Bürger läßt sich nicht von äußeren Instanzen leiten, ist nicht Funktionär irgendeiner Institution, sondern in erster Linie Mensch und Bürger, der sich seines Menschseins bewußt ist, sich als Vernunftwesen verwirklicht und seine Kenntnisse und Erfahrungen in die Reform der Gesellschaft einbringt, und dies nicht nur als ‚Privatmann', sondern auch in seinem öffentlichen Amt. Daß es dabei zu Konflikten kommen konnte, hat jeder Aufklärer erfahren. Er weiß sich auf jeden Fall mit allen verbunden, die dasselbe wollen, und versteht sich als Mitglied einer aufgeklärten Gesellschaft, die Anspruch auf Gehör, wenn nicht auf kulturelle Führung erhebt. Sie bestreitet dem Adel das alleinige Führungsrecht und strebt leitende Positionen in Staat und Kirche an. Selbstbefreiung aus traditionellen Lebenszusammenhängen und Reformaktivismus schlossen sich gegenseitig nicht aus. Zwar litten viele unter ihrer abhängigen und beschränkten Amtstätigkeit, sie suchten aber zugleich auch hier, an Ort und Stelle ihrer Tätigkeit, ihren allgemeinen, der Aufklärung verpflichteten Reformwillen einzubringen.

Zweifellos stand an oberster Stelle (1.) aller Lebenswünsche und Vorstellungen der Aufklärer, sich durch Lektüre, Gespräche mit Freunden und durch Reisen aus- und weiterzubilden. Es ging dabei keineswegs nur um schöngeistige Interessen, sondern um die Diskussion über alle Wissensbereiche der Zeit. Die Neugier schien grenzenlos zu sein. Und die Publizistik kam diesem Interesse voll entgegen, wohingegen wir von Theaterbesuchen nur in größeren Residenzstädten etwas hören. Auch das Schreiben spielte eine bedeutende Rolle – nicht nur bei Schriftstellern, sondern allgemein zur Selbstklärung wie als Möglichkeit zur öffentlichen Mitsprache und Einflußnahme. Neben das Schreiben über literarische und praktische Gegenstände der Zeit traten vor allem der schriftliche Austausch mit Freunden in Form von Briefwechseln, die Niederschrift von Tagebüchern – die eigentlich nicht für die Öffentlichkeit bestimmt waren – sowie das Abfassen von Autobiographien. Die schriftliche Auseinandersetzung mit dem eigenen Leben war eine wichtige und neue Form der Selbstklärung. Edelmann, Semler, Bahrth, Jung-Stilling, Moritz und Goethe verdanken wir große Autobiographien.[11] Daneben treten Beschreibungen von Reisen, die in diesem Zeitalter erstmals nicht mehr bestimmten Zwecken dienten, sondern Bildungselement wurden. Viele bekannte Aufklärer haben uns Reisebeschreibungen hinterlassen: Seume, Goethe, Forster, Schlözer, Nicolai, Rebmann.[12] Einen beträchtlichen Teil des Tages verbrachten die Aufklärer jedenfalls am Schreibtisch. Diese Arbeiten stehen nur bedingt im Zusammenhang der eigenen Berufstätigkeit.

Weiterhin (2.) erstrebten alle Aufklärer eine sozial anerkannte Position in Staat und Kirche als Beamte, Professoren oder Geistliche, in die sie so weit es ging ihre intellektuelle Befähigung einbringen konnten, wobei sie zu allerlei Kompromissen bereit waren, nicht nur zur materiellen Absicherung, sondern auch wegen des möglichen Einflusses. Viele begannen ihre Laufbahn nach dem Studium als Hofmeister. Zweifellos hatten manche Glück und fanden große Anerkennung. Andere aber mußten sich mit einem jämmerlichen Leben begnügen.

Gottfried August Bürger reichte im März 1793 ein Bittgesuch an die Hannoversche Regierung ein: „Das Glück ist mir in meinem ganzen Leben gar wenig günstig gewesen. Zwölf Jahre lang habe ich bei einer sehr magern Gerichthalterstelle auf dem Lande ein ansehnliches ererbtes Vermögen zusetzen, und nachher wieder beinahe neun Jahre, ohne alle Besoldung, ohne Vermögen, von geringem Erwerb, aus akademischen und literarischen Arbeiten mich durchbringen müssen. Ich enthalte mich, andere unverschuldete, meinem Vermögen, sowie meinem geistigen und leiblichen Wohlsein höchst nachteilige Lebensbegegnisse zu erwähnen. Hätte ich niemand weiter als bloß meine eigene Person zu versorgen, so würde ich, so lange mir nur noch eine einzige Kraft zu irgendeinem Geschäfte übrig bliebe, nicht leicht einem Sterblichen mit meinen Bedürfnissen beschwerlich fallen. Allein ich habe auch vier unerzogene Kinder, ohne deren Versorgung, und oben drein noch Schulden, ohne deren Bezahlung es mir bitter ist zu leben, und noch bitterer dereinst sein würde, aus der Welt zu scheiden. Die letzten sind zwar nicht so beträchtlich, daß ein Mann, der nur ein- bis zweihundert Taler jährlich erübrigt, sie nicht in wenigen Jahren tilgen könnte. Weil ich aber in meiner jetzigen Lage gar nichts zu erübrigen vermag, so müssen mir auch unerhebliche Schulden zu einer großen und drückenden Last gereichen. Tägliche sowohl als nächtliche Sorgen und Unruhen, die mir hieraus erwachsen, zehren an meinen edelsten Kräften, die ich doch wohl weit würdiger zum Nutzen der hiesigen Universität [Göttingen] und der Literatur unseres Vaterlandes verwenden könnte."[13]

Von einem unabhängigen Leben als Schriftsteller träumten manche, tatsächlich aber strebten es wenige Aufklärer an. Dies hatte nicht nur ökonomische Gründe, sondern auch soziale. Der freie Schriftsteller war ein Ideal, das in der kleinräumigen Welt des deutschen 18. Jahrhunderts mit ihrem kleinstädtischen Lebensstil kaum realisierbar war.

Schließlich (3.) suchte jeder Aufklärer ein mehr oder weniger abgeschirmtes Privatleben im engen Familienkreis, das nicht nur das private Glück absichern, sondern zugleich ein tugendhaftes, biederes Leben ermöglichen sollte. Der eigene Garten wird zum Wunschtraum einer ganzen Generation. „Meine Bäumchen sind gepflanzt und die Gänge angelegt, die uns künftig Schatten und Vergessen der ganzen übrigen Welt bringen sollen", schrieb der Landvogt Heinrich Chr. Boie 1784 an seine Verlobte Luise Mejer. Dieser Briefwechsel gibt uns Einblick in die ersehnte häusliche Welt.[14] Alle Aufklärer waren konsequenterweise verheiratet und hatten Kinder. Ihr Familienleben war zwar frei von der höfischen Etikette adeliger Haushalte, aber auch von der Ungezwungenheit mancher städtischen Kaufmanns- und Handwerkerfamilie; von einem bürgerlichen idyllischen Leben in Gleichheit und familiärem Vertrauen kann generell nicht die Rede sein.

Als beispielhaft galt Wielands Leben: „Dieser Mann, den Deutschland verehrt und das Ausland schätzt, lebt hier mit einer Simplizität, welche des großen Mannes würdig ist – ohne Glanz und Geräusche. Ein kleines, einfach gebautes Haus ist seine Wohnung; ein gutes schwäbisches Hausmütterchen seine Gattin; Kleidung und Lebensart einfach und seine Bibliothek der Aufenthalt, in welchem er den größten Teil seines Lebens zubringt. Es hält schwer, ihn zu sehen oder zu sprechen, wenn er sich einmal in das Heiligtum seines Musentempels verschlossen hat. Aber wenn man so glücklich ist, so findet man einen schlichten Deutschen, der wenig spricht, bevor nicht erst eine interessante Materie seine Ideen in Fluß gebracht hat, der ungleich besser schreibt als er spricht und dessen Physiognomie außer einem gewissen Scharfblick im Auge, der erhabenen Stirne und der griechischen Nase wenig Auszeichnendes hat. Kein Schriftsteller war imstande, die Welt zugleich mit Produkten seines Geistes und seiner Lendenkraft zu beschenken wie Wieland. Die Zahl seiner Kinder wird der Zahl seiner Werke ziemlich gleichkommen.“[15]

Die Kinder wurden bei aller Liberalität relativ streng erzogen und die Ehefrau mußte einen großen Haushalt leiten. Zwar partizipierten die meisten Ehefrauen und auch die Kinder am aufklärerischen Schaffen des Mannes bzw. des Vaters, aber ihr unterwürfiger Gehorsam wurde ebenso verlangt wie in anderen Familien. Die Forderung nach Gleichheit und Freiheit erstreckte sich ebensowenig auf die Familienmitglieder, wie auf das gemeine Volk. Auch in diesem privaten Zusammenhang blieb es also bei der ‚verhältnismäßigen‘ Aufklärung. „Die beste Aufklärung des Verstandes“, heißt es in Knigges „Über den Umgang mit Menschen“, einem Buch, das mehr als andere die Moral des aufgeklärten Bürgers wiedergibt, „ist die, welche uns lehrt, mit unserer Lage zufrieden und in unsern Verhältnissen brauchbar, nützlich und zweckmäßig tätig zu sein.“[16]

Sicherlich herrschte die individuelle Arbeit im aufklärerischen Haushalt vor, die rastlose Arbeit der Aufklärer kannte kaum eine strikte Trennung von Sonn- und Werktagen, aber die bürgerlichen Aufklärer waren durchaus auch gesellig, selbst Hausfeste und Feiern waren nicht unbekannt. Es gab auch häufig Besuche und Familienreisen. Im späten 18. Jahrhundert gab es in allen größeren Städten vermehrt Kaffeehäuser, aber sie waren noch keine bevorzugten Treffpunkte aufgeklärter Bürger. Wenn die Aufklärer sich außerhäuslich trafen, dann versammelten sie sich vor allem in den Häusern bzw. Räumen der Aufklärungsgesellschaften, um miteinander zu sprechen. Aber auch sie tangierten den Alltag der Aufklärer nicht sehr. Nach wie vor traf man sich zu diesen Gesprächen, zu gemeinsamer Arbeit im häuslichen

61. Goethe, lesend am Fenster seiner römischen Wohnung, von J. H. W. Tischbein

Kreis. Aber alles vollzog sich in Maßen, die traditionelle wilde oder rituelle Ausgelassenheit war den Aufklärern fremd. Wie vielfältig der Tagesablauf war und welch unterschiedlichen Interessen und Aufgaben die Aufklärer nachgingen, darüber berichten uns die Tagebücher. Sie sind zumeist nüchterner gehalten als die für die Öffentlichkeit bestimmten Briefe.[17]

Im ‚Staatskalender' von Lichtenberg heißt es aus dem März 1792:
„♂ 20. Indessen ist mir doch mein Kopf nicht ganz so wüst wie sonst. Sehr heiter, fast keine Wolke, aber etwas kalt. Ich konnte die Sonne noch nicht an meinem Fenster untergehen sehen. Ich setze die Stühle

mutwillig vor die Kammer- ehmalige Bibliotheks-Türe. Die Kinder auf dem Walle brav durchgefroren. Mein Kopf wenigstens sehr viel besser. Dietrich trotzt fort. Das wird schlecht gehen. Zweiter Teil von der Rezension von Z's Fragmenten kömmt von Nicolai an. Höchst vortrefflich. Nun so ist doch endlich dieser Narr demaskiert!

☉ 25. Schönes Wetter, warm und ziemlich heiter. Herr Lawrence senior allein bei mir. M. l. Frau unten bei Dietrich[s] mit der jüngsten Mamsell Michälis. Ich etwas Niersteiner und den ganzen Tag ängstlich und krampfhaft selbst noch abends im Bette sehr empfindlich. Lentin im Saal zum 2ten Male Licht-Magnete und seine Prozesse. Brief von meinem Bruder und ich an meinen Bruder. Brief von Herrn Harding aus Lauenburg

☽ 26. Briefe an Höpfner, Eisendecher, Seyffer und Wildt. Meines Schwagers Kundschaften bei Tische angesehen. Möhrensaft gegessen. Das kleine Mikroskop fehlt. Hochheimer. Gestern brachte Ciechansky die Nachricht, daß die blaue Scheibe in Münden sei. Diesen Abend die ☉ zum ersten Mal am bekannten Fenster gesehen; sie ist aber schon weit vorgerückt, und würde in der Mitte zwischen Grätzels Tannenbaum und dem Carcer untergehen, wenn keine Wolken wären. Pereat piano!!!«[18]

Im Mittelpunkt stand stets das gelehrte, aufklärerische Gespräch, an dem auch oft Gäste teilnahmen. Von der gleichzeitig aufblühenden Musikkultur finden wir allerdings in aufklärerischen Haushalten nur einen geringen Niederschlag. Die bürgerliche Musikpflege ist ein Produkt des 19. Jahrhunderts.[19]

Die Aufklärung war von ihrem universalen Anspruch her stets an alle Menschen gerichtet, sie sollten sich ihres Verstandes bedienen und ein tugendhaftes Leben führen. Soziale und konfessionelle Schranken gab es für die Botschaft nicht. Es zählte allein das, was jemand aus sich machte, wie er sich darstellte und wie er sich engagierte. Doch ging es konkret und lange nur um die Selbstbildung und Aufklärung des Bürgers – und des Adels –, also der gehobenen Stände, die auch über ausreichende mentale und materielle Möglichkeiten verfügten, aufgeklärte Bürger zu werden. An die Einbeziehung des gemeinen Volkes dachten die Aufklärer ebensowenig wie an die der Frauen.

Die aufklärerische Kultur war eine ausgeprägt männliche Kultur, an der die Frauen höchstens passiv teilnehmen durften.[20] Zwar begrüßten fast alle Aufklärer eine elementare Schulausbildung für Frauen, auch plädierten sie

62. Die gelehrte Frau, von Joh. Hein. Ramberg, 1802

für eine den gesellschaftlichen Aufgaben der Frauen entsprechende Weiterbildung, die es gestattete, den aufklärerischen Diskurs zu begleiten. Gleichzeitig kam es zu einer grundlegenden Aufwertung der Frau, die allerdings nur ihren moralischen Wert betraf, die öffentliche Stellung aber nicht tangierte. Gegenüber jeder mehr oder weniger gelehrten, intellektuellen und aufklärerischen Tätigkeit von Frauen waren die Aufklärer nicht nur skeptisch, sondern geradezu feindlich, und alle Frauen, die den Ausbruch aus der Tradition wagten, haben dies zu spüren bekommen. Ihre Wirksamkeit war ausschließlich auf den häuslichen Kreis beschränkt. Und nur in diesem Zusammenhang durften sie sich aufklären. Eine Korrespondenz konnte man kaum unterbinden, ebensowenig das Lesen, aber von der höheren Schulausbildung und von der Universität wurden die Frauen ebenso ausgeschlossen wie von den Aufklärungsgesellschaften, die ansonsten prinzipiell all jenen Zugang gewährten, die etwas zu sagen hatten. Als Ehefrauen oder Töchter konnten sie in beschränktem Maße an öffentlichen Diskussionen teilnehmen, im übrigen hatten sie in der entstehenden bürgerlichen Öffentlichkeit ebensowenig zu sagen wie in der Kirche. Und wenn sie sich dennoch Gehör verschafften, wie die Göttinger Professorentöchter beispielsweise, witterte man Skandale. Angeblich vertrugen sich Gelehrsamkeit und aufklärerische Arbeit nicht mit der weiblichen Aufgabenstellung in der Gesellschaft, ja manche behaupteten sogar, daß sie mit dem weiblichen Wesen grundsätzlich nicht vereinbar wären.[21]

Selbst der so freisinnige Knigge setzte klare Grenzen: „Ich tadle nicht, daß ein Frauenzimmer ihre Schreibart und ihre mündliche Unterredung durch einiges Studium und durch keusch gewählte Lectur zu verfeinern suche, daß sie sich bemühe, nicht ganz ohne wissenschaftliche Kenntnisse zu seyn; aber sie soll kein Handwerk aus der Litteratur machen; sie soll nicht umherschweifen in allen Theilen der Gelehrsamkeit. ... Dann sieht sie die wichtigsten Sorgen der Hauswirthschaft, die Erziehung ihrer Kinder und die Achtung unstudierter Mitbürger als Kleinigkeiten an, glaubt sich berechtigt, das Joch der männlichen Herrschaft abzuschütteln, verachtet alle andre Weiber, erweckt sich und ihrem Gatten Feinde, träumt ohne Unterlaß sich in idealische Welten hinein; Ihre Phantasie lebt in unzüchtiger Gemeinschaft mit der gesunden Vernunft; Es geht alles verkehrt im Hause; Die Speisen kommen kalt oder angebrannt auf den Tisch; Es werden Schulden auf Schulden gehäuft; der arme Mann muß mit durchlöcherten Strümpfen einherwandeln; Wenn er nach häuslichen Freuden seufzt, unterhält ihn die gelehrte Frau mit Journals-Nachrichten, oder rennt ihm mit einem Musen-Almanach entgegen, in welchem ihre platten Verse stehen, und wirft ihm höhnisch vor, wie wenig der Unwürdige, Gefühllose den Werth des Schatzes erkennt, den er zu seinem Jammer besitzt".[22]

Zwar gab es immer wieder Frauen, die diese von den Männern gesetzten Schranken durchbrachen, aber keine wirkliche, nicht einmal eine intellektuelle Emanzipation adliger Frauen wollte die Aufklärung zulassen.[23] Dies schloß nicht aus, daß Frauen, vor allem aus dem Adel, dennoch gewisse Möglichkeiten und Freiheiten für sich gewannen, ohne ihren Anteil als Gesprächspartnerin und Leserin hätte die literarische Kultur zu Ende des 18. Jahrhunderts nicht eine derartige Intensität erreicht. Erst um die Jahrhundertwende änderte sich etwas. Die Berliner Salons wurden von Frauen organisiert.

Ähnliche Befürchtungen hegten die Aufklärer gegenüber einer Ausbildung und Aufklärung des gemeinen Volkes. Lange hatte die Aufklärung diese Frage gar nicht gestellt. Erst in den späten 70er und vor allem in den 80er Jahren wandelte sich das Verhältnis der Aufklärer zu den unteren Schichten.

Auch die einfachen Leute sollten aufgeklärt werden, sich aus den traditionellen Verflechtungen befreien und am gemeinsamen Ziel einer vor allem praktischen Aufklärung mitwirken, aber auf keinen Fall durften dabei ihre gesellschaftlichen, traditionellen Aufgaben und Pflichten vernachlässigt werden. Was zu Anfang der 80er Jahre als ‚Volksaufklärung' thematisiert und zu einem besonderen Programm der Spätaufklärung im ganzen deutschen Raum verdichtet wurde, war allerdings nicht der Beitrag des gemeinen Volkes zur Aufklärung, sondern das Programm des aufgeklärten Bürgers für das einfache Volk.[24] Von Selbstaufklärung war nie die Rede. Selbst eine gemäßigte Aufklärung fand nur beschränkte Unterstützung im aufgeklärten Bürgertum, da es befürchtete, daß das Volk aus der Aufklärung unberechtigte Emanzipationsansprüche ableiten würde, die man nicht befriedigen wollte und konnte. Im Zusammenhang mit der Französischen Revolution mündete die Diskussion um die Volksaufklärung ein in den Streit um die wahre bzw. falsche Aufklärung.

Volksaufklärerische Bemühungen kennen wir bereits aus der pädagogischen Bewegung, ebenso aus der Volksschulbewegung, in der es um die Erziehung des einfachen Volkes ging. Die neue allgemeine Diskussion um die Volksaufklärung ging weit darüber hinaus. Zunächst ging es in der Diskussion darum, die Aufklärungsbewegung auf das niedere Volk auszudehnen und es in den aufklärerischen Lernprozeß einzubeziehen. Gerade an dieser Diskussion wird deutlich sichtbar, welche Grenzen die Aufklärer ganz allgemein für die Verbreitung ihrer Bewegung zogen. Die ständische Ordnung durfte nicht gefährdet werden, im Gegenteil, man setzte die Aufklärung sogar zu ihrer Stabilisierung ein. Schließlich war allen wichtig, daß das Volk nicht selbst die Initiative ergriff, sondern sich von den aufgeklärten Bürgern leiten ließ.

Das Konzept der Volksaufklärung implizierte dementsprechend keine Demokratisierung der Gesellschaft, erstrebt wurde keine Emanzipation der Handwerker und Bauern, sondern eine Reform von deren Lebenssicht und Lebenswelt zur Stärkung und Vermehrung des gesellschaftlichen Nutzens. Aus Lippe hören wir in den 80er Jahren: „Die Vermischung der Stände muß vermieden werden: man muß aus Bauern nicht Philosophen, Künstler, Vielwisser machen wollen ... Ein jeder erlerne nur das recht und übe es treulich und eifrig aus, was sein Stand und Beruf mit sich bringt, dann gehet alles in seiner Ordnung, dann ist es wohlbestellt in einem Staate".[25] Zwar wurde stets der Bildungswille des einfachen Volkes begrüßt, aber man wollte aus Bauern keine ‚Gelehrten' machen und schon gar nicht unterstützte man die soziale und politische Emanzipation der Untertanen. Gewiß unterminierte die Aufklärung indirekt und langfristig die Ständegesellschaft, doch von der Intention her stand die Aufhebung der Ständegesellschaft nicht zur Diskussion. Unter Gleichheit verstanden die meisten bürgerlichen Aufklärer die Gleichrangigkeit von Bürgern und Adligen.

Wenn dementsprechend von der Aufklärung des gemeinen Volkes gesprochen wird, ging es nur um eine ‚verhältnismäßige', den Lebensumständen und dem gesellschaftlichen Nutzen angepaßte Aufklärung.

„Die wahre Aufklärung", heißt es 1786, „die alle Klassen eines Volkes weiser, besser und glücklicher machen soll, kann weder durch Mitteilung wissenschaftlicher Kenntnisse noch durch die Erhöhung der Reizbarkeit des Empfindungsvermögens allein bewirkt werden. Es kommt dabei nicht auf den Umfang und die Menge der Gegenstände an, die der Mensch empfindet, denkt und bearbeitet, sondern auf die praktische Fertigkeit, sich dieselben richtig vorzustellen, daß keine als zweckmäßige Neigungen, Entschlüsse und Taten aus jenen Vorstellungen entspringen. Sie erfordert daher vorzüglich eine gewisse Leichtigkeit, die Eigenschaften und Verhältnisse derjenigen Dinge wahrzunehmen, die auf uns und wir auf sie wirken, oder die Regel aus den Begebenheiten zu finden und im vollkommenen Falle wieder auf dieselben anzuwenden: zwei Talente, welche unfehlbar mehr durch Übung der Seelenkräfte an den wirklichen Vorfällen des Lebens als durch Erlernung wissenschaftlicher Kenntnisse zu einer gewissen Reife gebracht werden."[26]

Aufklärung wird hier für das Volk nicht mehr allein von der Menge des Wissens und der theoretischen Einsicht her definiert, sondern von den praktischen Fertigkeiten, mit den Dingen der Welt umzugehen. Es ging nicht mehr primär um Wissen und intellektuelle Befähigung, sondern um Bildung und Gesittetheit. Diese Ausweitung bzw. auch Umwertung des Aufklärungsverständnisses entsprach der Diskussion der 80er Jahre. Das neue Verständnis kommt besonders deutlich im Engagement des Generalsuperintendenten Ewald zum Ausdruck, der sich vehement für die Aufklärung des Volkes einsetzte. Richtig verstanden gefährdet die Aufklärung nicht die Ständegesellschaft, sondern dient dem gemeinen Nutzen.

Bezeichnend für die Theoretiker ist nicht nur der Diskurs über Grenzen und Vorteile der Volksaufklärung, sondern zugleich ihr direktes Engagement für das einfache Volk, das trotz ihrer Bevormundung große Anerkennung verdient. Groß ist die Zahl ihrer populären Werke, durch Zeitschriften wie die bekannten Bauernzeitungen sowie Lexika „für Leser aller Klassen, besonders für unstudierte" versuchten sie das Volk zu erreichen.[27] Besonders hervorzuheben ist das Engagement von Rudolf Zacharias Becker, dessen „Noth- und Hülfs-Büchlein für Bauersleute" (1788) zum auflagenstärksten Buch der Aufklärung wurde.[28] Es steht sowohl in der Tradition der alten Hausväterliteratur wie der Moralischen Wochenschriften und propagiert eine Neuorganisation der Lebenswelt nach den Kriterien der Nützlichkeit. Insgesamt handelt es sich quasi um ein Lehrbuch für bäuerliches Leben und Arbeiten, das in drei Abschnitte gegliedert ist: 1. wie Bauersleute vergnügt leben können, 2. wie Bauersleute mit Ehren reich werden können, und 3. wie sich Bauersleute in allerhand Notfällen helfen können.

63. Der Lehrer liest vor. Legende für den gemeinen Mann, Titelkupferstich von J. M. Mettenleiter, München 1788

Das Engagement der Volksaufklärer war groß, und sie meinten es auch ernst mit den Landleuten; doch insgesamt hatten sie wenig Erfolg. Ihr Schrifttum wurde nicht von Bauern gelesen, sondern nur von den Pfarrern und Lehrern. Selbst das „Noth- und Hülfs-Büchlein" erreichte nicht die Bauern selbst. Seine Rezeption scheiterte nicht nur am Analphabetismus, sondern auch an der Lebenslage und dem fehlenden Interesse. Die Bauern hatten andere Sorgen als die Aufklärer.

Der aufgeklärte Bürger definierte sich außerhalb traditioneller Wertemuster der Ständegesellschaft, war aber alles andere als traditionslos. Nur nahm er die Tradition nicht mehr selbstverständlich hin, sondern hinterfragte sie. Er wollte erstmals sogar ihre Ursprünge herausfinden, sich ihr aber nicht mehr bedingungslos unterstellen. Dies gilt für den ganzen Bereich der Herkunft von Sitte, Verhalten, Glauben, Lehre und Wissen.[29] Aufklärung hieß ja auch, geschichtliche Fragen aufzuhellen und ihren Wahrheitsgehalt festzustellen. Aber das Handeln des Aufklärers ist nach seinem Anspruch allein der Vernunft unterworfen und bleibt autonom. Insbesondere gilt dies von seinem Verhältnis zum Christentum und zur Kirche. Er war im Prinzip kein Gegner der Kirche, auf keinen Fall ein Feind des

Christentums. Nur dessen Intoleranz und Aberglauben lehnte er ab; er wollte es zum Nutzen der Gesellschaft umformen. Eine Gesellschaft ohne Religion, Christentum und Kirche war kaum vorstellbar, was nicht heißt, daß die Aufklärer selbst aktive Kirchgänger waren oder ihr Glaubensbekenntnis in irgendeiner Weise als orthodox bezeichnet werden kann.[30] Auch war der aufgeklärte Bürger kein Gegner des absolutistischen Staates, sosehr er gegen Despotie kämpfte und unter der staatlich-fürstlichen Bevormundung litt. Er wollte ihn jedoch reformieren und verlangte einen Rechtsstaat, der die Rechte des einzelnen Menschen respektiert und sichert.[31] Im aufgeklärten Absolutismus sollte die Vernunft zur Herrschaft kommen, eine Demokratie aber erstrebte keiner, nicht einmal die späteren sog. Jakobiner. An eine Mitsprache des gemeinen Volkes dachte niemand. Selbst die Befürworter der Französischen Revolution traten nicht für die volle Emanzipation des Volkes ein, so freimütig sie sich zeitweise für die Volkssouveränität einsetzten. Der autoritäre Staat blieb für die Aufklärung die zentrale politische Instanz. Sie erwies sich durchaus auch für die Interessen der Aufklärer als vorteilhaft.

Die Aufklärung war die erste europäische Bewegung, die ein umfassendes Reformprogramm, das alle gesellschaftlichen Bereiche umfaßte, aufstellte, auf das sich später alle reformerischen Kräfte des 19. und auch noch des 20. Jahrhunderts beriefen. Freilich wurde nicht alles realisiert, was die Aufklärung wünschte. Aber ihre Bedeutung ist unbestritten: sie formulierte erstmals gesellschaftliche Probleme, die zur Lösung anstanden, und schuf Medien, durch die immer mehr Menschen miteinander kommunizierten und diskutierten. Außerdem leistete sie einen beträchtlichen Beitrag zur Lockerung der Tradition, durch die erstmals eine Selbstbestimmung der verschiedenen sozialen Gruppen möglich wurde. Dann forcierte die Aufklärung den Emanzipationsprozeß des neuen Bürgertums, so daß dieses zu Ende des 18. Jahrhunderts als neue gesellschaftliche Kraft auftreten konnte. Weiterhin förderte sie jede Art von wissenschaftlicher Beschäftigung, was auch der Hebung materieller Kultur diente. Neue wissenschaftliche Erkenntnisse und Erfindungen unterstützten den Fortschritt. Nicht zuletzt beschleunigte sie den Wandel der staatlich politischen Struktur durch die Grundlegung des aufgeklärten Absolutismus, der mehr Toleranz, Gewissensfreiheit und Rechtsstaatlichkeit brachte. Vor allem verzeichnete sie Erfolge beim Ausbau des Bildungssystems. Das betraf insbesondere die Reform der Volksschule und der Universitäten. Schließlich half sie das Rechtssystem zu modernisieren und trug so u. a. zur Abschaffung der Folter bei. Sicherlich schuf die Aufklärung damit verbesserte Lebenschancen vor allem für das Bürgertum, es profitierte von der theoretischen und praktischen Aufklärung am meisten, aber die Errungenschaften der Aufklärung kamen auch anderen sozialen Schichten und Ständen – zumindest langfristig – zugute.

Aber wenngleich die Aufklärer alle Hoffnungen auf den Sieg der Vernunft setzten und von ihm die Lösung aller Probleme erhofften, offenbart der Prozeß der Aufklärung doch zugleich eine Reihe von ungelösten Widersprüchen, auf die einige Aufklärer bereits hinwiesen oder die später offenkundig wurden:[32] Aus dem generellen Zwang, alles mit der Vernunft zu begründen, konnte einmal sowohl die Gleichheit aller Menschen abgeleitet werden wie aber auch die Vorherrschaft einer Gruppe. Die Orientierung an der Vernunft schloß absolutistische bzw. sogar totalitäre Ansprüche nicht aus. Die Aufklärung ließ die Entscheidung für Demokratie oder ‚Diktatur' letztlich offen. Das zeigte die Diskussion über die Französische Revolution ebenso überdeutlich wie der Geheimbund der Illuminaten, der nichts als die Vernunft durchsetzen wollte.[33] Die auf die Vernunft gegründete Moral der aufklärerischen Bürger wandelte sich zum anderen entschieden gegen die alltägliche Gewalttätigkeit und Roheit des Volkes, errichtete zugleich aber ein neues Kontrollsystem mit einem ‚Puritanismus', der sich von dem der religiösen Großgruppen Alteuropas nicht wesentlich unterschied. Die bürgerliche Moral war nicht weniger rigide als die der traditionellen Handwerkerkultur. Allenthalben förderte die Aufklärung weiterhin die Wissensverbreitung, diese diente aber nicht nur der Emanzipation, der Selbstbefreiung von traditionellen Zwängen, sondern schuf mit dem Wissen auch eine neue Macht zur Instrumentalisierung des Menschen. Die Aufklärung versprach Freiheiten – Gedankenfreiheit, Aufhebung der Leibeigenschaft oder Gewerbefreiheit – und weckte damit alle Selbstentfaltungskräfte, schuf aber zugleich durch Zeitungen, Schulen und das neue Recht auch neue Mittel zur Beherrschung des Menschen. Manche Freiheit führte somit zu neuer Unfreiheit. Vor allem plädierte die Aufklärung nicht zuletzt für die Gleichheit aller Menschen, meinte aber nur eine Rechtsgleichheit und Gleichwertigkeit des Bürgers mit dem Adel, die die Macht des Bürgers stärkte und die Kluft zwischen Gebildeten und dem Volk, den Reichen und den Armen eher verstärkte als verringerte. Das Gleichheitspostulat implizierte nicht von selbst auch demokratisches Denken und Verhalten.

Oberste Maxime aufklärerischen Denkens und Handelns war schließlich der gesellschaftliche Nutzen, die öffentliche Wohlfahrt. Damit wurde zwar die Privilegienherrschaft des Adels und der Kirche abgebaut, aber zugleich wurden alle sozialen Gruppen ausgegrenzt, die keinen unmittelbaren gesellschaftlichen Nutzen brachten, so vor allem Geisteskranke, Bettler, Kranke. Der große Feind der Aufklärung war nicht nur der abergläubische, sondern vor allem auch der faule Mensch. Der gesellschaftliche Fortschritt, den die Aufklärung einleitete, kann jedenfalls nicht adäquat eingeschätzt werden, wenn man nicht nach den unmittelbaren Nutznießern fragt. Diese waren nicht das gemeine Volk oder das Gemeinwohl zumindest zunächst, in dessen Namen oft die Reformen angekündigt wurden, sondern der Staat und die neue Klasse der Bürger. In ihren Zielen war die Aufklärung keineswegs eindeutig.

Ebenso deutlich sind auch die Grenzen, ja Kosten der Aufklärung zu benennen. Alle Menschen sollten aufgeklärt werden, der universale Anspruch war ernst gemeint, aber die Aufklärung selbst in die Hand zu nehmen oder aus ihr Konsequenzen für sich selbst zu ziehen, war nur den bürgerlichen Männern vorbehalten. Das gemeine Volk war ebenso ausgeschlossen wie die Frauen. Der Aufklärung waren durch die bleibende Hausherrschaft des Mannes deutliche Grenzen gesetzt. Alles, was gesellschaftlich anerkannt, gefördert oder toleriert werden sollte, mußte sich vernünftig begründen lassen. Vor der aufklärerischen Vernunft hatte deshalb nicht nur die adelige Vorherrschaft ihre Berechtigung verloren, sondern auch jede ‚unvernünftige' Handlung. Die radikale Kritik an der Tradition, am adeligen ebenso wie am bäuerlichen Lebensstil, an abergläubischen Handlungen und am Brauchtum führte zu einem Verlust an historischen Werten, zum Verlust traditioneller Wurzeln. Was keinen Nutzen brachte und nicht mit der Vernunft begründbar war, sollte dem Verfall anheimgestellt werden; dörfliche und städtische Lebenszusammenhänge wurden dadurch zerstört, die vielen Geborgenheit und Lebenssicherheit gewährt hatten. Zwar wollten die Aufklärer keineswegs das Christentum beseitigen, nicht einmal die Kirchen, aber die Religion sollte dem gesellschaftlichen Nutzen unterworfen werden und eine auch weltliche Ethik vertreten. Damit verlor Europa eine symbolische Kultur, die Jahrhunderte Sinn vermittelt hatte. Schließlich plädierte die Aufklärung zwar für Freizeit und Geselligkeit, leitete aber den Untergang einer Festkultur ein, die von Sinnenhaftigkeit und Leidenschaft geprägt war. Das Fest hatte nur noch eine kompensatorische Funktion in einer streng reglementierten Arbeitswelt, eine eigenständige kulturelle Bedeutung kam ihm nicht mehr zu.

Die Aufklärung hatte für die menschlichen Lebenszusammenhänge nicht nur Besserung gebracht, sondern auch Kosten, die in den gesellschaftlichen Auseinandersetzungen relevant wurden. Es gab keinen gleitenden Übergang zu einem bürgerlichen Rechts- und Friedensstaat mit humanitären Zielen. Der Prozeß der Aufklärung verlief alles andere als unilinear.[34] Wir wissen auch, daß trotz allem Druck viele Forderungen der Aufklärer, viele Erlasse aufklärerischer Staaten vom Volk einfach nicht angenommen wurden. Die traditionelle und vor allem kirchliche Kultur ging mit der Säkularisation noch nicht unter. Das Programm der Aufklärer war nur in dem Maße realisierbar, wie die einzelnen Menschen, sozialen Gruppen und Klassen es annehmen konnten und wollten, und dazu bedurfte es noch mancher Jahre. Als staatlich verordnetes Programm jedoch übte die Aufklärung einen beträchtlichen Druck aus, dem in Gänze nur das Bürgertum entsprechen konnte. Denn es definierte sich durch die aufklärerischen Postulate der Leistung und der Selbstbestimmung.

Schlußbetrachtung

Die Säkularisierung der Welt wurde durch die Aufklärung beträchtlich forciert, geht aber nicht ausschließlich auf sie zurück. Der Prozeß der Säkularisierung stellt eine der großen Signaturen des Übergangs von der traditionellen zur modernen Ordnung dar. Er ist nicht identisch mit dem der Entchristianisierung und Entsakralisierung bzw. Rationalisierung der Welt bzw. der Gesellschaft. Unter Säkularisierung ist der Prozeß der zunehmenden Verweltlichung der Welt zu verstehen, der an sich eine Weiterexistenz von Kirche und Christentum, auch von religiösem Bewußtsein, nicht ausschließt, aber weltliches Handeln und Denken unabhängig von religiöser Legitimierung macht. In einer ‚säkularisierten' Welt haben Kirche, Christentum und Religion keine universale, welterklärende oder welterhaltende Funktion mehr. Die Säkularisierung der Welt impliziert eine zunehmende Trennung von sakralem und profanem Bereich, von wissenschaftlichem und religiösem Weltbild, von Gesellschaft und Kirche, von Staat und Religion.

Der Prozeß der Säkularisierung vollzog sich nicht kontinuierlich, sondern in einzelnen Etappen über eine lange Zeit, zum anderen umfaßte er nicht alle sozialen und geistigen Bereiche gleichzeitig, sondern erfaßte sie mit unterschiedlicher Intensität und ungleichzeitig. In vier Bereichen ist der Prozeß der Säkularisierung in der frühen Neuzeit besonders greifbar.

1. Der früheste Schritt zur Säkularisierung vollzog sich durch die Trennung von sakralem und profanem Bereich, die erstmals mit der Reformation einsetzte bzw. durch sie aktiviert wurde. Indem aus dem sakralen Bereich alle weltlichen Dinge, profane Ziele und Interessen ausgeschlossen sein sollten, wurde der sakrale Raum abgehoben von allem Alltäglichen und Menschlichen, er wurde exklusiv geistig. Am deutlichsten sichtbar wurde dieser Prozeß in der Reinigung sakraler Handlungen (Gottesdienst, Wallfahrt). Umgekehrt, indem aus dem weltlichen Bereich alles Heilige, alle transzendenten Bezüge und religiösen Ansprüche ausgeschaltet werden sollten, verlor das Weltliche zusehends seine sakralen Elemente, es wurde rein weltlich. Greifbar wird der Prozeß trotz aller rückläufigen Tendenzen in der Profanisierung der europäischen Festkultur. Dies war eine Trennung, die zunächst mehr ins Bewußtsein einging als in die Wirklichkeit.

2. Die stärkste und früheste Auswirkung der Trennung vollzog sich im intellektuell-wissenschaftlichen Bereich. Die verschiedenen Wissenschaften hatten zwar immer schon eine gewisse Eigenständigkeit, wurden aber legitimiert und begründet aus ihrem Verhältnis zur Theologie. Seit dem 16. Jahrhundert löst sich mit dem Aufkommen der neuen Wissenschaften weltliches

Wissen und weltliche Erkenntnis aus dem christlich-religiösen Gesamtzusammenhang. Sie verselbständigen sich und suchen sogar organisatorisch eine Unabhängigkeit. Die neuen Wissenschaften begründeten eigene Gesetzlichkeiten und Verantwortlichkeiten. Bezeichnend ist beispielsweise einmal die organisatorische Loslösung der modernen Wissenschaften von dem traditionellen Universitätsbetrieb – in dem die Theologie dominierte – durch die Schaffung staatlich geschützter Akademien, zum anderen das zunehmende Gewicht der Laien bei der Etablierung der Wissenschaft, sie verdrängten die Theologen und beanspruchten zusehends für ihre Tätigkeit Unabhängigkeit von Religion und Kirche. Ihre Forderung nach Freiheit des Geistes und Unterwerfung unter die kritische Vernunft war Ausdruck einer zunehmenden Säkularisierung der Welt. So wie in Kunst und Literatur unmittelbar religiöse Bezüge seit dem 16. Jahrhundert zurücktreten, werden auch Begründungszusammenhänge von Wissen und Erkenntnis außerhalb theologischer Normen gesucht. Das Postulat ‚Vernunft gegen Tradition' als Signatur der Säkularisierung wird erstmals im 16. Jahrhundert in kleinen, letztlich elitären Kreisen laut, erreichte aber im Zeitalter der Aufklärung die ganze gebildete Oberschicht. Dennoch blieben magische Denktraditionen außerhalb der Eliten bis ins 19. Jahrhundert wirksam.

3. Obwohl Staaten und Herrschaften immer um ideologische Selbständigkeit kämpften, waren auch sie in ihren Begründungszusammenhängen und Zielvorstellungen eingebunden in religiöse und kirchliche Bezüge. Seit dem 16. Jahrhundert versuchten die frühmodernen Staaten erstmals, die Kirchen zu integrieren bzw. unterzuordnen, ihre religiös-weltliche Selbstbestimmung im Interesse des Staates zu finden, um andere, alle ehemals der Kirche zugeordnete weltliche Aufgaben wie Bildung und Fürsorge zu verstaatlichen und damit den Kirchen nur geistliche Funktionen zu belassen. Sie wollten freilich nicht auf die Mitwirkung der Kirche am Aufbau des modernen Staates verzichten, aber doch einen eigenständigen, von Kirche und Religion unabhängigen Begründungszusammenhang und eine dementsprechende Legitimierung politischen Handelns gewinnen. Der frühmoderne Staat verlangte nicht nur Souveränität gegenüber alten kirchlichen Ansprüchen, sondern auch die Ablösung einer nicht unbedingt kirchlichen, wohl aber religiösen Begründung seiner Macht durch eine naturrechtliche Vertragstheorie, durch die die öffentliche Gewalt entweder in die Hände des Fürsten oder des Volkes gelegt wurde. Dieser Prozeß begann mit der Entstehung des frühmodernen Staates im 16. Jahrhundert und erreichte im aufgeklärten Absolutismus einen Höhepunkt. Mit der Verweltlichung der politischen Herrschaftsordnung erhielt die Gesellschaft erstmals ein Eigengewicht, Kirche wurde zu einer gesellschaftlichen Kraft unter anderen und Religion zu einer Form von Sinngebung und Weltdeutung.

4. Schließlich wurden überhaupt das weltliche Handeln und Denken säkularisiert. Indem vor allem Bürger ihr Leben bewußt in die Hand nah-

men, ihr Handeln nach irdischen Interessen ausrichteten – also nicht mehr alles sub specie aeternitatis bewerteten, sondern nach weltlichem Glück strebten –, wurde die religiöse Begründung und Sinngebung des menschlichen Lebens hinfällig. Beispielhaft wird dies sichtbar an so scheinbar unbedeutenden Phänomenen wie dem Aufkommen des Blitzableiters, der an die Stelle des Wetterläutens treten sollte, oder an der Beobachtung, daß man anstelle von christlichen Trostsprüchen profane Sinnsprüche auf die Grabsteine setzte. Mit der Säkularisierung verschwindet weder der kirchliche Einfluß noch die christliche Botschaft, aber ihr magisch-sakramentaler Wert wird aufgelöst. Dieser Prozeß begann zweifellos mit der Reformation, erreichte aber erst mit der Aufklärung einen Höhepunkt. An ihm haben allerdings auch andere Kräfte mitgewirkt, unter anderem die Moralinteressen des frühmodernen Staates wie die Wohlfahrtsinteressen der modernen Wissenschaften.

Anmerkungen

Auch dieser letzte Band hätte nicht ohne Hilfe und Anregungen anderer geschrieben werden können. Besonders danke ich wieder Andrea van Dülmen und Paul Burgard für die kritische Lektüre des Manuskriptes. Mein Dank gilt auch Brigitte Gutjahr, die das handgeschriebene Manuskript ins reine geschrieben und das Register hergestellt hat. Schließlich bedanke ich mich bei Peter Schünemann für seine Geduld und das Lektorat, ohne das der Band nicht die vorliegende Gestalt erhalten hätte.

I. Reformatorischer Aufbruch und christlicher Glaube

1. Das Wort Gottes und die christliche Kirche

1. Allgemein zur Reformation vgl. Fr. *Lau* – E. *Bizer,* Reformationsgeschichte Deutschlands bis 1555 (= Die Kirche in ihrer Geschichte) (1969[2]); H. A. *Oberman,* Reformation: Epoche oder Episode, in: Arch. f. Ref.gesch. 68 (1977) 56–109; B. *Moeller,* Deutschland im Zeitalter der Reformation (1977); P. *Blickle,* Die Reformation im Reich (1982); R. *Wohlfeil,* Einführung in die Geschichte der deutschen Reformation (1982); H. A. *Oberman,* Die Reformation. Von Wittenberg nach Genf (1986); *Ders.,* Die Wirkung der Reformation. Probleme und Perspektiven (1987); H.-J. *Goertz,* Pfaffenhaß und groß Geschrei. Die reformatorischen Bewegungen in Deutschland 1517–1529 (1987); R. *van Dülmen,* Reformation und Neuzeit, in: *Ders.,* Religion und Gesellschaft. Beiträge zu einer Religionsgeschichte (1989) 10–35.
2. W. *Elliger,* Thomas Müntzer. Leben und Werk (1976[3]); G. W. *Locher,* Die Zwinglische Reformation im Rahmen der europäischen Kirchengeschichte (1979); P. *Blickle* u. a. (Hg.), Zwingli und Europa (1985); M. *Greschat,* Martin Bucer. Ein Reformator und seine Zeit 1491–1551 (1990).
3. Vgl. Joh. *Huizinga,* Europäischer Humanismus: Erasmus (1958); R. *Newald,* Probleme und Gestalten des deutschen Humanismus (1963); H. O. *Burger,* Renaissance-Humanismus-Reformation. Deutsche Literatur im europäischen Kontext (1969); *A. Heller,* Der Mensch der Renaissance (1982). Eine neuere Darstellung zum deutschen Humanismus fehlt.
4. Vgl. u. a. *Blickle,* Die Reformation im Reich; K. *Blaschke,* Wechselwirkungen zwischen der Reformation und dem Aufbau des Territorialstaates, in: Der Staat 9 (1970) 347–364; R. *van Dülmen,* Reformation als Revolution. Soziale Bewegung und religiöser Radikalismus in der deutschen Reformation (1987[2]); J. *Batori* (Hg.), Städtische Gesellschaft und Reformation (1980); P. *Blickle* – Joh. *Kunisch* (Hg.), Kommunalisierung und Christianisierung. Voraussetzungen und Folgen der Reformation 1400–1600 (1989).
5. Über die konkreten religiösen Zustände zur Zeit der Reformation sind wir

seltsamerweise kaum unterrichtet. Vgl. allgemein M. *Venard* (Hg.), Die Zeit der Konfessionen (1530–1620/30) (1992).

6. Daß sich Laien durchaus auch eigene Gedanken machten, zeigt u. a. das Beispiel des Malers Hans Greiffenberger. Vgl. *G. Pfeiffer* (Hg.), Quellen zur Nürnberger Reformationsgeschichte (1968) 295 ff. Über die Ursachen informiert immer noch am besten: W. *Andreas*, Deutschland vor der Reformation. Eine Zeitwende (1959^6); vgl. auch: *Moeller*, Deutschland im Zeitalter der Reformation.
7. Zit. nach: H. A. *Oberman*, Luther. Mensch zwischen Gott und Teufel (1986^2) 54.
8. *H. Junghans*, Der junge Luther und die Humanisten (1985) 289. Über Luther vgl. v. a. H. *Bornkamm*, Martin Luther in der Mitte seines Lebens (1979); B. *Lohse*, Martin Luther. Eine Einführung in sein Leben und sein Werk (1981); *Oberman*, Luther; G. *Brendler*, Martin Luther. Theologie und Revolution (1983); M. *Brecht*, Martin Luther, 2 Bde. (1981/86); V. *Press* – *D. Hievermann* (Hg.), Martin Luther. Probleme seiner Zeit (1986).
9. Vorzüglich: *Oberman*, Luther.
10. Zit. nach A. *van Dülmen*, Luther-Chronik. Daten zu Leben und Werk (1983) 31/2.
11. R. *Schäfer*, Bibelauslegung in der Geschichte der Kirche (1984).
12. M. *Luther*, Werke. Kritische Gesamtausgabe (1883 ff.) hier III, 18 f. (1522).
13. G. *Wehr* (Hg.), Thomas Müntzer. Schriften und Briefe (1973) 44.
14. Vgl. u. a. *Lohse*, Martin Luther 160 ff.
15. Vgl. H.-J. *Goertz*, Die Täufer. Geschichte und Deutung (1980).
16. Vgl. P. *Blickle*, Gemeindereformation. Die Menschen des 16. Jahrhunderts auf dem Weg zum Heil (1985).
17. Allgemein vgl. B. *Moeller*, Reichsstadt und Reformation (1962); K. *Blaschke*, Sachsen im Zeitalter der Reformation (1970); B. *Moeller* (Hg.), Staat und Kirche im 16. Jahrhundert (1979); D. *Demandt* – H. Chr. *Rublack* (Hg.), Stadt und Kirche in Kitzingen (1978); Th. *Brady*, Ruling Class, Regime and Reformation of Strasburg 1520–1555 (1978); O. *Mörkle*, Rat und Bürger in der Reformation. Soziale Gruppen und kirchlicher Wandel in den welfischen Hansestädten Lüneburg, Braunschweig und Göttingen (1983); M. *Brecht* – H. *Ehmer*, Südwestdeutsche Reformationsgeschichte. Zur Einführung der Reformation im Herzogtum Württemberg (1984); K. *von Greyerz*, Stadt und Reformation. Stand und Aufgaben der Forschung, in: Arch. f. Ref. gesch. 76 (1985) 6–63; *Batori*, Städtische Gesellschaft und Reformation; *Blickle*, Gemeindereformation.
18. Vgl. G. *Vogler*, Nürnberg 1524/25. Studien zur Geschichte der reformatorischen und sozialen Bewegung in der Reichsstadt (1982).
19. H. Chr. *Rublack*, Gescheiterte Reformation. Frühreformatorische und protestantische Bewegungen in süd- und westdeutschen geistlichen Residenzen (1978).
20. H. J. *Köhler* (Hg.), Flugschriften als Massenmedium der Reformationszeit (1981). Darin u. a. R. W. *Scribner*, Flugblatt und Analphabetentum. Wie kam der gemeine Mann zu reformatorischen Ideen? (65–76).
21. H. J. *Köhler*, Die Flugschriften der frühen Neuzeit, in: W. Arnold u. a. (Hg.), Die Erforschung der Buch- und Bibliotheksgeschichte in Deutschland (1987) 307–345; R. *Wittmann*, Geschichte des deutschen Buchhandels (1991).

22. Vgl. R. *Wohlfeil*, Reformatorische Öffentlichkeit, in: L. Grenzmann – K. Strackmann (Hg.), Literatur und Laienbildung im Spätmittelalter und in der Reformationszeit (1984) 41–52; *Ders.*, Einführung in die Geschichte der deutschen Reformation 123ff.
23. K. V. *Selge*, Die Leipziger Disputation zwischen Luther und Eck, in: Zs. f. KG 86 (1975) 26–40.
24. B. *Moeller*, Zwinglis Disputationen, in: Zs. f. Rechtsgesch. KA 56 (1970) 275–324, 60 (1974) 214–364.
25. *van Dülmen*, Reformation als Revolution 256ff.
26. R. W. *Scribner*, For the Sake of Simple Folk. Popular Propaganda for the German Reformation (1981); *Ders.*, Popular Culture and Popular Movements in Reformation Germany (1988).
27. Fr. L. *Baumann*, Quellen zur Geschichte des Bauernkriegs in Oberschwaben (ND 1968) 61.

2. Freiheit des Christenmenschen: der neue Glaube

1. Allgemein W. *Dilthey*, Weltanschauung und Analyse des Menschen seit Renaissance und Reformation (1921); E. *Troeltsch*, Aufsätze zur Geistesgeschichte und Religionssoziologie (ND 1966).
2. Allgemein vgl. H. D. *Kittsteiner*, Die Entstehung des modernen Gewissens (1991).
3. Vgl. dazu *Blickle*, Gemeindereformation; *Ders.*, Kommunalismus. Begriffsbildung in heuristischer Absicht, in: Ders. (Hg.), Landgemeinde und Stadtgemeinde in Mitteleuropa (1991) 5–38; P. *Blickle* – Joh. *Kunisch* (Hg.), Kommunalisierung und Christianisierung. Voraussetzungen und Folgen der Reformation 1400–1600 (1989).
4. Zit. nach: *Martin Luther.* Die reformatorischen Grundschriften. Bd. 3: Die Gefangenschaft der Kirche. Hg. v. H. Beinther (1983) 116.
5. Ebd.
6. Vgl. allgemein: G. *Franz*, Der deutsche Bauernkrieg (1972^{9}); P. *Blickle* (Hg.), Revolte und Revolution in Europa (1975); *Ders.*, Die Revolution von 1525 (1981^{2}); H. *Buszello* – P. *Blickle* – R. *Endres* (Hg.), Der deutsche Bauernkrieg (1984); Fr. *Conrad*, Reformation in der bäuerlichen Gesellschaft. Zur Rezeption reformatorischer Theologie im Elsaß (1984).
7. G. *Franz* (Hg.), Quellen zur Geschichte des Bauernkrieges (1963) 190.
8. Zit. nach *Blickle*, Gemeindereformation 27.
9. Ebd. 92.
10. *Franz* (Hg.), Quellen 455f.
11. Vgl. F. *Bernhofer-Pippert*, Täuferische Denkweisen und Lebensformen im Spiegel der oberdeutschen Täuferverhöre (1967); C. P. *Clasen*, Anabaptism. A Social History 1525–1618 (1972); H.-J. *Goertz* (Hg.), Umstrittenes Täufertum 1525–1575 (1977^{2}); R. *van Dülmen*, Reformation und Revolution. Soziale Bewegung und religiöser Radikalismus in der deutschen Reformation (1987^{2}); *Goertz*, Die Täufer.
12. K. *Deppermann*, Melchior Hoffman. Soziale Unruhen und apokalyptische Visionen im Zeitalter der Reformation (1979) 228.
13. H. *Fast* (Hg.), Der linke Flügel der Reformation (1962) 65.

14. Vgl. auch: H. J. *Hillerbrand*, Die politische Elite des oberdeutschen Täufertums (1962); Cl. *Bauman*, Gewaltlosigkeit im Täufertum (1968); *Goertz* (Hg.), Umstrittenes Täufertum; *Ders.*, Die Täufer 98ff.
15. *Lochner*, Die Zwinglische Reformation; W. *Koehler*, Zürcher Ehegericht und Genfer Konsistorium, 2 Bde. (1932); *Blickle* u. a. (Hg.), Zwingli und Europa.
16. Vgl. dazu H. H. *Schrey* (Hg.), Reich Gottes und Welt. Die Lehre Luthers von den zwei Reichen (1969); G. *Wolf* (Hg.), Luther und die Obrigkeit (1972); K. *Trüdinger*, Luthers Briefe und Gutachten an weltliche Obrigkeiten zur Durchführung der Reformation (1975); G. *Müller*, Luthers Zwei-Reiche-Lehre in der deutschen Reformation, in: FS f. C. H. Ratschow (1976) 49–69.
17. *Luther* WA 11, 255.
18. Vgl. W. *Köhler*, Zwingli und Luther. Ihr Streit über das Abendmahl nach seinen politischen und religiösen Beziehungen, 2 Bde. (1924/53); E. *Bizer*, Studien zur Geschichte des Abendmahlsstreits im 16. Jahrhundert (1962^2); G. *May* (Hg.), Das Marburger Religionsgespräch 1529 (1970).

3. Die Reform der Kirche – Predigt und Gottesdienst

1. U. *Scheuner*, Staatsräson und religiöse Einheit des Staates. Zur Religionspolitik in Deutschland im Zeitalter der Glaubensspaltung, in: R. Schnur (Hg.), Staatsräson, Studien zur Geschichte eines politischen Begriffs (1975) 363–405; V. *Press*, Soziale Folgen der Reformation in Deutschland, in: M. Biskup – K. Zernack (Hg.), Schichtung und Entwicklung der Gesellschaft in Polen und Deutschland im 16. und 17. Jahrhundert (1983) 196–243; G. *Zimmermann*, Die Einführung des landesfürstlichen Kirchenregiments, in: Arch. f. Ref.gesch 76 (1985) 146–168; H. *Schilling*, Die Konfessionalisierung im Reich. Religiöser und gesellschaftlicher Wandel in Deutschland zwischen 1555 und 1620, in: HZ 246 (1988) 1–45; W. *Ziegler*, Territorium und Reformation. Überlegungen und Fragen, in: Hist. Jb 110 (1990) 52–75; E. *Wolgast*, Formen landesfürstlicher Reformation in Deutschland. Kursachsen-Württemberg/Brandenburg-Kurpfalz, in: L. Grane – K. Hörby (Hg.), Die dänische Reformation vor ihrem internationalen Hintergrund (1990) 57–90.
2. Vgl. u. a. M. *Brecht*, Herkunft und Ausbildung der protestantischen Geistlichen des Herzogtums Württemberg im 16. Jahrhundert, in: Zs. f. Kirchengesch. 80 (1969) 163–175; B. *Klaus*, Soziale Herkunft und theologische Ausbildung lutherischer Pfarrer der reformatorischen Frühzeit, in: Zs. f. Kirchengesch. 80 (1969) 22–49.
3. F. *Gess* (Hg.), Akten und Briefe zur Kirchenpolitik Herzog Georgs von Sachsen (1905–17) Bd. 1, 250f.
4. Vgl. u. a. M. *Warnke* (Hg.), Bildersturm. Die Zerstörung des Kunstwerks (1973); M. *Stirm*, Die Bilderfrage in der Reformation (1977).
5. P. *Graff*, Geschichte der Auflösung der alten gottesdienstlichen Formen in der evangelischen Kirche Deutschlands (1921); L. *Feucht*, Der lutherische Gottesdienst des 16. Jahrhunderts (1923); W. *Nagel*, Geschichte des christlichen Gottesdienstes (1970^2).
6. H. *Bornkamm*, Martin Luther in der Mitte seines Lebens. Das Jahrzehnt zwischen dem Wormser und dem Augsburger Reichstag (1979) 76. Zu den Witten-

bergischen Unruhen vgl. N. *Müller*, Die Wittenberger Bewegung 1521 und 1522 (1911^2).

7. G. *Pfeiffer* (Hg.), Quellen zur Nürnberger Reformationsgeschichte (1968) 440ff.
8. Ebd. 444f.
9. Ebd. 442f.
10. Ebd. 444. Vgl. auch zu Luthers ‚Deutsche Messe' von 1526: *Nagel*, Geschichte des christlichen Gottesdienstes 136ff. Ein früher Reformentwurf liegt aus dem Jahre 1525 auch aus dem Herzogtum Preußen vor.

1) „Erstlich bishero habt ihr gehalten 7 sacramenta, die unrecht sein; forthin soll vor allen dingen eurer seligkeit grundfeste sein der glaube, und sollet nicht mehr sacramenta haben, denn die Christus eingesetzt hat, nämlich das heilige nachtmahl und die heilige taufe ...

3) Es soll hinfort keine beichte den priestern geschehen (auricularis scilicet confessio), dadurch man schuldig wäre, alle sünden namkundig zu machen.

4) Es sollen nun forthin keine wallfahrten noch wanderungen an heilige stätten sein, als die niemand zur seligkeit dienen.

5) Es sollen forthin keine processiones gehalten werden, als die in gottes wort keinen grund haben.

6) Es soll fortmehr kein läuten noch singen noch messe noch vigilien über die todten gehalten werden; denn es ist ihnen nichts nütze, auch damit nichts geholfen.

7) Es soll forthin kein wasser, salz, asche, palmen, lichte, kräuter und dergleichen geweihet werden; denn das ist alles menschentandt und ist nirgends zu nütze.

8) Man soll kein begräbniss oder begängniss über die todten halten, auch nicht für sie bitten; denn sie sind in gottes hand und gericht.

9) Es soll kein orden mehr sein, weder mönche noch nonnen, sondern allein solcher orden, der gegen die ungläubigen und heiden streitet, wie der deutsche orden ist.

10) Es sollen bischöfe sein und bleiben, nicht chrysam-bischöfe, auch nicht weihe-bischöfe; die da predigen und gottes wort rein lehren und auslegen und der kirche vorstehen.

11) Man soll hinfort die tage und zeiten abergläubischer weise nicht unterscheiden mit allerlei feiertagen, freitagen, sonnabenden, quatember, fasten und dergleichen; sondern es soll alles jeglicher tag des herrn sein, fleisch oder fisch zu essen, wie es einem jeden beliebt oder noth ist, oder wie es der liebe gott bescheert.

12) Die osterfeiertage, pfingstfeier und weihnachtenfeier, dergleichen auch die sonntage soll man halten nach christlicher weise, wie es gottes wort und ordnung gemäss ist. Andere feiertage solcher heiligen, die in gottes wort nicht gegründet und den menschen von seiner täglichen arbeit und beruf abhalten, sind lauter menschentandt und gedichte die zu bösen exempeln gereichen.

13) Es sollen die gesänge und gebete in der kirche deutsch gehalten werden, damit es jedermann verstehe. Das salve regina soll man nicht singen, denn es gereicht gott zur verkleinerung. Die ceremonien der heiligen taufe soll man deutsch begehen, ohne chrysam und öl ...

15) Es soll fortan in keiner kirche das gesegnete brod eingeschlossen werden

und für gottes leichnam ausserhalb der communion nach Christi einsetzung gehalten oder umgetragen werden.

16) Die bilder in häusern und kirchen soll man nicht anbeten, denselben auch kein licht anstecken ...

18) Die bruderschaften und gilden sollen ihre stiftungen nicht auf die messe, sondern zu unterhaltung der armen und anderen gottseligen gebräuchen wenden und legen.

19) Die tägliche messe ist ein greuel gottes; darum soll sie forthin in keiner kirche und nirgends gehalten werden.

20) Der zum heiligen nachtmahl gehen will, der lasse sich den priester, seinen beichtvater, aus gottes wort berichten und berichte sich auch selbst, wie er brod und wein nach Christi einsetzung in beiderlei gestalt nehmen und geniessen soll.

21) Ob jemand meinet, dass er für seine sünde selbst satisfaction thuen und ohne Christi verdienst sich salvieren könnte, anathema esto, der sei vermaledeiet!

22) Allen pfaffen und mönchen (und) nonnen ist unverboten, ihren orden zu verlassen und in den ehestand zu treten." (*Sehling* (Hg.), Die evangelischen Kirchenordnungen IV, 29f.)

11. Th. *Nipperdey,* Theologie und Revolution bei Thomas Müntzer, in: Ders., Reformation, Revolution, Utopie (1975) 38–84. W. *Elliger,* Thomas Müntzer. Leben und Werk (1976³); *van Dülmen,* Reformation als Revolution.
12. *Clasen,* Anabaptism; *van Dülmen,* Reformation als Revolution; *Goertz,* Die Täufer.
13. W. *Köhler,* Zürcher Ehegericht und Genfer Konsistorium, 2 Bde. (1932–42); *Locher,* Die Zwinglische Reformation.

II. Volksmagie und religiöses Leben

1. Volksfrömmigkeit und religiöse Praxis

1. Allgemein zur Geschichte der Frömmigkeit in der frühen Neuzeit vgl. H.-G. *Molitor,* Frömmigkeit in Spätmittelalter und früher Neuzeit als historisch-methodisches Problem, in: FS f. E. W. Zeeden (1976) 1–20; R. W. *Scribner,* Interpreting religion in early modern Europe, in: European Studies Review 3 (1983) 89–105; D. *Breuer* (Hg.), Frömmigkeit in der frühen Neuzeit (1984); K. *von Greyerz* (Hg.), Religion and Society in Early Modern Europe 1500–1800 (1984).
2. Zum Problem der Volksfrömmigkeit vgl. M. *Scharfe* u. a., Volksfrömmigkeit (1967); W. *Brückner,* Volksfrömmigkeit – Aspekte religiöser Kultur, in: Kölner Zs. f. Soziologie u. Sozialpsych. 31 (1979) 539–569; N. Z. *Davis,* From ‚Popular Religion' to Religious Cultures, in: St. F. Ozment (Hg.), Reformation Europe (1982) 220–242; W. *Schieder* (Hg.), Volksreligiosität in der modernen Sozialgeschichte (1986); W. *Brückner* u. a. (Hg.), Volksfrömmigkeitsforschung (1986); R. *van Dülmen,* Volksfrömmigkeit und konfessionelles Christentum im 16. und 17. Jahrhundert, in: Ders., Religion und Gesellschaft (1989) 50–69; H. Ch. *Ehalt* (Hg.), Volksfrömmigkeit (1989).
3. Die Forschung hat bisher auf diese Unterschiede zu wenig hingewiesen. Vgl. auch H. *Hörger,* Kirche, Dorfreligion und bäuerliche Gesellschaft. Strukturana-

lyse zur gesellschaftsgebundenen Religiosität ländlicher Unterschichten des 17. bis 19. Jahrhunderts, aufgezeigt an bayerischen Beispielen, 2 Teile (1978/83). Eine Frömmigkeitsgeschichte der Handwerker fehlt.

4. An Beiträgen zur Geschichte weiblicher Frömmigkeit fehlt es allenthalben. Vgl. die anregenden Studien: N. Z. *Davis,* Städtische Frauen und religiöser Wandel, in: Dies., Humanismus, Narrenherrschaft und die Riten der Gewalt (1987) 75–105; H. *Inhetreen,* Traditionelle Frauenfrömmigkeit in der dörflichen Lebenswelt, in: Zs. f. Volksk. (1986) 72–93; E. *Saurer,* Frauen und Priester. Beichtgespräche im frühen 19. Jahrhundert, in: R. van Dülmen (Hg.), Arbeit, Frömmigkeit und Eigensinn (1990) 141–170; *Dies.,* Religiöse Praxis und Sinnesverwirrung. Kommentare zur religiösen Melancholiediskussion, in: R. van Dülmen (Hg.), Dynamik der Tradition (1992) 213–239.

5. Vgl. dazu: G. *Rücklin,* Religiöses Volksleben des ausgehenden Mittelalters in den Reichsstädten Hall und Heilbronn (1933); B. *Moeller,* Frömmigkeit in Deutschland um 1500, in: Arch. f. Ref.gesch. 56 (1965) 5–31; *Ders.,* Spätmittelalter (= Die Kirche in ihrer Geschichte) (1966); P. *Dinzelbacher* – D. R. *Bauer* (Hg.), Volksreligion im hohen und späten Mittelalter (1990).

6. Zur Geschichte der Heiligen- und Marienverehrung vgl. St. *Beissel,* Die Verehrung der Heiligen und ihrer Reliquien in Deutschland (1890); K. *Schreiner,* Zum Wahrheitsverständnis im Heiligen- und Reliquienwesen des Mittelalters, in: Saeculum 17 (1966) 131–169; H. L. *Keller,* Reclams Lexikon der Heiligen und der biblischen Gestalten (1991^7); W. *Delius,* Geschichte der Marienverehrung (1933); M. *Warner,* Maria – Geburt, Triumph, Niedergang – Rückkehr eines Mythos? (1982); A. Chr. *Sellner,* Immerwährender Heiligenkalender (1993).

7. Immer noch zentral: A. *Franz,* Die kirchlichen Benediktionen im Mittelalter, 2 Bde. (ND 1960).

8. A. *Franz,* Die Messe im deutschen Mittelalter. Beiträge zur Geschichte der Liturgie und des religiösen Volkslebens (ND 1963); J. A. *Jungmann,* Missarum Sollemnia. Eine genetische Erklärung der römischen Messe, 2 Bde. (1962^5).

9. Vgl. u. a. L. *Feucht,* Der lutherische Gottesdienst des 16. Jahrhunderts (1923); P. *Graff,* Geschichte der Auflösung der alten gottesdienstlichen Formen in der evangelischen Kirche Deutschlands, 2 Bde. ($1537/39^2$); W. *Nagel,* Geschichte des christlichen Gottesdienstes (1970^2).

10. E. *Sehling* (Hg.), Die evangelischen Kirchenordnungen des 16. Jahrhunderts (Kirchenordnung von Wolfenbüttel 1569) VI/1, 127; vgl. auch ebd. 11/1: Agendenbüchlein Veit Dietrichs von 1545 „kurze, aber gründliche ursach, worumb die bebstich meß nicht zu gedulden, sonder alleenthalben bei den christen abgeschaffet und nach Christus befehl das abentmal recht soll angerichtet werden".

11. Ebd. VI/I 137. Vgl. ebd. III (Teschen 1584) 460ff.

12. Ebd. VI/I 135.

13. Zur Geschichte des evangelischen Kirchenliedes vgl. I. *Röbbelen,* Theologie und Frömmigkeit im deutschen evangelisch-lutherischen Gesangbuch des 17. und 18. Jahrhunderts (1957); I. *Scheitler,* Das geistliche Lied im deutschen Barock (1982); A. *Dürr* – W. *Killy* (Hg.), Das protestantische Kirchenlied im 16. und 17. Jahrhundert. Text-, musik- und theologiegeschichtliche Probleme (1986).

14. Zit. nach *Scheitler,* Das Geistliche Lied im deutschen Barock 72.

15. H. J. *Moser,* Die evangelische Kirchenmusik in Deutschland (1954).
16. Weiterführend: P. *Veit,* Das Gesangbuch als Quelle lutherischer Frömmigkeit, in: Arch. f. Ref.gesch. 76 (1988) 206–229.
17. Zit. nach: A. *Robertson* – D. *Stevens* (Hg.), Geschichte der Musik II (1977^2) 209f.
18. H. G. *Kemper,* Das lutherische Kirchenlied in der Krisen-Zeit des frühen 17. Jahrhunderts, in: Dürr-Killy (Hg.), Das protestantische Kirchenlied, 87–108; vgl. auch H. *Lehmann,* Das Zeitalter des Absolutismus. Gottesgnadentum und Kriegsnot (1980).
19. Gesangbuch für die Ev.-luth. Kirche in Bayern (1811) Nr. 279.
20. E. *Winkler,* Die Leichenpredigt im deutschen Luthertum bis Spener (1967); R. *Lenz* (Hg.), Leichenpredigten als Quelle historischer Wissenschaften, 3 Bde. (1975/1979/1984); *Ders.* (Hg.), Studien zur deutschsprachigen Leichenpredigt der frühen Neuzeit (1981); *Ders.,* De mortuis nil nisi bene? Leichenpredigten als multidisziplinäre Quelle (1990).
21. Vgl. u. a. F. *Merkel,* Andacht, eine vernachlässigte ‚Kleine Form', in: Pastoraltheologie 74 (1985) 272–282. P. *Graff,* Geschichte der Auflösung der alten Gottesdienstlichen Formen in der evangelischen Kirche Deutschlands I (1937).
22. W. *Zeller* (Hg.), Der Protestantismus des 17. Jahrhunderts (1962) 51; zu Arndt vgl. W. *Koepp,* Joh. Arndt. Eine Untersuchung über die Mystik im Luthertum (1912); J. *Wallmann,* Johann Arndt und die protestantische Frömmigkeit. Zur Rezeption der mittelalterlichen Mystik im Luthertum, in: D. Breuer (Hg.), Frömmigkeit in der frühen Neuzeit. Studien zur religiösen Literatur des 17. Jahrhunderts in Deutschland (1984).
23. Vgl. u. a. E. W. *Zeeden* – P. Th. *Lang* (Hg.), Kirche und Visitation. Beiträge zur Erforschung des frühneuzeitlichen Visitationswesens in Europa (1984); E. W. *Zeeden* (Hg.) Repertorium der Kirchenvisitationsakten aus dem 16. und 17. Jahrhundert, 2 Bde/1982/84). Beispielhaft ein Ausschnitt aus einem Visitationsbericht aus dem Herzogtum Braunschweig-Wolfenbüttel:

„Jerstide

Pastor Theodorus Mastebroch, Opfermann Ludolphus Gittermann. Diese beiden sein einig in iren Kirchendiensten, die Menne sein mit den beiden zufrieden. Der Opfermann aber ist ein alter Mann, kocht und schlachtet, hat auch seine eigene Wohnung und es ist demnach daselbst eine große Gemain, warumb an dem Orte woll von noten, das die Leute ein neuw Opferhaus bauweten und einen andern an seine Stedte setzden, der in Abwesen des Pastoris den Kyndern den Katechismum lehrete und alle Sontage fleißig repetierte, were gut vur die Alten und Jungen; denn ob er wol ziemlich den Chursang weiß, kan er den Handel in repetitione catechesios nicht verwalten. Das were an dem Orte hoch notig.

Mer findet man keine Mengel allein das 2 Menne in etlichen Jaren nicht kommuniziert; frageten wir die Ursache befunden, das sie uneinig; dieses haben wir gutlich vertragen, das die Gesell versöhnt.

Hurensachen fielen fur mit einem Schafferknecht, der ein arm Weibsbilde von Steindel, der Boldemann Schwester, wilche doch nicht sinnreich war, dafür er wol ein Straf geeignet, beschlafen; dieser heißt Hans Metke. Hans Wedden

Knecht ist mit den Schafen weggetrieben gen Duderode in Herzog Philips von Br. Land.

Bredelem, der Kirche zu Haring annectiert

Christophorus Marquart Pfarher, Johannes Rowalt Opfermann vertragen sich woll; diese Leute sein ziemlich geübt von Jugend uff in reiner Lehr, auch wolzufrieden mit iren Kirchendienern, geben ihn keine Schuld und sie widerumb ihnen auch.

Das Gottishaus ist wol angerichtet in Gepeuw und Besserung, aber es were nötig, das der Amptmann anhielte die Leute zur Bezahlung, die dem Gottishaus schuldig, das sie ausgeben und bezalen.

Es ist allhir ein seltsamer Casus furgefallen mit Henning Beckers Frauwen, wilche nicht kommuniziert und zur Kirche gehn woll. Da man sie furbeschiedete und erhorete, gab sie den Bericht, es were ihr die Kirche verpotten, fragte ich, wer das getan, antwortete sie: der Pfarher; der ward befragt warumb, sprach, es were nicht also, sondern er hette pro concione gestraft die papistischen Mißbreuche, das man nicht sol opfern Flachs, Wachs, Rübesam, da sol sie in ihrem Stuel so laut geschreyet haben, aber ich befand im Grunde der Warheit, das dies Weib nicht witzig, sondern ein lautere teuffelische vexation war, darumb ich ir geheißen von der superstition abzustehn und hinfurt zu Kirchen und Communion sich in Gottis Furchten erhalte." (P. *Wolters,* Die Kirchenvisitationen der Aufbauzeit (1570–1600) im vormaligen Herzogtum Braunschweig-Wolfenbüttel, in: Jb. d. Ges. f. nieders. Kirchengesch. 46 (1941) 135f.)

24. *Sehling* (Hg.), Die evangelischen Kirchenordnungen III 105.

25. Vgl. Ebd. 11/1 (Grafschaft Castell, Dorfordnung f. Obereisenheim v. 1575) 690f. Im Abschied der 7. Generalsynode zu Marburg 1575 heißt es: „Weil auch vor das dritte der wahrsager, christallenseher und abergleubigen halber sonderlich diesmals vorkommen, daß solche hoch ergerliche strafbare laster und abgotterei allenthalben fast gemein worden und uberhand nemen sollen, darmit daß hien und wider aus allen orten viel leut den wahrsagern und christallensehern nicht ohne große beschwerung ihrer gewissen nachlaufen und ihnen wahrsagen und mit segen und dergleichen abgöttischen dingen wollen helfen und raten lassen, sonderlichen aber daß zu Grebendorf, Beune, Fritzlar und Medebach derselben warsager und christallenseher ihre wonung und underhalt haben, auch hien und wider aus allen genachbarten amptern, stedten, flecken und dorfen vleißig ersucht und umb rat gefragt werden sollen, so wollen die herren superintendentes ein ider in seinem bezirk vermög viel angezogener ordnung allen und iden ihren pfarherren und kirchendienern mit ernst widerumb iniungiren und bevehlen, daß ein ider an seinem ort seine kirch und gemeinde aus Gottes wort darjegen mit allem vleiß underrichten und sie von solcher greulichen sunde und abgotterei mit ernst verwarnen und darvon abhalten sölle, mit dero betrauung, da uber solche ihre treue vermanung und erinnerung noch etzliche, so die wahrsager und christallenseher consultiren und rat fragen oder mit denselben gemeinschaft haben und umbgehen wurden, daß dieselbige iderzeit nicht allein durch die obrigkeit nach gelegenheit und ermessung derselben sollen hertiglich gestraft, sondern auch durch sie die pfarherren von allen kirchenrechten, sonderlich aber der hailigen hochwurdigen sacramenten bis auf kundliche poenitenz und besserung abgewiesen werden." (*Sehling* [Hg.] Die evangelischen Kirchen-

ordnungen V/4, 374f.) s. auch Fr. *Rehder*, Volksfrömmigkeit und Kirchenzucht. Beispiele aus schleswig-holsteinischen archivalischen Quellen, in: Volksleben, Kirche und Obrigkeit in Schleswig-Holstein von der Reformation bis ins 19. Jahrhundert (1989) 11–166.

26. *Sehling* (Hg.), Die evangelischen Kirchenordnungen VI/1, 187f.

27. Zur Situation der Pfarrer vgl. H. Chr. *Rublack*, „Der wohlgeplagte Priester". Vom Selbstverständnis lutherischer Geistlichkeit im Zeitalter der Orthodoxie, in: Zs. f. hist. Forsch. 16 (1989) 1–30; A. *Gabler*, Altfränkisches Dorf- und Pfarrhausleben 1559–1601 ... nach den Tagebüchern des Pfarrherrn Thomas Wirsing von Sinbronn (1952).

28. Aus dem Albert. Sachsen heißt es 1557 u. a.: „In etlichen orten misbrauchen die bauern ire kirchen, welche ein bethaus sein sol, für einen kretzschmar oder bierkeller, schroten das pfingstbier darein, damit es frisch bleibe, und saufens daselbst aus mit gotteslesterunge und fluchen, und dörfen wol in der kirchen die priester und das ministerium verechtlich verhönen und verspotten, treten auf die canzeln, richten predigten an zum gelechter, umb welcher missbrauch und ubertretunge willen nicht allein die bauern von ihren erb-herrn und amptleuten, sondern auch die obrigkeit selbst von s. churf. g. sollen ernstlich gestraft werden, das sie solche verachtunge des predigtampts und missbreuch des gottes-haus den bauern gestatten und erlauben.

Wie dann gott selbst in diesem vorgangenen fünf und funfzigsten jare das bauersvolk sonderlich vorwarnet und erinnert hat, von solchen schwelgen abzustehen, da er eben am pfingstsontag unter der predigt an viel orten das liebe getreidich auf dem felde jemmerlich mit einem erschrecklichen wetter in die erden geschlagen, und in etzlichen örtern, da das pfingst-bier in glocken thurn gelegen ist, und die bauern gewislich mehr ire gedanken auf die fürhabende desselbigen tags seuferei, dann auf die predigt oder zum gebet gericht hatten, in die kirchen mitten in den chor mit dem feuer-stral geschossen hat, welches exempel billich jederman erschrecken, und zu gottesfurcht reizen und treiben sol." (*Sehling* [Hg.], Die evangelischen Kirchenordnungen I/1 333).

Und in der Grafschaft Henneberg wird 1545 angeordnet: „so gebiten und bevehlen wir, obgenanter graf Georg Ernst ernstlichen, das sich meniglichen, alt und jung, mans oder weibs person, an den sontagen, fest oder feiertagen vor und unter dem lesen der epistel, evangelion auch messhalten und den predigen zu morgens uf den pletzen umb die kirchen in oder ausserhalb der statt, uf dem markt und gassen, auch in heusern, ohne nötige gescheft, auch alles stehens, spacirens, unnutzen geschwetz und fabilirens, zerens, zechens, spilens, ganz und gar sollen enthalten, auch kein wein bier noch speis die wirth sollen verkeufen noch geben, es weren denn frembde wegefertige leut, die sollen an irer notturft hirinnen unverhindert sein. Were oder welche sollichs uberfuren, sie weren jung oder alt, die sollen durch die land und stattknecht, auch andere darzu verordnet werden sollen, zu verhaft eingezogen und eingelegt werden, und aus verhaft nicht ausgelassen, dann ein ider hab funfzehen gnacken alsbalden unnachlessig erlegt und bezalt zu straf, so oft und vil er in uberdretung befunden alwegen gebüst werden. Ermelte buss sollen zwei theil in gemeinen kasten gefallen, armen leuten umb gottes willen gegeben und der dritt theil nemlich fünf gnacken den land und stattknechten gevolgt werden. Ferner gebieten wir und wöllen ernstlich gehabt haben, das alle inwoner in der statt und im ampt ihre hunde und koeder, wann man den gottesdinst in der kirchen mit messe halten, predigen und anderm pflegt zu halten, in iren heusern sollen anlegen und verwaren, das keiner in die kirchen laufe noch gehe, also unrugig mit bellen und keifen, als bisher geschehen, zusammen fallen, darüber die verordente knecht und diner sollen mit fleis achtung tragen, ob sie hunde in der kirchen wurden sehen und finden, mit gutem fleis darnach fragen, wes dieselbigen seind. Derselbigen hunde hern und frauen solle umb uberdretung dis gebots sechs gnacken, auch unnachlessig zu straf zu bezalen, so vil mals sich sollichs auch zutragen wird, sich verwirklich gemacht haben, drei gnacken armen leuten in gemeinen kasten gefallen, und die andern drei gnacken den knechten bezalt werden, und sollen die knecht, wo sie die personen, den die hund sind, nicht können bekommen, macht haben und ernstlich inen eingebunden sein, in derselbigen heuser zu gehen, pfand zu nemen, die gultiger dann ermelte buss sind ..." (Ebd. II, 284f.)

29. Beispielhaft heißt es in einem sächsischen Mandat von 1685, als man jahrelang vergeblich um die „Heiligung des Sabbaths" bemüht war: „Die Erfahrung aber / leyder! mehr als gut ist bezeuget / wie dessen allen ungeachtet / dennoch vieler Orten nicht allein allerhand Täntze / üppiges gegen einander Lauffen der Gesellen und Weibs-Bilder und andere fast ärgerliche Bezeigungen unter dem jungen Volk / wie auch öffentliche und heimliche Kegel-Plätze / auch Charten und andere liederliche Spiele / solche Feyer-Tage über so wol vor- und nach / als unter denen Predigten gehalten zu werden pflegen / worbey denn zugleich mehrmalen viel Zancken / Fluchen / Säufferey und ander Aergerniß vorgehet und verursacht wird / und also die zu GOttes Lob und Ehre sonderbahr gewidmete Zeit vor andern zu dessen Beleidigung und vielen Sünden angewendet werde; daß wir dahero bewogen worden / damit solchem Unwesen müglichst gesteuert und dardurch die darob zu besorgen stehenden Straffen des Allerhöchsten abgewendet werden mögen / vorgedachte Unser in GOtt ruhenden Hochge Ehrten Herrn Vaters Verordnungen zu wiederholen und zu erneuern; Inmassen dann hiermit nochmals Unser ernster Will / Meynung und Befehl ist / daß hinführo auf die Sonn- und Fest-Tage dergleichen Täntze / Kegel / Charten und andere Spiele auf öffentlichen Plätzen / auch in Gärten / Häusern und Höfen gäntzlich unterbleiben / vielmehr aber das darob zu entstehen pflegende Schwermen / Fluchen und Zänckereyen / auch andere obbemeldte Uppigkeiten allerdings vermieden und unterlassen werden / und ein Jeder nebenst dem Seinigen / nechst dem ordentlichen GOttes-Dienst / und denen angehangenter Christlicher Andacht / sich in geziementer Ruhe und zugelassener unärgerlicher Ergötzlichkeit verhalte; ..." (E. *Eisentraut,* Die Feier der Sonn- und Festtage seit dem letzten Jahrhundert des Mittelalters [1914] 145f.)

30. J. *Endriß,* Die Ulmer Synoden und Visitationen der Jahre 1531–47. Ein Stück Kirchen- und Kulturgeschichte (1935) 185ff.

31. Vgl. u. a. D. *Coenen,* Die katholische Kirche am Niederrhein von der Reformation bis zum Beginn des 18. Jahrhunderts (1967); H. *Molitor,* Kirchliche Reformversuche der Kurfürsten und Erzbischöfe von Trier im Zeitalter der Gegenreformation (1967); I. *Bücking,* Frühabsolutismus und Kirchenreform in Tirol (1565–1665). Ein Beitrag zum Ringen zwischen ‚Staat' und ‚Kirche' in der frühen Neuzeit (1972); Th. P. *Becker,* Konfessionalisierung in Kurköln. Unter-

suchungen zur Durchsetzung der katholischen Reform in den Dekanaten Ahrgau und Bonn anhand von Visitationsprotokollen 1583–1761 (1989).

32. Vgl. u. a. A. *Hahn,* Die Rezeption des tridentinischen Pfarrerideals im westtrierischen Pfarrklerus des 16. und 17. Jahrhunderts. Untersuchungen zur Geschichte der katholischen Reform im Erzbistum Trier (1974). Wo sich im Einzelnen Änderungen ergaben, zeigen einige Auswertungen von Becker (Konfessionalisierung in Kurköln 59, 160, 168, 174):

Pfarrkirchen mit Beichtstühlen				*Unpünktlichkeit oder Versäumnis der Messe*			
Jahr	igs.	abs.	%	Jahr	igs.	abs.	%
1663	36	10	27,8	1569	33	7	21,3
1686	32	7	21,9	1628	19	3	15,8
1715	27	22	81,5	1663	36	2	5,6
1743	69	61	88,4	1684	64	7	10,9
				1686	32	6	18,8
				1715	27	5	18,5
				1743	69	13	18,8

Versäumnis der Osterkommunion				*Alkoholgenuß während der Meßzeit*			
Jahr	igs.	abs.	%	Jahr	igs.	abs.	%
1663	36	9	25,0	1687	18	4	22,2
1684	64	7	10,9	1715	27	9	33,3
1703	41	1	5,6	1749	69	22	31,9
1715	27	2	4,9				
1743	69	4	5,8				

33. Vgl.
34. J. *Braun,* Der christliche Altar, 2 Bde. (1924); A. L. *Mayer,* Liturgie und Barock, in: Jb. f. Liturgiewissensch. 15 (1935) 67–154.
35. Vgl. u.a. J. *Braun,* Die Kirchenbauten der deutschen Jesuiten. Ein Beitrag zur Kultur- und Kunstgeschichte des 16., 17. und 18. Jahrhunderts (1910); W. *Braunfels,* Abendländische Klosterbaukunst (1969).
36. B. *Schneider,* Bruderschaften im Trierer Land. Ihre Geschichte und ihr Gottesdienst zwischen Tridentinum und Säkularisation (1989); R. *Ebner,* Das Bruderschaftswesen im alten Bistum Würzburg (1978).
37. G. M. *Ritz,* Der Rosenkranz (1962).
38. P. *Browe,* Die Ausbreitung des Fronleichnamsfestes, in: Jb. f. Liturgiewissensch. 8 (1928) 137–143; H. L. *Cox,* Prozessionsbrauchtum des späten Mittelalters und der frühen Neuzeit im Spiegel obrigkeitlicher Verordnungen in Kurköln und den Vereinigten Herzogtümern, in: Rhein.-Westf. Zs. f. Volksk. 20 (1973) 31–82; P. *Rummel,* Katholisches Leben in der Reichsstadt Augsburg (1650–1806), in: Jb. d. Vereins f. Augsb. Bistumsgesch. 18 (1984) 9–161.

39. *Eisentraut,* Die Feier der Sonn- und Festtage 123.
40. Ebd. 131.
41. W. *Beinert* – P. *Heinrich* (Hg.), Handbuch der Marienkunde (1984).
42. Vgl. u.a. die vorzügliche Arbeit von W. *Freitag,* Volks- und Elitenfrömmigkeit in der Frühen Neuzeit. Marienwallfahrten im Fürstbistum Münster (1991).
43. Ebd. 207.
44. I. *Möller,* Die marianischen Kongregationen im 16. und 17. Jahrhundert, in: Zs. f. kath. Theol. 58 (1934) 85–109.
45. H. *Denzinger,* Enchiridion symbolorum et definitionum (1954[29]) 984.
46. G. *Schreiber,* Die vierzehn Nothelfer in Volksfrömmigkeit und Sakralkultur (1959).
47. Allgemein vgl. W. *Brückner,* Die Verehrung des Heiligen Blutes in Walldürn. Volkskundlich-soziologische Untersuchungen zum Strukturwandel barocken Wallfahrtens (1958); H. *Dünninger,* Processio peregrinationis. Volkskundliche Untersuchungen zu einer Geschichte des Wallfahrtswesens im Gebiet der heutigen Diözese Würzburg, in: Würzbg. Diözesangeschichtsbl. 23 (1961) 53–176; 24 (1962) 52–188; B. *Kötting,* Peregrinatio religiosa. Wallfahrten in der Antike und das Pilgerwesen in der alten Kirche (1964); R. *Habermas,* Wallfahrt und Aufruhr. Zur Geschichte des Wunderglaubens in der frühen Neuzeit (1991); *Freitag,* Volks- und Elitenfrömmigkeit in der Frühen Neuzeit.
48. Vgl. u.a. D. *Harmening,* Fränkische Mirakelbücher. Quellen und Untersuchungen zur historischen Volkskunde und Geschichte der Volksfrömmigkeit, in: Würzb. Diözesangeschichtsbl. 28 (1966) 25–40.
49. R. *Böck,* Volksfrömmigkeit und Wallfahrtswesen im Gebiet des heutigen Landkreises Friedberg (Schwaben), in: Bayer. Jb. f. Volkskunde 1969 (1970) 50.
50. I. *Gierl,* Bauernleben und Bauernwallfahrt in Altbayern. Eine kulturkundliche Studie auf Grund der Tuntenhausener Mirakelbücher (1960) 34.

2. *Volksmagie und Hexenkult*

1. Vgl. allgemein: Handwörterbuch des deutschen Aberglaubens, 10 Bde. (1927–42); K. *Thomas,* Religion and the Decline of Magic. Studies in Popular Beliefs in Sixteenth and Seventeenth Century England (1971); D. *Harmening,* Superstitio. Überlieferungs- und theoriegeschichtliche Untersuchungen zur kirchlich-theologischen Aberglaubensliteratur des Mittelalters (1979); C. *Ginzburg,* Volksbrauch, Magie und Religion, in: R. Romano (Hg.), Die Gleichzeitigkeit des Ungleichzeitigen (1980); R. *van Dülmen,* Entzauberung der Welt: Christentum, Aufklärung und Magie, in: Ders., Religion und Gesellschaft (1989) 204–214; E. *Labouvie,* Verbotene Künste. Volksmagie und ländlicher Aberglaube in den Dorfgemeinden des Saarraumes (18.–19. Jahrhundert) (1992).
2. H. *Bausinger,* Aufklärung und Aberglauben, in: Dt. Vierteljahrsch. 37 (1963) 345–362; M. *Pott,* Aufklärung und Aberglaube. Die deutsche Frühaufklärung im Spiegel ihrer Aberglaubenskritik (1992).
3. I. *von Negelein,* Weltgeschichte des Aberglaubens, 2 Bde. (1931/35); M. *Mauss,* Theorie der Magie, in: Ders., Soziologie und Anthropologie I (1974) 43–182; H. G. *Kippenberg* – B. *Luchesi* (Hg.), Magie. Die sozialwissenschaftliche Kontroverse über das Verstehen fremden Denkens (1978); L. *Petzoldt* (Hg.), Magie und Religion. Beiträge zu einer Theorie der Magie (1978).

4. B. *Malinowski,* Magie, Wissenschaft und Religion und andere Schriften (1973).
5. Vgl. dazu allgemein *Labouvie,* Verbotene Künste; R. *van Dülmen* (Hg.), Hexenwelten. Magie und Imagination vom 16.–20. Jahrhundert (1987²).
6. Vgl. u. a. G. *Lammert,* Volksmedizin und medizinischer Aberglaube in Bayern (1869); H. *Freudenthal,* Das Feuer im deutschen Glauben und Brauch (1931); E. *Grabner* (Hg.), Volksmedizin. Probleme und Forschungsgeschichte (1967); K.-S. *Kramer,* Grundriß einer rechtlichen Volkskunde (1974); A. *Grießinger,* Das symbolische Kapital der Ehre. Streikbewegungen und kollektives Bewußtsein deutscher Handwerksgesellen im 18. Jahrhundert (1981).
7. Vgl. S. 60f.
8. Vgl. u. a. G. *Heiss,* Konfessionelle Propaganda und kirchliche Magie. Berichte der Jesuiten über den Teufel aus der Zeit der Gegenreformation in den mitteleuropäischen Ländern der Habsburger, in: Röm. Hist. Mitt. 32/33 (1990/1) 103–152; E. *Labouvie,* Wider Wahrsagerei, Segnerei und Zauberei. Kirchliche Versuche zur Ausgrenzung von Aberglaube und Volksmagie seit dem 16. Jahrhundert, in: R. van Dülmen (Hg.), Verbrechen, Strafen und soziale Kontrolle (1990) 15–55.
9. Vgl. *van Dülmen,* Volksfrömmigkeit und konfessionelles Christentum; H. Ch. *Ehalt* (Hg.), Volksfrömmigkeit. Von der Antike bis zum 18. Jahrhundert (1989).
10. K. P. *Wanderev,* Gedruckter Aberglaube. Studien zur volkstümlichen Beschwörungsliteratur (1976); Chr. *Daxelmüller,* Bibliographie barocker Dissertationen zu Aberglauben und Brauch, in: Jb. f. Volksk. (1980) 194–238, (1981), 225–243.
11. O. *von Hovorka* – A. *Kronfeld,* Vergleichende Volksmedizin. Eine Darstellung volksmedizinischer Sitten und Gebräuche, Anschauungen und Heilfaktoren, des Aberglaubens und der Zaubermedizin (1909).
12. Vgl. u. a. F. *Heeger,* Zaubersprüche und Heilssegen. Heidnisches und Christliches in pfälzischen Besprechungen, in: Bl. f. pfälz. KG n. rel. VolksK 25 (1958) 127–152; H. *Schwarzwälder,* Die Formen des Zauber- und Hexenglaubens in Bremen und seiner Umgebung v. a. während des 16. und 17. Jahrhunderts, in: Heimat und Volkstum (1958) 3–68.
13. Vgl. u. a. J. Gg. *Schmidt,* Die gestriegelte Rocken-Philosophie, 2 Bde. (1718/1722, ND 1988); C. *Wehn,* Der Kampf des Journals von und für Deutschland gegen den Aberglauben seiner Zeit. Eine volkskundliche Untersuchung auf geisteswissenschaftlicher Grundlage (1937).
14. *Schmidt,* Rocken – Philosophie I, 48, 67, 78, 104, 128, 192, 212, 348.
15. W. *Behringer,* Mit dem Feuer vom Leben zum Tod. Hexengesetzgebung in Bayern (1988) 165ff.
16. E. *Labouvie,* Hexenspuk und Hexenabwehr. Volksmagie und volkstümlicher Hexenglaube, in: R. van Dülmen (Hg.), Hexenwelten. Magie und Imagination vom 16.–20. Jahrhundert (1987²) 61.
17. *Behringer,* Mit dem Feuer vom Leben zum Tod 176, 178.
18. R. *Federmann,* Die königliche Kunst. Eine Geschichte der Alchemie (1964); R. *van Dülmen,* Die Utopie einer christlichen Gesellschaft. Joh. Val. Andreae (1586–1654) (1978).
19. Hierzu *Behringer,* Mit dem Feuer vom Leben zum Tod 207ff.
20. Ebd. 207.
21. Zur Geschichte des Hexenglaubens und der Hexenverfolgung vgl. u. a. W. G.

Soldan – H. *Heppe*, Geschichte der Hexenprozesse, 2 Bde. (1912$_3$); H. J. *Wolf*, Hexenwahn und Exorzismus. Ein Beitrag zur Kulturgeschichte (1980); C. *Ginzburg*, Die Benandanti. Feldkulte und Hexenwesen im 16. und 17. Jahrhundert (1980); G. *Schormann*, Hexenprozesse in Deutschland (1981); C. *Degn* u.a. (Hg.), Hexenprozesse. Deutsche und skandinavische Beiträge (1983); J. *Delumeau*, Angst im Abendland. Die Geschichte kollektiver Ängste im Europa des 14. bis 18. Jahrhunderts, 2 Bde. (1985); *van Dülmen* (Hg.), Hexenwelten; W. *Behringer*, Hexenverfolgung in Bayern. Volksmagie, Glaubenseifer und Staatsräson in der Frühen Neuzeit (1987); A. *Blauert* (Hg.), Ketzer, Zauberer, Hexen. Die Anfänge der europäischen Hexenverfolgung (1990); P. *Kriedte*, Die Hexen und ihre Ankläger, in: Zs. f. hist. Forsch. 14 (1987) 47–71; E. *Labouvie*, Zauberei und Hexenwerk. Ländlicher Hexenglaube in der frühen Neuzeit (1991).

22. W. *Behringer*, ‚Erhob sich das ganze Land zu ihrer Ausrottung'. Hexenprozesse und Hexenverfolgung in Europa, in: van Dülmen (Hg.), Hexenwelten 131–169.
23. C. *Honegger* (Hg.), Die Hexen der Neuzeit. Studien zur Sozialgeschichte eines kulturellen Deutungsmusters (1978).
24. C. *Ginzburg*, Hexensabbat. Entzifferung einer nächtlichen Geschichte (1990).
25. R. *van Dülmen*, Imagination des Teuflischen. Nächtliche Zusammenkünfte, Hexentänze, Teufelssabbate, in: Ders., Gesellschaft der frühen Neuzeit. Kulturelles Handeln und sozialer Prozeß (1993) 62–112.
26. Ebd. 91.
27. J. *Sprenger* – J. *Institoris*, Der Hexenhammer (ND 1974); P. *Binsfeld*, Von Bekanntnuß der Zauberer und Hexen (1590); N. *Remigius*, Daemonolatrie (1596).
28. W. *Behringer* (Hg.), Hexen und Hexenprozesse (1988).
29. J. M. *Battafarano* (Hg.), Friedrich von Spee. Dichter, Theologe und Bekämpfer der Hexenprozesse (1988).
30. W. *Schild*, Alte Gerichtsbarkeit. Vom Gottesurteil bis zum Beginn der modernen Rechtsprechung (1980); R. *van Dülmen*, Theater des Schreckens. Gerichtspraxis und Strafrituale in der frühen Neuzeit (1988^2).
31. Nun: *Behringer*, Hexenverfolgung in Bayern.
32. Nun: *Labouvie*, Zauberei und Hexenwerk; W. *Rummel*, Bauern, Herrn und Hexen. Studien zur Sozialgeschichte sponheimischer und kurtrierischer Hexenprozesse 1574–1664 (1991).
33. *Behringer* (Hg.), Hexen und Hexenprozesse 217f.
34. Hierzu vgl. auch E. *Labouvie*, Männer im Hexenprozeß. Zur Sozialanthropologie eines ‚männlichen' Verständnisses von Magie und Hexerei, in: Gesch. u. Gesellsch. 16 (1990) 56–78.
35. Bes. bedenklich G. *Heinsohn* – O. *Steiger*, Die Vernichtung der weisen Frauen. Beiträge zur Theorie und Geschichte von Bevölkerung und Kindheit (1985).
36. Hierzu zählen auch die Bemühungen von C. *Ginzburg*, Benandanti.
37. V. a. H. R. *Trevor-Roper*, Der europäische Hexenwahn des 16. und 17. Jahrhunderts, in: Ders., Religion, Reformation und sozialer Umbruch (1970) 95–179.
38. Vgl. v. a. R. *Muchembled*, Kultur des Volkes – Kultur der Eliten. Die Geschichte einer erfolgreichen Verdrängung (1984^2).

39. G. *Becker* u. a. (Hg.), Aus der Zeit der Verzweiflung. Zur Genese und Aktualität des Hexenbildes (1977).
40. Vgl. Anm. 35.

3. Religiöses Außenseitertum

1. Zum Problem des Unglaubens im 16. Jahrhundert vgl. G. *Schneider*, Der Libertin. Zur Geistes- und Sozialgeschichte des Bürgertums im 16. und 17. Jahrhundert (1970); P. *Hersche*, Unglaubc im 16. Jahrhundert, in: Schweiz. Zs. f. Gesch. 34,2 (1984) 233–250; H. *Zschalletzschky*, Die ‚drei gottlosen Maler' von Nürnberg. Sebald Beham, Barthel Beham und Georg Pencz. Historische Grundlagen und ikonographische Probleme ihrer Graphik zur Reformations- und Bauernkriegszeit (1975).
2. M. *Lienhard*, Religiöse Toleranz in Straßburg im 16. Jahrhundert (1991). Straßburger Prädikanten berichteten 1532: „...Es ist ein schwerer vnglaub, sich besorgen, das christlicher bericht auss dem wort gottes solte etwas vnraths geperen, oder das die warheyt vor der lugen nit bestohn solte.

   Nun sein aber auch etliche, die frey wider die offentliche schrifft vnnd allen glauben sagen, es seien weder teüffel noch hell; item, das Christus nit sey worer mensch von Maria der jungfrowen geboren; die andern, das er nit worer got sey; etlich, das er nit ein volkomner erloser; etlich, das er ein glicher erloser auch aller gottlosen sey vnd der glichen erschrockliche irsal vnd verfirung. Welche gotslesterliche reden nichs dan ein recht thürkisch, vihisch leben geperen wurdt, welches sich auch leider gröblich von tag zu tag einreysset. Paulus hat ja von solichenn reden nit vergebens geschriben: Los geschwetz verstören gute sitten [1. K. 15, 33] vnnd das sie auch vmb sich fressen wie der krebs [2. T. 2, 17].

   Weyter so ist des tauffs halb ein grosse vngleicheyt: fil teuffen jre kinder gar nicht, etliche tauffen sie inn heüsern, etliche vff dem land. Wöllen wir nun christen sein, müssen wir vnns inn solichen christlichen hendlen einhellig halten. So ists auch nit zu thun, das mann den kindertauff, der imm wort gottes gegründet vnnd inn der christlichen kirchen von der apostel zeyt har alweg gehalten ist, lossen also verdammen vnnd als vnchristlich gantz abthun. Gleich so vngeschickt ists, das mann zusicht, die schrifftlich vnnd christliche reichung des selbigen so verachten, das mann bäpstliche pfaffen inn die heüser beschicket oder die kinder hynauss zu jnen dregt. Ein glauben vnnd haltung des tauffs, wie anderer christlicher hendlenn hat man vor keyser ma. bekennet, sich weyter, damit mann desto weniger von solichem glauben getrungen werde, mit anderen christlichen fürsten, herren vnnd stetten verbunden. Wie erbar stoht es nun, das man solichs glauben so wenig achtet, das mann zusicht, das ein theyl den kindertauff gar verwirfft vnnd als vnchristlich vnderlasset, der ander die christliche reichung vnnd brauch desselbigen haltet." (M. *Krebs* – J. Gg. *Rott* (Hg.), Quellen zur Geschichte der Täufer Bd. 7. Elsaß I Teil (1959) 576f.). In einer Predigt von Hedio heißt es 1534: „Was grausamer gotslästerung gottis, Christi, seiner leer, kinder vnd sacrament gont hien vnd wider für! Der will gott nit lassen waren vnnd onwandelbaren gott sein; ein anderer verleücknet, daß Christus warer gott, warer mensch vnnd ewigs leben sey; der tryt laßt sich hören, daß er weder vom tauff, noch vom nachtmal nichts haltet; der vierdt will gottloß vnnd teuffel selig machen; der fünfft glaubt alles, es sie so ongereympt als es ymmer mehr möge; der sechst glaubt gar nichts, daraus dann ein ellend, mutwillig, epicurisch, vyhisch leben volget. ... Der obrer, so er nit straffet das, das er solt vnd möchte, machet er sich fremder sünden teilhafftig." (Ebd. II. Teil, 263).

3. H. *Fast* (Hg.), Der linke Flügel der Reformation. Glaubenszeugnisse der Täufer, Spiritualisten, Schwärmer und Antitrinitarier (1962); S. *Wollgast*, Philosophie in Deutschland zwischen Reformation und Aufklärung 1550–1650 (1988).
4. H. *Weigelt*, Sebastian Franck und die lutherische Reformation (1970); A. *Seguenny*, Spiritualistische Philosophie als Antwort auf die religiöse Frage des 16. Jahrhunderts (1978).
5. H. *Maier*, Der mystische Spiritualismus Valentin Weigels (1926).
6. K. *Goldhammer*, Paracelsus. Natur und Offenbarung (1953); E. *Kaiser*, Paracelsus in Selbstzeugnissen und Bilddokumenten (1969).
7. G. *Wehr*, Jakob Böhme in Selbstzeugnissen und Bilddokumenten (1971).
8. S. *Franck*, Paradoxa. Hg. v. S. Wollgast (1966) XIf.
9. G. *Baring* – W. *Fellmann* (Hg.), Hans Denk. Schriften, 3 Teile (1955–60).
10. K. *Ecke*, Kaspar von Schwenckfeld: Schau einer apostolischen Reformation (1965).
11. Zit. nach *Wehr*, Jakob Böhme 112.
12. C. *Baumann*, Gewaltlosigkeit im Täufertum. Eine Untersuchung zur theologischen Ethik des oberdeutschen Täufertums der Reformationszeit (1968); C. P. *Clasen*, Anabaptism. A Social History 1525–1618 (1972); H.-J. *Goertz* (Hg.), Umstrittenes Täufertum 1525–1975 (1977^2); R. *van Dülmen*, Reformation als Revolution. Soziale Bewegung und religiöser Radikalismus in der deutschen Reformation (1987^2); *Ders.*, Das Täufertum als sozialreligiöse Bewegung, in: Ders., Religion und Gesellschaft (1989) 36–49; H.-J. *Goertz*, Die Täufer. Geschichte und Deutung (1988^2).
13. Über die Herkunft vgl. u.a. P. *Peachy*, Die soziale Herkunft der Schweizer Täufer in der Reformationszeit (1954); C. P. *Clasen*, Die Wiedertäufer im Herzogtum Württemberg und in benachbarten Herrschaften (1966); *Ders.*, Anabaptism.
14. G. *Bossert* (Hg.), Quellen zur Geschichte der Wiedertäufer. I. Bd. Herzogtum Württemberg (1930) 1.
15. T. *Bergsten*, Balthasar Hubmaier. Seine Stellung zu Reformation und Täufertum 1521–28 (1961).
16. Zit. nach *Fast*, Der linke Flügel der Reformation 40.
17. M. *Haas*, Die Täuferkirchen des XVI. Jahrhunderts in der Schweiz und in Münster. Ein Vergleich, in: Zwingliana 13 (1972).
18. M. *Haas*, Der Weg der Täufer in die Absonderung. Zur Interdependenz von Theologie und sozialem Verhalten, in: Goertz (Hg.), Umstrittenes Täufertum 50–78; *Clasen*, Anabaptism 93ff.; H. D. *Plümper*, Die Gütergemeinschaft bei den Täufern des 16. Jahrhunderts (1972).
19. Von Ulrich Stadler, zit. nach *Fast*, Der linke Flügel der Reformation 139.
20. H. *Penner*, Die ost- und westpreußischen Mennoniten in ihrem religiösen und sozialen Leben, in ihren kulturellen und wirtschaftlichen Leistungen, 2 Bde. (1978/87).
21. Von B. Rothmann, zit. nach *Fast*, Der linke Flügel der Reformation 343ff.
22. P. *Wappler*, Die Täuferbewegung in Thüringen von 1526–1584 (1913).

23. K. *Deppermann*, Melchior Hoffman. Soziale Unruhe und apokalyptische Visionen im Zeitalter der Reformation (1979).
24. K. H. *Kirchhoff*, Die Täufer in Münster 1534/35. Untersuchungen zum Umfang und zur Sozialstruktur der Bewegung (1973); *van Dülmen,* Reformation als Revolution; R. *Klötzer,* Die Täuferherrschaft von Münster. Stadtreformation und Welterneuerung (1992).

III. Protestantismus und Katholizismus

1. Konfessionelles Christentum und Rechtgläubigkeit

1. Zum Problem der Konfessionalisierung vgl. v. a. J. *Engel,* Von der spätmittelalterlichen respublica christiana zum Mächteeuropa der Neuzeit, in: Ders. (Hg.), Die Entstehung des neuzeitlichen Europa (1971) 1–443; P. T. *Lang,* Konfessionsbildung als Forschungsfeld, in: Hist. Jb. 100 (1980) 479–493; M. *Heckel,* Deutschland im konfessionellen Zeitalter (1983); W. *Reinhard,* Zwang zur Konfessionalisierung? Prolegomena zu einer Theorie des konfessionellen Zeitalters, in: Zs. f. hist. Forsch. 10 (1983) 257–277; E. W. *Zeeden,* Konfessionsbildung. Studien zur Reformation, Gegenreformation und katholischen Reform (1985); H. *Schilling* (Hg.), Die reformierte Konfessionalisierung in Deutschland. Das Problem der ‚Zweiten Reformation' (1986); *Ders.,* Die Konfessionalisierung im Reich. Religiöser und gesellschaftlicher Wandel in Deutschland zwischen 1555 und 1620, in: HZ 246 (1988) 1–45; H.-Ch. *Rublack* (Hg.), Die lutherische Konfessionalisierung in Deutschland (1991); H. R. *Schmidt,* Konfessionalisierung im 16. Jahrhundert (1992). Weiterführend M. *Prinz,* Sozialdisziplinierung und Konfessionalisierung. Neuere Fragestellungen in der Sozialgeschichte der frühen Neuzeit, in: Westfäl. Forschungen 42 (1992) 1–25.
2. Vgl. dazu H. *Schilling,* Nationale Identität und Konfession in der europäischen Neuzeit, in: B. Giersen (Hg.), Nationale und kulturelle Identität. Studien zur Entwicklung des kollektiven Bewußtseins in der Neuzeit (1991) 192–234.
3. R. *Po-Chia Hsia,* Social Discipline in the Reformation. Central Europe 1550–1750 (1989); G. *Heiß,* Konfessionsbildung, Kirchenzucht und frühmoderner Staat, in: H. Ch. Ehalt (Hg.), Volksfrömmigkeit (1989) 191–220; Th. *Winkelbauer,* Sozialdisziplinierung und Konfessionalisierung durch Grundherren in den österreichischen und böhmischen Ländern im 16. und 17. Jahrhundert, in: Zs. f. hist. Forsch. 19 (1992) 317–340.
4. Die konfessionelle Kultur im 17./18. Jahrhundert ist bisher kaum untersucht worden. Weiterführend P. *Warmbrunn,* Zwei Konfessionen in einer Stadt. Das Zusammenleben von Katholiken und Protestanten in den paritätischen Reichsstädten Augsburg, Biberach, Ravensburg und Dinkelsbühl von 1548–1648 (1993); E. *François,* Die unsichtbare Grenze. Protestanten und Katholiken in Augsburg 1648–1806 (1991).
5. Vgl. S. 22f.
6. Vgl. u. a. K. *Schreiner,* Rechtgläubigkeit als „Band der Gesellschaft" und „Grundlage des Staates". Zur eidlichen Verpflichtung von Staats- und Kirchendienern auf die „Formula Concordiae" und das „Konkordienbuch", in: M. Brecht – R. Schwarz (Hg.), Bekenntnis und Einheit der Kirche. Studien zum Concordienbuch (1980) 351–379.

7. E. *Sehling* (Hg.), Die evangelischen Kirchenordnungen des 16. Jahrhunderts, bisher Bde. 1–8, 11–15 (1902–1913, 1955ff.); W. *Niesel* (Hg.), Bekenntnisschriften und Kirchenordnungen der nach Gottes Wort reformierten Kirche (1542–1934) (1938[3]).
8. Aus der Kirchenordnung von Braunschweig-Wolfenbüttel von 1569, in: *Sehling* (Hg.), Die evangelischen Kirchenordnungen VI/1 (1955) 89.
9. Ebd. 84.
10. Ebd. 89.
11. Ebd. 139.
12. Vgl. v.a. *Brecht – Schwarz* (Hg.), Bekenntnis und Einheit der Kirche.
13. M. *Lienhard* – Fr. *Laplanche*, Kontroversen und Dialoge, in: Die Geschichte des Christentums, Bd. 8: Die Zeit der Konfessionen (1992) 309–355.
14. Vgl. E. *Hirsch*, Geschichte der neueren evangelischen Theologie im Zusammenhang mit den allgemeinen Bewegungen des europäischen Denkens, 5 Bde. (1964[3]); W. *Sparn*, Zweite Reformation und Traditionalismus. Die Stabilisierung des Protestantismus im Übergang zum 17. Jahrhundert, in: Pirckheimer-Jb. (1991) 117–131.
15. Vgl. S. 188f.
16. Vgl. beispielhaft: *François*, Die unsichtbare Grenze.
17. Vgl. dazu: M. *Brecht*, Kirchenordnung und Kirchenzucht in Württemberg vom 16. bis zum 18. Jahrhundert (1967); R. *van Dülmen*, Orthodoxie und Kirchenreform. Der Nürnberger Prediger Johannes Saubert (1591–1646) (1970); *Ders.*, Die Utopie einer christlichen Gesellschaft. Joh. Val. Andreae (1580–1654) (1978); H. *Schilling*, „Geschichte der Sünde" oder „Geschichte des Verbrechens"? Überlegungen zur Gesellschaftsgeschichte der frühneuzeitlichen Kirchenzucht, in: Jb. d. ital.-dt. hist. Inst. in Trient XII (1986) 169–192; H. R. *Schmidt*, „Gemeinde-Reformation". Das bernische Sittengericht zwischen Sozialdisziplinierung und kommunaler Selbstregulation, in: Itinera 8 (1988) 85–121; H. *Schilling*, Sündenzucht und frühneuzeitliche Sozialdisziplinierung. Die calvinistische presbyteriale Kirchenzucht in Emden vom 16. bis 19. Jahrhundert, in: Gg. Schmidt (Hg.), Stände und Gesellschaft im Alten Reich (1989) 265–302; H. R. *Schmidt*, Die Christianisierung des Sozialverhaltens als permanente Reformation. Aus der Praxis reformierter Sittengerichte in der Schweiz während der frühen Neuzeit, in: Zs. f. hist. Forsch. Beiheft 9 (1989) 113–163.
18. ND 1980, S. 38f.
19. Zit. nach: *Schmidt*, Die Christianisierung des Sozialverhaltens als permanente Reformation 113.
20. Zum Problem der ‚zweiten Reformation': *Schilling* (Hg.), Die reformierte Konfessionalisierung in Deutschland; Th. P. *Becker*, Konfessionalisierung in Kurköln. Untersuchungen zur Durchsetzung der katholischen Reform in den Dekanaten Ahrgau und Bonn anhand von Visitationsprotokollen 1583–1701 (1985).
21. E. *Iserloh* – J. *Glazik* – H. *Jedin*, Reformation, katholische Reform und Gegenreformation (= Handbuch der Kirchengeschichte 4) (1975[2]); H. *Rabe*, Reich und Glaubensspaltung. Deutschland 1500–1600 (1989); M. *Venard*, Die katholische Kirche, in: Die Geschichte des Christentums VIII (1992) 239–308.
22. Zum Problem von Gegenreformation und katholischer Reform vgl. J. *Bossy*, The Counter-Reformation and the People of Catholic Europe, in: Past and Present

47 (1970) 51–70; H. *Jedin* – R. *Bäumer*, Die Erforschung der kirchlichen Reformationsgeschichte (1975); J.-M. *Valentin* (Hg.), Gegenreformation und Literatur. Beiträge zur interdisziplinären Erforschung der katholischen Reformbewegung (1979); A. *Borromeo*, Tridentine Discipline: The church of Rome. Between Catholic Reform and Counter-Reformation, in: L. Grane – K. Hörby (Hg.), Die dänische Reformation vor ihrem internationalen Hintergrund (1990) 241–263.

23. Zit. nach: A. *Läpple*, Kirchengeschichte in Dokumenten (1958) 242.
24. Ebd. 245.
25. Ebd. 251.
26. W. *Kneule*, Die Entwicklung der Beichte, der Konfirmation, der Kirchenzucht in der ehemaligen Markgrafschaft Brandenburg-Bayreuth-Kulmbach, in: Zs. f. bayer. KG 37 (1968) 101–192; A. *Hahn*, Zur Soziologie der Beichte und anderer Formen institutionalisierter Bekenntnisse. Selbstthematisierung im Zivilisationsprozeß, in: Kölner Zs. f. Soziologie u. Sozialpsychologie 34 (1982/3) 404–434.
27. Eine analytische Geschichte des ‚Barock'-Katholizismus fehlt bisher. Vgl. noch die älteren Darstellungen: G. *Schnürer*, Katholische Kirche und Kultur in der Barockzeit (1937); L. A. *Veit* – L. *Lenhard*, Kirche und Volksfrömmigkeit im Zeitalter des Barock (1956).
28. Zur Abgrenzungsproblematik vgl. *François*, Die unsichtbare Grenze.

2. Erziehung des christlichen Menschen

1. G. H. *Turnbull*, Hartlib, Dury and Comenius. Gleanings from Hartlib's Papers (1947); W.-E. *Peuckert*, Das Rosenkreuz (1973²); R. *van Dülmen*, Die Utopie einer christlichen Gesellschaft. Joh. Val. Andreae (1586–1654) (1978).
2. Allgemein zur Geschichte des Jesuitenordens: A. *Ebneter*, Der Jesuitenorden (1984²); H. *Becker*, Die Jesuiten. Gestalt und Geschichte (1951); H. *Böhmer*, Die Jesuiten (1957²); B. *Duhr*, Geschichte der Jesuiten in den Ländern deutscher Zunge, 2 Bde. (1907/13).
3. Vgl. u.a. Ignatius *von Loyola*, Geistliche Übungen (1989⁹); zum Ordensgründer: H. *Rahner*, Ignatius von Loyola als Mensch und Theologe (1964); J. *Tellechea*, Ignatius von Loyola (1991).
4. Zit. nach A. *Läpple*, Kirchengeschichte in Dokumenten (1958) 234f.
5. Zit. nach R. *van Dülmen*, Die Gesellschaft Jesu und der bayerische Späthumanismus, in: Ders., Religion und Gesellschaft (1989) 95.
6. P. *Pächtler*, Ratio studiorum (1887); J. *Schröttler*, Die Erziehung in den Jesuiteninternaten des 17. Jahrhunderts (1940); O. *Krammer*, Bildungswesen und Gegenreformation. Die Hohen Schulen der Jesuiten im katholischen Teil Deutschlands vom 16. bis 18. Jahrhundert (1988).
7. Th. *Specht*, Geschichte der ehemaligen Universität Dillingen (1549–1804) (1902) 60.
8. Vgl. u.a. E. A. *Seils*, Die Staatslehre des Jesuiten Adam Contzen, Beichtvater Kurfürst Maximilians I. von Bayern (1968); B. *Duhr*, Die Jesuiten an den deutschen Fürstenhöfen des 16. Jahrhunderts (1901).
9. R. *Wimmer*, Jesuitentheater. Didaktik und Fest (1982); J. M. *Valentin*, Theatrum Catholicum. Die Jesuiten und die Bühne im Deutschland des 16.–17. Jahrhunderts (1990).

10. *Duhr,* Geschichte der Jesuiten I 292.
11. R. *van Dülmen,* Antijesuitismus und katholische Aufklärung in Deutschland, in: Ders., Religion und Gesellschaft 141–171.
12. Zur Geschichte des Pietismus vgl. v.a. H. *Lehmann,* Pietismus und weltliche Ordnung in Württemberg vom 17. bis zum 20. Jahrhundert (1969); *Ders.,* Der Pietismus im Alten Reich, in: HZ 214 (1972) 58–95; M. *Greschat* (Hg.), Zur neueren Pietismusforschung (1977); E. *Beyreuther,* Geschichte des Pietismus (1978); *Ders.,* Frömmigkeit und Theologie. Gesammelte Aufsätze zum Pietismus und zur Erweckungsbewegung (1980); M. *Scharfe,* Die Religion des Volkes. Kleine Kultur- und Sozialgeschichte des Pietismus (1980); J. *Wallmann,* Der Pietismus (1990).
13. J. *Wallmann,* Philipp Jakob Spener und die Anfänge des Pietismus (1970); E. *Beyreuther,* August Hermann Francke und die Anfänge der ökumenischen Bewegung (1957). *Ders.,* Nikolaus Ludwig von Zinzendorf in Selbstzeugnissen und Bilddokumenten (1965).
14. C. *Hinrichs,* Preußentum und Pietismus. Der Pietismus in Brandenburg-Preußen als religiös-soziale Reformbewegung (1971).
15. *Wallmann,* Spener 253ff.
16. Zit. nach: ebd. 265.
17. K. *Aland* (Hg.), Pietismus und Bibel (1970).
18. M. *Schmidt,* Wiedergeburt und neuer Mensch. Gesammelte Studien zur Geschichte des Pietismus (1969).
19. Von Zinzendorf, zit. nach E. *Ermatinger,* Deutsche Kultur im Zeitalter der Aufklärung (1969) 103.
20. Vgl. allgemein A. *Lang,* Puritanismus und Pietismus. Studien zu ihrer Entwicklung von M. Butzer bis zum Methodismus (1941); *Scharfe,* Die Religion des Volkes.
21. M. *Brecht* u.a. (Hg.), Pietismus und Neuzeit. Bd. 8: Der radikale Pietismus (1984); E. *Bauer,* Die Buttlarsche Rotte in Saßmannshausen (1974).
22. *Hinrichs,* Preußentum und Pietismus; J. *Dittrich-Jacobi,* Pietismus und Pädagogik im Konstitutionsprozeß der bürgerlichen Gesellschaft. Historisch-systematische Untersuchung der Pädagogik August Hermann Franckes (1663–1727) (1976).
23. G. *Kaiser,* Pietismus und Patriotismus im literarischen Deutschland. Ein Beitrag zum Problem der Säkularisation (1973²); A. *Langen,* Der Wortschatz des deutschen Pietismus (1954).
24. H. R. G. *Günther,* Jung-Stilling. Ein Beitrag zur Psychologie des Pietismus (1948²); J. *Niggl,* Geschichte der deutschen Autobiographie im 18. Jahrhundert. Theoretische Grundlegung und literarische Entfaltung (1977).
25. Vgl. u.a. R. W. *Keck,* Geschichte der Mittleren Schule in Württemberg (1968).
26. A. H. *Franke,* Pädagogische Schriften (1957) 29 (Von der Erziehung der Jugend).
27. H. *Ebeling* (Hg.), Subjektivität und Selbsterhaltung. Beiträge zur Diagnose der Moderne (1970); N. *Luhmann,* Gesellschaftsstruktur und Semantik. Studien zur Wissenssoziologie der modernen Gesellschaft I (1980).
28. R. *van Dülmen,* Die Gesellschaft Jesu und der bayerische Späthumanismus, in: Ders., Religion und Gesellschaft 90–123.

29. *Hinrichs,* Preußentum und Pietismus; K. *Deppermann,* Der hallesche Pietismus und der preußische Staat unter Friedrich III (1961).
30. M. *Greiffenhagen* (Hg.), Das evangelische Pfarrhaus. Eine Kultur- und Sozialgeschichte (1984).
31. *van Dülmen,* Probst F. Töpsl und das Augustinerchorherrenstift Polling. Ein Beitrag zur Geschichte der katholischen Aufklärung in Bayern (1968).

3. Aufklärung und Christentum

1. Das Verhältnis von Aufklärung und Christentum ist bisher recht wenig erforscht worden. Allgemein: vgl. u.a. E. *Cassirer,* Die Philosophie der Aufklärung (1932); P. *Hazard,* Die Herrschaft der Vernunft. Das europäische Denken im 18. Jahrhundert (1949); Fr. *Kopitzsch* (Hg.), Aufklärung, Absolutismus und Bürgertum in Deutschland (1976); P. *Pütz,* Die deutsche Aufklärung (1978^{2}); H. *Möller,* Vernunft und Kritik. Deutsche Aufklärung im 17. und 18. Jahrhundert (1986).
2. Vgl. u.a. *Möller,* Vernunft und Kritik 72ff.; W. *Philipp* (Hg.), Das Zeitalter der Aufklärung (1963); Z. *Batscha* (Hg.), Aufklärung und Gedankenfreiheit (1977).
3. Vgl. C. *Wehn,* Der Kampf des Journals von und für Deutschland gegen den Aberglauben seiner Zeit (1937); H. *Bausinger,* Aufklärung und Aberglaube, in: Dt. Vierteljahresschr. 87 (1963) 345–362; M. *Pott,* Aufklärung und Aberglaube. Die deutsche Frühaufklärung im Spiegel ihrer Aberglaubenskritik (1992).
4. G. *Schnürer,* Katholische Kirche und Kultur im 18. Jahrhundert (1941); B. *Goy,* Aufklärung und Volksfrömmigkeit in den Bistümern Würzburg und Bamberg (1969).
5. Vgl. W. *Barner* u.a. (Hg.), Lessing. Ein Arbeitsbuch für den literaturgeschichtlichen Unterricht (1976^{2}); A. *Schilson,* Geschichte im Horizont der Vorsehung. Lessings Beitrag zu einer Theologie der Geschichte (1974).
6. W. *Philipp,* Das Werden der Aufklärung in theologiegeschichtlicher Sicht (1957); Kl. *Scholder,* Grundzüge der theologischen Aufklärung in Deutschland, in: Geist und Geschichte der Reformation. FS f. H. Rückert (1966) 460–486, Abdr. in: Kopitzsch (Hg.), Aufklärung, Absolutismus und Bürgertum in Deutschland 294–318; F. W. *Kantzenbach,* Protestantisches Christentum im Zeitalter der Aufklärung (1963).
7. A. *Schweitzer,* Geschichte der Leben-Jesu-Forschung (1984^{9}); W. *Schmittner,* Kritik und Apologetik in der Theologie des J. S. Semler (1963).
8. U.a. in Kreisen des Illuminatenordens vgl. R. *van Dülmen,* Der Geheimbund der Illuminaten (1977^{2}).
9. Vgl. *Scholder,* Grundzüge der theologischen Aufklärung in Deutschland.
10. G. *Leß,* Christliche Moral (1777) 240.
11. F. W. *Jerusalem,* Betrachtungen über die vornehmsten Wahrheiten der Religion I (1772^{4}) 323.
12. A. *Schöne,* Säkularisation als sprachbildende Kraft. Studien zur Dichtung deutscher Pfarrersöhne (1967^{2}); M. *Greiffenhagen* (Hg.), Das evangelische Pfarrhaus. Eine Kultur- und Sozialgeschichte (1984).
13. W. *Grossmann,* Joh. Christian Edelmann. From Orthodoxy to Enlightenment (1875); Joh. Christian Edelmann, Selbstbiographie 1749–1752 (1976 ND).

14. F. *Kopitzsch*, Grundzüge einer Sozialgeschichte der Aufklärung in Hamburg und Altona, 2 Bde. (1982).
15. Vgl. H. S. *Reimarus*, Apologie oder Schutzschrift für die vernünftigen Verehrer Gottes. Hg. v. G. Alexander (1972).
16. G. *Mühlpfordt*, K. F. Bahrdts Weg zum Radikaldemokraten, in: Jb. d. Inst. f. Dt. Gesch. der Univ. Tel Aviv 10 (1981) 29–70; vgl. seine Autobiographie: Geschichte seines Lebens (1790/91).
17. Vgl. u. a. L. A. *Veit*, Das Aufklärungsschrifttum des 18. Jahrhunderts und die deutsche Kirche (1937); W. *Forster*, Die kirchliche Aufklärung bei den Benediktinern der Abtei Banz im Spiegel ihrer von 1772 bis 1798 herausgegebenen Zeitschrift, in: Stud. u. Mitt. z. Gesch. d. Benediktinerordens LXIII (1951) 172–233; LXIV (1952) 110–233; M. *Braubach*, Die kirchliche Aufklärung im katholischen Deutschland im Spiegel des ‚Journal von und für Deutschland' (1784–1792), in: Ders., Diplomatie und geistiges Leben im 17. und 18. Jahrhundert (1969) 563–659; R. *van Dülmen*, Probst F. Töpsl und das Augustinerchorherrenstift Polling. Ein Beitrag zur Geschichte der katholischen Aufklärung in Bayern (1967); nun: H. *Klueting* (Hg.), Katholische Aufklärung – Aufklärung im katholischen Deutschland (1993).
18. E. *Winter*, Der Josephinismus (1962); E. *Kovács* (Hg.), Katholische Aufklärung und Josephinismus (1979).
19. H. *Schiel*, Joh. Michael Sailer in Selbstzeugnissen, Gesprächen und Erinnerungen der Zeitgenossen (1948).
20. J. *Schöttl*, Kirchliche Reformen des Salzburger Erzbischofs Hieronymus von Coloredo im Zeitalter der Aufklärung (1939). L. A. *Veit* – L. *Lenhart*, Kirche und Volksfrömmigkeit im Zeitalter des Barock (1956); H. *Hollerweger*, Die Reform des Gottesdienstes zur Zeit des Josefinismus in Österreich (1976).
21. G. H. *Mayr*, Sammlung der kurpfalz.-bayerischen allgemeinen und besonderen Landes-Verordnungen (1794–99) hier IV, 809/11.
22. Adam *Bernd*, Eigene Lebens-Beschreibung (1973) 20.
23. Friedrich *Nicolai*, Beschreibung einer Reise durch Deutschland und die Schweiz im Jahre 1781. Nebst Bemerkungen über Gelehrsamkeit, Industrie, Religion und Sitten, 12 Bde., Berlin–Stettin 1783–96.
24. Vgl. G. *Niggl*, Geschichte der deutschen Autobiographie im 18. Jahrhundert (1977).
25. Besonders deutlich wird dies in der Kritik von Goethe: „Es versteht sich von selbst, daß wir Kinder, neben den übrigen Lehrstunden, auch eines fortwährenden und fortschreitenden Religionsunterrichts genossen. Doch war der kirchliche Protestantismus, den man uns überlieferte, eigentlich nur eine Art von trockner Moral: an einen geistreichen Vortrag ward nicht gedacht, und die Lehre konnte weder der Seele noch dem Herzen zusagen. Deswegen ergaben sich gar mancherlei Absonderungen von der gesetzlichen Kirche. Es entstanden die Separatisten, Pietisten, Herrnhuter, die Stillen im Lande und wie man sie sonst zu nennen und zu bezeichnen pflegte, die aber alle bloß die Absicht hatten, sich der Gottheit, besonders durch Christum, mehr zu nähern, als es ihnen unter der Form der öffentlichen Religion möglich zu sein schien". Joh. Wolfgang *Goethe*, Aus meinem Leben. Dichtung und Wahrheit (Bd. 16 d. Münchner Ausgabe (1985) 47.
26. Fr. Xaver *Bronner*, Ein Mönchsleben aus der empfindsamen Zeit. Von ihm selbst erzählt. 1. Band (o. D.) 77/81.

27. R. *Minder*, Glaube, Skepsis und Rationalismus. Dargestellt aufgrund der autobiographischen Schriften von Karl Philipp Moritz (1974).
28. Karl Philipp *Moritz*, Anton Reiser. Ein psychologischer Roman (Werke 1) (1981) 85 ff.
29. A. *Bach*, Goethes „Dechant Dumeiz". Ein rheinischer Prälat der Aufklärungszeit. Lebensumwelt und Persönlichkeit (1964).
30. Vgl. T. C. W. *Blanning*, Reform and Revolution in Mainz 1743–1803 (1974); G. *Christ*, Staat und Gesellschaft im Erzstift Mainz im Zeitalter der Aufklärung, in: Arch. f. mittelrh. Kirchengesch. 41 (1989) 203–242.

IV. Volksbildung und Neues Wissen

1. Alphabetisierung und Volksbildung

1. Allgemein zur populären Bildungsgeschichte in der frühen Neuzeit vgl. R. *Stadelmann* – W. *Fischer*, Die Bildungswelt des deutschen Handwerkers um 1800. Studien zur Soziologie des Kleinbürgers im Zeitalter Goethes (1955); R. *Engelsing*, Analphabetentum und Lektüre. Zur Sozialgeschichte des Lesens in Deutschland zwischen feudaler und industrieller Gesellschaft (1973); R. *Schenda*, Volk ohne Buch. Studien zur Sozialgeschichte der populären Lesestoffe 1770–1910 (1977^2); P. *Burke*, Helden, Schurken und Narren. Europäische Volkskultur in der frühen Neuzeit (1981); W. *Brückner* – P. *Blickle* – D. *Brauer* (Hg.), Literatur und Volk im 17. Jahrhundert. Probleme populärer Kultur in Deutschland, 2 Bde. (1985); R. *van Dülmen* – N. *Schindler* (Hg.), Volkskultur. Zur Wiederentdeckung des vergessenen Alltags (16.–20. Jahrhunderts) (1987^2).
2. Zum Problem der mündlichen Kommunikation: R. *Schenda*, Alphabetisierung und Literarisierungsprozesse in Westeuropa im 18. und 19. Jahrhundert, in: E. Hinrichs – G. Wiegelmann (Hg.), Sozialer und kultureller Wandel in der ländlichen Welt des 18. Jahrhunderts (1982) 1–20; *Ders.*, Orale und literarische Kommunikationsformen im Bereich von Analphabeten und Gebildeten im 17. Jahrhundert, in: Brückner – Blickle – Breuer (Hg.), Literatur und Volk II 447–464.
3. U. *Bräker*, Umwelt und Tagebücher (1945) 103.
4. Hierzu v. a. *Schenda*, Orale und literarische Kommunikationsformen.
5. Vgl. u. a. B. *Deneke*, Anleitungsliteratur für Handwerker.
6. Vgl. u. a. R. *Sribner*, Popular Culture and Populare Movements in Reformation Germany (1987).
7. Deutsches Sprichwörter-Lexikon. Ein Hausschatz für das deutsche Volk. Hg. v. K. Fr. W. *Wander*, 6 Bde. (ND 1977); W. *Mieder* (Hg.), Ergebnisse der Sprichwörterforschung (1978); N. Z. *Davis*, Spruchweisheiten und populäre Irrlehren, in: R. van Dülmen – N. Schindler (Hg.), Volkskultur 78–116.
8. C. *Ginzburg*, Der Käse und die Würmer. Die Welt eines Müllers um 1600 (1979); E. *Labouvie*, Verbotene Künste. Volksmagie und ländlicher Aberglaube in den Dorfgemeinden des Saarraumes (16.–19. Jahrhundert) (1993).
9. H. *Medick*, Spinnstuben auf dem Dorf. Jugendliche Sexualkultur und Feierabendbrauch in der ländlichen Gesellschaft der frühen Neuzeit, in: M. Scharfe (Hg.), Brauchforschung (1991) 380–417.
10. W. *Brückner* (Hg.), Volkserzählung und Reformation. Ein Handbuch zur Tra-

dierung und Funktion von Erzählstoffen und Erzählliteratur im Protestantismus (1974).

11. E. *Moser-Roth*, Predigtmärlein der Barockzeit. Exempel, Sage, Schwank und Fabel in geistlichen Quellen des oberdeutschen Raumes (1964); *Dies.*, Gedanken zur historischen Erzählforschung, in: Zs. f. Volksk. 69 (1973) 61–81; *Dies.*, ‚Lustige Gesellschaft'. Schwank und Witz des 17. und 18. Jahrhunderts in kultur- und sozialgeschichtlichem Kontext (1984).
12. F. X. *Bronner*, Ein Mönchleben aus der empfindsamen Zeit (o. J.) I, 67–69.
13. Zit. nach *Schenda*, Volk ohne Buch 67.
14. Ebd. 68ff.
15. Vgl. S. 56ff.
16. F. H. *Rehermann*, Das Predigtexempel bei protestantischen Theologen des 16. und 17. Jahrhunderts (1977); H.-Chr. *Rublack*, Lutherische Predigt und soziale Wirklichkeiten, in: Ders. (Hg.), Die lutherische Konfessionalisierung in Deutschland (1992) 344–395.
17. Allgemein: *Engelsing*, Analphabetentum und Lektüre; F. *Furet* – I. *Ozouf*, Lire et écrire – l'alphabétisation des français de Calvin à Jules Ferry (1977); H. *Kiesel* – P. *Münch*, Gesellschaft und Literatur im 18. Jahrhundert. Voraussetzungen und Entstehung des literarischen Marktes in Deutschland (1977); M. L. *von Wartburg-Ambühl*, Alphabetisierung und Lektüre. Untersuchungen am Beispiel einer ländlichen Region im 17. und 18. Jahrhundert (1981); R. *Gawthrop* – G. *Strauss*, Protestantism and literacy in early Modern Germany, in: Past and Present 104 (1984) 31–55; R. *Chartier*, Die Praktiken des Schreibens, in: Ph. Ariès – G. Duby (Hg.), Geschichte des privaten Lebens, Bd. III (1992) 115ff.
18. Fr. *Quarthal*, Leseverhalten und Lesefähigkeit in Schwaben vom 16. bis zum 19. Jahrhundert. Zur Auswertungsmöglichkeit von Inventuren und Teilungen, in: Vergangenheit als Verantwortung. FS f. O. Borst (1989) 340–350; R. *Chartier*, Lesewelten. Buch und Lektüre in der frühen Neuzeit (1990); H. *Medick*, Buchkultur und lutherischer Pietismus. Buchbesitz, erbauliche Lektüre und religiöse Mentalität in einer ländlichen Gemeinde Württembergs am Ende der frühen Neuzeit: Laichingen 1748–1820, in: Frühe Neuzeit – Frühe Moderne? Forschungen zur Vielschichtigkeit von Übergangsprozessen (1992) 297–326; H. E. *Bödecker*, Lesen als kulturelle Praxis: Lesebedürfnisse, Lesestoffe und Leseverhalten im ‚Kreis von Münster' um 1800, in: Ebd. 327–365.
19. Vgl. Anm. 17.
20. Über die Rolle der Lesebefähigung sowie der elementaren Schulausbildung überhaupt beim sozialen Aufstieg ist bisher nicht gearbeitet worden.
21. Eine Sozialgeschichte der deutschen Sprache fehlt bisher. Vgl. J. *Gessinger*, Sprache und Bürgertum. Sozialgeschichte sprachlicher Verkehrsformen im Deutschland des 18. Jahrhunderts (1980).
22. Vgl. S. 65f.
23. Vgl. S. 218f.
24. I. L. *Ewald*, Über Volksaufklärung, ihre Grenzen und Vorteile, in: A. Bergh u. a., Aufklärung und Gedankenfreiheit. Fünfzehn Anregungen, aus der Geschichte zu lernen (1977) 337–358; W. *Wehrmann*, Volksaufklärung, in: U. Herrmann (Hg.), Das pädagogische Jahrhundert. Volksaufklärung und Erziehung zur Armut im 18. Jahrhundert in Deutschland (1981) 143–168.

25. E. *Hinrichs,* Lesen, Schulbesuch und Kirchenzucht im 17. Jahrhundert. Eine Fallstudie zum Prozeß der Alphabetisierung in Norddeutschland, in: Mentalitäten und Lebensverhältnisse. Beispiele aus der Sozialgeschichte der Neuzeit. FS f. R. Vierhaus (1982) 15–33, hier 28.
26. E. *François,* Die Volksbildung am Mittelrhein im ausgehenden 18. Jahrhundert. Eine Untersuchung über den vermeintlichen ‚Bildungsrückstand' der katholischen Bevölkerung Deutschlands im Ancien Régime, in: Jb. f. westdt. Landesgesch. 3 (1977) 277–304, hier 284.
27. Ebd. Vgl. auch E. *François,* Buch, Konfession und städtische Gesellschaft im 18. Jahrhundert. Das Beispiel Speyers, in: Mentalitäten und Lebensverhältnisse 34–54.
28. H. *Hirsch* (Hg.), Über Tisch und Bänke. Erzählte Kindheit (1989^2) 6f. (Br. an Joh. Gg. Sulzer v. 1. 9. 1761).
29. U. *Bräker,* Lebensgeschichte und Natürliche Ebentheuer des Armen Mannes im Tockenburg (1945) 111f.
30. *Bronner,* Ein Mönchleben 48f.
31. Ebd. 53.
32. Chr. *von Schmid,* Erinnerungen aus meinem Leben I (1853) 3.
33. Ebd. 49f.
34. K. Fr. *Klöden,* Jugenderinnerungen (o. D.) 7.
35. Ebd. 19.
36. Ebd. 20.
37. Ebd. 33.

2. Erziehung und Schulsystem

1. Allgemein zum Schulwesen in der frühen Neuzeit vgl. H. *Heppe,* Geschichte des deutschen Volksschulwesens, 5 Bde. (1858/60); G. *Düsterhaus,* Das ländliche Schulwesen im Herzogtum Preußen im 16. und 17. Jahrhundert (1975); A. *Schöne* (Hg.), Stadt – Schule – Universität – Buchwesen und die deutsche Literatur im 17. Jahrhundert (1976); P. *Lundgreen,* Sozialgeschichte der deutschen Schule im Überblick, Teil 1: 1770–1918 (1980); B. *Moeller* – H. *Patze* (Hg.), Studien zum städtischen Bildungswesen des späten Mittelalters und der frühen Neuzeit (1983); G. *Menk,* Territorialstaat und Schulwesen in der frühen Neuzeit. Eine Untersuchung zur religiösen Dynamik in den Grafschaften Nassau und Sayn, in: Jb. f. westdt. Landesgesch. 9 (1983) 177–220; L. *Kriss-Rettenbeck* – M. *Liedtke* (Hg.), Schulgeschichte im Zusammenhang der Kulturentwicklung (1983); W. *Neugebauer,* Absolutistischer Staat und Schulwirklichkeit in Brandenburg-Preussen (1985); M. *Liedtke,* Handbuch der Geschichte des bayerischen Bildungswesens, Bd. 1 (1991).
2. G. *Merth,* Das Schulwesen der deutschen Reformation im 16. Jahrhundert (1902).
3. *Neugebauer,* Absolutistischer Staat und Schulwirklichkeit 265.
4. Eine das ganze Schulwesen der frühen Neuzeit betreffende Darstellung fehlt.
5. Vgl. R. *Endres,* Die Bedeutung des lateinischen und deutschen Schulwesens für die Entwicklung der fränkischen Reichsstädte des Spätmittelalters und der frühen Neuzeit, in: Kriss-Rettenbeck – Liedtke (Hg.), Schulgeschichte 144–165; *Ders.,* Ausbildung und gesellschaftliche Stellung der Schreib- und Rechenmeister in den

fränkischen Reichsstädten, in: Joh. Gg. von Hohenzollern – M. Liedtke (Hg.), Schreiber, Magister, Lehrer (1989) 144–159.

6. *Neugebauer,* Absolutistischer Staat und Schulwirklichkeit 61 ff.
7. Schulordnung der Fürstentümer Ober- und Niederbayerns v. J. 1569, zit. nach H. *Held,* Altbayerische Volkserziehung und Volksschule I (1926) 155.
8. Zur Geschichte des Volksschullehrers vgl. K. *Fischer,* Geschichte des deutschen Volksschullehrerstandes, 2 Bde. (1892, ND 1969).
9. *Held,* Altbayerische Volkserziehung I, 290.
10. Zit. nach *Endres,* Ausbildung und gesellschaftliche Stellung der Schreib- und Rechenmeister in den fränkischen Reichsstädten 147.
11. *Held,* Altbayerische Volkserziehung III, 18.
12. *Liedtke,* Handbuch der Geschichte des bayerischen Bildungswesens; *Held,* Altbayerische Volkserziehung.
13. Ebd. II, 436 f.
14. Ebd. III, 58 f.
15. Ebd. II, 264. Vgl. auch zur Geschichte des Schulunterrichts: G. *Petrat,* Schulunterricht. Seine Sozialgeschichte in Deutschland 1750–1850 (1979).
16. W. *Roessler,* Die Entstehung des modernen Erziehungswesens in Deutschland (1961); M. *Herbert,* Erziehung und Volksbildung in Altwürttemberg. Umbruch und Neuorientierung in der 2. Hälfte des 18. Jahrhunderts (1982).
17. Th. *Dietrich* – J.-G. *Klinke* (Hg.), Zur Geschichte der Volksschule I (1972²) 63 f.
18. Ebd. 141.
19. W. *Moog,* Geschichte der Pädagogik, 2 Bde (1967⁸); E. *Garin,* Erziehung. Anspruch. Wirklichkeit. Geschichte und Dokumente abendländischer Pädagogik III. Von der Reformation bis John Locke (1967); Th. *Baullauf* – Kl. *Schaller,* Pädagogik. Eine Geschichte der Bildung und Erziehung, 2 Bde. (1970); Fr. *Stippel* – W. *Raith,* Erziehung. Anspruch. Wirklichkeit. IV. Geschichte und Dokumente abendländischer Pädagogik. Die Aufklärung (1971).
20. Kl. *Deppermann,* Der hallesche Pietismus und der preußische Staat unter Friedrich III. (1961).
21. G. *Thiele,* Geschichte der Preußischen Lehrerseminare I (1938).
22. H. *Eggers,* Deutsche Sprachgeschichte, 2 Bde. (1986²); A. *Bach,* Geschichte der deutschen Sprache (o. A.⁹); E. A. *Blackael,* Die Entwicklung des Deutschen zur Literatursprache 1700–1775 (1966).
23. Allgemein vgl. F. *Blättner,* Das Gymnasium. Aufgaben der höheren Schule in Geschichte und Gegenwart (1960); K. E. *Jeismann,* Das preußische Gymnasium in Staat und Gesellschaft. Die Entstehung des Gymnasiums als Schule des Staates und der Gebildeten 1787–1817 (1974); M. *Kraul,* Das deutsche Gymnasium 1780–1980 (1984). Eine Geschichte des frühneuzeitlichen höheren Schulwesens fehlt.
24. Vgl. u. a. R. *Endres,* Nürnberger Bildungswesen zur Zeit der Reformation, in: Mitt. d. Ver. f. Gesch. d. Stadt Nürnberg 71 (1984) 109–129; *Ders.,* Die Bedeutung des lateinischen und deutschen Schulwesens für die Entwicklung der fränkischen Reichsstädte des Spätmittelalters und der frühen Neuzeit; Geschichte des humanistischen Schulwesens in Württemberg, 3 Bde. (1912–28); C. *Haase,* Die Lateinschule in Niedersachsen von der Reformation bis zur napoleonischen Zeit, in: Nieders. Jb. f. Landesgesch. 51 (1979) 137–194.

25. Vgl. u. a. Th. *Karrus,* Die Jesuiten an der Universität Freiburg im Breisgau 1620–1773, 2 Bde. (1977).
26. A. *Schindling* Humanistische Hochschule und freie Reichsstadt. Gymnasium und Akademie in Straßburg 1538–1621 (1977); J. *Heidemann,* Geschichte des Grauen Klosters zu Berlin (1874); Festschrift zur 400 Jahrfeier des Wilhelmsgymnasiums 1559–1959 (1959).
27. Zit. nach Fr. *Paulsen,* Geschichte des gelehrten Unterrichts auf den deutschen Schulen und Universitäten vom Anfang des Mittelalters bis zur Gegenwart I (1919) 282.
28. Vgl. allgemein P. *Burke,* Küchenlatein. Sprache und Umgangssprache in der frühen Neuzeit (1989).
29. P. *Pächtler,* Ratio Studiorum (1887).
30. Zit. nach *Paulsen,* Geschichte des gelehrten Unterrichts I 497.
31. N. *Conrads,* Ritterakademien der frühen Neuzeit. Bildung als Standesprivileg im 16. und 17. Jahrhundert (1982).
32. H. *Waldeyer,* Zur Entstehung der Realschulen in Preußen im 18. Jahrhundert bis zu den dreißiger Jahren des 19. Jahrhunderts, in: Schule und Staat im 18. und 19. Jahrhundert. Zur Sozialgeschichte der Schule in Deutschland (1974) 146–170; H.-J. *Heydorn* – G. *Koneffke,* Studien zur Sozialgeschichte und Philosophie der Bildung. I. Zur Pädagogik der Aufklärung (1973).
33. Zit. nach *Paulsen,* Geschichte des gelehrten Unterrichts I 609f.
34. H. A. *Horn,* Christian Weise als Erneuerer des deutschen Gymnasiums im Zeitalter des Barock. Der ‚Politicus' als Bildung (1966).
35. G. *Stephan,* Die häusliche Erziehung in Deutschland während des 18. Jahrhunderts (1891); L. *Fertig,* Die Hofmeister. Ein Beitrag zur Geschichte des Lehrerstandes und der bürgerlichen Intelligenz (1979).
36. *Paulsen,* Geschichte des gelehrten Unterrichts I 300.
37. *Jeismann,* Das preußische Gymnasium in Staat und Gesellschaft 102f.
38. Th. *Gaehtgens* (Hg.), Johann Joachim Winckelmann (1717–1768) (1986).
39. *Paulsen,* Geschichte des gelehrten Unterrichts I 616.
40. Ebd. 616f.

3. Die Hohe Schule und die moderne Wissenschaft

1. Obwohl für uns die Universität eine altehrwürdige Sozial- und Bildungseinrichtung darstellt, wissen wir von ihrer kulturellen Bedeutung in der frühen Neuzeit wenig. Dabei hat sich das Forschungsinteresse durchaus schon lange der Universität gewidmet, vor allem aus dem 19. Jahrhundert und im Zusammenhang der vielen Jubiläen gibt es viele Darstellungen der einzelnen Hochschulen, aber eine umfassende Darstellung des deutschen Universitätswesens, die auch die frühe Neuzeit einschließt, liegt nicht vor. Außerdem erfahren wir aus der Fülle von Einzeluntersuchungen wenig von der wirklichen Lehrpraxis und den konkreten Zuständen. Universitätsgeschichte wird heute weitgehend entweder als Gelehrten- und Wissenschaftsgeschichte oder als Institutionsgeschichte geschrieben. Allgemein zur Universitäts-Geschichte vgl. Gg. *Kaufmann,* Geschichte der deutschen Universitäten, 2 Bde. (1888–1896); Fr. *Paulsen,* Geschichte des gelehrten Unterrichts auf den deutschen Schulen und Universitäten vom Ausgang des Mittelalters bis zur Gegenwart, 2 Bde. (1919/21); H. *Rössler* – G. *Franz* (Hg.) Universität und

Gelehrtenstand 1400–1800 (1970); N. *Hammerstein*, Die deutschen Universitäten im Zeitalter der Aufklärung, in: Zs. f. hist. Forschg. 10 (1983) 73–90; N. *Hammerstein*, Zur Geschichte und Bedeutung der Universitäten im Heiligen Römischen Reich deutscher Nation, in: HZ 241 (1985) 287–328; D. *Julia* – J. *Revel* – R. *Chartier* (Hg.), Les universités Européennes du XVIe au XVIIIe siècle. Histoire sociale des populations étudiantes I (1986); R. *Stichweh*, Der frühmoderne Staat und die europäische Universität. Zur Interaktion von Politik und Erziehungssystem im Prozeß ihrer Ausdifferenzierung (16.–18. Jahrhundert) (1991).

2. Th. *Specht*, Geschichte der ehemaligen Universität Dillingen (1549–1804) (1902); L. *Petry*, Breslauer Universitätsgeschichte (1964); H. Kl. *Recktenwald*, Die fränkische Universität Altdorf (1966); W. *Schrader*, Geschichte der Friedrichs-Universität zu Halle, 2 Bde. (1894); C. *Prantl*, Geschichte der Ludwig-Maximilians Universität in Ingolstadt, Landshut, München, 2 Bde. (1872).
3. H. *Wehler*, Die Kameral-Hohe-Schule zu Lautern (1774–1784). Eine Quellenstudie zur geschichtlichen Entwicklung und theoretischen Fundierung der Sozialökonomik als Universitätswissenschaft (1927).
4. I. *Schikorsky*, „Pflantzschulen" für Staat und Militär. Zu einem Typus Hoher Schulen im 18. Jahrhundert, in: Das achtzehnte Jahrhundert 15 (1991) 170–186.
5. P. *Petrat*, Schulunterricht. Seine Sozialgeschichte in Deutschland 1750–1850 (1971).
6. G. A. *Benrath*, Die deutsche evangelische Universität der Reformationszeit, in: Rössler – Franz (Hg.), Universität und Gelehrtenstand 63–83.
7. R. *Haasz*, Die geistige Haltung der katholischen Universitäten Deutschlands im 18. Jahrhundert (1952); N. *Hammerstein*, Die Universitätsgründungen im Zeitalter der Aufklärung, in: P. Baumgart – N. Hammerstein (Hg.), Beiträge zu Problemen deutscher Universitätsgründungen der frühen Neuzeit (1978) 263–298; *Ders.*, Die deutschen Universitäten im Zeitalter der Aufklärung, in: Zs. f. hist. Forschg. 10 (1983) 73–90.
8. Fr. W. *Euler*, Entstehung und Entwicklung deutscher Gelehrtengeschlechter, in: Rössler – Franz (Hg.), Universität und Gelehrtenstand 183–232.
9. Fr. *Eulenburg*, Die Frequenz der deutschen Universitäten von ihrer Gründung bis zur Gegenwart (1904); vgl. weiterhin H. *Mitgau*, Soziale Herkunft der deutschen Studenten bis 1900, in: Rössler – Franz (Hg.), Universität und Gelehrtenstand 233–268; R. A. *Müller*, Sozialstatus und Studienchance in Bayern im Zeitalter des Absolutismus, in: H. Jb. 90 (1975) 120–141; H.-W. *Prahl*, Sozialgeschichte des Hochschulwesens (1978).
10. F. *Schulze* – P. *Szymante*, Das deutsche Studententum von den ältesten Zeiten bis zur Gegenwart (1932); A. *Tholuck*, Die Vorgeschichte des Rationalismus. Das akademische Leben des 17. Jahrhunderts (1853); W. *Hartwig*, Krise der Universität, studentische Reformbewegung (1750–1819) und die Sozialisation der jugendlichen deutschen Bildungsschicht. Aufriß eines Forschungsproblems, in: Gesch. u. Gesellsch. 11 (1985) 155–176.
11. Joh. W. *Goethe*, Aus meinem Leben. Dichtung und Wahrheit (Mü. Ausgabe) (1985) 275f.
12. Einen Einblick in die Vorlesungspraxis geben z. B. die Notizen von Lichtenberg. Vgl. E. P. *Wieckenberg* (Hg.) Einladung ins 18. Jahrhundert (1988) 129ff.
13. W. *Schrader*, Geschichte der Friedrichs-Universität zu Halle, 2 Bde. (1894); C.

Hinrichs, Preußentum und Pietismus. Der Pietismus in Brandenburg-Preußen als religiös-soziale Reformbewegung (1971).

14. G. *von Selle,* Die Georg-August-Universität zu Göttingen (1937).
15. *Hammerstein,* Zur Geschichte der deutschen Universität im Zeitalter der Aufklärung 168.
16. B. *Lutz* (Hg.), Deutsches Bürgertum und literarische Intelligenz 1750–1800 (1974).
17. H. *Scheel* (Hg.), Die Mainzer Republik I. Protokolle des Jakobinerklubs (1975); R. *van Dülmen,* Der Geheimbund der Illuminaten (1977[2]).
18. Vgl. H. H. *Gerth,* Bürgerliche Intelligenz um 1800. Zur Soziologie des deutschen Frühliberalismus (1976[2]).
19. E. *Borkowsky,* Das alte Jena und seine Universität (1908); M. *Steinmetz* u. a., Geschichte der Universität Jena 1548/58–1958 (1958).
20. H. E. *Bödeker* u. a. (Hg.), Aufklärung und Geschichte. Studien zur deutschen Geschichtswissenschaft im 18. Jahrhundert (1986); M. *Rassem* – J. *Stagl* (Hg.), Statistik und Staatsbeschreibung in der Neuzeit vornehmlich im 16.–18. Jahrhundert (1980); C. *Bursian,* Geschichte der classischen Philologie in Deutschland (1883).
21. Eine Geschichte der Gelehrtenkommunikation in der frühen Neuzeit fehlt.
22. Fr. A. *Yates,* Giordano Bruno and the Hermetic Tradition (1977[2]); S. *Wollgast,* Philosophie in Deutschland zwischen Reformation und Aufklärung 1550–1650 (1988); Fr. A. *Yates,* Die okkulte Philosophie im Elisabethanischen Zeitalter (1991).
23. J. D. *Bernal,* Die Geburt der modernen Wissenschaft. Wissenschaft und Industrie (= Sozialgeschichte der Wissenschaften II) (1970); Ch. *Webster* (Hg.), The intellectual Revolution of the seventeenth Century (1974); *Ders.,* The Great Instauration. Science, Medicine and Reform 1626–1660 (1975); E. *Zilsel,* Die sozialen Ursprünge der neuzeitlichen Wissenschaft (1976); G. *Böhme* – W. *van den Daele* – W. *Krohn,* Experimentelle Philosophie. Ursprünge autonomer Wissenschaftsentwicklung (1977); Th. S. *Kuhn,* Die Entstehung des Neuen. Studien zur Struktur der Wissenschaftsgeschichte (1978).
24. Zit. nach: P. *Chaunu,* Europäische Kultur im Zeitalter des Barock (1968) 528.
25. Vgl. u.a. H.-W. *Müller,* Akademie und Wirtschaft im 18. Jahrhundert. Agrarökonom. Preisaufgaben und Preisschriften d. Preuß. Akademie der Wissenschaften (1975).
26. A. *Harnack,* Geschichte der königlich preußischen Akademie der Wissenschaften, 4 Bde (1900); W. *Schneiders,* Sozietätspläne und Sozialutopie bei Leibniz, Studia Leibnitiana VII (1975); F. *Hartmann* – R. *Vierhaus* (Hg.), Der Akademiegedanke im 17. und 18. Jahrhundert (1977).
27. Vgl. allgemein: *Böhme – van den Daele – Krohn,* Experimentelle Philosophie; A. E. *Musson* (Hg.), Wissenschaft, Technik und Wirtschaftswachstum im achtzehnten Jahrhundert (1977).
28. R. *van Dülmen,* Die Utopie der christlichen Gesellschaft; G. *Bock,* Thomas Campanella. Politisches Interesse und philosophische Spekulation (1974); W. *Voßkamp* (Hg.), Utopie-Forschung. Interdisziplinäre Studien zur neuzeitlichen Utopie, 3 Bde. (1982); R. *Saage,* Politische Utopien der Neuzeit (1991).
29. Vgl. u.a. *Webster,* The Great Instauration; K. B. *Roberts* – I. D. W. *Tom-*

linson, The Fabric of the Body. European Traditions of Anatomical Illustration (1992).

30. K. C. *Schmieder,* Geschichte der Alchemie (1832); Georgius Agricola 1494 bis 1555. Zu seinem 400. Todestag (1955).
31. O. *Zekert,* Paracelsus. Europäer im 16. Jahrhundert (1968); E. *Kaiser,* Paracelsus in Selbstzeugnissen und Bilddokumenten (1969); K. *Goldammer,* Paracelsus in neuen Horizonten. Gesammelte Aufsätze (1986).
32. Nicolaus Copernicus. 1473–1973. Das Bild vom Kosmos und die Copernikanische Revolution in den gesellschaftlichen und geistigen Auseinandersetzungen (1973); H. *Blumenberg,* Die Genesis der kopernikanischen Welt, 3 Bde. (1981).
33. Zit.: M. *Boas,* Die Renaissance der Naturwissenschaften 1450–1630. Das Zeitalter des Kopernikus (1965) 139; dazu: H. *Bornkamm,* Kopernikus im Urteil der Reformatoren, in: Ders., Das Jahrhundert der Reformation (1961) 177–185.
34. Vgl. Joh. *Hemleben,* Johannes Kepler in Selbstzeugnissen und Bilddokumenten (1971); A. *Koyré,* Von der geschlossenen Welt zum menschlichen Universum (1969).
35. A. *Koyré,* Galilei. Die Anfänge der neuzeitlichen Wissenschaft (1988).
36. A. *Fölsing,* Galileo Galilei. Prozeß ohne Ende. Eine Biographie (1989[2]); P. *Redondi,* Galilei – der Ketzer (1989).
37. *Boas,* Die Renaissance der Naturwissenschaften 300ff.
38. Vgl. u.a. E. *Cassirer,* Das Erkenntnisproblem in der Philosophie und Wissenschaft der neueren Zeit I (1974[3]). Chr. *Link,* Subjektivität und Wahrheit. Die Grundlegung der neuzeitlichen Metaphysik durch Descartes (1978).
39. Vgl. W. *Krohn,* Francis Bacon (1987).
40. Ebd.
41. W. *van den Daele,* Die soziale Konstruktion der Wissenschaft – Institutionalisierung und Definition der positiven Wissenschaft in der zweiten Hälfte des 17. Jahrhunderts, in: Böhme u.a., Experimentelle Philosophie 129–182; *Bernal,* Sozialgeschichte der Wissenschaften II 420ff.
42. H. *Jones,* Pierre Gassendi 1592–1655. An Intellectual Biography (1981).
43. Fr. *Wagner,* Isaac Newton im Zwielicht zwischen Mythos und Forschung. Studien zur Epoche der Aufklärung (1976); G. *Freudenthal,* Atom und Individuum im Zeitalter Newtons (1982).
44. Vgl. K. *Huber,* Leibniz (1951); W. *Totok* – C. *Haase* (Hg.), Leibniz. Sein Leben – sein Wirken – seine Welt (1966).

V. Aufklärung und Bildung

1. Kritik und Vernunft

1. Eine größere Darstellung zur Geschichte der Aufklärung fehlt im Deutschen. Vgl. allgemein E. *Cassirer,* Die Philosophie der Aufklärung (1932); P. *Hazard,* Die Herrschaft der Vernunft. Das europäische Denken im 18. Jahrhundert (1949); P. *Chaunu,* La Civilisation de l'Europe des Lumières (1971); F. *Kopitzsch* (Hg.), Aufklärung, Absolutismus und Bürgertum in Deutschland (1976); P. *Pütz,* Die deutsche Aufklärung (1978); P. *Kondylis,* Die Aufklärung im

Rahmen des neuzeitlichen Rationalismus (1981); H. K. *Grumbrecht* u. a. (Hg.), Sozialgeschichte der Aufklärung in Frankreich (1981); R. *Pomeau*, L'Europe des Lumières (1981); H. *Möller*, Vernunft und Kritik. Deutsche Aufklärung im 17. und 18. Jahrhundert (1986); S. *Jüttner* – J. *Schlobach* (Hg.), Europäische Aufklärung(en). Einheit und nationale Vielfalt (1992); R. *Vierhaus* (Hg.), Aufklärung als Prozeß, in: Aufklärung 2 (1987); U. *Im Hof*, Das Europa der Aufklärung (1993).

2. E. *Troeltsch*, Aufklärung, in: Kopitzsch (Hg.), Aufklärung 245–274; F. *Kopitzsch*, Die Aufklärung in Deutschland. Zu ihren Leistungen, Grenzen und Wirkungen, in: Arch. f. Sozialgesch. 23 (1983) 1–21; *Ders.*, Grundzüge einer Sozialgeschichte der Aufklärung in Hamburg und Altona, 2 Bde. (1982).
3. H. H. *Gerth*, Bürgerliche Intelligenz um 1800. Zur Soziologie des deutschen Frühliberalismus (1976^2); B. *Lutz* (Hg.), Deutsches Bürgertum und literarische Intelligenz 1750–1800 (= Literaturwissenschaft und Sozialwissenschaften 3) (1974); R. *van Dülmen*, Die Gesellschaft der Aufklärer. Zur bürgerlichen Emanzipation und aufklärerischen Kultur in Deutschland (1986).
4. Mit Ausnahme der kleinen Zahl sogenannter Jakobiner vgl. H. *Scheel*, Süddeutsche Jakobiner (1962); O. *Büsch* – W. *Grab* (Hg.), Die demokratische Bewegung in Mitteleuropa im ausgehenden 18. und frühen 19. Jahrhundert (1980); H. *Reinalter*, Der Jakobinismus in Mitteleupa. Eine Einführung (1981).
5. Vgl. u. a. H. *Möller*, Aufklärung in Preussen. Der Verleger, Publizist und Geschichtsschreiber Friedrich Nicolai (1974); *Kopitzsch*, Grundzüge einer Sozialgeschichte der Aufklärung in Hamburg und Altona; T. C. W. *Banning*, Reform and Revolution in Mainz 1743–1803 (1974); W. H. *Bruford*, Kultur und Gesellschaft im klassischen Weimar 1774–1806 (1966).
6. H. E. *Bödeker* – K. *Herrmann* (Hg.), Über den Prozeß der Aufklärung in Deutschland im 18. Jahrhundert. Personen, Institutionen und Medien (1987); R. *Vierhaus* (Hg.), Aufklärung als Prozeß (= Aufklärung 2/2) (1987); *Ders.*, Deutschland im 18. Jahrhundert. Politische Verfassung, Soziales Gefüge, Geistige Bewegungen (1987).
7. Vgl. u. a. M. *Schmidt*, Pietismus (1972); G. *Kaiser*, Pietismus und Patriotismus im literarischen Deutschland. Ein Beitrag zum Problem der Säkularisation (1973^2); Joh. *Wallmann*, Der Pietismus (1990).
8. Zit. nach *Pütz*, Die deutsche Aufklärung 13.
9. Ebd. 14.
10. N. *Hinske* (Hg.), Was ist Aufklärung? Beiträge aus der Berlinischen Monatsschrift (1981^3) 452.
11. Vgl. v. a. W. *Schneiders*, Die wahre Aufklärung. Zum Selbstverständnis der deutschen Aufklärung (1974); J. *Schober*, Die deutsche Spätaufklärung (1770–1790) (1975).
12. A. *Bergk* u. a., Aufklärung und Gedankenfreiheit. Fünfzehn Anregungen, aus der Geschichte zu lernen. Hg. v. Z. Batscha (1977) 112.
13. G. *Sauder*, Empfindsamkeit (1974); H. *Brunschwig*, Gesellschaft und Romantik in Preußen im 18. Jahrhundert (1975); R. Chr. *Zimmermann*, Das Weltbild des jungen Goethe. Studien zur hermetischen Tradition des deutschen 18. Jahrhunderts (1969); M. *Geiger*, Aufklärung und Erweckung. Beiträge zur Erforschung

Johann Heinrich Jung-Stillings und der Erweckungstheologie (1963); *Kaiser*, Pietismus und Patriotismus im literarischen Deutschland.

14. Vgl. G. *Sauder*, „Verhältnismäßige Aufklärung" – zur bürgerlichen Ideologie am Ende des 18. Jahrhunderts, in: Jb. Jean-Paul-Gesellschaft 9 (1974) 102–126.
15. Vgl. u. a. R. *Koselleck*, Kritik und Krise. Ein Beitrag zur Pathogenese der bürgerlichen Welt (1959); W. *Martens*, Die Botschaft der Tugend. Die Aufklärung im Spiegel der deutschen Moralischen Wochenschriften (1971^2).
16. *Möller*, Vernunft und Kritik.
17. Der Weg des kritischen Denkens von der wissenschaftlichen Kritik zur Gesellschaftskritik ist bisher systematisch kaum untersucht worden.
18. H. *Blumenberg*, Die Legitimität der Neuzeit (1966).
19. I. *Kant*, Kritik der reinen Vernunft (Hg. v. W. Weischedel) (1956) 13.
20. Vgl. u. a. C. *Wehn*, Der Kampf des Journals von und für Deutschland gegen den Aberglauben seiner Zeit. Eine volkskundliche Untersuchung auf geisteswissenschaftlicher Grundlage (1937).
21. G. E. *Lessing*, Freimäurergespräche und anderes. Ausgewählte Schriften (Hg. v. Cl. Tröger) (1981) 82.
22. Vgl. S. 139f.
23. Joh. *Schultze*, Die Auseinandersetzung von Adel und Bürgertum in den deutschen Zeitschriften der letzten drei Jahrzehnte des 18. Jahrhunderts 1773–1806 (1965^2); J. *Stephan*, Johann Gottfried Seume. Ein politischer Schriftsteller der deutschen Spätaufklärung (1973).
24. J. *Hermand* (Hg.), Von deutscher Republik 1775–1795. Texte radikaler Demokraten (1975) 286.
25. Vgl. S. 139f.
26. E. *Eisentraut*, Die Feier der Sonn- und Festtage seit dem letzten Jahrhundert des Mittelalters (1914) 168.
27. J. *Voss* (Hg.), Deutschland und die Französische Revolution (1983); H. E. *Bödeker* – K. *Hermann* (Hg.), Aufklärung als Politisierung – Politisierung der Aufklärung (1987).
28. J. *Hermand*, In Tyrannos. Über den politischen Radikalismus der sogenannten ‚Spätaufklärer', in: Von Mainz nach Weimar (1969) 9–52.
29. L. *Hammermayer*, Gründungs- und Frühgeschichte der Bayerischen Akademie der Wissenschaften (1959) 359.
30. Über die unterschiedlichen Wahrheitsfindungsprozesse sind wir kaum unterrichtet.
31. Gg. *Forster*, Über den gelehrten Zunftzwang, in: Ders., Über die Beziehung der Staatskunst auf das Glück der Menschheit und andere Schriften (1966) 70.
32. Vgl. S. 261ff.
33. Vgl. u. a. W. *Stammler*, Politische Schlagwörter in der Zeit der Aufklärung, in: Ders., Kleine Schriften zur Sprachgeschichte (1954) 48–100; F. *Valjavec*, Die Entstehung der politischen Strömungen in Deutschland 1770–1815 (1951); G. *Steiner*, Franz Heinrich Ziegenhagen und seine Verhältnislehre. Ein Beitrag zur Geschichte des utopischen Sozialismus in Deutschland (1962). R. *Vierhaus*, Deutschland im 18. Jahrhundert. Politische Verfassung. Soziales Gefüge. Geistige Bewegungen (1987).
34. *Hermand* (Hg.), Von deutscher Republik 1775–1795, 339.

35. D. *Naumann,* Politik und Moral. Studien zur Utopie der deutschen Aufklärung (1977).
36. *Forster,* Über den gelehrten Zunftzwang, in: Ders., Über die Beziehungen der Staatskunst 74.
37. H. R. *Guggisberg,* Religiöse Toleranz. Dokumente zur Geschichte einer Forschung (1984); J. *Schlumbohm,* Freiheit – Die Anfänge der bürgerlichen Emanzipationsbewegung in Deutschland im Spiegel ihres Leitwortes (1975).
38. *Vierhaus,* Deutschland im 18. Jahrhundert; G. *Birtsch* (Hg.), Patriotismus (= Aufklärung 4) (1991).
39. M. *Riedel,* Bürger, Staatsbürger, Bürgertum, in: Geschichtliche Grundbegriffe. Historisches Lexikon zur politisch-sozialen Sprache in Deutschland I (1972) 686.
40. C. M. *Wielands* Sämtliche Werke, 30 Bde. (1857) 406.
41. Fr. *Brüggemann,* Der Kampf um die bürgerliche Welt- und Lebensanschauung in der deutschen Literatur des 18. Jahrhunderts, in: Dt. Viertelj. f. Literaturwiss. 3 (1925) 94–127. R.-R. *Wuthenow,* Vernunft und Republik. Studien zu Georg Forsters Schriften (1970).

2. Medien der Aufklärung

1. Zur Geschichte der Aufklärungsgesellschaften allgemein vgl. D. *Roche,* Le siècle des lumières en province. Académies et académiciens provinciaux 1680–1789, 2 Bde. (1978); E. *Manheim,* Aufklärung und öffentliche Meinung. Studien zur Soziologie der Öffentlichkeit im 18. Jahrhundert. Hg. v. N. Schindler (1979); U. *Im Hof,* Das gesellige Jahrhundert. Gesellschaft und Gesellschaften im Zeitalter der Aufklärung (1982); R. *van Dülmen,* Die Gesellschaft der Aufklärer. Zur bürgerlichen Emanzipation und aufklärerischen Kultur in Deutschland (1986); F. *Schneider,* Öffentlichkeit und Diskurs. Studien zur Entstehung, Struktur und Form der Öffentlichkeit im 18. Jahrhundert (1992).
2. A. *Harnack,* Geschichte der königlich preußischen Akademie der Wissenschaften zu Berlin, 3 Bde. (1900); Fr. *Hartmann* – R. *Vierhaus* (Hg.), Der Akademiegedanke im 17. und 18. Jahrhundert (1977); J. *Voss,* Die Akademien als Organisationsträger der Wissenschaften im 18. Jahrhundert, in: HZ 231 (1980) 34–74.
3. L. *Keller,* Die Deutschen Gesellschaften des 18. Jahrhunderts und die moralischen Wochenschriften (1900); Fr. *Neumann,* Gottsched und die Leipziger Deutsche Gesellschaft, in: Arch. f. Kulturgesch. 18 (1928) 194–212; H. *Brandes,* Die Gesellschaft der Maler und ihr literarischer Beitrag zur Aufklärung des 18. Jahrhunderts (1974).
4. Abd. in *van Dülmen,* Die Gesellschaft der Aufklärer 46.
5. H. *Hubrig,* Die patriotischen Gesellschaften des 18. Jahrhunderts (1957); R. *Vierhaus* (Hg.), Deutsche patriotische und gemeinnützige Gesellschaft (1980), darin v. a.: N. *Schindler* – W. *Bonss,* Praktische Aufklärung – ökonomische Sozietäten in Süddeutschland und Österreich im 18. Jahrhundert (255–354).
6. Zur Geschichte der Freimaurerei vgl. v. a. J. G. *Findel,* Geschichte der Freimaurerei von der Zeit ihres Entstehens bis auf die Gegenwart, 2 Bde. (1883[5]); F. *Runkel,* Geschichte der Freimaurerei in Deutschland, 3 Bde. (1931/2); W. *Dotzauer,* Freimaurergesellschaften am Rhein (1977); H. *Reinalter* (Hg.), Freimaurer und Geheimbünde im 18. Jahrhundert in Mitteleuropa (1983); L. *Hammermayer,* Der Wilhelmsbader Freimaurerkonvent 1782. Ein Höhe- und Wende-

punkt in der Geschichte der deutschen und europäischen Geheimgesellschaften (1980); P. Chr. *Ludz* (Hg.), Geheime Gesellschaften (1979); N. *Schindler*, Freimaurerkultur im 18. Jahrhundert. Zur sozialen Funktion des Geheimwissens in der entstehenden bürgerlichen Gesellschaft, in: R. M. Berdahl u. a. (Hg.), Klassen und Kultur (1982) 205–262.

7. Zit. *Runkel*, Geschichte der Freimaurerei in Deutschland I 154.
8. E. *Kopitzsch*, Die Hamburgische Gesellschaft zur Beförderung der Künste und nützlichen Gewerbe (Patriotische Gesellschaft von 1765) im Zeitalter der Aufklärung. Ein Überblick, in: Vierhaus (Hg.), Deutsche patriotische und gemeinnützige Gesellschaften 71–118.
9. M. *Prüsener*, Lesegesellschaften im achtzehnten Jahrhundert (1978); O. *Dann* (Hg.), Lesegesellschaften und bürgerliche Emanzipation (1981); E. *François*, Sociabilité et société bourgeoise en France, en Allemagne et en Suisse (1750–1850) = Geselligkeit, Vereinswesen und bürgerliche Gesellschaft in Frankreich, Deutschland und der Schweiz (1986).
10. J. *Hansen* (Hg.), Quellen zur Geschichte des Rheinlandes im Zeitalter der Französischen Revolution 1780–1801, Bd. I (1931) 21.
11. R. U. *Le Forestier*, Les Illuminés de Bavière et la Franc-Maçonnerie (1915); R. *van Dülmen*, Der Geheimbund der Illuminaten (1977[2]); N. *Schindler*, Der Geheimbund der Illuminaten: Aufklärung, Geheimnis und Politik, in: Reinalter (Hg.), Freimaurer und Geheimbünde 284–320; M. *Agethen*, Geheimbund und Utopie. Illuminaten, Freimaurer und deutsche Spätaufklärung (1984).
12. T. *Blanning*, Reform and Revolution in Mainz 1743–1803 (1974); F. *Dumont*, Die Mainzer Republik von 1792/93. Studien zur Revolutionierung in Rheinhessen und der Pfalz (1982). Vgl. auch A. *Kuhn*, Jakobiner im Rheinland. Der Kölner konstitutionelle Zirkel von 1798 (1976).
13. Vgl. R. *Koselleck*, Kritik und Krise. Ein Beitrag zur Pathogenese der bürgerlichen Welt (1969[2]); N. *Schindler*, Freimaurerkultur im 18. Jahrhundert; *Ders.*, Der Geheimbund der Illuminaten.
14. *van Dülmen*, Die Gesellschaft der Aufklärer.
15. Ebd. 126.
16. Vgl. v. a. *Schindler*, Freimaurerkultur im 18. Jahrhundert.
17. Vgl. S. 261f.
18. J. *Habermas*, Strukturwandel der Öffentlichkeit. Untersuchungen zu einer Kategorie der bürgerlichen Gesellschaft (1969); H. J. *Haferkorn*, Zur Entstehung der bürgerlich-literarischen Intelligenz und des Schriftstellers in Deutschland zwischen 1750–1800, in: B. Lutz (Hg.), Deutsches Bürgertum und literarische Intelligenz 1750–1800 (1974); W. *Ruppert*, Bürgerlicher Wandel. Die Geburt der modernen deutschen Gesellschaft im 18. Jahrhundert (1984[2]).
19. Vgl. *Schindler*, Freimaurerkultur im 18. Jahrhundert.
20. Vgl. u. a. *van Dülmen*, Die Gesellschaft der Aufklärer.
21. O. *Dann*, Gleichheit und Gleichberechtigung. Das Gleichheitspostulat in der alteuropäischen Tradition und in Deutschland bis zum ausgehenden 19. Jahrhundert (1980).
22. K. *Herrmann* (Hg.), „Die Bildung des Bürgers". Die Formierung der bürgerlichen Gesellschaft und die Gebildeten im 18. Jahrhundert (1982).
23. *van Dülmen*, Die Gesellschaft der Aufklärer 120ff.; *Ders.*, Die Aufklärungsge-

sellschaften in Deutschland als Forschungsproblem, in: Ders., Gesellschaft der Frühen Neuzeit: kulturelles Handeln und sozialer Prozeß (1993) 355 ff.

24. *Dann* (Hg.), Lesegesellschaft; *François* (Hg.), Sociabilité et société bourgeoise.
25. Vgl. u. a. E. *Finder*, Hamburgisches Bürgertum in der Vergangenheit (1930); P. *Wilhelmy*, Der Berliner Salon im 19. Jahrhundert (1780–1914) (1989); H. E. *Bödeker*, Das Kaffeehaus als Institution aufklärerischer Geselligkeit, in: François, Sociabilité 65–79; R. *Malter*, Königsberger Gesprächskultur im Zeitalter der Aufklärung: Kant und sein Kreis, in: Aufklärung 7 (1993) 7–23.
26. Zur Geschichte der Freundschaft: A. *von Gleichen-Russwurm*, Freundschaft. Eine Psychologische Forschungsreise (o. J.); F. H. *Tenbruck*, Freundschaft. Ein Beitrag zur Soziologie der persönlichen Beziehung, in: Kölner Zs. f. Soziologie und Sozialpsychol. 16 (1964) 431 ff.; I. S. *Kon*, Freundschaft. Geschichte und Sozialpsychologie der Freundschaft als soziale Institution und individuelle Beziehung (1979); zur Geschichte des Briefwechsels: Gg. *Steinhausen*, Geschichte des deutschen Briefes. Eine Kulturgeschichte des deutschen Volkes (ND 1968); H. E. *Bödeker*, Aufklärung als Kommunikationsprozeß, in: Aufklärung II/2 (1987) 89–111.
27. „Mein liebste Madam", Gotthold Ephraim Lessings Briefwechsel mit Eva König 1770–1776. Hg. von G. u. U. Schulz (1979).
28. Cl. *Schmölders* (Hg.), Die Kunst des Gesprächs. Texte zur Geschichte der europäischen Konversationstheorie (1979) 230.
29. Zit. nach *Steinhausen*, Geschichte des deutschen Briefes 251 f.
30. Zit. nach ebd. 375.
31. A. v. *Knigge*, Über den Umgang mit Menschen (1987).
32. Lavater. Zit. nach *Steinhausen*, Geschichte des deutschen Briefes 342.
33. Vorbildlich: H. E. *Bödeker*, Lessings Briefwechsel, in: Ders. – K. Herrmann (Hg.), Über den Prozeß der Aufklärung in Deutschland im 18. Jahrhundert (1987) 113–138.
34. R. *Daunicht*, Lessing im Gespräch. Berichte und Urteile von Freunden und Zeitgenossen (1971) 70; vgl. dazu: *Bödeker*, Aufklärung als Kommunikationsprozeß 97.
35. Zit. nach: ebd. 97.
36. *Bödeker*, Lessings Briefwechsel.
37. Georg *Forster*, Briefe, 6 Bde. (1978–82).
38. Joh. Georg *Hamann*, Briefwechsel. Hg. v. W. Ziesemer – A. Henkel, 7 Bde. (1955–1979).
39. H. *Möller*, Aufklärung in Preußen. Der Verleger, Publizist und Geschichtsschreiber Friedrich Nicolai (1974).
40. R. M. G. *Nickisch*, Die Frau als Briefschreiberin im Zeitalter der deutschen Aufklärung, in: Wolfenbütteler Studien zur Aufklärung 3 (1976) 39 ff.
41. E.-P. *Wieckenberg* (Hg.), Einladung ins 18. Jahrhundert (1988) 189.
42. Joh. W. *Goethe*, Aus meinem Leben. Dichtung und Wahrheit (Münchner Ausgabe 16) (1985) 592.
43. E. L. *Posselt* (Hg.), Wissenschaftliches Magazin für Aufklärung I (1785) 298. Vgl. auch Kl. *Gerteis*, Das „Postkutschenzeitalter". Bedingungen der Kommunikation im 18. Jahrhundert, in: Aufklärung IV/1 (1989) 55–78; *Ders.*, Reisen, Boten, Posten, Korrespondenz in Mittelalter und früher Neuzeit, in: H. Pohl

(Hg.), Die Bedeutung der Kommunikation für Wirtschaft und Gesellschaft (1989) 19–36. R. *Wittmann*, „Die Post will fort, ich muß schließen..." Briefe aus dem 18. Jahrhundert. Mit einführenden Texten (1985).

44. Zur Entwicklung des Büchermarktes allgemein vgl. A. *Dietz*, Zur Geschichte der Frankfurter Büchermesse 1462–1792 (1921); H. *Widmann*, Geschichte des Buchhandels. Vom Altertum bis zur Gegenwart. Teil 1 (1975); H. *Kiesel* – P. *Münch*, Gesellschaft und Literatur im 18. Jahrhundert. Voraussetzungen und Entstehung des literarischen Marktes in Deutschland (1977); G. *Barber* – B. *Fabian* (Hg.), Buch und Buchhandel in Europa im 18. Jahrhundert (1981); R. *Wittmann*, Buchmarkt und Lektüre im 18. und 19. Jahrhundert. Beiträge zum literarischen Leben 1750–1880 (1982); *Ders.*, Geschichte des deutschen Buchhandels. Ein Überblick (1991).

45. Zit. nach K. *Biedermann*, Deutschland im 18. Jahrhundert II/2 (1880) 1085. Zum Wandel allgemein vgl. *Dann* (Hg.), Lesegesellschaften und bürgerliche Emanzipation; E. *Schön*, Der Verlust der Sinnlichkeit oder Die Verwandlungen des Lesers. Mentalitätswandel um 1800 (1993[2]).

46. *Wittmann*, Geschichte des deutschen Buchhandels 111f.

47. Ebd. 112f.
Entwicklung des deutschen Büchermarkts im 17. und 18. Jahrhundert nach Sachgebieten (vgl. *Kiesel-Münch*, Gesellschaft und Literatur 200):

	1625	1650	1675	1700	1725	1735	
Jurisprudenz	7,4	7	11	8,6	10,6	8,5	Beharrende Gruppe
Medizin	7,5	5,8	8,3	6	8,6	5,3	
Geschichte und ihre Hilfswissenschaften	12	20	14,7	16	16,8	18,7	
Musik	3,1	3,8	2,2	3,5	0,4	0,8	
Theologie	45,8	41,4	40,5	43	39,9	40,5	Veränderliche Gruppe
Philosophische Wissenschaften	18,8	16,9	19,8	20,1	20,1	22,6	
Poesie	5,4	5,1	3,5	2,8	3,6	3,6	

	1735	1740	1745	1750	1775	1800	
Jurisprudenz	8,5	12	10,7	8	6,2	3,5	Beharrende Gruppe
Medizin	5,3	7,6	6	8	6,5	4,9	
Geschichte und ihre Hilfswissenschaften	18,7	16,6	14,2	16	16,2	15,7	
Musik	0,8	1,1	1,3	3,7	2,8	3	
Theologie	40,5	32,9	31	28,9	19,9	6	Veränderliche Gruppe
Philosophische Wissenschaften	22,6	25,9	30,4	26,7	34,1	39,6	
Poesie	3,6	3,9	6,4	8,7	14,3	27,3	

48. H. *Haferkorn*, Zur Entstehung der bürgerlich-literarischen Intelligenz und des Schriftstellers in Deutschland zwischen 1750 und 1800; R. *Engelsing*, Der literarische Arbeiter. Bd. 1 Arbeit, Zeit und Werk im literarischen Beruf (1976).

49. L. *Lohrer,* Cotta. Geschichte eines Verlages 1659–1959 (1959); *Wittmann,* Geschichte des deutschen Buchhandels 134ff.
50. Nach *Schön,* Der Verlust der Sinnlichkeit 44.
51. E. *Rietzschel* (Hg.), Gelehrsamkeit ein Handwerk? Bücherschreiben ein Gewerbe? Dokumentation zum Verhältnis von Schriftsteller und Verleger im 18. Jahrhundert (1982) 101f.
52. Zur Geschichte des Zeitschriftenwesens vgl. Joh. *Kirchner,* Die Grundlagen des deutschen Zeitschriftenwesens. Mit einer Gesamtbibliographie der deutschen Zeitschriften bis zum Jahre 1790, 2 Bde. (1928–31); J. *Jentsch,* Zur Geschichte des Zeitungslesens in Deutschland am Ende des 18. Jahrhunderts. Mit besonderer Berücksichtigung der gesellschaftlichen Formen des Zeitungslesens (1937); Joh. *Kirchner,* Das deutsche Zeitschriftenwesen, seine Geschichte und seine Probleme, 2 Bde. (1958–62²); *Ders.,* Die Zeitschriften des deutschen Sprachgebietes von den Anfängen bis 1830 (1969); K. *Koszyk,* Vorläufer der Massenpresse. Ökonomie und Publizistik zwischen Reformation und Französischer Revolution. Öffentliche Kommunikation im Zeitalter des Feudalismus (1972); P. *Hacks* – P. *Schmidt,* Literarische und politische Zeitschriften 1789–1805. Von der politischen Revolution bis zur Literaturrevolution (1975).
53. W. *Martens,* Die Botschaft der Tugend. Die Aufklärung im Spiegel der deutschen Moralischen Wochenschriften (1971) – H. *Böning,* Das Intelligenzblatt als Medium praktischer Aufklärung. Ein Beitrag zur Geschichte der gemeinnützig-ökonomischen Presse in Deutschland von 1768 bis 1780, in: Int. Arch. f. Sozialgesch. d. dt. Literatur 12 (1987) 107–133.
54. Zum Problem der ‚Lesewut': vgl. R. *Engelsing,* Analphabetentum und Lektüre: Zur Sozialgeschichte des Lesens in Deutschland zwischen feudaler und industrieller Gesellschaft (1973); *Ders.,* Der Bürger als Leser. Lesergeschichte in Deutschland 1500–1800 (1974); J. *Göres* (Hg.), Lesewut, Raubdruck und Bücherluxus. Das Buch in der Goethezeit (Ausstellungskatalog) (1977); D. *von König,* Lesesucht und Lesewut, in: H. Göpfert (Hg.), Buch und Leser (1977) 89–124; R. *Schenda,* Volk ohne Buch. Studien zur Sozialgeschichte der populären Lesestoffe 1770–1910 (1977²); H. *Kreutzer,* Gefährliche Lesesucht. Bemerkungen zu politischer Lektürekritik im ausgehenden 18. Jahrhundert, in: Leser und Lesen im 18. Jahrhundert (1977) 62–75; H. *Bausinger,* Aufklärung und Lesewut, in: Württ. Frank. 64 (1980) 178–195.
55. Brief von Luise Mejer an H. Chr. Boie v. 1783/4, in: A. *van Dülmen* (Hg.), Frauenleben im 18. Jahrhundert (1992) 264.
56. U. *Bräker,* Lebensgeschichte und Natürliche Ebentheuer des Armen Mannes im Tockenburg (1945).
57. S. Anm. 55.
58. R. *Engelsing,* Dienstbotenlektüre im 18. und 19. Jahrhundert, in: Ders., Zur Sozialgeschichte deutscher Mittel- und Unterschichten (1973) 180–224.
59. Zit. nach *Wittmann,* Geschichte des deutschen Buchhandels 177; *Ders.,* Der lesende Landmann. Zur Rezeption aufklärerischer Bemühungen durch die bäuerliche Bevölkerung im 18. Jahrhundert, in: Ders., Buchmarkt und Lektüre 1–45.

3. Die Kultur der aufgeklärten Bürger

1. Zur Sozialstruktur der Aufklärungsbewegung vgl. H. *Gerth*, Bürgerliche Intelligenz um 1800 (1976²); H. J. *Haferkorn*, Zur Entstehung der bürgerlich-literarischen Intelligenz und des Schriftstellers in Deutschland zwischen 1750 und 1800, in: B. Lutz (Hg.), Deutsches Bürgertum und literarische Intelligenz 1750–1800 (1974); U. *Herrmann* (Hg.), „Die Bildung des Bürgers". Die Formierung der bürgerlichen Gesellschaft und die Gebildeten im 18. Jahrhundert (1982); F. *Kopitzsch*, Die Aufklärung in Deutschland. Zu ihren Leistungen, Grenzen und Wirkungen, in: Arch. f. Sozialgesch. 23 (1983) 1–21; R. *van Dülmen*, Die Gesellschaft der Aufklärer. Zur bürgerlichen Emanzipation und aufklärerischen Kultur in Deutschland (1986).
2. Eine Auswertung v. a. der großen Lexika des späten 18. Jahrhunderts, u. a. von Joh. Gg. *Meusel*, Das gelehrte Teutschland oder Lexika der jetzt lebenden teutschen Schriftsteller, 23 Bde (1796–1834), steht noch aus.
3. Vgl. u. a. *van Dülmen*, Die Gesellschaft der Aufklärer 59, 87.
4. K. *Dzwonek*, – Cl. *Ritterhoff* – H. *Zimmermann*, Bürgerliche Oppositionsliteratur zwischen Revolution und Reformismus. F. G. Klopstocks ‚Deutsche Gelehrtenrepublik' und Bardendichtung als Dokumente der bürgerlichen Emanzipationsbewegung in der zweiten Hälfte des 18. Jahrhunderts, in: Lutz (Hg.), Deutsches Bürgertum und literarische Intelligenz 180.
5. Hierzu vgl. u. a. R. *van Dülmen*, Zum Strukturwandel der Aufklärung in Bayern, in: FS f. K. Bosl. Zs. f. bayer. LG 36 (1973) 662–679; *Ders.*, Gesellschaft der Aufklärer; F. *Kopitzsch*, Grundzüge einer Sozialgeschichte der Aufklärung in Hamburg und Altona, 2 Bde (1982).
6. Wichtige Bausteine zu einer Kulturgeschichte der Aufklärer liefert H. E. *Bödeker*, Thomas Abbt: Patriot, Bürger und bürgerliches Bewußtsein, in: R. Vierhaus (Hg.), Bürger und Bürgerlichkeit im Zeitalter der Aufklärung (1987); *Ders.*, Reisen: Bedeutung und Funktion für die deutsche Aufklärungsgesellschaft, in: W. Griep – H.-W. Jäger (Hg.), Reisen im 18. Jahrhundert. Neue Untersuchungen (1986) 91–109; *Ders.*, Aufklärung als Kommunikationsprozeß, in: R. Vierhaus (Hg.), Aufklärung als Prozeß (= Aufklärung 2/2) (1987) 89–112; *Ders.*, Lessings Briefwechsel, in: Ders. – U. Herrmann (Hg.), Über den Prozeß der Aufklärung (1987) 113–138; *Ders.*, Prozesse und Strukturen politischer Bewußtseinsbildung der deutschen Aufklärung, in: Ders. – U. Herrmann (Hg.), Aufklärung als Politisierung – Politisierung der Aufklärung (1987) 10–31; *Ders.*, Das Kaffeehaus als Institution aufklärerischer Geselligkeit, in: E. François (Hg.), Sociabilité et société bourgeoise en France, en Allemagne et en Suisse 1750–1850 (1987) 65–79; *Ders.*, Die „gebildeten Stände" im späten 18. und frühen 19. Jahrhundert. Zugehörigkeit und Abgrenzungen. Mentalitäten und Handlungspotentiale, in: J. Kocka (Hg.), Bildungsbürgertum im 19. Jahrhundert. Teil IV. Politischer Einfluß und gesellschaftliche Formation (1987); *Ders.*, Von der „Magd der Theologie" zur „Leitwissenschaft". Vorüberlegungen zu einer Geschichte der Philosophie des 18. Jahrhunderts, in: Das achtzehnte Jahrhundert 14/1 (1990) 19–57; *Ders.*, Die Bibliothek eines Aufklärers, Georg Forster, in: Aufklärung 6/1 (1991) 95–123.
7. Vgl. R. *Vierhaus* (Hg.), Bürger und Bürgerlichkeit im Zeitalter der Aufklärung (1987).

8. Eine genaue Analyse der Herkunft der Aufklärer steht noch aus. Zu berücksichtigen wären dabei die Änderungen vom Anfang bis zum Ende des Jahrhunderts.
9. Auch über die Arbeitszeiten der Beamten des 18. Jahrhunderts wissen wir wenig Bescheid.
10. Lohnenswert wäre es, im einzelnen, die Kontakte bzw. den Umgang mit den unteren Schichten genau zu eruieren.
11. G. *Niggl,* Geschichte der deutschen Autobiographie im 18. Jahrhundert. Theoretische Grundlegung und literarische Entfaltung (1977); R.-R. *Wuthenow,* Das erinnerte Ich. Europäische Autobiographie und Selbstdarstellung im 18. Jahrhundert (1974).
12. R.-R. *Wuthenow,* Die erfahrene Welt. Europäische Reiseliteratur im Zeitalter der Aufklärung (1980); H. J. *Piechotta* (Hg.), Reise und Utopie. Zur Literatur der Spätaufklärung (1976); W. *Griep* – H.-W. *Jäger* (Hg.), Reisen im 18. Jahrhundert. Neue Untersuchungen (1986).
13. Zit. Nach: P. *Lahnstein,* Report einer „guten alten Zeit". Zeugnisse und Berichte 1750–1805 (1977^2) 299/300.
14. Ebd. 81. „Ich war wohl klug, daß ich dich fand". Heinrich Christian Boies Briefwechsel mit Luise Mejer 1777–85. Hg. v. I. Schreiber (1961).
15. Bericht nach V. Wölfling. Zit.: H. *Pleticha* (Hg.), Das klassische Weimar. Texte und Zeugnisse (1983) 164f.
16. Adolf Frhr. v. *Knigge,* Über den Umgang mit Menschen (1987) 260.
17. Über den Monat Februar 1777 berichtete z. B. Joh. Wolfgang Goethe:

„FEBRUAR

1. Bei ♃ geschl. nach der Redoute. Phantasie! Herzklopfen. Conseil. Zu Wiel. Feuerlärm in der Rittergasse, herumgetrieben. Im Garten. |
2. Früh zu Eins. das Logis besehn und beschlossen. Knebels Ärger über die tiefe Seele. Zu ☉ gessen. Abends in Garten.
3. Bei ♃ mich angezogen zur Feierlichkeit. Um 11 die Beleihung von Schwarzburg im Saale. Auf ♃ Stube und Bernh. Leben gelesen. Zu Tafel. Neben der Waldnern gesessen gegen Freunden über. Erklärung mit Kalb. Abends Bergers Spiel. Zu ☽ zur Tafel. Nachts bei ♃ geschl.
4. Ruhige Nacht. Heitrer Morgen. Übers Bergwerk gelesen die Deduction Eckardts in Garten, unterschrieben. Gelesen, gefochten geschossen. Reiner Tag.
5. Conseil. Mit Fritsch gessen wo die Schwarzb. Ges. waren. Zu ☽ über des Pr. Ludw. Brief. Berger. Wurst wider Wurst. Und darnach –! *Mais que Diable alloit il faire dans cette galere.* Bewegte Nacht.
6. Morgens gefochten, zu ☉. Zu ☽ zu Tisch. Nach Tisch gewürfelt um des Juden Ware und Possen. Berg Kapellmeister Hunde Humor. Zu Cr. Zu ♃ dann in Garten.
7. Gearbeit bis zwölf. Zu Fr. Der Katze die Schelle ang. Zu ☉ gessen und nach Tisch in Lebhaftigkeit. Geron der Adelich. | Kettelh. und St. 21. aufs Billard. Dem H. referiert. – *Mais que Diable alloit il* –?! Nicht zur Redoute geblieben.
8. Am Br. für ☽. Grobh. v. Kn. Abends C. und ♃ bei L. ertappt.
9. Zur Herz. mit ♃ ausgemacht das Benehmen. Gegen 11 zu L. † † zu Herdern, gessen. Kam ♃ und Wiel. einen Bick ins Konzert. In Garten.

11. Conseil. Kammer Et. *Eis.* mit ☉ gessen. Glucklicher Abend. In der Bauer-Maske auf die Red. Gegen 3 zu ♃.
12. Gegen 9 aufgestanden
14. Conseil. Bei Herdern gessen. Mit ihm spazieren. Auf die Red. Die Vögel-Masken. Die Herz. v. Gotha kam.
15. Morgens die L. Cr. u. P. im Garten. Mittags zu Hause gessen. Abends zur Komödie. *la locandiera.*
16. Zu Seckend. Schrötern mit ihr gessen, zu Wieland viel geschwätzt. In Garten diktiert an W. Meister. Eingeschlafen.
17. Herrlich Wetter. Nach Saufeld geritten übern Hirschruf, Buchfarth zurück. Abends ☉ Wiederkehr. Gezeichnet. Nachts 10 zurück in Garten. Die Bäume voll blinkenden Dufts im Mondschein.
18. Alles in Duft. Conseil. Die Bergwerks-Sache. Sehr kalt.
23. Früh zu ♃ wo Kaufm. hinkam. Mittags bei ☉ gessen. Abends Probe von Lila. Zu Cronen. Nachts Kaufmann. Gehetzt im Gesp. Seltener Traum v. dem vorigen Bewohner
24. Früh wunderb. Stimmung. Nach Ettersburg mit ♃ und Wedel zurück zu ☉ wo die Werther war. Bewegung des Herzens. Frühlingstauwetter.
25. Konferenz mit Gläsern. Mit ihm und Eckardt. Bei Kalb gessen. Abends Probe von Lila.
26. Ankunft des Prinzen Ferdinand.
27. Probe v. L. Cour morgens. Bei ☉ gessen. Abends Hof."
(Joh. W. *Goethe,* Tagebücher. Bd. I 1770–1810 (Cotta Ausgabe) 1956, 64ff.)

18. Gg. Chr. *Lichtenberg,* Schriften und Briefe. Bd. II. Sudelbücher II. Materialhefte, Tagebücher (1971) 745.
19. P. *Gradenwitz,* Literatur und Musik in geselligem Kreise. Geschmacksbildung, Gesprächsstoff und musikalische Unterhaltung in der bürgerlichen Salongesellschaft (1991); P. *Schleuning,* Das 18. Jahrhundert; Der Bürger erhebt sich (Geschichte der Musik in Deutschland) (1984).
20. Allgemein zum Problem von Frau und Aufklärung vgl. A. *von Hanstein,* Die Frauen in der Geschichte des Deutschen Geisteslebens des 18. und 19. Jahrhunderts, 2 Bde. (1899/1900); S. *Bovenschen,* Die imaginierte Weiblichkeit. Exemplarische Untersuchungen zu kulturgeschichtlichen und literarischen Präsentationsformen des Weiblichen (1979); U. *Frevert,* Frauen-Geschichte. Zwischen Bürgerlicher Verbesserung und Neuer Weiblichkeit (1986); C. *Honegger,* Die Ordnung der Geschlechter. Die Wissenschaft vom Menschen und das Weib 1750–1850 (1991); A. *van Dülmen* (Hg.), Frauenleben im 18. Jahrhundert (1992).
21. Ebd. 35ff.
22. Zit. nach: *van Dülmen,* Frauenleben im 18. Jahrhundert 254.
23. *Frevert,* Frauen-Geschichte 15ff.
24. Zum Problem der Volksaufklärung vgl. D. *Narr,* Fragen zur Volksbildung in der späteren Aufklärung, in: Ders., Studien zur Spätaufklärung im deutschen Südwesten (1979) 182–207; J. *Voss,* Der Gemeine Mann und die Volksaufklärung im späten 18. Jahrhundert, in: H. Mommsen – W. Schulze (Hg.), Vom Elend der Handarbeit. Probleme historischer Unterschichtenforschung (1981) 208–233; V. *Wehrmann,* Volksaufklärung, in: U. Herrmann (Hg.), Das Pädagogische Jahr-

hundert. Volksaufklärung und Erziehung zur Armut im 18. Jahrhundert in Deutschland (1981) 143–168; H. *Böning*, Gelehrte Bauern in der deutschen Aufklärung, in: Buchhandelsgeschichte (1987/1) B 1–24; *Ders.*, Der „gemeine Mann“ als Adressat aufklärerischen Gedankengutes. Ein Forschungsbericht zur Volksaufklärung, in: Das achtzehnte Jahrhundert 12/1 (1988) 52–80; *Ders.*, Medizinische Volksaufklärung und Öffentlichkeit. Ein Beitrag zur Popularisierung aufklärerischen Gedankengutes und zur Entstehung einer Öffentlichkeit über Gesundheitsfragen. Mit einer Bibliographie medizinischer Volksschriften, in: Int. Arch. f. Sozialgesch. d. dt. Lit. 15 (1990) 1–92; *Ders.*, Gemeinnützig-ökonomische Aufklärung und Volksaufklärung. Bemerkungen zum Selbstverständnis und zur Wirkung der praktisch-populären Aufklärung im deutschsprachigen Raum, in: S. Jüttner – J. Schlobach (Hg.), Europäische Aufklärung(en). Einheit und nationale Vielfalt (1992) 218–248.

25. Zit. nach *Wehrmann*, Volksaufklärung 149.

26. Ebd. 151. Nach J. L. Ewald ist der „Aufgeklärte … dem Staate zehnmal mehr wert als der Rohe“. Mit einem Beispiel verdeutlicht er sein Interesse: „Setzet zwei Landbesitzer, von denen jeder vierzig Scheffelsaat oder zwanzig Morgen Land von gleicher Güte hat: der eine ist aufgeklärt, denkt über die Natur des Bodens und dessen mögliche Verbesserung, verbessert ihn nach und nach, soweit er kann, nutzt jedes Stück, wozu es zu nutzen ist, baut Futterkräuter, vermehrt seinen Viehbestand und seinen Dünger und verbessert auch dadurch wieder sein Land. Er pflanzt Bäume an, zieht sich Hopfen, braut sich gutes, wohlfeiles Bier, um nicht schlechtes teuer zu bezahlen. Er hält Kinder und Gesinde zu Ordnung, Fleiß und sittlichem Betragen an und ist ihnen selbst Beispiel … Der andere baut maschinenmäßig sein Land, wie er es von anderen sah, läßt wüst liegen, was wüst war, gebraucht zur Viehweide, was Viehweide war. Er kann wenig Vieh halten, weil er wenig Futter hat, und das wenige ist schlecht, gibt wenig Dünger, wenig Nahrung seinem Lande. Er kennt kein Vergnügen, als in der Schenke einmal recht zu saufen, und macht sich das Vergnügen, sooft er Geld hat. Kinder und Gesinde lernen diese Lebensphilosophie von ihm und machen es wie er… Gesetzt, die Bedürfnisse des Landes erforderten es, daß jeder dieser Landleute jährlich zehn Taler mehr abgeben müßte, welcher der beiden wird die Abgabe am besten bezahlen können und ein ordentlicher Untertan bleiben? … Das kann ja wohl keine Frage sein! Und was im einzelnen wahr ist, bleibt ja wohl auch im allgemeinen wahr. Wenn ein aufgeklärter Landmann mehr Abgaben entrichten kann als ein unaufgeklärter, so muß ja wohl ein aufgeklärtes Volk dem Staat mehr wert sein als ein unaufgeklärtes, und wenn man auch Menschenwert bloß politisch, nach der Summe des jährlichen Ertrags, berechnen will“ (Joh. Ludwig *Ewald*, Über Volksaufklärung, ihre Grenzen und Vorteile (1790), in: A. Bergk u. a., Aufklärung und Gedankenfreiheit. Fünfzehn Anregungen, aus der Geschichte zum Lernen. Hg. v. Z. Batscha (1977) 337–358, hier 358).

27. R. *Wittmann*, Der lesende Landmann. Zur Rezeption aufklärerischer Bemühungen durch die bäuerliche Bevölkerung im 18. Jahrhundert, in: D. Berindei u. a. (Hg.), Der Bauer Mittel- und Osteuropas im sozioökonomischen Wandel des 18. und 19. Jahrhunderts (1973) 142–196; H. *Böning*, Zeitungen für das „Volk“. Ein Beitrag zur Entstehung einer periodischen Presse für die unteren Stände und zur Politisierung der deutschen Öffentlichkeit nach der Französischen Revolu-

tion, in: Ders. (Hg.), Französische Revolution und deutsche Öffentlichkeit. Wandlungen in Presse und Alltagskultur am Ende des achtzehnten Jahrhunderts (1991).

28. R. *Siegert,* Aufklärung und Volkslektüre. Exemplarisch dargestellt an Rudolph Zacharias Becker und seinem Noth- und Hülfsbüchlein. Mit einer Bibliographie zum Gesamtthema (1978).

29. Vgl. u. a. S. *Moravia,* Beobachtende Vernunft. Philosophie und Anthropologie in der Aufklärung (1977^2).

30. Vgl. S. 137ff.

31. R. *Vierhaus,* Politisches Bewußtsein in Deutschland vor 1789, in: Ders., Deutschland im 18. Jahrhundert. Politische Verfassung. Soziales Gefüge. Geistige Bewegungen (1987) 183–201; H. E. *Bödeker,* Prozesse und Strukturen politischer Bewußtseinsbildung; *Ders.* – U. *Herrmann* (Hg.), Aufklärung als Politisierung – Politisierung der Aufklärung.

32. Das Thema der Grenzen und der Widersprüche der Aufklärung ist nach und außer den kritischen Entwürfen von M. *Horkheimer* – Th. W. *Adorno,* Dialektik der Aufklärung. Philosophische Fragmente (1969) und R. *Koselleck,* Kritik und Krise. Eine Studie zur Pathogenese der bürgerlichen Welt (1973); J. *Habermas,* Der philosophische Diskurs der Moderne (1985) kaum noch thematisiert worden. M. Foucault und andere Poststrukturalisten haben den Blick für die Ambivalenz der Aufklärung (Moderne) geschärft, aber die innewohnende Dialektik verkannt. M. *Foucault,* Wahnsinn und Gesellschaft. Eine Geschichte des Wahns im Zeitalter der Vernunft (1973); *Ders.,* Die Geburt der Klinik. Eine Archäologie des ärztlichen Blicks (1973); *Ders.,* Überwachen und Strafen. Die Geburt des Gefängnisses (1976).

33. Vgl. u. a. *Koselleck,* Kritik und Krise.

34. Allenthalben wird mittlerweile zwar von der Ambivalenz der Aufklärung gesprochen, aber es fehlt bisher jeder Ansatz einer größeren Darstellung der Aufklärung, die das Problem der Grenze und Zwiespältigkeit systematisch einbezieht und nicht blauäugig Aufklärungskritik mit Gegenaufklärung verwechselt. Gerade heute ist eine kritische Aufarbeitung der Aufklärung stärker denn je nötig. Sie darf allerdings nicht auf eine geistesgeschichtliche Rekonstruktion beschränkt bleiben, sondern muß Probleme der Moderne überhaupt mit thematisieren. Zu schmalspurig: J. *Rüsen* – E. *Lämmert* – P. *Glotz* (Hg.), Die Zukunft der Aufklärung (1988).

Literaturverzeichnis

Adler, Emil, Herder und die deutsche Aufklärung, Wien 1968

Amon, Karl, Die Steiermark vor der Glaubensspaltung. Kirchliche Zustände 1490–1520, Graz/Wien/Köln 1960

Andreas, Willy, Deutschland vor der Reformation. Eine Zeitenwende, Stuttgart 1959[6]

Angermeier, Heinz (Hg.), Säkulare Aspekte der Reformationszeit, München/Wien 1983

Ariès, Philippe – *Duby*, George (Hg.), Geschichte des privaten Lebens. Bd. 3: Von der Renaissance zur Aufklärung, Frankfurt 1991

Bäsken, Rohtraud, Die Dichter des Göttinger Hains und die Bürgerlichkeit. Eine literarsoziologische Studie, Berlin 1937

Balzer, Bernd, Bürgerliche Reformationspropaganda. Die Flugschriften des Hans Sachs in den Jahren 1523–1525, Stuttgart 1973

Barber, Giles – *Fabian*, Bernhard (Hg.), Buch und Buchhandel in Europa im 18. Jahrhundert, Hamburg 1981

Barton, Peter, Jesuiten, Jansenisten, Josephiner. Eine Fallstudie zur frühen Toleranzzeit. Der Fall Innocentius Fessler, Wien 1978

Bátori, Ingrid (Hg.), Städtische Gesellschaft und Reformation, Stuttgart 1980

Batscha, Zwi – *Graber*, Jörn (Hg.), Von der ständischen zur bürgerlichen Gesellschaft. Politisch-soziale Theorien im Deutschland der 2. Hälfte des 18. Jahrhunderts, Frankfurt 1981

Baumgart, Peter – *Hammerstein*, Notker (Hg.), Beiträge zu Problemen deutscher Universitätsgründungen der frühen Neuzeit, Nendeln 1978

Becher, Ursula A. J., Politische Gesellschaft. Studien zur Genese bürgerlicher Öffentlichkeit in Deutschland, Göttingen 1978

Becker, Thomas P., Konfessionalisierung in Kurköln. Untersuchungen zur Durchsetzung der katholischen Reform in den Dekanaten Ahrgau und Bonn anhand von Visitationsprotokollen 1583–1761, Bonn 1989

Becker, Winfried, Reformation und Revolution, Münster 1974

Begemann, Christian, Furcht und Angst im Prozeß der Aufklärung. Zur Literatur und Bewußtseinsgeschichte des 18. Jahrhunderts a. M., Frankfurt 1987

Behringer, Wolfgang, Hexenverfolgung in Bayern. Volksmagie, Glaubenseifer und Staatsräson in der frühen Neuzeit, München 1988

–, Mit dem Feuer vom Leben zum Tod. Hexengesetzgebung in Bayern, München 1988

– (Hg.), Hexen und Hexenprozesse in Deutschland, München 1988

Benrath, Gustav Adolf, Die Universität der Reformationszeit, in: Archiv für Reformationsgeschichte 57 (1966) 32–51

Bergk, A. – *Ewald*, J. L. – *Fichte*, G. J. u. a., Aufklärung und Gedankenfreiheit. Fünfzehn Anregungen, aus der Geschichte zu lernen. Hg. v. Z. Batscha, Frankfurt 1977

Beyreuther, Erich, Geschichte des Pietismus, Stuttgart 1978
–, August Hermann Francke 1663–1727. Zeuge des lebendigen Gottes, Marburg 1956
–, Frömmigkeit und Theologie. Gesammelte Aufsätze zum Pietismus und zur Erweckungsbewegung, Hildesheim/New York 1980
Blaschke, Karlheinz, Sachsen im Zeitalter der Reformation, Gütersloh 1970
–, Wechselwirkungen zwischen der Reformation und dem Aufbau des Territorialstaates, in: Der Staat 9 (1970) 347–364
Blaufuss, Dietrich (Hg.), Pietismus-Forschungen. Zu Ph. J. Spener und zum spiritualistisch-radikal-pietistischen Umfeld, Frankfurt a. M./Bern/New York 1986
–, Reichsstadt und Pietismus, Neustadt/Aisch 1977
Blickle, Peter, Die Reformation im Reich, Stuttgart 1982
–, Gemeindereformation. Die Menschen des 16. Jahrhunderts auf dem Weg zum Heil, München 1987[2]
–, (Hg.), Zugänge zur bäuerlichen Reformation, Zürich 1987
Ders. – *Rublack,* Hans-Christoph – *Schulze,* Winfried, Religion, Politics and Social Protest. Three studies on early modern Germany, London 1984
Ders. u. a. (Hg.), Zwingli und Europa. Referate und Protokoll des Internationalen Kongresses aus Anlaß des 500. Geburtstages von Huldrych Zwingli vom 26. bis 30. März 1984, Zürich 1985
Ders. – *Kunisch,* Johannes (Hg.), Kommunalisierung und Christianisierung. Voraussetzungen und Folgen der Reformation 1400–1600, Berlin 1989 (= Zs. f. hist. Forsch. Beiheft 9)
Blumenberg, Hans, Die Legitimität der Neuzeit, Frankfurt 1966
–, Die Genesis der kopernikanischen Welt, Frankfurt 1975
Böck, Robert, Volksfrömmigkeit und Wallfahrtswesen im Gebiet des heutigen Landkreises Friedberg (Schwaben). 1. Teil: Von den Anfängen bis zum 18. Jahrhundert, in: Bayr. Jb. f. Volkskunde (1969) 22–79
Bödeker, Hans Erich (Hg.), Lesekulturen im 18. Jahrhundert (= Aufklärung 6/1), Heidelberg 1991
Ders. – *Hermann,* Ulrich (Hg.), Über den Prozeß der Aufklärung in Deutschland im 18. Jahrhundert. Personen, Institutionen und Medien, Göttingen 1987
Dies. (Hg.), Aufklärung als Politisierung – Politisierung der Aufklärung, Hamburg 1987
Bödeker, Hans Erich – *Hinrichs* Ernst (Hg.), Alteuropa – Ancien Régime – Frühe Neuzeit. Probleme und Methoden der Forschung, Stuttgart 1991
Böning, Holger, Gelehrte Bauern in der deutschen Aufklärung, in: Buchhandelsgeschichte 1987, 1–23
Ders., Das Intelligenzblatt als Medium praktischer Aufklärung. Ein Beitrag zur Geschichte der gemeinnützig-ökonomischen Presse in Deutschland von 1768 bis 1780, in: Intern. Arch. f. Sozialgesch. d. dt. Literatur 12 (1987), 107–133
Boll, Franz – *Bezold,* Carl – *Gundel,* Wilhelm, Sternglaube und Sterndeutung, Stuttgart 1977[7]
Brady, Thomas A., Ruling Class. Regime and Reformation at Strasbourg, 1520–1555, Leiden 1978
Braubach, Max, Diplomatie und geistiges Leben im 17. und 18. Jahrhundert, Bonn 1969

Brecht, Martin, Kirchenordnung und Kirchenzucht in Württemberg vom 16. bis zum 18. Jahrhundert, Stuttgart 1967

–, Herkunft und Ausbildung der protestantischen Geistlichen des Herzogtums Württemberg im 16. Jahrhundert, in: Zs. f. Kirchengesch. 80 (1969) 163–175

–, Martin Luther, 2 Bde., Stuttgart 1983/86

Ders. – *Ehmer*, Hermann, Südwestdeutsche Reformationsgeschichte. Zur Einführung der Reformation im Herzogtum Württemberg 1534, Stuttgart 1984

Ders. u. a. (Hg.), Pietismus und Neuzeit. Bd. 8: Der radikale Pietismus, Göttingen 1983

Ders. u. a. (Hg.), Pietismus und Neuzeit. Bd. 9: Kirche und Frömmigkeit im Übergang vom 18. zum 19. Jahrhundert, Göttingen 1984

Brendler, Gerhard, Martin Luther. Theologie und Revolution, Berlin 1983

Breuer, Dieter (Hg.), Frömmigkeit in der frühen Neuzeit. Studien zur religiösen Literatur des 17. Jahrhunderts in Deutschland (= Daphnis 2), Amsterdam 1984

Brinker-Gabler, Gisela (Hg.), Deutsche Literatur von Frauen. Bd. I: Vom Mittelalter bis zum Ende des 18. Jahrhunderts, München 1988

Brückner, Wolfgang, Die Verehrung des heiligen Blutes in Walldürn. Volkskundlich-soziologische Untersuchungen zum Strukturwandel barocken Wallfahrtens, Aschaffenburg 1958

– (Hg.), Volkserzählung und Reformation. Ein Handbuch zur Tradierung und Funktion von Erzählstoffen und Erzählliteratur im Protestantismus, Berlin 1974

–, Volksfrömmigkeit – Aspekte religiöser Kultur, in: Kölner Zs. f. Soziologie und Sozialpsych. 31 (1979) 539–569

–, Zum Wandel der religiösen Kultur im 18. Jahrhundert. Einkreisungsversuche des „Barockfrommen" zwischen Mittelalter und Massenmissionierung, in: E. Hinrichs – G. Wiegelmann (Hg.), Sozialer und kultureller Wandel in der ländlichen Welt des 18. Jahrhunderts (1982) 65–83

Ders. – *Blickle*, Peter – *Breuer*, Dieter, Literatur und Volk im 17. Jahrhundert. Probleme populärer Kultur in Deutschland, 2 Bde., Wiesbaden 1985

Ders. – *Korff*, Gottfried – *Scharfe*, Martin (Hg.), Völksfrömmigkeitsforschung, München/Würzburg 1986

Bruford, Walter H., Kultur und Gesellschaft im klassischen Weimar 1775–1806, Göttingen 1966

Brunschwig, Henri, Gesellschaft und Romantik in Preußen im 18. Jahrhundert. Die Krise des preußischen Staates am Ende des 18. Jahrhunderts und die Entstehung der romantischen Mentalität, Frankfurt u. a. 1976

Bürger, Christa (Hg.), Aufklärung und literarische Öffentlichkeit, Frankfurt 1986

Burke, Peter, Küchenlatein. Sprache und Umgangssprache in der frühen Neuzeit, Berlin 1989

von Campenhausen, Hans Freiherr, Die Bilderfrage in der Reformation, in: Zs. f. Kirchengesch. 68 (1957) 96–128

Chartier, Roger, Die unvollendete Vergangenheit. Geschichte und die Macht der Weltauslegung, Berlin 1989

–, Lesewelten. Buch und Lektüre in der frühen Neuzeit, Frankfurt 1990

Conrad, Franziska, Reformation in der bäuerlichen Gesellschaft. Zur Rezeption reformatorischer Theologie im Elsass, Wiesbaden/Stuttgart 1984

Conrads, Norbert, Ritterakademien der frühen Neuzeit. Bildung als Standesprivileg im 16. und 17. Jahrhundert, Göttingen 1982
Dann, Otto (Hg.), Lesegesellschaften und bürgerliche Emanzipation. Ein europäischer Vergleich, München 1981
–, Lesegesellschaften im 18. Jahrhundert. Ein Forschungsbericht, in: Int. Archiv f. Sozialgesch. d. dt. Lit. 14 (1989) 45–53
Darnton, Robert, Literaten im Untergrund. Lesen, Schreiben und Publizieren im vorrevolutionären Frankreich, München 1985
Davis, Natalie Zemon, From ‚Popular Religion' to Religious Cultures, in: S. E. Ozment (Hg.), Reformation Europe: A Guide to Research, St. Louis 1982, 321–341
–, Humanismus, Narrenherrschaft und die Riten der Gewalt. Gesellschaft und Kultur im frühneuzeitlichen Frankreich, Frankfurt 1987
Degn, Christian (Hg.), Staatsdienst und Menschlichkeit. Studien zur Adelskultur des späten 18. Jahrhunderts in Schleswig-Holstein und Dänemark, Neumünster 1980
Delumeau, Jean, Angst im Abendland. Die Geschichte kollektiver Ängste im Europa des 14. bis 18. Jahrhunderts. Reinbek 1986
Deppermann, Klaus, Melchior Hoffman. Soziale Unruhen und apokalyptische Visionen im Zeitalter der Reformation, Göttingen 1979
Dilthey, Wilhelm, Friedrich der Grosse und die deutsche Aufklärung, in: Ders., Studien zur Geschichte des deutschen Geistes, Leipzig/Berlin 1942^2, 81–205
Dinzelbacher, Peter – *Bauer*, Dieter R. (Hg.), Volksreligion im hohen und späten Mittelalter, Paderborn u. a. 1990
– (Hg.), Heiligenverehrung in Geschichte und Gegenwart, Ostfildern 1990
Dittrich-Jacobi, Juliane, Pietismus und Pädagogik im Konstitutionsprozeß der bürgerlichen Gesellschaft. Historisch-systematische Untersuchung der Pädagogik August Hermann Franckes (1663–1727), Bielefeld 1976
Drewitz, Ingeborg, Berliner Salons. Gesellschaft und Literatur zwischen Aufklärung und Industriezeitalter, Berlin 1979
van Dülmen, Andrea (Hg.), Frauenleben im 18. Jahrhundert, München 1992
van Dülmen, Richard, Probst Franziskus Töpsl (1711–1796) und das Augustiner-Chorherrenstift Polling. Ein Beitrag zur Geschichte der katholischen Aufklärung in Bayern, Kallmünz 1967
–, Orthodoxie und Kirchenreform. Der Nürnberger Prediger Johannes Saubert (1592–1646), München 1970
–, Der Geheimbund der Illuminaten. Darstellung, Analyse, Dokumentation, Stuttgart 1977^2
–, Die Utopie einer christlichen Gesellschaft. Joh. Valentin Andreae (1586–1654), Stuttgart 1978
–, Die Gesellschaft der Aufklärer. Zur bürgerlichen Emanzipation und aufklärerischen Kultur in Deutschland, Frankfurt 1986
–, Reformation als Revolution. Soziale Bewegung und religiöser Radikalismus in der deutschen Reformation, Frankfurt 1987^2
– (Hg.), Hexenwelten. Magie und Imagination vom 16.–20. Jahrhundert, Frankfurt 1987
–, Religion und Gesellschaft. Beiträge zu einer Religionsgeschichte der Neuzeit, Frankfurt 1989

–, Gesellschaft der Frühen Neuzeit: Kulturelles Handeln und sozialer Prozeß. Beiträge zur historischen Kulturforschung, Wien/Köln/Weimar 1993
Dünninger, Hans, Processio peregrinationis. Volkskundliche Untersuchungen zu einer Geschichte des Wallfahrtswesens in der heutigen Diözese Würzburg, 2 Teile, in: Würzburger Diözesangeschichtsblätter 23 (1961) 53–176; 24 (1962) 52–188
Dünninger, Josef, Volkstum und Aufklärung in Franken. Beiträge zur fränkischen Volkskunde im ausgehenden 18. Jahrhundert, in: Bayr. Jb. f. Volkskunde 1957, 29ff.
–, Die Marianischen Wallfahrten der Diözese Würzburg, Würzburg 1962
Düsterhaus, Gerhard, Das ländliche Schulwesen im Herzogtum Preußen im 16. und 17. Jahrhundert, Bonn 1975
Ebneter, Albert, Der Jesuitenorden, Zürich/Köln 1984²
Ehrensperger, Alfred, Die Theorie des Gottesdienstes in der späten deutschen Aufklärung (1770–1815), Zürich 1971
Eis, Gerhard, Altdeutsche Zaubersprüche, Berlin 1964
Elliger, Walter, Thomas Müntzer. Leben und Werk, Göttingen 1976³
Enderle, Wilfried, Konfessionsbildung und Ratsregiment in der katholischen Reichsstadt Überlingen (1500–1618) im Kontext der Reformationsgeschichte der oberschwäbischen Reichsstädte, Stuttgart 1990
Engelsing, Rolf, Die Perioden der Leseforschung in der Neuzeit. Das statistische Ausmaß und die soziokulturelle Bedeutung der Lektüre, in: Archiv für Geschichte des Buchwesens 10 (1969) 945–1002
–, Analphabetentum und Lektüre. Zur Sozialgeschichte des Lesens in Deutschland zwischen feudaler und industrieller Gesellschaft, Stuttgart 1973
–, Der Bürger als Leser. Lesergeschichte in Deutschland 1500–1800, Stuttgart 1974
Epstein, Klaus, Die Ursprünge des Konservatismus in Deutschland. Der Ausgangspunkt: Die Herausforderung durch die Französische Revolution 1770–1806, Frankfurt u. a. 1973
Ermatinger, Emil, Deutsche Kultur im Zeitalter der Aufklärung, Frankfurt 1969
Ernst, Cécile, Teufelsaustreibungen. Die Praxis der katholischen Kirche im 16. und 17. Jahrhundert, Bern 1972
Fast, Heinold (Hg.), Der linke Flügel der Reformation. Glaubenszeugnisse der Täufer, Spiritualisten, Schwärmer und Antitrinitarier, Bremen 1962
–, Reformation durch Provokation, Göttingen 1975
Fertig, Ludwig, Die Hofmeister. Ein Beitrag zur Geschichte des Lehrerstandes und der bürgerlichen Intelligenz, Stuttgart 1979
– (Hg.), Die Volksschule des Obrigkeitsstaates und ihre Kritiker. Texte zur politischen Funktion der Volksbildung im 18. und 19. Jahrhundert, Darmstadt 1979
Findeisen, Hans-Volkmar, Pietismus in Fellbach 1750–1820 zwischen sozialem Protest und bürgerlicher Anpassung. Zur historisch-sozialen Entwicklungsdynamik eines millenaristischen Krisenkults, Tübingen 1985
Forster, Marc, Die katholische Reform in den Dörfern des Hochstifts Speyer, in: Zs. f. Gesch. d. Oberrh. 138 (1990) 259–281
Fossel, Viktor, Volksmedicin und medicinischer Aberglaube in Steiermark. Ein Beitrag zur Landeskunde, Graz 1886
François, Etienne, Die Volksbildung am Mittelrhein im ausgehenden 18. Jahrhundert. Untersuchungen über den vermeintlichen „Bildungsrückstand“ der katholischen

Bevölkerung Deutschlands im Ancien Régime, in: Jb. f. westdt. Landesgesch. 3 (1977) 277–304
–, Buch, Konfession und städtische Gesellschaft im 18. Jahrhundert. Das Beispiel Speyers. in: FS f. R. Vierhaus (Mentalitäten und Lebensverhältnisse) 1982, 34–54
–, Sociabilité et Société Bourgeoise en France, en Allemagne et en Suisse 1750–1850 = Geselligkeit, Vereinswesen und bürgerliche Gesellschaft in Frankreich, Deutschland und der Schweiz 1750–1850, Paris 1986
–, Die unsichtbare Grenze. Protestanten und Katholiken in Augsburg 1648–1806, Sigmaringen 1991
Franz, Adolph, Die kirchlichen Benediktionen im Mittelalter, 2 Bde., ND Graz 1960
–, Die Messe im deutschen Mittelalter. Beiträge zur Geschichte der Liturgie und des religiösen Volkslebens, Freiburg 1902, ND Darmstadt 1963
Freitag, Werner, Volks- und Elitenfrömmigkeit in der Frühen Neuzeit. Marienwallfahrten im Fürstbistum Münster, Paderborn 1991
Freudenthal, H., Das Feuer im deutschen Glauben und Brauch, Berlin 1931
Gawthrop, R. – *Strauss,* Gerald, Protestantism and Literacy in Early Modern Germany, in: Past and Present 104 (1984) 31–55
Gerth, Hans H., Bürgerliche Intelligenz um 1800. Zur Soziologie des deutschen Frühliberalismus, Göttingen 1976[2]
Gierl, Irmgard F. L., Bauernleben und Bauernwallfahrt in Altbayern. Eine kulturkundliche Studie auf Grund der Tuntenhausener Mirakelbücher, München 1960
Ginzburg, Carlo, Die Benandanti. Feldkulte und Hexenwesen im 16. und 17. Jahrhundert, Frankfurt a. M. 1980
–, Volksbrauch, Magie und Religion, in: R. Romano (Hg.), Die Gleichzeitigkeit des Ungleichzeitigen. Fünf Studien zur Geschichte Italiens, Frankfurt a. M. 1980
–, Hexensabbat. Entzifferung einer nächtlichen Geschichte, Berlin 1990
Göpfert, Herbert (Hg.), Buch und Leser, Hamburg 1977
– (Hg.), Buch- und Verlagswesen im 18. und 19. Jahrhundert. Beiträge zur Geschichte der Kommunikation in Mittel- und Osteuropa, Berlin 1977
Goertz, Hans-Jürgen (Hg.), Umstrittenes Täufertum 1525–1975. Neue Forschungen, Göttingen 1975
–, Die Täufer. Geschichte und Deutung, München 1980
–, Pfaffenhaß und groß Geschrei. Die reformatorischen Bewegungen in Deutschland 1517–1529, München 1987
Goody, Jack (Hg.), Literalität in traditionalen Gesellschaften, Frankfurt 1981
–, Entstehung und Folgen der Schriftkultur, Frankfurt 1986
Goy, Barbara, Aufklärung und Volksfrömmigkeit in den Bistümern Würzburg und Bamberg, (Diss.) Würzburg 1969
Grabner, Elfriede, Grundzüge einer ostalpinen Volksmedizin, Wien 1985
Graff, Paul, Geschichte der Auflösung der alten gottesdienstlichen Formen in der Evangelischen Kirche Deutschlands bis zum Eintritt der Aufklärung und des Rationalismus, Göttingen 1921
Grathoff, Erich, Deutsche Bauern- und Dorfzeitungen des 18. Jahrhunderts. Ein Beitrag zur Geschichte des Bauerntums, der öffentlichen Meinung und des Zeitungswesens, (Diss.) Heidelberg 1937
Greschat, Martin (Hg.), Zur neueren Pietismusforschung, Darmstadt 1977
–, Die Aufklärung, Stuttgart 1983

von Greyerz, Kaspar (Hg.), Religion and Society in Early Modern Europe: 1500–1800, London 1984

–, Stadt und Reformation. Stand und Aufgaben der Forschung, in: Arch. f. Ref. Gesch. 76 (1985) 6–63

Grimm, Gunter E., Literatur und Gelehrtentum in Deutschland. Untersuchungen zum Wandel ihres Verhältnisses vom Humanismus bis zur Frühaufklärung, Tübingen 1983

Grimminger, Rolf (Hg.), Deutsche Aufklärung bis zur Französischen Revolution 1680–1789, München 1980

Grube-Verhoeven, Regine, Die Verwendung von Büchern christlich-religiöser Inhalte zu magischen Zwecken, in: Volksleben 13, Tübingen 1966, 11–57

Gumbrecht, Hans Ulrich – *Reichardt,* Rolf – *Schleich,* Thomas (Hg.), Sozialgeschichte der Aufklärung in Frankreich, 2 Teile, München/Wien 1981

Haase, Carl, Der Bildungshorizont der norddeutschen Kleinstadt am Ende des 18. Jahrhunderts, in: FS f. Hermann Aubin zum 80. Geburtstag, Wiesbaden 1965, 511–525

–, Die Lateinschule in Niedersachsen von der Reformation bis zur napoleonischen Zeit, in: Niedersächs. Jb. f. Landesgesch. 51 (1979) 137–194

Habermas, Jürgen, Strukturwandel der Öffentlichkeit. Untersuchungen zu einer Kategorie der bürgerlichen Gesellschaft, Neuwied 1969[4]

Habermas, Rebekka, Wallfahrt und Aufruhr. Zur Geschichte des Wunderglaubens in der frühen Neuzeit, Frankfurt 1991

Hammerstein, Notker, Aufklärung und katholisches Reich, Berlin 1977

Hansmann, Liselotte – *Kriss-Rettenbeck,* Lenz, Amulett und Talisman. Erscheinungsform und Geschichte, München 1977[2]

Harmening, Dieter, Fränkische Mirakelbücher. Quellen und Untersuchungen zur historischen Volkskunde und Geschichte der Volksfrömmigkeit, in: Würzburger Diözesangeschichtsblätter 28 (1966) 25–240

–, Superstitio. Überlieferungs- und theoriegeschichtliche Untersuchungen zur kirchlich-theologischen Aberglaubensliteratur des Mittelalters, Berlin 1979

Hauschild, Wolf Dieter, Kirchengeschichte als Missionsgeschichte, in: Zs. f. Kirchengesch. 86 (1975) 367–381

Heidrich, Beate, Fest und Aufklärung. Der Diskurs über die Volksvergnügungen in bayerischen Zeitschriften (1765–1815), München 1984

Heimann, Heinz-Dieter, „Verkehrung" in Volks- und Buchkultur als Argumentationspraxis in der reformatorischen Öffentlichkeit, in: Arch. f. Reformationsgeschichte 79 (1988) 170–188

Heimbucher, Kurt (Hg.), Luther und der Pietismus, Gießen/Basel 1983

Helmers, Hermann, Geschichte des deutschen Lesebuchs in Grundzügen, Stuttgart 1970

Hengst, Karl, Universität und katholische Reform, in: R. Bäumer (Hg.), Reformatio Ecclesiae. Festgabe für Erwin Iserloh, Paderborn 1980, 749–777

Heppe, Heinrich, Geschichte des deutschen Volksschulwesens, 5 Bde., Gotha 1858–1860, ND Hildesheim 1971

Herbert, Michael, Erziehung und Volksbildung in Altwürttemberg. Umbruch und Neuorientierung in der 2. Hälfte des 18. Jahrhunderts, Weinheim/Basel 1982

Herrmann, Ulrich (Hg.), „Das pädagogische Jahrhundert". Volksaufklärung und

Erziehung zur Armut im 18. Jahrhundert in Deutschland, Weinheim/Basel 1981
–, „Die Bildung des Bürgers". Die Formierung der bürgerlichen Gesellschaft und die Gebildeten im 18. Jahrhundert, Weinheim/Basel 1982
Herzog, Urs. Geistliche Wohlredenheit. Die katholische Barockpredigt, München 1991
Heydorn, Heinz-Joachim (Hg.), Bildung und Konfessionalität, Frankfurt 1967
Hinrichs, Ernst, Zum Alphabetisierungsstand in Norddeutschland um 1800. Erhebungen zur Signierfähigkeit in zwölf oldenburgischen ländlichen Gemeinden, in: E. Hinrichs – G. Wiegelmann (Hg.), Sozialer und kultureller Wandel in der ländlichen Welt des 18. Jahrhunderts (1982) 21–42
–, Lesen, Schulbesuch und Kirchenzucht im 17. Jahrhundert. Eine Fallstudie zum Prozeß der Alphabetisierung in Norddeutschland, in: Mentalitäten und Lebensverhältnisse, Rudolf Vierhaus zum 60. Geburtstag, Göttingen 1982, 15–33
Hinske, Norbert (Hg.), Halle: Aufklärung und Pietismus, Heidelberg 1989
von Hippel, Olga, Die pädagogische Dorf-Utopie der Aufklärung, (Diss.) Göttingen 1939
Hirsch, Arnold, Bürgertum und Barock im deutschen Roman. Ein Beitrag zur Entstehungsgeschichte des bürgerlichen Weltbildes, Köln/Graz 1979
Hörger, Hermann, Dorfreligion und bäuerliche Mentalité im Wandel ihrer ideologischen Grundlagen, in: Zs f. bayer. Landesgeschichte 38 (1975) 244–316
–, Kirche, Dorfreligion und bäuerliche Gesellschaft. Strukturanalysen zur gesellschaftsgebundenen Religiosität ländlicher Unterschichten des 17. bis 19. Jahrhunderts, aufgezeigt an bayerischen Beispielen. 2 Bde. München 1978/83
Hoyer, Siegfried, Reform, Reformation, Revolution, Leipzig 1980
Hohenzollern, J. G. Prinz von – *Liedtke,* Max (Hg.), Schreiber, Magister, Lehrer. Zur Geschichte und Funktion eines Berufsstandes, Bad Heilbrunn 1989
Hollerweger, Hans, Die gottesdienstlichen Reformen Josephs II. und ihre Auswirkungen auf die Frömmigkeit des Volkes, in: Zs. f. Kirchengesch. 84 (1983) 52–65
Honegger, Claudia (Hg.), Die Hexen der Neuzeit. Studien zur Sozialgeschichte eines kulturellen Deutungsmusters, Frankfurt 1978
Hsia, R. Po-Chia, Social Discipline in the Reformation. Central Europe 1550–1750, London/New York 1989
Im Hof, Ulrich, Das gesellige Jahrhundert. Gesellschaft und Gesellschaften im Zeitalter der Aufklärung, München 1982
Jäger, Georg, Schule und literarische Kultur. Bd. 1: Sozialgeschichte des deutschen Unterrichts an höheren Schulen von der Spätaufklärung bis zum Vormärz, Stuttgart 1981
Jakubowski-Tiessen, Manfred, Der frühe Pietismus in Schleswig-Holstein. Entstehung, Entwicklung und Struktur, Göttingen 1983
Jüttner, Siegfried – *Schlobach,* Jochen (Hg.), Europäische Aufklärung(en). Einheit und nationale Vielfalt, Hamburg 1992
Jungmann, Josef Andreas, Missarum sollemnia. Eine genetische Erklärung der römischen Messe. 2 Bde., Wien/Freiburg/Basel 1962[5]
Kantzenbach, Friedrich W., Protestantisches Christentum im Zeitalter der Aufklärung, Gütersloh 1965
Kiesel, Helmuth – *Münch,* Paul, Gesellschaft und Literatur im 18. Jahrhundert.

Voraussetzungen und Entstehung des literarischen Markts in Deutschland, München 1977
Kimminich, Eva, Religiöse Volksbräuche im Räderwerk der Obrigkeiten. Ein Beitrag zur Auswirkung aufklärerischer Reformprogramme am Oberrhein und in Vorarlberg, Frankfurt 1989
Kittsteiner, Heinz-Dieter, Gewissen und Geschichte. Studien zur Entstehung des moralischen Bewußtseins, Heidelberg 1990
–, Die Entstehung des modernen Gewissens, Frankfurt 1991
Klaitz, Joseph, Servants of Satan. The Age of Witch Hunts, Bloomington 1985
Klaus, Bernhard, Soziale Herkunft und theologische Bildung lutherischer Pfarrer der reformatorischen Frühzeit, in: Zs. f. Kirchengesch. 80 (1969) 22–49
Kleinschmidt, Erich, Stadt und Literatur in der frühen Neuzeit. Voraussetzungen und Entfaltung im südwestdeutschen, elsässischen und schweizerischen Städteraum, Köln/Wien 1982
Klemmt, Karl, Die Schulwirklichkeit zur Zeit der Theresianischen Schulreform, (Diss.) Wien 1976
Klempt, Adalbert, Die Säkularisierung der universalhistorischen Auffassung. Zum Wandel des Geschichtsdenkens im 16. und 17. Jahrhundert, Göttingen 1960
Klaniczay, Gabor, Heilige, Hexen, Vampire. Vom Nutzen des Übernatürlichen, Berlin 1991
Klueting, Harm (Hg.), Katholische Aufklärung – Aufklärung im katholischen Deutschland, Hamburg 1993
Kneule, Wilhelm, Die Entwicklung der Beichte, der Konfirmation, der Kirchenzucht in der ehemaligen Markgrafschaft Brandenburg-Bayreuth-Kulmbach, in: Zs f. bayer. Kirchengeschichte 37 (1968) 101–192
Köhle-Hezinger, Christel, Konfession als Forschungsproblem, in: Zs. f. Volkskunde 71 (1975) 221–236
Köhler, Hans-Joachim (Hg.), Flugschriften als Massenmedium der Reformationszeit, Stuttgart 1981
Kon, Igor, Freundschaft. Geschichte und Sozialpsychologie der Freundschaft als soziale Institution und individuelle Beziehung, Hamburg 1979
Kopitzsch, Franklin (Hg.), Aufklärung, Absolutismus und Bürgertum in Deutschland, München 1976
–, Grundzüge einer Sozialgeschichte der Aufklärung in Hamburg und Altona, Hamburg 1982
–, Die deutsche Aufklärung. Zu ihren Leistungen, Grenzen und Wirkungen, in: Arch. f. Sozialgeschichte 23 (1983) 1–22
Koselleck, Reinhart, Kritik und Krise. Eine Studie zur Pathogenese der bürgerlichen Welt, Frankfurt 1973
Krammer, Otto, Bildungswesen und Gegenreformation. Die Hohen Schulen der Jesuiten im katholischen Teil Deutschlands vom 16. bis 18. Jahrhundert, Würzburg 1988
Krause, Reinhard, Die Predigt der späten deutschen Aufklärung 1770–1805, Stuttgart 1965
Kriedte, Peter, Die Hexen und ihre Ankläger. Zu den lokalen Voraussetzungen der Hexenverfolgungen in der frühen Neuzeit – Ein Forschungsbericht, in: Zs. f. Historische Forschung 14 (1987) 47–71

Kriss-Rettenbeck, Lenz F. L., Bilder und Zeichen religiösen Volksglaubens, München 1963

Kuhnert, Reinhold P., Urbanität auf dem Lande. Badereisen nach Pyrmont im 18. Jahrhundert, Göttingen 1984

Labouvie, Eva, Männer im Hexenprozeß. Zur Sozialanthropologie eines „männlichen" Verständnisses von Magie und Hexerei, in: Gesch. u. Gesellsch. 16 (1990) 56–78

–, Wider Wahrsagerei, Segnerei und Zauberei. Kirchliche Versuche zur Ausgrenzung von Aberglaube und Volksmagie seit dem 16. Jahrhundert, in: R. van Dülmen (Hg.), Verbrechen, Strafen und soziale Kontrolle (1990) 15–55

–, Zauberei und Hexenwerk. Ländlicher Hexenglaube in der frühen Neuzeit, Frankfurt 1991

–, Verbotene Künste. Volksmagie und ländlicher Aberglaube in den Dorfgemeinden des Saarraumes (16.–19. Jahrhundert), St. Ingbert 1993

Landau, Marcus, Hölle und Fegfeuer in Volksglaube, Dichtung und Kirchenlehre, Heidelberg 1909

Lang, August, Puritanismus und Pietismus. Studien zu ihrer Entwicklung von M. Butzer bis zum Methodismus, ND Darmstadt 1972

Lang, Peter Thaddäus, Konfessionsbildung als Forschungsfeld, in: Hist. Jb. 100 (1980) 479–493

Larner, Christina, Witchcraft and Religion. The politics of popular belief, Oxford 1984

Lecler, Joseph, Geschichte der Religionsfreiheit im Zeitalter der Reformation, 2 Bde., Stuttgart 1965

Lehmann, Hartmut, Pietismus und weltliche Ordnung in Württemberg vom 17. bis zum 20. Jahrhundert, Stuttgart 1969

–, Das Zeitalter des Absolutismus. Gottesgnadentum und Kriegsnot, Stuttgart u. a. 1980

Lepenies, Wolf, Melancholie und Gesellschaft, Frankfurt 1972

Liedtke, Max, Handbuch der Geschichte des bayerischen Bildungswesens. Bd. 1: Geschichte der Schule in Bayern – Von den Anfängen bis 1800, Bad Heilbrunn 1991

Lipp, Wolfgang, Magie – Macht und Gefahr, in: Arch. f. Kulturgeschichte 66 (1984) 389–423

Locher, Gottfried W., Die Zwinglische Reformation im Rahmen der europäischen Kirchengeschichte, Göttingen 1979

Löffler, Peter, Studie zum Totenbrauchtum in den Gilden, Bruderschaften und Nachbarschaften Westfalens vom Ende des 15. bis zum Ende des 19. Jahrhunderts, Münster 1975

Lucas, Gernot, Stadt und Schule. Stationen der Entwicklung unter besonderer Berücksichtigung des niederen Schulwesens, Stuttgart 1968

Lübbe, Hermann, Säkularisierung. Geschichte eines ideenpolitischen Begriffes, Freiburg/München 1965

Lundgreen, Peter, Sozialgeschichte der deutschen Schule im Überblick. Teil 1: 1770–1918, Göttingen 1980

Lutz, Bernd (Hg.), Deutsches Bürgertum und literarische Intelligenz 1750–1800 (= Literaturwissenschaft und Sozialwissenschaften 3) Stuttgart 1974

Mader, Franz, Wallfahrten im Bistum Passau, München/Zürich 1984
Maier, Konstantin, Auswirkungen der Aufklärung in den schwäbischen Klöstern, in: Zs. f. Kirchengesch. 86 (1975) 329–355
Martens, Wolfgang, Die Botschaft der Tugend. Die Aufklärung im Spiegel der deutschen Moralischen Wochenschriften, Stuttgart 1971
Maurer, Justus, Prediger im Bauernkrieg, Stuttgart 1979
Medick, Hans, Naturzustand und Naturgeschichte der bürgerlichen Gesellschaft. Die Ursprünge der bürgerlichen Sozialtheorie als Geschichtsphilosophie und Sozialwissenschaft bei Samuel Pufendorf, John Looks und Adam Smith, Göttingen 1973
Meisner, Joachim, Nachreformatorische katholische Frömmigkeit in Erfurt, Leipzig 1971
Menk, Gerhard, Kalvinismus und Pädagogik, in: Nassauische Annalen 91 (1980) 77–104
Merker, Nicolao, Die Aufklärung in Deutschland, München 1982
Midelfort, Erik, Witch Hunting in Southwestern Germany 1562–1648, Stanford 1972
Mittelstrass, Jürgen, Neuzeit und Aufklärung. Studien zur Entstehung der neuzeitlichen Wissenschaft und Philosophie, Berlin 1970
Moeller, Bernd, Frömmigkeit in Deutschland um 1500, in: Arch. f. Reformationsgeschichte 56 (1965) 5–31
–, Kleriker als Bürger, in: FS f. Hermann Heimpel, Bd. 2, Göttingen 1972, 195–224
–, Deutschland im Zeitalter der Reformation, Göttingen 1977
– (Hg.), Stadt und Kirche im 16. Jahrhundert, Gütersloh 1978
Ders. – Patze, H. (Hg.), Studien zum städtischen Bildungswesen des späten Mittelalters und der frühen Neuzeit, Göttingen 1983
Möller, Horst, Aufklärung in Preußen. Der Verleger, Publizist und Geschichtsschreiber Friedrich Nicolai, Berlin 1974
–, Vernunft und Kritik. Deutsche Aufklärung im 17. und 18. Jahrhundert, Frankfurt 1986
Mörke, Olaf, Rat und Bürger in der Reformation. Soziale Gruppen und kirchlicher Wandel in den welfischen Hansestädten Lüneburg, Braunschweig und Göttingen, Hildesheim 1983
Molitor, Hans-Georg, Frömmigkeit in Spätmittelalter und früher Neuzeit als historisch-methodisches Problem, in: Festgabe f. Ernst Walter Zeeden zum 60. Geburtstag, Münster 1976, 1–20
Mommsen, Wolfgang J. (Hg.), Stadtbürgertum und Adel in der Reformation. Studien zur Sozialgeschichte der Reformation in England und Deutschland, Stuttgart 1979
Monter, F. William, Ritual, Myth and Magic in Early Modern Europe, Brighton 1983
Moser, Dietz-Rüdiger, Verkündigung durch Volksgesang. Studien zur Liedpropaganda und -katechese der Gegenreformation, Berlin/München 1981
Moser, Hans, Volksbräuche im geschichtlichen Wandel, München 1985
Moser-Rath, Elfriede, Geistliche Bauernregeln. Ein Beitrag zum Volksglauben der Barockzeit, in: Zs. f. Kirchengesch. 55 (1959) 201–226
Muchembled, Robert, Die Erfindung des modernen Menschen. Gefühlsdifferenzierung und kollektive Verhaltensweisen im Zeitalter des Absolutismus, Hamburg 1990

Mühl, Ernst August, Die Aufklärung in der Universität Fulda, Fulda 1961
Müller, Jan-Dirk, Volksbuch/Prosaroman im 15./16. Jahrhundert, in: Intern. Arch. f. Sozialgeschichte d. dt. Literatur, Sonderheft 1 (1985) 1–128
Münch, Paul, Zucht und Ordnung. Reformierte Kirchenverfassungen im 16. und 17. Jahrhundert (Nassau-Dillenburg, Kurpfalz, Hessen-Kassel), Stuttgart 1978
–, Lebensformen in der Frühen Neuzeit 1500 bis 1800, Frankfurt/Berlin 1992
Narr, Dieter, Studien zur Spätaufklärung im deutschen Südwesten, Stuttgart 1979
Naumann, Dietrich, Politik und Moral. Studien zur Utopie der deutschen Aufklärung, Heidelberg 1977
Neugebauer, Harald, Die Entwicklung des Bamberger niederen Schulwesens von der Reformation bis zur Säkularisation unter besonderer Berücksichtigung der Schulordnungen, Bamberg 1982
Neugebauer, Wolfgang, Absolutistischer Staat und Schulwirklichkeit in Brandenburg-Preußen, Berlin/New York 1985
Niggl, Günter, Geschichte der deutschen Autobiographie im 18. Jahrhundert. Theoretische Grundlegung und literarische Entfaltung, Stuttgart 1977
Nipperdey, Thomas, Reformation, Revolution, Utopie. Studien zum 16. Jahrhundert, Göttingen 1975
Nolte, Josef – *Tompert,* Hella – *Windhorst,* Christof (Hg.), Kontinuität und Umbruch. Theologie und Frömmigkeit in Flugschriften und Kleinliteratur an der Wende vom 15. zum 16. Jahrhundert, Stuttgart 1978
Nürnberger, Richard, Die Kirchenvisitationen in der Grafschaft Mansfeld während der Reformationszeit, in: FS f. Friedrich von Zahn, Bd. 1, Köln/Graz 1968, 313–343
Oberman, Heiko A., Luther. Mensch zwischen Gott und Teufel, Berlin 1982
–, Die Reformation. Von Wittenberg nach Genf, Göttingen 1986
–, Die Wirkung der Reformation. Probleme und Perspektiven, Stuttgart 1987
Ortner, Franz, Reformation, katholische Reform und Gegenreformation im Erzstift Salzburg, Salzburg/München 1981
Petrat, Gerhardt, Schulunterricht. Seine Sozialgeschichte in Deutschland 1750 bis 1850, München 1979
Petri, Franz (Hg.), Kirche und gesellschaftlicher Wandel in deutschen und niederländischen Städten der werdenden Neuzeit, Köln 1980
Petzoldt, Leander (Hg.), Magie und Religion. Beiträge zu einer Theorie der Magie, Darmstadt 1978
Phayer, Fintan Michael, Religion und das gewöhnliche Volk in Bayern in der Zeit von 1750–1850, München 1970
Philipp, Wolfgang (Hg.), Das Zeitalter der Aufklärung 1963
Pikulik, Lothar, Leistungsethik contra Gefühlskult. Über das Verhältnis von Bürgerlichkeit und Empfindsamkeit in Deutschland, Göttingen 1984
Pott, Martin, Aufklärung und Aberglaube. Die deutsche Frühaufklärung im Spiegel ihrer Aberglaubenskritik, Tübingen 1992
Press, Volker, Soziale Folgen der Reformation in Deutschland, in: M. Biskup – K. Zernack (Hg.), Schichtung und Entwicklung der Gesellschaft in Polen und Deutschland im 16. und 17. Jahrhundert, Wiesbaden 1983, 196–243
Ders. – *Stievermann,* Dieter (Hg.), Martin Luther. Probleme seiner Zeit, Stuttgart 1986

Pütz, Peter, Die deutsche Aufklärung, Darmstadt 1978
– (Hg.), Erforschung der deutschen Aufklärung, Meisenheim 1980
Raabe, Paul (Hg.), Öffentliche und private Bibliotheken im 17. und 18. Jahrhundert, Bremen-Wolfenbüttel 1977
–, Bücherlust und Lesefreuden. Beiträge zur Geschichte des Buchwesens im 18. und frühen 19. Jahrhundert, Stuttgart 1984
Reinalter, Helmut (Hg.), Freimaurer und Geheimbünde im 18. Jahrhundert in Mitteleuropa, Frankfurt 1983
Reinhard, Wolfgang, Zwang zur Konfessionalisierung? Prolegomena zu einer Theorie des konfessionellen Zeitalters, in: Zs f. hist. Forschung 10 (1983) 257–277
–, Gegenreformation als Modernisierung? Prolegomena zu einer Theorie des konfessionellen Zeitalters, in: Arch. f. Reformationsgeschichte 68 (1977) 226–252
–, Konfession und Konfessionalisierung in Europa, in: Ders. (Hg.), Bekenntnis und Geschichte. Die Confessio Augustana im historischen Zusammenhang (1981) 165–189
– (Hg.), Humanismus im Bildungswesen des 15. und 16. Jahrhunderts, Weinheim 1984
Röbbelen, Ingeborg, Theologie und Frömmigkeit im deutschen evangelisch-lutherischen Gesangbuch des 17. und frühen 18. Jahrhunderts, Göttingen 1957
Rößler, Martin, Die Liedpredigt, Göttingen 1976
Roper, Lyndal, ‚The common man', ‚the common good', ‚common women': gender and meaning in the German Reformation commune, in: Social History 12 (1986) 1–21
–, The holy household. Women and morals in Reformation Augsburg, Oxford 1989
Rublack, Hans-Christoph, Eine bürgerliche Reformation: Nördlingen, Gütersloh 1982
–, Gescheiterte Reformation. Frühreformatorische und protestantische Bewegungen in süd- und westdeutschen geistlichen Residenzen, Stuttgart 1978
–, ‚Der wohlgeplagte Priester'. Vom Selbstverständnis lutherischer Geistlichkeit im Zeitalter der Orthodoxie, in: Z.f. hist. Forsch. 16 (1989) 1–30
– (Hg.), Die lutherische Konfessionalisierung in Deutschland, Gütersloh 1992
Rücklin, Gertrud, Religiöses Volksleben des ausgehenden Mittelalters in den Reichsstädten Hall und Heilbronn, Berlin 1933
von Rütte, Hans, Von der spätmittelalterlichen Frömmigkeit zum reformierten Glauben. Kontinuität und Bruch in der Religionspraxis der Bauern, in: Itinera 8 (1988) 33–44
Rummel, Peter, Katholisches Leben in der Reichsstadt Augsburg 1650–1806, in: Jb d. Ver. f. Augsb. Bistumsgesch. 18 (1984) 9–161
Ruppert, Wolfgang, Bürgerlicher Wandel. Die Geburt der modernen deutschen Gesellschaft im 18. Jahrhundert, Frankfurt 1984²
Sauder, Gerhard, „Verhältnismäßige Aufklärung". Zur bürgerlichen Ideologie am Ende des 18. Jahrhunderts, in: Jb d. Jean-Paul-Gesellschaft 9 (1974) 102–126
–, Empfindsamkeit, 2 Bde., Stuttgart 1974/1980
Schär, Markus, Seelennöte der Untertanen. Selbstmord, Melancholie und Religion im alten Zürich, 1500–1800, Zürich 1985
Scharfe, Martin, Der Heilige in der protestantischen Volksfrömmigkeit, in: Hess. Blätter f. VolksK 60 (1969) 93–106

–, Wunder und Wunderglaube im protestantischen Württemberg, in: Bl. f. württ. Kirchengesch. 68/69 (1968/69) 190–206

–, Die Religion des Volkes. Kleine Kultur- und Sozialgeschichte des Pietismus, Gütersloh 1980

Ders. – *Schenda,* Rudolf – *Schwedt,* H., Volksfrömmigkeit. Bildzeugnisse aus Vergangenheit und Gegenwart, Stuttgart 1967

Schauerte, H., Die volkstümliche Heiligenverehrung, Münster 1948

Scheib, Otto, Die Reformationsdiskussionen in der Hansestadt Hamburg 1522–1528, Münster 1976

Scheibe, Wolfgang (Hg.), Zur Geschichte der Volksschule, Bad Heilbrunn 1965

Schenda, Rudolf, Volk ohne Buch. Studien zur Sozialgeschichte der populären Lesestoffe 1770–1910, München 1977^2

–, Alphabetisierung und Literarisierungsprozesse in Westeuropa im 18. und 19. Jahrhundert, in: E. Hinrichs – G. Wiegelmann (Hg.), Sozialer und kultureller Wandel in der ländlichen Welt des 18. Jahrhunderts (1982) 1–20

Schieder, Wolfgang (Hg.), Volksreligiosität in der modernen Sozialgeschichte, Göttingen 1986

Schilling, Heinz, Konfessionskonflikt und Staatsbildung. Eine Fallstudie über das Verhältnis von religiösem und sozialem Wandel in der Frühneuzeit am Beispiel der Grafschaft Lippe, Gütersloh 1981

–, Reformierte Kirchenzucht als Sozialdisziplinierung? Die Tätigkeit des Emder Presbyteriums in den Jahren 1557–1562, in: Ders. – W. Ehbrecht (Hg.), Niederlande und Nordwestdeutschland. Studien zur Regional- und Stadtgeschichte Nordwestkontinentaleuropas im Mittelalter und in der Neuzeit, Köln 1983, 261–327

– (Hg.), Die reformierte Konfessionalisierung in Deutschland. Das Problem der „Zweiten Reformation", Gütersloh 1986

–, Die Konfessionalisierung im Reich: Religiöser und gesellschaftlicher Wandel in Deutschland zwischen 1555–1620, in: Hist. Zs. 246 (1988) 1–45

Schindling, Anton, Humanistische Hochschule und freie Reichsstadt. Gymnasium und Akademie in Straßburg 1538–1621, Wiesbaden 1977

–, Die katholische Bildungsreform zwischen Humanismus und Barock. Dillingen, Freiburg, Molsheim und Salzburg. Die Vorlande und die benachbarten Universitäten, in: H. Maier – V. Press (Hg.), Vorderösterreich in der Frühen Neuzeit, Sigmaringen 1989, 137–176

–, Schulen und Universität im 16. und 17. Jahrhundert. Bildungsexpansion und Laienbildung im Dienste der Konfessionen. Eine Problemskizze in zehn Punkten, in: N. R. Wolf (Hg.), Wissensorganisierende und wissensvermittelnde Literatur im Mittelalter. Perspektiven ihrer Erforschung, Wiesbaden 1987, 278–288

Schings, Hans-Jürgen, Melancholie und Aufklärung. Melancholiker und ihre Kritiker in Erfahrungsseelenkunde und Literatur des 18. Jahrhunderts, Stuttgart 1977

Schlenck, Wolfgang, Die Reichsstadt Memmingen und die Reformation, Memmingen 1969

Schlumbohm, Jürgen, Freiheit – Die Anfänge der bürgerlichen Emanzipationsbewegung in Deutschland im Spiegel ihres Leitwortes (ca. 1760–ca. 1800), Düsseldorf 1975

Schmid, Pia, Zeit des Lesens – Zeit des Fühlens. Anfänge des deutschen Bildungsbürgertums, Berlin 1985

Schmidt, Eberhard, Der Gottesdienst am Kurfürstlichen Hofe zu Dresden, Göttingen 1961
Schmidt, Heinrich, Konfessionalisierung im 16. Jahrhundert, München 1992
Schmidt, Josef, Lestern, lesen und lesen hören. Kommunikationsstudien zur deutschen Prosasatire der Reformationszeit, Bern u. a. 1977
Schmidt, Peter, Das Collegium Germanicum in Rom und die Germaniker. Zur Funktion eines römischen Ausländerseminars 1552–1914, Tübingen 1984
Schmitt, Hanno, Schulreform im aufgeklärten Absolutismus. Leistungen, Widersprüche und Grenzen philanthropischer Reformpraxis im Herzogtum Braunschweig-Wolfenbüttel 1785–1790, (Diss.) Frankfurt 1979
Schmitt, Jean-Claude, Der heilige Windhund. Die Geschichte eines unheiligen Kults, Stuttgart 1982
Schmölders, Claudia (Hg.), Die Kunst des Gesprächs. Texte zur Geschichte der europäischen Konversationstheorie, München 1979
Schneider, Falko, Öffentlichkeit und Diskurs. Studien zu Entstehung, Struktur und Form der Öffentlichkeit im 18. Jahrhundert, Bielefeld 1992
Schneider, Gerhard, Der Libertin. Zur Geistes- und Sozialgeschichte des Bürgertums im 16. und 17. Jahrhundert, Stuttgart 1970
Schneiders, Werner, Die wahre Aufklärung. Zum Selbstverständnis der deutschen Aufklärung, Freiburg 1974
– (Hg.), Christian Thomasius 1655–1728. Interpretation zu Werk und Wirkung, Hamburg 1989
Schön, Erich, Der Verlust der Sinnlichkeit oder Die Verwandlungen des Lesers. Mentalitätswandel um 1800, Stuttgart 1983[2]
Schöne, Albrecht (Hg.), Stadt – Schule – Universität – Buchwesen und die deutsche Literatur im 17. Jahrhundert, München 1976
Schormann, Gerhard, Hexenprozesse in Deutschland, Göttingen 1981
–, Zweite Reformation und Bildungswesen am Beispiel der Elementarschulen, in: H. Schilling (Hg.), Die reformierte Konfessionalisierung in Deutschland – Das Problem der „Zweiten Reformation", Gütersloh 1986, 308–316
Schrader, Franz, Reformation und katholische Klöster, Leipzig 1973
Schröder, Tilman, Das Kirchenregiment der Reichsstadt Esslingen. Grundlagen – Geschichte – Organisation, Sigmaringen 1987
Schröer, Alois, Die Reformation in Westfalen. 2. Bd.: Die evangelische Bewegung in den geistlichen Landesherrschaften und den Bischofsstädten Westfalens bis zum Augsburger Religionsfrieden, Münster 1983
Schüller, Andreas, Messe und Kommunion in einer stadttrierischen Pfarrei vor und nach der Reformation, in: Trierisches Archiv 21 (1913) 65–98
Schwerhoff, Gerd, Rationalität im Wahn. Zum gelehrten Diskurs über die Hexen in der frühen Neuzeit, in: Saeculum 37 (1986) 45–82
Scribner, Robert W., For the Sake of Simple Folk. Popular Propaganda for the German Reformation, Cambridge 1981
–, Interpreting religion in early modern Europe, in: European Studies Review 63 (1983) 89–105
–, Popular Culture and Populare Movements in Reformation Germany, London 1987
–, Magie und Aberglaube. Zur volkstümlichen sakramentalischen Denkart in

Deutschland am Ausgang des Mittelalters, in: P. Dinzelbacher – D. R. Bauer (Hg.), Volksreligion im hohen und späten Mittelalter, Paderborn u. a. 1990, 253–275

– (Hg.), Bilder und Bildersturm im Spätmittelalter und in der frühen Neuzeit, Wiesbaden 1990

Siegert, Reinhart, Aufklärung und Volkslektüre. Exemplarisch dargestellt an Rudolph Zacharias Becker und seinem „Noth- und Hülfsbüchlein", Frankfurt 1979

Sievers, Kai Detlev, Volkskultur und Aufklärung im Spiegel der Schleswig-Holsteinischen Provinzialberichte, Neumünster 1970

Staeber, Joseph, Volksfrömmigkeit und Wallfahrtswesen des Spätmittelalters im Bistum Freising, München 1955

Steiger, Günther – *Flachendräger,* Werner (Hg.), Magister und Scholaren. Geschichte deutscher Universitäten und Hochschulen im Überblick, Leipzig 1981

Steinmetz, Richard, Erziehung und Konfession, Bern-Frankfurt a. M. 1976

Stiasny, H., Die strafrechtliche Verfolgung der Täufer in der freien Reichsstadt Köln 1529–1618, Münster 1962

Stichweh, Rudolf, Der frühmoderne Staat und die europäische Universität. Zur Interaktion von Politik und Erziehungssystem im Prozeß ihrer Ausdifferenzierung (16.–18. Jahrhundert), Frankfurt 1991

Stirm, Margarete, Die Bilderfrage in der Reformation, Gütersloh 1977

Stoll, Karlheinz (Hg.), Kirchenreform als Gottesdienst. Der Reformator Johannes Bugenhagen 1485–1558, Hannover 1985

Strauss, Gerald, Luther's House of Learning. Indoctrination of the Young in the German Reformation, Baltimore 1978

Talley, B., Pastors and Parishioners in Württemberg during the Late Reformation (1581–1621): A Study of Religious Life in the Parishes of Districts Tübingen and Tuttlingen, Stanford 1984

Thomas, Keith, Religion and the Decline of Magic, New York 1971

Trevor-Roper, Hugh R., Religion, Reformation und sozialer Umbruch, Frankfurt 1970

Trümpy, Hans, Die Reformation als volkskundliches Problem, in: FS f. G. Heilfurth, Göttingen 1969, 249–258

Turner, Victor and Edith, Image and Pilgrimage in Christian culture. Anthropological Perspectives, Oxford 1978

Valentin, Jean-Marie, Le Théatre des Jésuites dans les Pays de Langue Allemande, 2 Bde., 1982/84

Valjavec, Fritz, Geschichte der abendländischen Aufklärung, Wien/München 1961

Vierhaus, Rudolf (Hg.), Bürger und Bürgerlichkeit im Zeitalter der Aufklärung, Heidelberg 1981

–, Deutschland im 18. Jahrhundert. Politische Verfassung. Soziales Gefüge. Geistige Bewegungen, Göttingen 1987

– (Hg.), Aufklärung als Prozeß (= Aufklärung 2/2) Hamburg 1987

Vogler, Bernhard, Vie religieuse en pays rhénan dans la seconde moitié du XVIe siècle (1556–1619), 3 Bde., Lille 1974

–, Die Entstehung der protestantischen Volksfrömmigkeit in der rheinischen Pfalz zwischen 1555 und 1619, in: Archiv für Reformationsgeschichte 72 (1981) 158–196

Vogler, Günter, Nürnberg 1524/25. Studien zur Geschichte der reformatorischen und sozialen Bewegung in der Reichsstadt, Berlin 1982

Voss, Jürgen, Der Gemeine Mann und die Volksaufklärung im späten 18. Jahrhundert, in: H. Mommsen – W. Schulze (Hg.), Vom Elend der Handarbeit. Probleme historischer Unterschichtenforschung, Stuttgart 1981, 208–233

Wagner, Christoph, Das evangelische Dorfschulwesen im Kreis Balingen in der frühen Neuzeit, in: Zeitschrift für hohenzollerische Geschichte 103 (1980) 86–107

Wallfahrt kennt keine Grenzen. Ausstellung im Bayerischen Nationalmuseum München 28. 6. bis 7. 10. 1984. Hg. von Lenz Kriss-Rettenbeck und Gerda Möhler, München 1984

Wallmann, Johannes, Der Pietismus, Göttingen 1990

Walsh, Catherine, Bildung und Studium in Mittelalter und früher Neuzeit, in: Innsbrucker Historische Studien 2 (1979) 191–210

Warmbrunn, Paul, Zwei Konfessionen in einer Stadt. Das Zusammenleben von Katholiken und Protestanten in den paritätischen Reichsstädten Augsburg, Biberach, Ravensburg und Dinkelsbühl von 1548 bis 1648, Wiesbaden 1983

von Wartburg-Ambühl, Marie-Louise, Alphabetisierung und Lektüre. Untersuchungen am Beispiel einer ländlichen Region im 17. und 18. Jahrhundert, Bern u. a. 1981

Weber, Wolfgang, Zwischen gesellschaftlichem Ideal und politischem Interesse. Das Zahlenlotto in der Einschätzung des deutschen Bürgertums im späten 18. und frühen 19. Jahrhundert, in: Arch. f. Kulturgeschichte 69 (1987) 116–149

Wehrmann, Volker, Die Aufklärung in Lippe. Ihre Bedeutung für Politik, Schule und Geistesleben, Detmold 1972

Weidkuhn, Peter, Strukturlinien des baslerischen Pietismus, in: Schweiz. Arch. f. Volkskunde 1966, 160–192

Weil, Hans, Die Entstehung des deutschen Bildungsprinzips, Bonn 1967[2]

Wettges, Wolfram, Reformation und Propaganda. Studien zur Kommunikation des Aufruhrs in süddeutschen Reichsstädten, Stuttgart 1978

Wimmer, Ruprecht, Jesuitentheater. Didaktik und Fest, Frankfurt a. M. 1982

Winter, Eduard, Der Josefinismus und seine Geschichte. Beiträge zur Geistesgeschichte Österreichs 1740–1848, Brünn u. a. 1943

Wittmann, Reinhard, Der lesende Landmann. Zur Rezeption aufklärerischer Bemühungen durch die bäuerliche Bevölkerung im 18. Jahrhundert, in: Ders., Buchmarkt und Lektüre im 18. und 19. Jahrhundert. Beiträge zum literarischen Leben 1750–1880, Tübingen 1982, 1–45

–, Geschichte des deutschen Buchhandels. Ein Überblick, München 1991

Wohlfeil, Rainer, Reformation oder frühbürgerliche Revolution? München 1972

–, Einführung in die Geschichte der deutschen Reformation, München 1982

Zauberei und Frömmigkeit. Volksleben. Tübingen 1966

Zeeden, Ernst Walter, Konfessionsbildung. Studien zur Reformation, Gegenreformation und katholischen Reform, Stuttgart 1985

Ders. – Lang, Peter Thaddäus (Hg.), Kirche und Visitation. Beiträge zur Erforschung des frühneuzeitlichen Visitationswesens in Europa, Stuttgart 1984

Ziessow, Karl-Heinz, Ländliche Lesekultur im 18. und 19. Jahrhundert. Das Kirchspiel Menslage und seine Lesegesellschaften 1790–1840, 2 Bde., Cloppenburg 1988

Zimmerli-Witschi, Alice, Frauen in der Reformationszeit, Zürich 1981

Zschelletzschky, Herbert, Die ‚drei gottlosen Maler' von Nürnberg. Sebald Beham, Barthel Beham und Georg Pencz. Historische Grundlagen und ikonologische Probleme ihrer Graphik zu Reformations- und Bauernkriegszeit, Leipzig 1975

Abbildungsnachweis

Archiv für Stiftsadministration Altötting 17
Archiv für Kunst und Geschichte Berlin 56
Bayerische Staatsbibliothek München 21, 38
Danmarks Nationalmuseum Copenhagen 1
Deutsches Museum München 50
Diözesanmuseum Trient 29
Evangel.-Luth. Pfarramt Kasendorf 28
Frankfurter Goethemuseum, Freies Deutsches Hochstift 41
FZB Atelierbetriebe, Gerchsheim 58
Germanisches Nationalmuseum Nürnberg 3, 4, 5, 6, 8, 9, 12, 13, 15, 22, 27, 31, 36, 43, 47, 52
Hamburger Kunsthalle 16
Herder-Institut, Bildarchiv Marburg 2
Herzog August Bibliothek Wolfenbüttel 14, 20, 26, 40, 48
Hessisches Landesmuseum Darmstadt 42
Kunstsammlungen Veste Coburg 55
Kupferstichkabinett, Staatliche Museen Preußischer Kulturbesitz Berlin 7, 57
Landesmuseum Johanneum Graz 19
Museum für Deutsche Volkskunde, Staatliche Museen Preußischer Kulturbesitz Berlin 18, 61
Niedersächsisches Landesmuseum, Landesgalerie Hannover 54, 63
Öffentliche Kunstsammlung Basel 39
Österreichische Nationalbibliothek, Bildarchiv Wien 45, 46, 49
Reformationsgeschichtliches Museum Wittenberg 11
Rheinisches Bildarchiv Köln 53
Sächsische Landesbibliothek Dresden 44, 51
Staatliche Graphische Sammlung München 37
Staats- und Stadtbibliothek Augsburg 10
Städelsches Kunstinstitut Frankfurt/Main 60
Stiftung Weimarer Klassik 62
Ullstein Bilderdienst Berlin 59
Universitätsbibliothek München 33
Zentralbibliothek Zürich 23

Karten: S. 117: nach dem Historischen Atlas von Baden-Württemberg VIII, 7 (1978)
S. 172: nach H. *Held,* Altbayerische Volkserziehung und Volksschule, 3 Bde (1926ff.)
S. 229: nach R. *van Dülmen,* Die Gesellschaft der Aufklärer (1986)

Namenregister

Ortsregister

Sachregister